Mein musikalisches Leben

Walter Damrosch

Writat

Diese Ausgabe erschien im Jahr 2024

ISBN:

Herausgegeben von
Writat
E-Mail: info@writat.com

Inhalt

ICH

KINDHEIT—1866-1875

Ich bin ein amerikanischer Musiker und lebe seit meinem neunten Lebensjahr in diesem Land. Ich wurde am 30. Januar 1862 in Breslau, Schlesien, geboren und meine ersten Erinnerungen sind mit dem Krieg verbunden, dem Deutsch-Österreichischen Krieg von 1866. Ich war vier Jahre alt und erinnere mich, wie ich mit meiner Mutter in einem Zimmer unserer Wohnung in Breslau war, das voller Blumen und Pflanzen war (meine Mutter hatte schon immer ein wunderbares Talent für die Pflege und Hege von Pflanzen) und verschiedene Freunde kamen, um ihr Beileid zum Tod meines kleinen Bruders Hans auszusprechen, der an der Cholera gestorben war, die damals in Breslau wütete. Das zweite Kind meiner Eltern, geboren 1860, war Richard getauft worden, nach Richard Wagner, der bei der Zeremonie als Pate fungiert hatte. Dieses Kind lebte nur kurze Zeit, und Wagner hatte geschworen, dass er nie wieder Pate für die Kinder eines seiner Freunde werden würde, da das Unglück, das ihn sein ganzes Leben lang verfolgt hatte, auf diese Weise sogar auf ihre Familien übergriff.

Um ihre übrigen Kinder vor der schrecklichen Krankheit zu schützen, der der kleine Hans erlegen war, nahm meine Mutter meinen älteren Bruder Frank, mich und eine kleine Schwester mit auf das Land nahe der böhmischen Grenze, wo der Krieg ausgetragen wurde. Ich kann mich erinnern, wie mein Bruder und ich an einer Landstraße standen, jeder bewaffnet mit einem riesigen Blumenstrauß, den wir gesammelt hatten, und nach General Steinmetz und seiner Armee Ausschau hielten, die auf dem Weg zur Front vorbeikamen. Als sie vorbeimarschierten, lief mein Bruder tapfer zu einem der Offiziere und gab ihm seine Blumen, aber mein Mut verließ mich und ich warf meinen Strauß so, dass er auf den Boden fiel, wo ihn einer der Soldaten lächelnd aufhob und auf sein Bajonett steckte. Am selben Nachmittag lagen Frank und ich auf dem Boden, drückten unsere Ohren fest darauf und konnten deutlich das Dröhnen der Kanonen hören.

Als der Frieden erklärt wurde, ritt König Wilhelm von Preußen (später Kaiser Wilhelm I.) zusammen mit Kronprinz Friedrich, Bismarck, Moltke und einem glänzenden Gefolge von Offizieren triumphierend zu Pferd in Breslau ein. Mein Bruder und ich beobachteten diesen prachtvollen Anblick mit entzückten Augen vom Balkon unserer Wohnung aus. Meine Mutter warf einen Kranz nieder, der auf den Hals des Pferdes fiel, auf dem König Wilhelm saß, und er blickte auf und grüßte sie.

Als mein Vater 1858, unmittelbar nach seiner Heirat, zum ersten Mal nach Breslau kam, waren die musikalischen Bedingungen ziemlich miserabel, und erst als er zusammen mit einigen Musikbegeisterten den „Breslauer Orchesterverein" gründete, wurde ein reguläres Symphonieorchester mit einer Reihe von Abonnementkonzerten eingerichtet. Alle großen Künstler der damaligen Zeit kamen nach Breslau, um an diesen Konzerten teilzunehmen, und im Allgemeinen wohnten sie bei uns zu Hause, obwohl unsere Unterkunft sehr einfach war – Liszt, Wagner, von Bülow, Clara Schumann, Tausig, Joachim, Auer, Haenselt, Rubinstein. An einige von ihnen kann ich mich vage erinnern, aber natürlich kursierten in der Familie viele Geschichten und Anekdoten über ihre Besuche.

Als Tausig, Liszts größter Klavierschüler, eine Nacht bei uns verbrachte, ging das Bett im Gästezimmer mitten in der Nacht kaputt und er legte seine Matratze seelenruhig auf den Boden und schlummerte weiter. Doch sein Besuch war in den Gedanken meines Bruders und mir vor allem mit einem bestimmten Apfelpudding verbunden, den er liebte und den meine Mutter immer speziell für ihn backte, so dass er in unserer Familie als „Tausigsche Apfel-Speise" bekannt wurde. Es war eine köstliche Mischung aus Äpfeln, Rosinen und Mandeln, umhüllt von einem zarten, leichten Tortenboden.

Mein Vater und Tausig diskutierten manchmal heftig über musikalische oder philosophische Themen, und letzterer wurde oft so wütend, dass er aus dem Haus rannte und schwor, nie wieder zurückzukommen. Dann rannte er um den Block und kam nach fünf Minuten zurück, lächelte und sagte: „Komm, Damrosch, lass uns zusammen eine Beethoven-Sonate spielen", und alles war gut.

Als Joachim ankam, fand er eine große

" WILLKOMMEN HERR JOACHIM "

in grünen Blättern über der Tür unseres Musikzimmers, sorgfältig arrangiert von meinem Bruder und mir. Wir verehrten ihn, weil er Kinder liebte und für uns allerlei wunderbare Figuren aus Papier schnitt.

Liszt kam extra, um die Taufe meines älteren Bruders Frank (Franz), der nach ihm benannt wurde, als Pate zu übernehmen. Da ich damals aber noch nicht geboren war, ist meine Erinnerung daran nicht besonders lebhaft.

Als Hans von Bülow einmal zum Essen kam, hatte meine Mutter ihm zu Ehren selbst einen Hasen gebraten. Zu ihrer Verzweiflung stellte sie bei Tisch fest, dass sie den Hasen mit Zucker statt mit Salz gewürzt hatte. Bülow, der perfekte Gentleman, der er war, bat jedoch um eine zweite Portion und bestand darauf, dass Zucker gebratenen Hasen immer ungemein verbessere.

Meine Lieblingslektüre im Alter von acht Jahren war eine wunderbare Ausgabe von Homers „Ilias" und „Odyssee" in einer schönen, hochtönigen metrischen Übersetzung von Voss und mit vielen schönen Illustrationen von Friedrich Preller aus Weimar, in dessen Haus sich meine Mutter (Helene von Heimburg) mit meinem Vater verlobte. Als Folge der Lektüre dieser sehr spannenden griechischen Chroniken spielte ich ständig Szenen daraus nach. Die geschickten Finger meiner Mutter fertigten mir aus Silberpapier und Pappe Helm, Rüstung und Schild an; und als A Schauer schleifte ich Hektor (meine kleine Schwester Marie) auf meinem Streitwagen (zwei umgestürzte Stühle) um die Mauern Trojas (den Esstisch).

Im Winter wurde auf der Oder immer Schlittschuh gelaufen, und ich erinnere mich, dass ich im Alter von sieben oder acht Jahren Geld bekam, um eine Eintrittskarte zu kaufen und nach Herzenslust Schlittschuh zu laufen. Ein Teil dieser Karte musste einbehalten und abgegeben werden, wenn ich das Eis verließ. Natürlich verlor ich diese Karte, und da mir der uniformierte Wärter den Ausstieg verweigerte, lief ich stundenlang traurig Schlittschuh. Dabei bekam ich immer mehr Angst, als die Sonne unterging und der Fluss immer verlassener wurde. Ich dachte, ich müsste für den Rest meines jungen Lebens dort bleiben, und es war ein sehr tränenüberströmter und elender kleiner Junge, der auf die liebe Tante Marie zulief, die, besorgt über meine Abwesenheit, gekommen war, um nach mir zu sehen, und die mich durch die Bezahlung einer weiteren Karte aus meiner schrecklichen Gefangenschaft befreite.

Tante Marie ist eine jüngere Schwester meiner Mutter, die mit 16 Jahren zu uns kam und in vielen stürmischen Jahren die engste Helferin meiner Mutter wurde. Ihre sanfte und geduldige Aufopferung ließ sie nie im Stich und sie lebt, Gott sei Dank, noch immer und ist so wunderbar wie eh und je, die letzte Verbindung zu dieser dunklen Vergangenheit von vor langer Zeit.

Ich glaube, ich hatte damals etwas Angst vor meinem Vater. Er war ziemlich streng und schweigsam. Das Leben war hart und der Kampf ums Dasein schwierig. Er war ziemlich streng mit meinen Schularbeiten, und da es damals als wesentlicher Bestandteil der Erziehung galt, Kinder wegen Ungezogenheit zu schlagen, bekam ich meinen Teil dieser Strafe ab. Tatsächlich wurde ich manchmal in der Schule ausgepeitscht und musste dann mein Zeugnis zu meinem Vater nach Hause bringen, und er wiederholte die Dosis vielleicht noch einmal. Aber trotz alledem war ich sehr stolz auf ihn und trottete gern neben ihm die Promenade am Oderufer entlang, weil so viele Leute ehrerbietig den Hut vor ihm zogen, wenn er vorbeiging.

Er widmete uns Kindern auch viel Zeit damit, uns Bücher vorzulesen, die unsere Fantasie anregten und unseren Sinn für das Schöne schulten –

Grimms und Andersens „Märchen", „Tausendundeine Nacht" und einige der Gleichnisse aus dem Neuen Testament.

Aber wenn ich ohne Abendessen zu Bett geschickt wurde oder wegen einer Missetat in meinem Zimmer eingesperrt wurde, war es immer meine Mutter, die mich tröstete und mir vielleicht heimlich einen Teller Suppe oder Nachtisch brachte und sanft mit mir sprach, bis mein Eigensinn schmolz und ich bereit war, an das Arbeitszimmer meines Vaters zu klopfen und ihn um Vergebung zu bitten. Einmal traute ich mich nicht, sondern malte ein Bild von mir, wie ich reumütig vor seiner Tür stand, und darunter die Worte: „Sieben mal siebzig Mal sollst du vergeben." Dieses Bild schob ich unter der Tür in sein Arbeitszimmer durch und es hatte die gewünschte Wirkung, denn es brachte meinen Vater hervor und brachte ihn in eine sehr verzeihende Stimmung.

Eine meiner Sünden war, dass ich Spinat einfach nicht vertragen konnte. Und da es damals als absolute Pflicht eines Kindes galt, alles zu essen, was man ihm vorsetzte, weil „Gott den Spinat und anderes Gemüse angebaut hatte, um hungrige Kinder zu ernähren" und „es Tausende armer kleiner Kinder gab, die nur zu gern Spinat aßen", war ich gezwungen, ihn zu essen, obwohl ich oft daran erstickte und krank wurde. Bis heute kann ich Spinat nicht vertragen, und bei aller Ehrfurcht und tiefen Zuneigung, die ich für meinen Vater empfinde, glaube ich nicht, dass er in diesem speziellen Fall mit seinen pädagogischen Theorien recht hatte.

Die folgenden Auszüge aus Briefen von Bülows werfen ein interessantes Licht auf die Bedingungen, unter denen mein Vater damals in Breslau arbeitete.

An die Fürstin Carolyn von Sayn-Wittgenstein (Liszts engste Freundin)

Berlin, 10. Februar 1859.

. . . Ich habe Liszts Versprechen vorweggenommen und die Partitur seines „Ideale" an Damrosch geschickt, der die Stimmen kopieren und das Werk noch in diesem Monat seinem Publikum zugänglich machen wird. Wenn wir doch nur ein halbes Dutzend Soldaten wie Damrosch zur Verfügung hätten! . . .

An Felix Draescke (Komponist und Schüler Liszts, für den sich Bülow um eine Anstellung bemüht hatte)

Berlin, 16. Oktober 1860.

. . . Ich bin überzeugt, dass ich überhaupt nicht helfen kann. Auch Damrosch ist es nicht gelungen, das Gleiche zu erreichen. D. ist mit Frau und Kind, und einem weiteren in naher Zukunft, *quasi* dem Verhungern nahe. Es hat lange gedauert, bis ich endlich erkannte, dass ich nicht helfen kann. . . .

An Hans von Bronsart (gemeinsamer Freund und Musiker. Intendant der Königlichen Oper in Hannover. Anlässlich eines gemeinsamen Konzerts mit Bülow)

. . . Apropos! Bitte setzen Sie Damroschs Honorar so hoch wie möglich fest. Er braucht es. Um ihn besser zu entlohnen, wünsche ich keinen Violoncellisten. Ich hatte mit ihm in Ihrem Namen acht Louis d'or vereinbart. Sie hatten mich ermächtigt, für Laub bis zu zehn zu geben. Damrosch ist Laub + ½. . . .

Laub war ein angesehener Violinist, der in Berlin lebte.

An Richard Pohl (herausragender Musikautor und Propagandist für Wagner, Berlioz und Liszt)

Berlin, September 1861.

... Damrosch war von Tausig zu gemeinsamen Soirées in Wien und einer großen russischen Konzerttournee engagiert worden, aber die Sache wurde plötzlich zunichte, und obwohl man T. keine Verantwortungslosigkeit vorwerfen kann, ist Damrosch auf so jämmerliche Weise wieder an das sterile Breslau gebunden. Armer, hochbegabter, ehrlicher Kerl - muss sich durch größtes *Elend schlagen* . Hat er in Weimar noch immer keine Chance? ...

An Joachim Raff (deutscher Komponist von Rang)

Berlin, 10. November 1860.

. . . Ihre Klavier- und Violinsonate soll ich in Leipzig spielen. Laub und Singer haben Angst vor dem Gewandhaus und sind nicht begeistert davon, daher weiß ich noch nicht, wen ich als Begleiter einsetzen soll. Damrosch, mit dem ich die Komposition vor sechs Wochen spielte, fasst sie nach meinen Vorstellungen ganz außergewöhnlich auf. Das Adagio zum Beispiel spielt er viel schöner als Laub. Sehr wahrscheinlich werden wir uns an ihn wenden. . . .

Im Jahr 1870 waren die Zeitungen voll von Berichten über „die unerhörte Beleidigung König Wilhelms durch den französischen Botschafter Benedetti" und die feindselige Haltung Kaiser Napoleons des Dritten. Der Krieg wurde erklärt und natürlich begannen wir Jungen sofort damit, den militärischen Drill der Soldaten unserer Stadt zu imitieren. Die aufregendste und willkommenste Nachricht für mich war damals, dass mein Klavierlehrer eingezogen worden war und ich große Hoffnungen hegte, nicht mehr der trostlosen Notwendigkeit täglicher Fingerübungen ausgesetzt sein zu müssen, aber leider wurden meine Hoffnungen jäh zunichte gemacht, als ein kahlköpfiger Ersatzlehrer auftauchte, um den Unterricht fortzusetzen.

Bald kamen die Züge mit den Verwundeten und den französischen Gefangenen an, unter denen die dunkelhäutigen Zuaven und Türken besonders unser Interesse erregten. Wir schauten neidisch auf die älteren Jungen unserer Schule, die, da sie Französisch gelernt hatten, zu den französischen Offizieren gingen und sie fragten, ob sie etwas für sie tun könnten.

Der Krieg war zu Ende und mein junger Klavierlehrer kehrte zurück, prächtig in seiner Uniform mit den glänzenden Messingknöpfen, in der er meinem Vater und meiner Mutter seinen ersten feierlichen Besuch abstattete. Meine Mutter wollte ihn beruhigen und bat ihn, etwas von seinen Erlebnissen im Krieg zu erzählen, aber er war nicht sehr wortgewandt. Ja, er war bei der Belagerung und Kapitulation von Metz dabei gewesen.

„Wie wunderbar", sagte meine Mutter, „und was ist dir dort passiert?"

„Oh, also, sie – sie – haben auf uns geschossen."

Und das war alles, was wir aus ihm herausbekommen konnten.

Inzwischen war mein Vater mit den musikalischen, gesellschaftlichen und politischen Verhältnissen in Breslau immer unzufriedener geworden. Im Grunde seines Herzens war er ein Republikaner, und die preußische Bürokratie, die durch den Krieg immer stärker geworden war, ärgerte und verärgerte ihn. Er konnte nur mit größter Mühe den Lebensunterhalt seiner Familie bestreiten, und er fand, dass die Bevölkerung Breslaus, abgesehen von einer kleinen Gruppe ergebener Anhänger, materialistisch veranlagt und der Kunst, insbesondere den modernen deutschen Komponisten, gegenüber nicht besonders aufgeschlossen war.

1871 erhielt mein Vater von Edward Schubert, dem Musikverleger aus New York, eine Einladung, als Dirigent der Arion Society nach Amerika zu kommen. Obwohl diese Stelle eher klein war, schien sie ihm eine Gelegenheit zu bieten, durch die sich Besseres und Größeres entwickeln könnte, und zwar unter freieren Bedingungen, als sie damals in Deutschland möglich waren. Daher beschloss er im Alter von vierzig Jahren, den Sprung zu wagen und seiner Familie nach Amerika vorauszugehen, um herauszufinden, ob in der Neuen Welt ein Lebensunterhalt und eine neue Karriere möglich wären. Die Arion Society nahm im gesellschaftlichen und musikalischen Leben der in New York lebenden Deutschen eine ehrenvolle Stellung ein.

Ich kann mich an sein Abschiedskonzert in Breslau erinnern, bei dem er Beethovens Neunte Symphonie aufführte. Es gab Lorbeerkränze und Chordamen in Weiß, und es herrschte eine allgemeine Atmosphäre der Begeisterung und vieler Tränen, aber meine Erinnerungen sind vor allem mit meinem Erstaunen verbunden, als mein Rechenlehrer, den ich hasste, in der Pause plötzlich mitten auf dem Parkett aufstand und die Damen mit einem Opernglas anstarrte. Bis dahin war mir als Kind nie in den Sinn gekommen, dass ein schrecklicher Schullehrer im Privatleben ein Mensch wie andere Menschen sein könnte.

Ein ganz tragisches Ereignis war, dass mir während der 9. Sinfonie einer der Hosenträger platzte und ich während der gesamten Aufführung Todesangst hatte, dass meine Hose nicht mehr „sitzt".

Nach der Abreise meines Vaters spielten wir Kinder natürlich nichts anderes, als auf einem Schiff davonzusegeln, wobei wir uns wiederum hauptsächlich an den Möbeln im Wohnzimmer und Esszimmer bedienten. Wir lasen „Robinson Crusoe" und spielten die einzelnen Kapitel mit großer Befriedigung nach. Uns machte das alles großen Spaß, aber die Qual des Abschieds von dem Land, in dem sie aufgewachsen waren und so viele Jahre gelebt hatten, und die Furcht vor dem Unbekannten in einem fremden Land müssen für meinen Vater und meine Mutter schrecklich gewesen sein.

Schließlich kam ein begeisterter Brief von meinem Vater, in dem er uns aufforderte, ihm nach New York zu folgen. Im August 1871 stachen wir in See, in einem kleinen Schiff des Norddeutschen Lloyd, der *Hermann* aus Bremen, mit meiner Mutter, Tante Marie, Frank, mir und zwei jüngeren Schwestern. Ich war mehrere Tage lang schrecklich seekrank, bis mich der junge Kapitän eines Sonntagmorgens, als ich auf einer Bank an Deck lag, grob von der Bank stieß und sagte: „Schau mal, Junge, du warst lange genug krank, jetzt mach dich bereit", was ich auch tat und den Rest der Reise ungemein genoss. Der Kapitän war in sehr romantischer Stimmung, weil er bei seiner Ankunft in New York ein junges amerikanisches Mädchen heiraten sollte. Abends sang meine Mutter Schubert und Schumann an Deck und der Kapitän veranstaltete mehrmals Feuerwerke, Raketen usw. zu Ehren seiner bevorstehenden Hochzeit.

Als wir in New York ankamen, fanden wir meinen Vater, der nervös am Kai auf und ab ging, wo er seit dem frühen Morgen acht Stunden gewartet hatte, um uns in einer Kutsche von Hoboken zu einem Haus in der East 35th Street zu bringen, das er als Überraschung für meine Mutter gemietet und von oben bis unten komplett eingerichtet hatte. Das warme und kalte Wasser auf jeder Etage, das Gas und die Teppiche waren eine Offenbarung für uns, da diese modernen Annehmlichkeiten damals in Breslau kaum bekannt waren. Meine jüngste Schwester, Elizabeth (jetzt Mrs. Harry T. Seymour), wurde in diesem Haus geboren.

Mein Bruder und ich wurden sofort in die Grundschule der Public School Nr. 40 in der East 23d Street geschickt, und da wir kein Wort Englisch konnten, wurden wir in die unterste Klasse eingeteilt, obwohl ich bereits in der Sexta des Gymnasiums gewesen war und mein Bruder in der Quarta, und ich hatte Latein gelernt und er sowohl Latein als auch Griechisch. Aber wir buchstabierten brav CAT, DOG usw., bis wir nach ein paar Wochen versetzt wurden, und so gingen diese Versetzungen blitzschnell weiter, bis wir Englisch gelernt hatten und in eine Klasse eintreten konnten, die unseren Altersstufen, neun bzw. zwölf, besser entsprach.

Ich setzte mein Klavierstudium bei einem alten Lehrer namens Jean Vogt fort und studierte nach seiner Rückkehr nach Deutschland bei Pruckner, von Inten, Max Pinner und Boeckelman. Letzterer hatte das Gefühl, dass ich meine Finger nicht hoch genug von den Knöcheln heben konnte, und gab mir eine Maschine aus Stahlfedern, die sie durch an den Fingern befestigte Ringe höher heben sollten, als es die Natur zuließ. Leider führte diese Vorrichtung zu einer Schwäche des dritten Fingers meiner rechten Hand, von der ich mich nie ganz erholt habe und die mich leider oder glücklicherweise daran gehindert hat, ein professioneller Klaviervirtuose zu werden. Aber ich hatte mir eine gute Technik und eine singende Tonqualität angeeignet, die mir Jahre später gute Dienste leisteten, als ich begann, Klavierkonzerte der Wagnerschen Musikdramen zu geben, bei denen ich den Orchesterpart am Klavier spielte, während ich den Text rezitierte und die verschiedenen musikalischen Motive und ihre Beziehung zum Text erklärte.

Mein erster Auftritt in einem Orchester war, leider, ein kläglicher Fehlschlag. Ich war erst ein Junge von vierzehn Jahren und mein Vater hatte für ein „Sommernachtsfest" der Arion-Gesellschaft eine bezaubernde Operette von Schubert, „Der Häusliche Krieg", vorbereitet. Darin kommt ein herrlicher Marsch der Kreuzfahrer vor, mit einem lauten Beckenschlag als Höhepunkt. Es schien nicht lohnend, für diesen Schlag einen Musiker zu „voller Tariflöhne" zu engagieren, und so wurde er mir anvertraut. Bei den Proben zählte ich meine Taktpausen und wartete mit solcher Perfektion auf mein Stichwort, dass die Becken zur richtigen Zeit und auf die richtige Weise mit großem Erfolg erklangen, aber bei der Aufführung überkam mich leider eine große Nervosität, und als der Marsch weiterging und sich dem entscheidenden Moment immer mehr näherte, schien meine Hand gelähmt, und als mir das blitzende Auge meines Vaters anzeigte, dass der Moment gekommen war, konnte ich die Becken, die plötzlich wie hundert Tonnen wogen, einfach nicht heben. Der Marsch ging weiter, aber ich hatte das Gefühl, dass ich den ganzen Abend ruiniert hatte und dass jeder im Publikum wissen musste, dass ich es „vermasselt" hatte. Sobald ich konnte, schlüpfte ich aus dem Orchestergraben unter der Bühne in die dunkle Nacht und fühlte, dass das Leben keine Freude mehr für mich bereithielt. Ich konnte es nicht ertragen, den Rest der Oper zu hören oder dem vorwurfsvollen Blick meines Vaters zu begegnen.

NACHMITTAGSKAFFEE IM DAMROSCH-HAUS, BRESLAU, 1867
Frank , Tante Marie, Mutter, Marie, Vater, Walter

II

Bayreuth 1876 – Mein Puppentheater

Im Sommer 1876 eröffnete Wagner das Bayreuther Theater mit der ersten Produktion seiner großen „Nibclungen-Trilogie". Alle alten Freunde und Musiker, die in den Anfangsjahren, als Wagners Genie noch nicht allgemein anerkannt war, an vorderster Front des Kampfes gestanden hatten, versammelten sich von nah und fern, um bei dem dabei zu sein, was eine großartige Demonstration des endgültigen Triumphs der Sache werden sollte.

Mein Vater wollte natürlich unbedingt dort sein und sich mit seinen alten Kollegen freuen. Er war nicht mehr nach Deutschland zurückgekehrt, seit er es 1871 verlassen hatte, um in der Neuen Welt eine Heimat für seine Familie zu finden. Er hatte diesen Schritt nie bereut, aber viele emotionale Bindungen und viele alte Freunde zogen ihn nach Europa. Leider hatte er kein Geld für eine solche Reise und es schien auch keine Möglichkeit zu geben, es zu bekommen. Es gab eine Lotterie, die von einigen Wagner-Enthusiasten ins Leben gerufen wurde, deren Erlös dem Bayreuth-Fonds zugute kommen sollte. Der Gewinner der Glückszahl sollte eine Karte für die erste Aufführung erhalten, und mein Vater kaufte eine Nummer, aber natürlich gewann er nicht, und außerdem musste er noch die Dampfschiffpassage bezahlen und die Unterhaltskosten in Europa. In seiner Verzweiflung erzählte er seinem alten Freund Schirmer, dem New Yorker Musikverleger, von seinem Kummer, und Schirmer sagte sofort:

„Doktor, Sie müssen einfach gehen. Und hier ist ein Darlehen von fünfhundert Dollar, das Sie mir zurückzahlen können, sobald Sie es sich leisten können."

Dies war eine so freundliche und großzügige Tat, dass es mir ein Vergnügen ist, sie hier zu erwähnen, zumal seine beiden Söhne Rudolph und Gustav von Kindheit an bis zu ihrem allzu frühen Tod ebenfalls in freundschaftlicher Vertrautheit mit mir blieben. Ein anderer Freund meines Vaters, Charles A. Dana, der große Herausgeber der *New York Sun, bat ihn, einige Artikel über seine Bayreuth-Erlebnisse für die Sun* zu schreiben, und zahlte ihm weitere fünfhundert Dollar, so dass mein Vater reichlich mit Geld für seine Europareise ausgestattet war.

Dieser Besuch, das Wiedersehen mit Wagner, Liszt, Raff, Lassen, Porges und einer Schar anderer alter Freunde sowie all die Wunder der ersten Inszenierung der „Nibelungen-Trilogie" erfrischten meinen Vater körperlich und geistig ungemein, und als er nach Hause kam und uns von all den herrlichen Erlebnissen der Reise erzählte, war ich ganz betrübt vor Freude und gab sofort mein ganzes Taschengeld für den Bau eines sehr bemerkenswerten Puppentheaters aus, das etwa einen Meter breit und ebenso hoch war, um Wagner selbst aufzuführen. Ich malte die gesamte Kulisse und die Schauspielerpuppen dafür, hatte die brillantesten Lichteffekte und einen Vorhang, der sich mit einer Perfektion auf und ab bewegte, die man nicht einmal auf der echten Bühne immer erlebte.

Da ich ein gewisses Talent zum Malen hatte und Zeichenkurse an der Cooper Union besucht hatte, kannte ich mich einigermaßen mit Farben und Perspektive aus und hatte besondere Freude daran, die Innenräume von Palästen mit Dutzenden von Säulen zu entwerfen, die, beginnend in großer Größe am Proszenium, bis zu den kleinsten Säulen schrumpften und sich allmählich in der trüben Ferne verloren, so dass meine Paläste immer aussahen, als wären sie kilometerlang.

Mein Regiekollege war mein Freund Gustav Schirmer, der Sohn des Verlegers, und unsere erste Inszenierung war natürlich ein Wagner-Musikdrama. Gustavs Mutter war eine begeisterte Wagnerianerin, die schließlich einen Großteil ihres Lebens in Bayreuth und Weimar verbrachte. „Rheingold" schien mir besonders für unser Theater geeignet, da es fast grenzenlose szenische Möglichkeiten bot. Die Wirkung des Wassers in der ersten Szene, die die Tiefen des Rheins darstellen soll, erreichte ich sehr erfolgreich durch mehrere abwechselnde Vorhänge aus blauem und grünem Gaze, und hinter dem felsigen Riff in der Mitte dieser Szene war sehr geschickt ein Gasbrenner versteckt, dessen Licht, während es allmählich an Stärke zunahm, das Erwachen des „Rheingolds" hervorragend simulierte.

Die vereinten Kinder der Familien Schirmer und Damrosch bildeten zusammen mit ihren Ältesten das Publikum. Die Kinder zahlten fünfzig Cent Eintritt, aber Gustav und ich erlaubten unseren Eltern, so viel mehr beizutragen, wie ihre Großzügigkeit es erlaubte, und wir betrachteten dies als eine Subvention ähnlich der, die der bayerische König Wagner in Bayreuth gewährt hatte.

Das Theater war sehr geschickt in der Tür zwischen zwei Räumen platziert worden, aber da das Klavier im selben Raum stand, in dem das Publikum saß, musste ich ständig hin- und herlaufen. Als Gustav beispielsweise den Vorhang zog, um die Tiefen des Rheins zu enthüllen, spielte ich die Rheinmusik, schlich mich dann wieder unter den Tisch, auf dem das Theater stand, und half ihm, die Rheintöchter zu manipulieren. Dann eilte ich wieder zurück, um die Musik zu spielen, die das Erwachen des Goldes begleitete, und so weiter, bis zum Szenenwechsel, als die aufgehende Sonne auf die mächtigen Mauern von Walhalla schien, und ich die majestätischen Harmonien des Walhalla-Motivs wiedergab.

Wenn ich jetzt zurückdenke, muss es eine absolut verrückte Vorstellung gewesen sein, aber das Publikum war unglaublich begeistert und beteiligte sich so großzügig, dass mein Co-Regisseur und ich genug Geld hatten, um mit den Vorbereitungen für ein weiteres Stück zu beginnen.

Manche Eltern mögen beim Lesen dieser Zeilen denken, das sei alles Zeitverschwendung gewesen, aber ich kann ihnen da nicht zustimmen. Ganz abgesehen davon, dass ich dabei viel über den Umgang mit dem Pinsel gelernt habe, war es ein großer Anreiz für die Fantasie und ein willkommenes Ventil für den Wunsch aller Kinder, in einer Fantasiewelt zu leben. Jedenfalls können Gustav Schirmer und ich behaupten, dass wir die ersten waren, die Wagners „Rheingold" in Amerika inszenierten, und es ist möglich, dass dies der Keim für meine Entscheidung war, 18 Jahre später die Damrosch Opera Company zu gründen, die einzig und allein dem Zweck diente, Wagner in ganz Amerika aufzuführen.

Das Puppentheater war allerdings nicht meine einzige Abwechslung von der Schule und dem Musikstudium.

Zu Weihnachten schenkten mir mein Vater und meine Mutter einen sehr gut ausgestatteten Werkzeugkasten, mit dem ich unter anderem ein Puppenhaus für meine Schwestern und eine ganze kleine Flotte von Booten baute. Ich erinnere mich an einen Dreimaster, etwa drei Fuß lang, dessen Holz ich von einem Vorarbeiter der Steinway-Klavierfabrik bekam, die damals in der Park Avenue lag. Mit diesem Dreimaster mit allen Segeln gewann ich mehrere Rennen auf dem Teich im Central Park.

Damals lag der Central Park noch sehr weit oben in der Stadt, und wo heute die Paläste der Millionäre an seinen Rändern stehen, lebten irische Hausbesetzer in improvisierten Hütten, um die herum Ziegen von den Felsen, die sich zu allen Seiten erstreckten, ein karges Auskommen hatten. Diese Hausbesetzer erwarben eine Art Pfandrecht an dem Land, das meines Wissens eine gewisse Rechtskraft erlangte, als das Grundstück immer wertvoller wurde und die Eigentümer begannen, das Land für Wohnzwecke zu nutzen.

Genau wie in den frühen Tagen in Breslau feierten wir in Amerika weiterhin Heiligabend in der guten alten Art. Schon Wochen zuvor hatte sich eine köstliche Atmosphäre des Mysteriums und der Heimlichkeit über jedes Familienmitglied verbreitet. Das „vordere Wohnzimmer" wurde für uns Kinder tabu. Pakete kamen an und wurden dort aufbewahrt. Der Weihnachtsbaum, der immer sorgfältig von meiner Mutter ausgesucht wurde und der nach alten Vorschriften mit seiner Spitze die Decke berühren musste, wurde abends hereingebracht, nachdem wir vorsichtig nach oben in unsere jeweiligen Schlafzimmer „gescheucht" worden waren.

Aus Dutzenden von Blättern Gold- und Silberpapier schnitten wir glitzernde Girlanden für den Baum, und natürlich wurde von uns erwartet, dass wir unseren Eltern am Weihnachtsabend etwas selbst Gebasteltes überreichten, ein Gedicht aufsagen oder ein neues Klaviersolo spielen konnten. Von all dem sollten sie bis zum großen Tag nichts wissen, obwohl sie uns wohl schon wochenlang beim trostlosen Üben zugehört hatten.

Die Feier fand am Weihnachtsabend vor dem Abendessen statt. Mein Vater und meine Mutter verschwanden in das verbotene Zimmer, um die hundert Kerzen am Baum anzuzünden und den Haufen von Geschenken den letzten Schliff zu geben. Dann spielte mein Vater einen Marsch auf dem Klavier und wir marschierten alle hinein und standen atemlos vor dem Baum, der so schön vom sanften Licht der Kerzen erleuchtet wurde. Unsere Geschenke bestanden natürlich hauptsächlich aus notwendigen Kleidungsstücken und Unterwäsche, Schuhen usw., die wir sowieso bekommen hätten, die aber durch den Anlass noch mehr Glanz bekamen. Aber es gab immer Bücher, und der Baum war voll mit Kuchen und Süßigkeiten und bunten Papierblumen, und es gab Spielzeug und fröhliches Singen von Weihnachtsliedern und Hymnen um den Baum herum. Dann gab es ein köstliches Abendessen, begleitet von einem Becher, dessen Bestandteile Rheinwein und geschnittene Ananas waren.

Nach dem Abendessen mussten wir Kinder unsere Verse aufsagen oder unsere Klaviersolos spielen, und leider endeten diese Vorführungen manchmal in Tränen, da die aufregenden Ereignisse, die diesem Beitrag zu den Festlichkeiten vorausgingen, manchmal unser Gedächtnis trübten und wir mittendrin „steckenblieben". Dann warfen wir einen erschrockenen Blick auf meinen Vater, der vielleicht ziemlich ernst dreinschaute, bis Mutters Lächeln oder eine scherzhafte Bemerkung ihn und uns wieder in gute Laune versetzte.

Diese wunderbaren Weihnachtsfeiern meiner Kindheit setzten sich auch in meiner Ehe fort. Als dann meine Kinder kamen, versuchten meine Frau und ich, neben der Teilnahme am Weihnachtsbaum meiner Mutter, an diesem schönen Tag eine Art festliches Fest in unser eigenes Heim zu bringen, das unseren Kindern und Freunden das weitergeben sollte, was mein Vater und meine Mutter und Tante Marie mir so freigiebig geschenkt hatten.

Wir hatten einige wunderbar fröhliche Weihnachten. Meine vier Kinder und ihr Cousin Walker Blaine Beale übernahmen liebevoll die Bürde unserer Unterhaltung. Manchmal wurde ein Theaterstück geschrieben oder Scharaden improvisiert, wofür die Schränke im Obergeschoss in solcher Eile und inmitten solch gnadenloser Verwirrung nach Kostümen und anderen Utensilien durchsucht wurden, dass Minna, unsere alte schwedische Amme, die seit der Geburt meiner ältesten Tochter in unserer Familie ist, oft entsetzt die Hände über dem Kopf zusammenschlagen musste, als sie die Schlafzimmer sahen, die tatsächlich aussahen, als ob ein Tornado über sie hinweggefegt wäre. Ich erinnere mich an eine köstliche Parodie von „Pelléas et Mélisande", die meine älteste Tochter Alice geschrieben hatte. Ich hatte in der vorangegangenen Saison eine Reihe von Vorträgen über die Oper gehalten, und sie war in der Familie sehr präsent. Dann wurde im nächsten Jahr ein Drama über „Der Nordpol" geschrieben. Dies geschah kurz nach dem Streit zwischen Peary und Cook über die Entdeckung des Pols. Es war ein echter Schauer, als wir in unser umgebautes Wohnzimmer zurückgeführt wurden. Der Weihnachtsbaum war schnell zu einer einsamen Kiefer geworden, die sich von den öden Flächen der nördlichsten Baumwolltücher abhob und sich in alle Richtungen über „Hügel" aus Sofas und Stühlen erstreckte. Unsere fünf Kinder – Walker schien bei diesen Feierlichkeiten genauso unser eigenes Kind zu sein wie meine eigenen vier Mädchen – boten uns ein wunderbar temperamentvolles Drama über die Eroberung der Polarregionen!

Ich kann das Lachen des lieben David Bispham sehen und hören, die Begeisterung meiner alten Freunde Dr. und Mrs. George Harris, Margaret Anglin, Julie Faversham … Unsere frohen, frohen Weihnachten!

Die letzte Weihnachtsfeier bei uns zu Hause war die von 1916. Dann, 1917, trainierte Walker in Camp Dix und wir gingen alle mit seiner Mutter aus und verbrachten den Weihnachtstag in einem Gasthof in der Nähe, in den er kommen konnte. Überall ging das Gerücht um, dass sein Regiment in ein paar Tagen nach Übersee aufbrechen würde, obwohl er tatsächlich erst im Mai ablegte. Wir alle taten unser Bestes, um es in diesem Hotelspeisesaal fröhlich zu machen, während es düster regnete. Wir waren so stolz auf unseren jungen Leutnant in Khakiuniform! Meine Polly spielte und spielte Lumpen, alles und jedes, auf dem alten Hotelklavier. Wir wussten nicht, dass es unser letztes fröhliches gemeinsames Weihnachten sein würde, aber der Krieg hatte der Freude bereits eine Art sehnsüchtige Qual verliehen.

Mein Neffe wurde am 18. September 1918 in Saint-Mihiel getötet. Er wollte die Sicherheit seiner Männer auskundschaften und sprang über einen Zaun, um sich drei Offizierskameraden anzuschließen. Eine Granate zerfetzte sie. Das geschah am frühen Nachmittag. Walker wurde in ein Feldlazarett gebracht und starb um elf Uhr abends.

Wir wissen, dass er nicht sehr gelitten hat, und wir glauben zu wissen, dass er nie begriff, wie schwer er verwundet war, dass er nie wusste, dass das, was er als Soldat so bereitwillig anbot, angenommen wurde.

Er war der jüngste Enkel seines Großvaters, Mr. Blaine, erst 22 Jahre alt, der einzige Sohn seiner Mutter, unser Klügster und Bester.

Es vergeht kein Tag, an dem wir nicht an ihn denken, aber Weihnachten, der Tag des Schenkens, ist für ihn ein ganz besonderer Tag.

An einem frostigen Tag im letzten Winter (Januar 1922) reiste ich mit meiner Frau in einem unordentlichen, heruntergekommenen Nachkriegszug durch Deutschland. Ich war auf dem Weg nach Stockholm, um dort ein Engagement als Dirigent des Orchesters wahrzunehmen. In einer englischen Zeitschrift lasen wir einen Artikel über Tennyson, der mit einer Beschreibung des alten Friedhofs endete, auf dem die Leichen seiner beiden Enkelsöhne ruhten, die beide im Krieg gefallen waren. „Ich wusste nicht", sagte ich und blickte über das schwarze, winterliche, flache deutsche Land, „dass Tennyson im Krieg *zwei Enkelsöhne verloren hat!"*

„Aber das hat *mein* Vater auch", sagte meine Frau stolz, und sie sprach die Wahrheit, denn ein anderer Neffe, Emmons Blaine aus Chicago, war nicht weniger ein Kriegsopfer als Walker. Da er die für den Eintritt in die Armee erforderlichen körperlichen Tests nicht bestand, quälte ihn die Suche nach dem größten Bedarf der Nation hinter den Linien. Er entschied sich für den Schiffsbau und bot sich als Arbeiter auf Hogg Island in der Nähe von Philadelphia an. Obwohl er nie übermäßig stark war, arbeitete er früh und spät und fiel der schrecklichen „Grippe"-Epidemie zum Opfer. Er starb am 9. Oktober 1918 in Lansdown. Obwohl Walker bereits in Frankreich gestorben war, wussten wir erst zu diesem Zeitpunkt, dass er verwundet war. Von seinem Tod erfuhren wir vier Tage später. So sind diese beiden Cousins, Emmons und Walker, für immer in unserer Qual, unserem Stolz und unserer Liebe miteinander verbunden.

Drittes Kapitel

GRÜNDUNG DER SYMPHONY AND ORATORIO SOCIETIES OF NEW YORK

1873 kam Anton Rubinstein, der größte russische Pianist, in Begleitung des Geigers Wieniawski auf Einladung von Steinway & Sons nach Amerika. Er speiste bei uns zu Hause und drückte sein Erstaunen darüber aus, dass mein Vater in New York noch keine Position erlangt hatte, die seinem Ruf und Können entsprach. Mein Vater erklärte ihm, wie schwierig die Situation war und dass Theodore Thomas das gesamte Orchestergeschäft monopolisierte. Er erzählte Rubinstein, dass er Thomas bei seiner Ankunft in New York im Musikgeschäft von Edward Schubert am Union Square kennengelernt hatte und dass Thomas nach der Vorstellung zu ihm gesagt hatte:

„Ich habe gehört, Doktor Damrosch, dass Sie ein sehr guter Musiker sind, aber eines möchte ich Ihnen sagen: Wer auch immer meinen Weg kreuzt, den vernichte ich."

Thomas war damals tatsächlich der Ansicht, Amerika sei nicht groß genug, um mehr als ein Orchester zu beherbergen. Doch er erlebte noch, wie mein Vater ihn als Leiter eines Symphonieorchesters übertraf, das erste große Musikfestival in New York gründete und vor allem die Oper in deutscher Sprache an der Metropolitan Opera aufbaute.

Im Jahr 1881 gründete Major Higginson in Boston das erste dauerhaft bestehende Sinfonieorchester, und vor Thomas' Tod waren in den Vereinigten Staaten ein halbes Dutzend großer, subventionierter Orchester aktiv; seither ist ihre Zahl auf zwölf angestiegen.

Rubinstein sagte zu meinem Vater: „Warum gründest du nicht zunächst einen Oratorienverein, das wird zu anderen Dingen führen?"

Mein Vater konsultierte einige treue Freunde, und so wurde 1873 die Oratorio Society of New York gegründet. Sie begann mit den Proben in der Trinity Chapel mit einem Chor von etwa achtzehn Sängern, wobei die herrliche Stimme meiner Mutter die Sopranistinnen anführte und ich als sehr bescheidenes kleines Ich die Altstimmen spielte. Die Uraufführung fand im folgenden Winter in den Lagerräumen der Knabe Piano Company statt, zu diesem Zeitpunkt war der Chor auf sechzig Sänger angewachsen. Das Programm war für diese Zeit bemerkenswert und umfasste A-cappella-Chöre und begleitete Chöre von Bach, Mozart, Händel, Palestrina und Mendelssohn.

Von diesen bescheidenen Anfängen entwickelte sich die Gesellschaft zum bedeutendsten Vertreter der Chormusik in New York. Unter der Leitung meines Vaters führte sie mit einem 350-köpfigen Chor die älteren Oratorien von Händel, Haydn und Mendelssohn auf, aber auch Neuheiten wie den ersten Teil von Liszts „Christus", das „Requiem" und „Fausts Verdammnis" von Berlioz, das „Requiem" von Brahms, Cowens „St. Ursula", das Chorfinale aus dem ersten Akt des „Parsifal" und den dritten Akt der „Meistersinger".

Indirekt, aber logisch, führte die Gründung der Oratorio Society 1877 zur Gründung der Symphony Society of New York, die meinem Vater endlich ein Orchester gab, mit dem er seine Fähigkeiten als Symphoniedirigent unter Beweis stellen konnte.

Die Unterschiede zwischen ihm und Thomas waren sehr ausgeprägt. Thomas, der seine gesamte Ausbildung in Amerika absolviert hatte, hatte immer nach großer Sauberkeit in der Ausführung, metronomischer Genauigkeit und striktem Tempo sowie einer strikten und wörtlichen (und daher eher mechanischen) Befolgung der Zeichen der Komponisten gestrebt. Amerika war ihm für die hohe Qualität seiner Programme zu großem Dank verpflichtet. Mein Vater war in einer moderneren Interpretationsschule ausgebildet worden, und seine Interpretationen waren emotional intensiver. Er war der erste Dirigent in diesem Land, der diese feinen und zarten Abstufungen im Tempo entsprechend den inneren Anforderungen der Musik vornahm, Abstufungen, die zu subtil sind, um durch die Zeichen des Komponisten angezeigt zu werden, da dies zu Übertreibungen führen würde, die heute jedoch allgemein als notwendig erachtet werden, um das *Melos* eines Werks hervorzuheben.

Beide Dirigenten hatten ihre gewalttätigen Anhänger, und da sie zu dieser Zeit buchstäblich die einzigen Orchesterdirigenten in Amerika waren, kochten die Emotionen hoch. Mein Vater kam als Letzter, und Thomas war auf dem Feld gut aufgestellt und hatte eine Gruppe reicher Männer, die ihn unterstützten. Die ersten Jahre waren für meinen Vater sehr hart, und ein Teil der New Yorker Zeitungen attackierte ihn erbittert, ununterbrochen und mit rachsüchtiger Feindseligkeit. Immer wieder erfüllten Mordträume mein junges Herz, wenn ich einen dieser Angriffe in der Morgenzeitung las.

Es war harte Arbeit, die beiden Gesellschaften am Laufen zu halten und ihnen zu ermöglichen, die Rechnungen für Saalmiete, Solisten und Orchester zu bezahlen. Es gab bis dahin nur ein kleines Publikum für die höheren Formen der Musik, und immer wieder sah es so aus, als müssten weitere Bemühungen aufgegeben werden. Aber mein Vater hielt durch und kämpfte weiter, verdiente den Lebensunterhalt für seine Familie, indem er Violine, Komposition und Gesang unterrichtete und gelegentlich eine Gage von „hundert Dollar in Gold" als Violinsolist oder bei einem Kammermusikkonzert erhielt, als musikalischer Leiter einer Kirche und als Dirigent des deutschen Männergesangvereins Arion amtierte.

Die erste Aufführung von Brahms' 1. Sinfonie in c-Moll wurde zum Gegenstand heftiger Rivalität zwischen den beiden Dirigenten. Brahms hatte bis zu seinem vierzigsten Lebensjahr gewartet, bevor er eine Sinfonie schrieb, und das Werk wurde in New York mit Spannung erwartet, da die Berichte aus Deutschland bewiesen, dass es eine Sensation ausgelöst hatte.

Mein Vater besuchte den alten Gustav Schirmer in seinem Laden am Broadway und fragte ihn, ob die Orchesterpartitur dieses Werks schon angekommen sei. Schirmer sagte ihm, dass dies der Fall sei, er aber verpflichtet sei, sie Theodore Thomas zu überreichen, wie er es ihm versprochen habe. Mein Vater war sehr betrübt über den Gedanken, dass ihm dieser Preis auf diese Weise entgangen war, und er sprach voller Bedauern darüber mit einer seiner Kompositionsschülerinnen, Mrs. James Neilson, Mitglied einer alten aristokratischen Familie aus New Brunswick, New Jersey, und eine Frau von großer Schönheit und Vornehmheit. Mrs. Neilson sagte meinem Vater nichts, sondern ging ruhig zu Schirmer hinunter und erkundigte sich beim Verkäufer, ob die Orchesterpartitur der Brahms-Sinfonie angekommen sei, und als er dies bejahte, fragte sie, ob sie zu verkaufen sei. „Sicher", antwortete der Verkäufer.

Sie kaufte daraufhin eine Kopie der Partitur und schickte sie mit freundlichen Grüßen an meinen Vater. Er war sehr erstaunt, aber sie erzählte ihm erst Wochen später, wie sie an die Partitur gekommen war.

Er erhielt die Partitur an einem Donnerstag und die erste Probe für das nächste Konzert sollte am darauffolgenden Montag stattfinden. Es blieb also nur wenig Zeit, die nötigen Orchesterstimmen zu beschaffen, und Schirmer wollte ihm natürlich keine verkaufen. Er zerschnitt daher die Partitur in drei Teile und teilte sie unter drei Kopisten auf, die Tag und Nacht arbeiteten und es schafften, die Stimmen rechtzeitig zur Probe fertig zu haben. Groß war der Triumph im Lager Damrosch über diesen Sieg über die Thomas-Streitkräfte.

Einige Jahre später führte ich in New York zum ersten Mal die Dritte und Vierte Symphonie von Brahms auf, aber ich hatte keine List nötig, um an die Partituren und Orchesterstimmen zu kommen.

Die Bedingungen für das Orchester waren im Vergleich zu heute schlecht. So etwas wie ein „ständiges Orchester" gab es nicht. Die Musiker der Symphony Society beispielsweise spielten im Winter sechs Symphoniekonzerte, denen jeweils eine öffentliche Probe vorausging. Sie leiteten auch vier Konzerte der Oratorio Society, und das war fast schon alles, was sie in dieser Richtung unternahmen. Den Rest der Zeit verdienten sie ihren Lebensunterhalt mit Unterrichten, Spielen im Theater, bei Tanzveranstaltungen und einige von ihnen sogar bei politischen oder militärischen Prozessionen und Massenversammlungen. Wenn sich ein besserer „Job" als das Symphoniekonzert ergab, schickten sie meinem Vater einfach einen Ersatz. Kein Wunder, dass ihnen gelegentlich die Lippen versagten und das erste Horn oder die erste Trompete während eines Symphoniekonzerts bei einer wichtigen Note zerbrach. Und doch gelang es meinem Vater trotz dieser entmutigenden Bedingungen, den Orchesterspielern eine solche emotionale Intensität zu verleihen und ihnen eine so erhabene Interpretation zu vermitteln, dass das Publikum damals oft zu größter Begeisterung angeregt wurde; und ich hakte mich sehr stolz bei ihm ein, wenn wir von einem Konzert nach Hause marschierten, obwohl wir wussten, dass der Konzertpreis nicht mehr als 800 Dollar betrug und die Einzelverkäufe an der Abendkasse nicht einmal die Hundert-Dollar-Marke erreicht hatten.

Doch all dies änderte sich schlagartig im Jahr 1879, als mein Vater beschloss, „Fausts Verdammnis" von Berlioz aufzuführen, das bis dahin in Amerika unbekannt war. Dieses Konzert, das in der Steinway Hall in der East 14th Street stattfand, erforderte die Dienste von Solosängern, des New York Symphony Orchestra, des Chors der New York Oratorio Society und des Männerchors der Arion Society.

Das Werk und die Aufführung waren eine Sensation. Ganz New York war davon begeistert, und im Winter 1879 wurde es fünfmal hintereinander vor ausverkauftem Haus aufgeführt und sorgte für eine Aufregung, wie sie New York auf dem Konzertsektor noch nie erlebt hatte.

Ich spielte bei all diesen Aufführungen am letzten Pult der zweiten Geigen, da mein Vater es für mich als zukünftigen Dirigenten für äußerst wertvoll hielt, als Teil des Orchesters dem Takt des Dirigenten folgen zu können.

IV

AUGUST WILHELMJ—TERESA CARRENO

Im Frühjahr 1878 besuchte Maurice Strakosch, ein alter Konzertmanager, meinen Vater und fragte ihn, ob er mir gestatten würde, mit dem berühmten Geiger August Wilhelmj, der damals unter Strakoschs Leitung durch das Land tourte, auf eine Konzerttournee in den Süden zu gehen. Herr Max Liebling, sein regelmäßiger Begleiter, war erkrankt, und da sowohl Wilhelmj als auch Strakosch wussten, dass ich meinen Vater häufig zu Hause begleitet hatte, dachten sie, dass ich die Position so kurzfristig akzeptabel ausfüllen könnte. Ich war natürlich ganz aus dem Häuschen vor Freude über die Idee und überredete meinen Vater, mich gehen zu lassen. Ich sollte das für mich großzügige Gehalt von hundert Dollar pro Woche und alle meine Eisenbahnkosten erhalten.

Wir brachen am folgenden Montag auf, die Gesellschaft bestand aus Wilhelmj, einer Sopranistin, deren Namen ich vergessen habe, und Teresa Carreno, die damals bereits eine großartige Pianistin war und sicherlich die schönste Frau, die ich je gesehen hatte.

Wilhelmj, die außerordentlich faul war, weigerte sich sogar, mit mir zu proben. Unser erstes Konzert fand in Washington statt, und ich sollte ihn unter anderem beim Violinkonzert von Mendelssohn begleiten. Ich war natürlich nervös deswegen, und zu meinem freudigen Erstaunen wandte sich Carreno am Nachmittag des Konzerts gegen Wilhelmj, machte ihm Vorwürfe, weil er mir keine Probe gegeben hatte, und bestand darauf, dass sie ihn, anstatt mich einer solch ungerechten Belastung auszusetzen, selbst beim Konzert begleiten würde. Dies war eine typische Handlung dieser bemerkenswerten Künstlerin und Frau, und ich werde in einem anderen Kapitel ausführlicher über meine unmittelbare Verehrung für sie sprechen.

In Washington empfing mich der preußische Minister Baron von Schloetzer, ein alter Freund meines Vaters, sehr freundlich und nahm mich zu meiner Freude in das Abendessen auf, das er zu Ehren von Wilhelmj und Carreno gab. Er war ein origineller und entzückender alter Junggeselle und überaus musikbegeistert, obwohl seine einzige Begabung in dieser Hinsicht ein echtes Talent fürs Pfeifen war. Sein Glanzstück *war* die „Tannhäuser-Ouvertüre", in der er scheinbar gleichzeitig den „Pilgerchor" und die flatternden begleitenden Violinen pfiff.

Beim Abendessen behandelte er mich ein bisschen wie ein älterer Mann ein Kind und sagte zu meinem großen Verdruss seinem Butler, er solle mein Glas nur halb füllen, weil ich zu jung sei, um so viel zu trinken wie die älteren Leute. Er hatte mehrere seltene Jahrgänge Bordeaux auf dem Sideboard stehen und einige davon durfte ich nicht einmal probieren, alles aus demselben Grund.

Nach dem Abendessen spielten sowohl Wilhelm als auch Carreno und dann sang die wunderschöne Mme. de Hagemann, die amerikanische Frau des schwedischen Ministers, ganz entzückend. Sie hat seitdem bezaubernde Memoiren über ihr früheres diplomatisches Leben im Ausland geschrieben, insbesondere über den Hof Napoleons des Dritten kurz vor dem Deutsch-Französischen Krieg, mit dem Titel „Höfe der Erinnerung".

Von Washington aus reisten wir immer weiter nach Süden und mein junger Geist war ungeheuer beeindruckt von der romantischen Atmosphäre, der üppigen tropischen Vegetation und dem faulen, fröhlichen Leben der überall herumschwirrenden „Nigger".

In Macon, Georgia, wohnten Wilhelmj und ich in einem alten, baufälligen Hotel in zwei Zimmern mit eigenem Bad. Wir wachten erst am nächsten Morgen gegen elf Uhr auf, fühlten uns sehr schwer und hatten Kopfschmerzen, und bei der Untersuchung stellten wir fest, dass unsere Koffer von allen Wertsachen durchwühlt worden waren, die sie enthielten. Wir waren offensichtlich mit Chloroform betäubt worden. Wilhelmj beauftragte einen stämmigen Detektiv, den Fall zu übernehmen, aber natürlich geschah nichts, außer dass Wilhelmj und ich Revolver kauften. Seiner war sehr groß und meiner sehr klein, und dies ist so ziemlich die einzige Waffe, die ich je erworben und natürlich nie benutzt habe.

New Orleans war eine echte Offenbarung. Damals war es noch eine durch und durch französische Stadt. Ich wurde von mehreren entzückenden kreolischen Familien zum Abendessen eingeladen und die Tischsprache war Französisch. Die alten kreolischen Restaurants waren auf dem Höhepunkt ihres Glanzes und ich hatte noch nie zuvor so köstliche Krabben, Pompanos und Garnelen gegessen. Leider wurden ihre schönen Sandböden durch tanzende Parkettböden ersetzt und laute Ragtime-Bands und miserable Küche sind nur ein schwacher Ersatz für ihren früheren Glanz.

DAS MUSIKFESTIVAL VON 1881

Im Sommer 1880 kam mein Vater auf die Idee, im Mai 1881 ein riesiges Musikfestival zu veranstalten, das eine Woche dauern sollte und für das ein Chor von 1.200 Sängern, dessen Kern die Oratorio Society sein sollte, den ganzen Winter über in Gruppen trainiert werden sollte. Er beriet sich mit einigen seiner Freunde, skizzierte ihnen sein Projekt und es wurde eine Music Festival Association gegründet, die sich aus den Leitern seiner Symphonie- und Oratorio-Gesellschaften zusammensetzte. Weitere prominente New Yorker Bürger wurden hinzugezogen und ein Garantiefonds wurde bereitgestellt, der das Projekt finanziell absichern sollte.

Obwohl ich erst achtzehn war, hielt mich mein Vater für fortgeschritten genug, um mir das Einstudieren eines großen Teils des Chors anzuvertrauen, ein Vertrauen, auf das ich sehr stolz war.

Den gesamten Sommer 1880 verbrachte ich in der kleinen neuenglischen Stadt Amherst. Ein sehr bemerkenswerter Franzose namens Dr. Sauveur hatte ein neues System für den Unterricht in Französisch und Latein perfektioniert, und das Amherst College hatte ihm seine Gebäude für einen Sommerkurs überlassen. Mein Vater und ich fanden, dass dies eine ausgezeichnete Gelegenheit für mich war, die Grundlagen dieser beiden Sprachen zu erlernen.

Ich kam also bewaffnet mit einem Flügel, Unmengen von Notenpapier und der Orchesterpartitur des „Requiems“ des großen Berlioz in Amherst an, das mein Vater als eines der Werke ausgewählt hatte, die beim Festival aufgeführt werden sollten. Es gab keine Klavierpartitur, und zu meiner Freude vertraute mir mein Vater die Aufgabe an, eine aus der Originalpartitur anzufertigen.

Ich bekam von einem Bauern an der Hauptstraße ein schönes Schlafzimmer für den üppigen Preis von zweieinhalb Dollar pro Woche, und mein Flügel wurde im Salon aufgestellt, den ich vier Stunden am Tag zum Üben uneingeschränkt nutzen konnte. Meine Mahlzeiten nahm ich im wichtigsten kleinen Hotel für sechs Dollar pro Woche ein, und als der freundliche Besitzer mich mein erstes Abendessen einnehmen sah, sagte er:

„Wenn ich gewusst hätte, dass Sie so herzhaft sind, hätte ich mehr von Ihnen verlangt. Ich werde nichts aus Ihnen machen.“

Die Mahlzeiten waren auf jeden Fall köstlich, und mit 18 Jahren ist die Belastbarkeit in dieser Hinsicht unbegrenzt.

Als ich im Mai ankam, war das College noch in Betrieb und mehrere Studenten hießen mich herzlich willkommen, unter ihnen Lawrence Abbott, heute Herausgeber von *The Outlook*, und John Cotton Smith, heute Rektor von St. John's in Washington.

Meine Tage waren sicherlich sehr arbeitsreich. Am Morgen besuchte ich die Französisch- und Lateinstunden von Dr. Sauveur und am Nachmittag übte ich Klavier und arbeitete fleißig am Arrangement der Klavierpartitur von Berlioz' „Requiem“. Nebenbei schien ich viel Zeit für Spiele und Spaß aller Art mit einer entzückenden Familie zu finden, die dort ein Landhaus besaß und bei der ich zum ersten Mal einen echten Einblick in das amerikanische Landleben bekam, das in der Tat einzigartig ist und mit dem sich kein anderes Land vergleichen lässt.

Sobald die einzelnen Nummern meiner Bearbeitung des Berlioz-Requiems fertig waren, schickte ich sie an meinen Vater weiter, der sie nach

Überarbeitung an den Verleger weitergab, um die Klavierauszüge für die Proben im Herbst fertig zu haben. Er war mit meiner Arbeit sehr zufrieden, besonders mit der „Tuba Mirum", in der ich seiner Meinung nach die vier Orchester, die Berlioz an den vier Ecken der Bühne als Posaunen des Jüngsten Gerichts aufstellen wollte, recht geschickt zusammengefaßt hatte.

Als ich im September nach New York zurückkehrte, vertraute mir mein Vater die Sektion B der New York Festival Chorus mit zweihundert Stimmen und die der Newark Harmonic Society aus Newark, New Jersey, mit dreihundert Stimmen an. Er selbst übte den Chor der Oratorio Society mit vierhundert Stimmen, bei dem ich immer die Klavierbegleitung spielte, und Mr. Cortada, ein alter Schüler meines Vaters, unterrichtete eine Sektion in Brooklyn und eine andere in Nyack, New York. Ich stürzte mich mit solcher Vehemenz und Begeisterung in meine Aufgabe, dass meine Chöre zum Zeitpunkt des Festivals zwar perfekt waren, ich aber sprachlos geworden war. Meine Stimmbänder hatten sich vor berechtigter Wut über meinen Missbrauch völlig verzogen.

Zu den Chorwerken, die aufgeführt werden sollten, gehörten Berlioz' „Requiem", Rubinsteins „Turm zu Babel", Händels „Messias", Beethovens „Neunte Symphonie" und kürzere Stücke. Der riesige Chor und das Orchester zählten 1.500 Personen, und in der Waffenkammer des Siebten Regiments, in der das Festival stattfand, wurden eine spezielle Bühne und ein Resonanzboden errichtet. Die Orgel aus der St. Vincents-Kirche wurde leibhaftig hergebracht, und ich wurde mit der Orgelbegleitung betraut. Ein riesiges Publikum von zehntausend Menschen besuchte jede Aufführung, und das Publikum lobte meinen Vater mit großer Begeisterung als Amerikas größten Musiker. So glückliche, glückliche Tage!

Unter den vielen Erinnerungen an diesen großen Anlass kann ich nie die erste Probe der vier Orchester und sechzehn Pauken vergessen, die Berlioz in der „Tuba Mirum" zur Darstellung des Jüngsten Gerichts verwendete. Diese Probe fand im Foyer der alten Musikakademie in der Fourteenth Street statt; und als die sechzehn Pauken wie ein Mann hereinkamen, gerade als die Fanfare der Gerichtstrompeten begann, war die Wirkung dieser Vibrationen in einem verhältnismäßig kleinen Raum so gewaltig, dass die Orchestermitglieder einer nach dem anderen aufstanden und ein Gemurmel einsetzte, das immer stärker wurde und sich schließlich in einem lauten Freudenschrei entlud. Es dauerte mehrere Minuten, bis mein Vater die Probe fortsetzen konnte. Ich habe seitdem nie wieder etwas Vergleichbares erlebt. Wir sind heute durch Strauss und die späteren Dissonanzkünstler so versiert, dass uns sogenannte instrumentale „Effekte" weder schockieren noch aufwühlen. Und was die Dissonanzen angeht, mit denen manche Ultramoderne unsere Ohren reizen wollen, so habe ich immer behauptet, das menschliche Ohr sei wie der Rücken eines Esels: Wenn man lange und stark genug darauf peitscht, wird es allmählich unempfindlich gegen Schmerz.

Theodore Thomas und seine Anhänger waren sehr verärgert darüber, dass mein Vater ihnen mit einer so großartigen musikalischen Vorführung „vorausgekommen" war, und sie ahmten seine Idee sofort nach, indem sie im folgenden Jahr im selben Gebäude ein Musikfestival veranstalteten.

Das unmittelbare Ergebnis des Festivals war für mich, dass ich im Alter von 18 Jahren zum ständigen Dirigenten der Newark Harmonic Society gewählt wurde. Dies gab mir die lang ersehnte Gelegenheit, Chorwerke mit Orchesterbegleitung aufzuführen, und mehrere Jahre lang gab ich jeden Winter drei oder vier davon, darunter nicht nur die älteren Oratorien von Händel und Mendelssohn, sondern auch modernere Werke wie Berlioz' „Fausts Verdammnis", Rubinsteins „Turmbau zu Babel", Verdis „Requiem" und Chorauszüge aus den Opern Wagners. Alle diese Konzerte besuchte mein Vater, und nach jeder Aufführung analysierte er mein Dirigat, lobte freimütig und enthusiastisch, wenn ich es seiner Meinung nach verdiente, und zeigte mir auch, wenn er ein Tempo für falsch hielt oder ein Einsatz von Instrumenten oder Chor nicht richtig angegeben war. Meine Mutter und meine Tante liehen mir bei den Aufführungen oft ihre schönen Stimmen im Chor, wenn ich der Meinung war, dass ich sie brauchte, aber sie beharrten immer auf der blindesten Parteinahme, dass meine Konzerte wunderbar gewesen seien und dass ich insgesamt ein ganz bemerkenswerter Junge gewesen sei.

Dieses Jahr markierte meinen wirklichen Anfang als professioneller Musiker, und ich genoss meine wöchentlichen Proben in Newark ungemein, obwohl Pferdebahnen, Fähren und Züge die Reise damals zu einer beschwerlichen Angelegenheit machten. Aber nach jeder Probe pflegten Mr. Schuyler Brinkerhoff Jackson, der Präsident der Gesellschaft, Mr. Shinkle, der Sekretär, mein lieber alter Freund Zach Belcher, ein begeisterter Tenor und Musikliebhaber, und Frank Sealey, mein Pianist und seitdem seit so vielen Jahren Begleiter und Organist der New York Oratorio Society, mit mir in eine nette deutsche Bierkneipe in der Nähe des Bahnhofs zu gehen, wo wir bei einem Glas Bier und Schweizer Käsesandwiches auf die Abfahrt des Zuges warteten und über das Wohlergehen der Harmonic Society und der Musik im Allgemeinen diskutierten. Leider hat das Volstead-Gesetz all diesen einfachen und fröhlichen Zusammenkünften ein Ende gesetzt, und die Sodawassertheke mit ihren schrecklichen Mixturen ist nur ein schwacher Ersatz für das sanfte und wohltuende Bier aus Pilsen und München.

DR. LEOPOLD DAMROSCH UND SEIN SOHN
WALTER IM ALTER VON ACHTZEHN JAHREN

V

LISZT UND WAGNER

Im Frühjahr 1882 segelte ich nach Europa. Mein Vater wollte, dass ich seinen alten Freund Liszt kennenlernte und die Uraufführung des „Parsifal" in Bayreuth hörte. Außerdem machte mir mein Hals immer noch zu schaffen und der Arzt meinte, eine Kur in Ems wäre eine gute Sache.

Natürlich war ich überwältigt von der Vorstellung, dem großen Liszt von Angesicht zu Angesicht gegenüberzustehen. Sein Name war, seit ich denken konnte, in unserer Familie ein Begriff. Mein Vater und meine Mutter hatten mir so viel von seiner Freundschaft zu ihnen, seinem Genie und seinen Triumphen als Klaviervirtuose erzählt und davon, wie er freiwillig auf all das verzichtete, um sich ausschließlich der kreativen Arbeit zu widmen und der gesamten modernen Schule junger Komponisten zu helfen. Mein Vater hatte während der Jahre, die er in Amerika verbracht hatte, einen flüchtigen Briefwechsel mit Liszt geführt, und sobald ich in Weimar ankam, ging ich in das kleine Gärtnerhäuschen, in dem er lebte, um dem alten Meister meine Aufwartung zu machen. Ich betrat sein Zimmer mit großer Beklommenheit, und als ich es schaffte, ein paar Worte zu stammeln, um ihm zu sagen, dass ich der Sohn von Doktor Leopold Damrosch sei, war ich erstaunt über die Freundlichkeit, mit der er mich empfing. Er sprach sofort mit solcher Liebe von meinem Vater und meiner Mutter, dass ich einen Teil meiner Schüchternheit vergaß. Er fragte mich nach einer Oper über Shakespeares „Romeo und Julia", die mein Vater in der alten Weimarer Zeit komponiert hatte, die er aber später aus Unzufriedenheit vernichtet hatte. Dann fragte er mich, wie lange ich in Weimar bleiben wolle. Ich sagte, zwei Tage, und dass ich dann zur Kur nach Ems und dann nach Bayreuth fahre, um die ersten „Parsifal"-Aufführungen zu sehen.

Während ich sprach, vollzog sich bei Liszt eine merkwürdige Veränderung. Er wiederholte mehrmals: „Zwei Tage, ha, ja, ‚Parsifal', natürlich, Bayreuth. – ‚Parsifal', natürlich", und dann nahm er eine Kiste Zigarren zur Hand.

„Na, rauchen Sie wenigstens eine Zigarre, bevor Sie Weimar verlassen?"

Ich sagte: „Nein, Meister, vielen Dank, ich rauche nicht."

„Dann sollten Sie heute Abend ins Theater gehen und sich die Uraufführung von Calderons Stück ‚Vor allem Zauber ist Liebe' anhören, für das Lassen, der alte Freund Ihres Vaters, die Musik geschrieben hat und das er dirigieren wird."

Ich versicherte dem Meister, dass ich bestimmt hingehen würde, doch da ich eine gewisse Kälte in der Luft spürte und das Gefühl hatte, dass eine so unwichtige Person wie ich dem großen Liszt nicht noch mehr Zeit rauben durfte, zog ich mich zurück.

An diesem Abend ging ich in das historische kleine Theater, das durch die Inszenierungen und Dienste Goethes und die denkwürdigen Zeiten in den fünfziger Jahren doppelt geheiligt war, als Liszt dort amtierte und die ersten Aufführungen von Wagners „Lohengrin" dirigierte, in dem meine Mutter *die Ortrude gesungen hatte* . Das Theater war so klein, dass man fast jede Person darin wie in einem Salon sehen konnte, und zu meinem Erstaunen kam in der ersten Pause einer der Diener des Theaters auf mich zu und fragte mich, ob ich Herr Damrosch sei. Als ich dies bejahte, sagte er, Kapellmeister Lassen wolle mich sprechen. Ich folgte ihm auf die Bühne und wurde sofort von Lassen angesprochen, den ich vorher noch nie getroffen hatte, den ich aber kannte, weil er und mein Vater seit vielen Jahren eng befreundet waren.

Er sagte: „Was hast du heute Morgen mit dem Meister gemacht? Ich kam gleich nach deiner Abreise herein und fand ihn in Tränen. Er sagte: ,Ein junger Sohn von Damrosch hat mich heute Morgen besucht. Ich dachte natürlich, er würde hier bleiben und bei mir lernen, aber stattdessen sagte er mir, er würde nur zwei Tage bleiben. Die junge Generation hat mich völlig vergessen. Sie halten nichts von mir und haben keinen Respekt vor uns älteren Männern aus vergangenen Tagen. Bin ich ein Hotel, in dem man sich für eine Nacht ein Zimmer nimmt und dann woanders hingeht?' "

Unnötig zu sagen, dass ich über diese schreckliche Entwicklung einer meiner vollkommen unschuldigen Bemerkungen überwältigt war. Ich konnte es nicht für möglich halten, dass eine so kleine Person wie ich unabsichtlich ein so tragisches Ergebnis herbeigeführt haben könnte, und ich flehte Lassen an, mir zu sagen, wie ich es wiedergutmachen könnte. Lassen, der meinen unglücklichen Zustand sah, riet mir, am nächsten Morgen um acht Uhr wieder zu Liszt zu gehen und ihm alles zu erklären. Ich saß den Rest des Stücks da, hörte aber eigentlich kein Wort davon oder eine Note von Lassens Musik; ich war zu sehr mit meinem eigenen Elend beschäftigt. Ich schlief die ganze Nacht nicht, sondern wälzte mich ruhelos herum, stand um sechs auf und irrte düster umher, bis mir um sieben ein schmuddeliger Kellner im Speisesaal meines Hotels, des „Russischen Erb Prinz", eine Tasse Kaffee brachte.

Pünktlich um acht Uhr klopfte ich an Liszts Tür und als ich eintrat, sah ich diesen wunderbar aussehenden alten Mann mit seinem prächtigen weißen Haar und den tiefliegenden Augen bereits an seinem Arbeitstisch sitzen. Als er mich sah, hob er seine Augenbrauen und sagte:

„Was, immer noch in Weimar?"

Ich trat vor und versuchte zu sprechen, brach plötzlich in Tränen aus und brachte dann meine große Bewunderung für ihn heraus, sagte, dass mein Vater ihn immer als den idealen Musiker unserer Zeit hochgehalten hatte und dass er meine gestrigen Worte missverstanden haben musste, wenn er dachte, ich hätte es mit mangelndem Respekt oder mangelnder Ehrerbietung für einen Mann wie ihn gemeint. Wenn ich das noch einmal lese, kommt es mir ziemlich wortgewandt vor, aber als ich es Liszt erzählte, muss es sehr lächerlich geklungen haben, aber trotzdem fühlte ich plötzlich seine Arme um mich und einen sehr sanften, verstohlenen Kuss auf meine Stirn. Er führte mich zu einem Stuhl, setzte sich neben mich und begann wieder, über meinen Vater und meine Mutter zu sprechen und in Erinnerungen zu schwelgen. Dann lud er mich ein, am Nachmittag zu seinem Klavierunterricht zu kommen, und ich verließ ihn sehr erleichtert über den Ausgang meines Besuchs.

Dann besuchte ich eine andere alte Freundin meiner Eltern und auch Liszts, Fräulein von Schorn. Ich traf in ihrem Haus einen Freund von ihr, Baron von Joukowski, einen angesehenen russischen Maler und einen höchst interessanten Mann, der sich mit der Familie Wagner sehr angefreundet hatte und den Saal des Heiligen Grals für die „Parsifal"-Aufführung in Bayreuth entworfen hatte. Als ich ihnen von meiner Erfahrung mit Liszt erzählte, erklärten sie mir, dass Liszt sehr alt geworden sei, dass er das Gefühl habe, dass die moderne Musikwelt ihn vergesse und dass Wagner mit der Wahl eines geistlichen Textes wie „Parsifal" sozusagen ein wenig in seinen Bereich eingedrungen sei. Vielleicht trübte sogar eine latente Eifersucht auf Wagners alles usurpierende Macht ein wenig die Freundschaft und Selbstaufopferung, die Liszt Wagner sein ganzes Leben lang so reichlich entgegengebracht hatte. Sie erzählten mir auch, dass Liszt inzwischen von einer Horde Kormorane in Gestalt angeblicher Klavierschüler umgeben war, von denen viele weder über wirkliches Talent noch Ehrgeiz verfügten, sondern geradezu von der unglaublichen Freundlichkeit des Meisters lebten, diese auf jede erdenkliche Weise missbrauchten und insgesamt das Weimar jener Tage zu einer Travestie früherer Zeiten machten.

Bülow bestätigte mir dies mehrere Jahre später und erzählte mir, wie er einmal Liszts Räume „ausgeräumt" und dieser widerwärtigen Gesellschaft befohlen hatte, nie wiederzukommen. Liszt hatte ihm gedankt, aber am nächsten Morgen waren sie alle wieder da.

Ich besuchte an diesem Nachmittag das Vorspiel in Liszts Räumen und stellte fest, dass sich dort tatsächlich eine erbärmliche Menge von Speichelleckern und Unfähigen versammelt hatte, aber es gab ein paar Ausnahmen, insbesondere den jungen Eugene d'Albert, der damals vielleicht fünfzehn oder sechzehn Jahre alt war und wunderbar und zu Liszts großer Zufriedenheit spielte. Es gab jedoch ein paar andere, die an diesem

Nachmittag nicht spielten. Aber eine andere, deren Name ungenannt bleiben soll, setzte sich hin, um die Beethoven-Sonate in Es-Dur, Op. 31, Nr. 3, zu spielen, und verpatzte die Einleitung so schrecklich, dass Liszt sie sanft vom Stuhl stieß und sich selbst hinsetzte und sagte: „So sollte es gespielt werden", und dann schien die Musik einfach von seinen Fingern auf die Klaviertasten zu fallen, und eine so himmlische Abfolge von Klängen entzückte mein Ohr, dass ich es nicht für möglich hielt, dass menschliche Hände sie hervorrufen könnten. Dann sagte er zu ihr: „Jetzt versuch es noch einmal." Und sie tat es und spielte, wenn überhaupt, sogar noch schlechter als zuvor. Wieder spielte Liszt die Eröffnungsphrasen und sagte dann etwas irritiert:

„So, blamieren Sie sich noch einmal." Zu unserer Erleichterung hatte sie zu diesem Zeitpunkt das Gefühl, dass sowohl sie als auch wir genug hatten.

Danach traf ich Liszt mehrere Male und er behandelte mich immer mit der gleichen Herzlichkeit, aber hin und wieder kam ihm die Erinnerung an unser erstes Treffen in den Sinn und er machte eine leicht boshafte Bemerkung, wie etwa: „Oh, da kommt unser junger Amerikaner; wie ein Blitz zuckt er durch die Welt!"

Von Weimar fuhr ich nach Ems und unterzog mich dort fünf Wochen lang pflichtbewusst einer „Kur". Ich trank vor dem Frühstück drei Gläser des mehr oder weniger wundersamen Wassers, während die Kapelle spielte, und beobachtete, wie kleine, weiß gekleidete Mädchen dem alten Kaiser Wilhelm lächelnd Sträuße aus Junggesellenknöpfen überreichten – im Volksmund galt dies als seine Lieblingsblume. Der Kaiser pflegte jeden Sommer in Begleitung eines oder zweier Adjutanten in Ems eine Kur zu machen.

Fremden wie mir wurde stets die Stelle auf der Promenade gezeigt, an der der französische Botschafter Benedetti den König von Preußen im Jahr 1870 „beleidigt" hatte. Das war jedoch viele Jahre vor Bismarcks berühmtem und zynischem Geständnis, dass alles nur eine Inszenierung gewesen sei. Er hatte das berühmte Telegramm über das Treffen des Königs mit Benedetti so abgeändert, dass es, wie es in seinen Memoiren heißt, „noch vor Mitternacht in Paris bekannt sein wird und nicht nur wegen seines Inhalts, sondern auch wegen der Art seiner Verbreitung wie ein rotes Tuch auf dem gallischen Bullen wirken wird."

Vor zwei Sommern besuchte ich Ems nach 38 Jahren Abwesenheit mit meiner Frau und meinen Töchtern wieder. Wir waren von Paris nach Koblenz gefahren, um General Allen zu besuchen, der damals das Kommando über unsere Besatzungsarmee in Koblenz hatte, und von dort war es nur eine kurze Autofahrt nach Ems. Wir fanden die Stadt von französischen Truppen aus Marokko besetzt vor, und unsere Offiziere zeigten uns mit einiger Belustigung den Stein, der den Ort markiert, an dem sich Benedetti und König William 1870 getroffen hatten.

Im Juli fuhr ich voller Erwartungen nach Bayreuth, um die ersten vier
Aufführungen von Wagners „Parsifal" zu hören. Für einen jungen Musiker
aus Amerika war eine solche Erfahrung besonders neu und aufregend. Ich
kam ein oder zwei Wochen vor der ersten Aufführung dort an und hoffte,
zu einigen Proben zugelassen zu werden. Das war mir unmöglich, aber ich
traf Dutzende von Künstlern, die mich herzlich empfingen, weil ich der Sohn
meines Vaters war. Viele seiner alten Freunde waren bei den „Parsifal"-
Aufführungen dabei und ich erinnere mich mit großer Freude an den
freundlichen, kultivierten und sanften Hermann Levi, Generalmusikdirektor
der Münchner Oper, der von Wagner ausgewählt worden war, die Bayreuther
Aufführungen zu dirigieren.

Ich erhielt eine Einladung zum ersten Empfang, den Wagner und seine Frau
Cosima in Wahnfried gaben, und begab mich dort pflichtbewusst mit einiger
Nervosität, die sich jedoch etwas legte, als ich Liszt beim Eintreten fast vor
der Tür stehen sah. Er erkannte mich sofort und stellte mich nicht nur
Cosima vor, sondern als sie sagte: „Vater, Sie müssen diesen Sohn unseres
alten Freundes Doktor Leopold Damrosch dem Meister vorstellen", führte
er mich in Wagners Arbeitszimmer, wo ich Wagner von Musikern umgeben
erblickte und vor ihm den riesigen Tenor Albert Niemann, der Wagner-
Liebhabern in Amerika später als mehrere Jahre lang Mitglied der deutschen
Truppe an der Metropolitan und auch als Schöpfer des *Tannhäuser* in Paris
bei den tragischen und desaströsen Aufführungen im Jahr 1861 wohlbekannt
war.

Als wir hereinkamen, machte Wagner einen gnadenlosen Scherz mit
Niemann und sagte:

„Sehen Sie sich diesen Mann an! Ich habe ihn eingeladen, die Rolle des
Parsifal für mich zu spielen, und er hat abgelehnt, weil ich ihm gesagt habe,
dass *Parsifal* ein bartloser Jüngling sein muss, und er meinte, er würde seinen
Bart für keinen Mann abschneiden."

„Aber Meister", antwortete Niemann, „Sie wissen, dass das nicht wahr ist.
Ich würde mir die Nase abschneiden, wenn es nötig wäre, eine Ihrer Rollen
richtig zu singen."

Wagner begrüßte mich freundlich, erkundigte sich nach meinem Vater und
schickte mir einige Tage später über seinen Verleger für meinen Vater eine
Manuskriptkopie des Finales aus dem ersten Akt des „Parsifal" (damals gab
es noch keine Orchesterpartitur) zur Aufführung durch die Symphonie- und
Oratoriengesellschaften in New York. Dies war ein bemerkenswerter Akt der
Freundschaft von seiner Seite und ich war sehr stolz, die wertvolle Partitur
zu meinem Vater zurückbringen zu können.

Es war für mich unbeschreiblich rührend, zu sehen, wie Liszt sich in Wagners Haus zurückzunehmen suchte, damit Wagners Ruhm allein hervortreten konnte. Als ich Liszt dort zum ersten Mal sah, suchte ich, der Gewohnheit der jungen Musiker in Weimar und anderswo folgend, seine Hand, um sie zu küssen; aber mit einer Kraft, die bei einem so alten Mann unglaublich ist, drückte er meine Hand nieder und sagte mit seinem sanften Lächeln: „Nein, nein, nicht hier."

Ich bezweifle, dass es jemals einen Musiker gab, der so unablässig zum Wohle anderer Musiker arbeitete wie er. Er versuchte ständig, sei es mit seinen zehn magischen Fingern als Pianist, mit seiner Feder als Musikkritiker oder Propagandist oder mit seinem eigenen Geld, andere vor der Not zu retten oder ihnen zu der Anerkennung zu verhelfen, die sie seiner Meinung nach verdienten. Es ist unmöglich, die Hunderte zu nennen, denen er auf diese Weise half – Berlioz, Saint-Saëns, César Franck, Schumann, Cornelius und so weiter, und natürlich vor allem Wagner selbst, dessen Freundschaft mit Liszt historisch geworden ist. Wie bei den meisten Freundschaften gibt der eine viel mehr, als er bekommt, und diese Freundschaft war Liszt, der in seiner Bewunderung für Wagners Genie sich selbst und das, was er als Komponist geleistet hatte, in übertriebenem Maße herunterspielte. In jenen persönlichen Eigenschaften, die den Charakter eines Menschen ausmachen, war Liszt unendlich überlegen. Wagners musikalisches Genie war größer, doch brachte es einen überwältigenden Egoismus und eine Eitelkeit mit sich, die viele seiner Beziehungen zu seinen Mitmenschen unglücklich machten. Liszt gab allen weltlichen Ruhm, alle Ehre und alle Reichtümer auf, die er hätte erlangen können, wenn er seine Karriere als vielleicht größter Klaviervirtuose aller Zeiten fortgesetzt hätte, um sich ganz der Komposition und der musikalischen Propaganda zu widmen, ohne an finanzielle Belohnungen zu denken. Er legte buchstäblich, wie sein Schutzpatron Franz von Assisi, das Armutsgelübde ab. Als ich ihn sah, lebte er in äußerst einfacher Weise, reiste immer „zweiter Klasse" und gab das wenige Geld, das er hatte, an andere, die es seiner Meinung nach nötiger zu haben schienen. Ohne seine nie endende Unterstützung und Ermutigung, seinen absoluten Glauben an den letztendlichen Triumph von Wagners Musik und ohne die ständige finanzielle Unterstützung von Liszt und von denen, die er ständig zur Hilfe drängte, hätte Wagner seinen Kampf um die triumphale Vollendung eines Bayreuth und eine fast vollständige Verwirklichung seiner Ideale nie fortsetzen können.

Die erste Aufführung des „Parsifal" machte einen gewaltigen Eindruck auf mich. Ich war sehr bewegt von der edlen Allegorie und der Musik, die die heiligen Rituale der christlichen Kirche begleitete, wie sie in der Szene während der Entdeckung des Heiligen Grals auf der Bühne präsentiert wurden. Aber ich muss gestehen, dass dieses Gefühl mit jeder weiteren

Aufführung nachließ. Die Tatsache, dass es sich nicht um eine Andachtszeremonie handelte, sondern um die Nachahmung einer Zeremonie, die den Darstellern sorgfältig eingebläut und antrainiert worden war, deren Andachtsgesten sich jedes Mal mit automatischer Regelmäßigkeit wiederholten, begann allmählich, mich unangenehm zu beeinflussen. Ich war damals zu jung, um dieses Gefühl richtig zu analysieren, aber im Laufe der Jahre gelangte ich allmählich zu der Überzeugung, dass solche Zeremonien nicht auf einer Bühne präsentiert werden sollten, denn wenn wir eine Gruppe christlicher Ritter am Abendmahl teilnehmen sehen, sollten wir die volle Überzeugung haben, dass es sich um eine echte Zeremonie und nicht um eine Nachahmung handelt. Auch die Szene mit der Fußwaschung zwischen *Parsifal* und *Kundry* wirkte unangenehm auf mich. Sie war eine zu direkte Nachahmung von Magdalena, die die Füße Christi wäscht. Andererseits rührte mich und viele andere Zuschauer die Karfreitagsszene zwischen *Parsifal* und *Gurnemanz zu Tränen, weil sie eine schöne und liebenswerte Darstellung der göttlichen Barmherzigkeit durch die Selbstaufopferung des Erlösers war. Der alte Scaria, der Wiener Bass, der die Rolle des Gurnemanz übernahm* , sang und spielte diese Szene mit überzeugender Zärtlichkeit.

Ich war natürlich sehr interessiert an dem unsichtbaren, unterirdischen Orchester des Bayreuther Auditoriums, und als das erste edle Thema des Vorspiels buchstäblich in den dunklen Saal schwebte, wurde der große Vorteil eines unsichtbaren Dirigenten offensichtlich. Die Einteilung der Musik in Takte, die ein wesentlicher Bestandteil des Taktes des Dirigenten sind, sollte nur vom Orchester gesehen werden, und ich wünschte immer noch, es wäre möglich, das Publikum dazu zu erziehen, Musik nur mit den Ohren und nicht mit den Augen zu hören. Aber diese Theorie von mir würde auf heftigen Widerstand der kleinen, aber erlesenen Gruppe von „Primadonna-Dirigenten" stoßen, die an der Weggabelung, die jeder Dirigent durchmacht, ob er nun zum Interpreten der Werke der Komponisten oder zum Perversen wird, um seine eigenen „Tricks des Fachs" zu demonstrieren, den Weg der Rosen gewählt haben, weil ein großer Teil des Publikums leicht zu täuschen und leichter zu bewegen ist, wenn der Dirigent die Musik durch seine Gesten „dramatisiert". Durch die geschickte Bewegung seiner Arme und Hände, seiner Hüften und seines Haares erweckt er den Eindruck, dass, wenn die Celli eine gefühlvolle Melodie spielen, diese ihm förmlich aus den Handgelenken tropft, und wenn die Pauken eine dramatische Rolle spielen, ist dies tatsächlich das Ergebnis eines Augenzwinkerns. Es gibt viele Menschen, insbesondere unter dem zarten Geschlecht, für die die Bewunderung eines Dirigenten einen tiefen Hass auf alle anderen mit sich bringt. Es wäre interessant zu beobachten, wie viele von ihnen ihren Favoriten auswählen könnten, wenn ein halbes Dutzend Primadonnen des Dirigenten unsichtbar mit einem unsichtbaren Orchester in schneller Abfolge auftreten würden.

Die Streicher des Bayreuther Orchesters waren edel und klangvoll, aber ich war beunruhigt über viele Ungenauigkeiten und falsche Intonationen des Bläserchors, was mich umso mehr überraschte, da das Orchester angeblich aus den Besten aller Art aus den verschiedenen Opernhäusern Deutschlands bestand. Diese Fehler wurden von meinen deutschen Freunden weder bemerkt noch anerkannt, und ich denke, dass die Jahre in dieser Hinsicht zu einer immer größeren Kluft zwischen ihren und unseren Orchestern geführt haben und dass amerikanische Orchester heute, insbesondere in den Bläserchören, eine größere Klangreinheit und, ohne dabei an Elastizität einzubüßen, eine größere Präzision des Ensembles erreichen.

Ich hatte schon immer eine Vorliebe für französische Holzbläser und habe ihnen und ihren belgischen Vettern in meinem Orchester den Vorzug gegeben. Im Allgemeinen kann ein Dirigent einen Ersten Preisträger des Pariser Konservatoriums für Flöte, Oboe oder Fagott ohne weitere Prüfung bedenkenlos engagieren.

Wo sonst kann man eine Flöte mit solch hinreißender Klangqualität finden wie die von George Barrère, der seit siebzehn Jahren erster Flötist des New York Symphony Orchestra ist und der mir von seinem großen Lehrer Tafanel in Paris empfohlen wurde? Ich freue mich sagen zu können, dass er viele amerikanische Spieler fördert und ihnen etwas von seiner eigenen köstlichen und spirituellen Klangqualität vermittelt, sodass er sowie Mathieu, unser erster Oboist, und Lettelier, Fagott, die großen Traditionen des Pariser Konservatoriums in diesem Land fortsetzen und ihre Qualitäten an eine Gruppe junger amerikanischer Schüler weitergeben. Deutschland hat einige großartige Klarinettenspieler hervorgebracht, von denen Muhlfeld, für den Brahms sein wunderschönes „Quintett für Klarinette und Streicher" schrieb, ein hervorragendes Beispiel war. Herr Lindemann, der erste Klarinettist meines Orchesters, ist ein weiterer, und sein Ton ist von einer besonders reinen Qualität. Ich ziehe den Ton der deutschen Posaunisten dem ihrer französischen Kollegen vor. Die Deutschen pflegen eine dunklere und edlere Klangqualität.

Im Sommer 1886 kehrte ich wieder nach Deutschland zurück. Ich war eingeladen worden, bei der Jahresversammlung des Tonkünstler-Vereins, die in der schönen thüringischen Bergstadt Sondershausen stattfand, der Residenz des Fürstenhauses Schwarzburg-Sondershausen, wo der Fürst ein gutes ständiges Sinfonieorchester unterhielt, einige Auszüge aus „Sulamith", einer Kantate meines Vaters, zu dirigieren.

Liszt, der ehrwürdige Gründer und Präsident des Tonkünstler-Vereins, einer Vereinigung von Musikern, deren ursprünglicher Zweck die Entwicklung und Pflege der modernen Kompositionsschule war, empfing mich erneut sehr freundlich und brachte seine große Freude darüber zum Ausdruck, die Werke meines Vaters zu hören.

Am Ende des Festivals begleitete ich ihn zusammen mit Baron Joukowski und Fräulein von Schorn zurück nach Weimar. Während der Reise war Liszt in sehr heiterer Stimmung und brachte uns mit einer Reihe von unverschämten Wortspielen und amüsanten Kommentaren zu bestimmten Phasen des Festivals in Gelächter, insbesondere zu einer langen Debatte zwischen Doktor Rieman, einem hervorragenden Musiktheoretiker, und einem anderen Mann, dessen Namen ich vergessen habe, über bestimmte Theorien zur Harmonielehre. Diese Debatte, die rein technisch und sehr „gründlich" war, dauerte zwei Stunden, während derer der arme Liszt in der ersten Reihe in einem bis zum Ersticken überfüllten Raum sitzen musste, in dem weder Tür noch Fenster offen standen. Ich sehe noch immer Liszts ehrwürdigen Kopf vor lauter Erschöpfung hin und wieder hängen und sinken, und wie der Meister ihn dann mit diesem unbeschreiblichen Lächeln im Gesicht wieder hob, um sein Interesse an der Diskussion zu zeigen.

Als wir in Weimar ankamen, lud Joukowski uns alle zusammen mit Lassen zum Abendessen in das Hotel „Zum Russischen Hof" ein. Es war eine lustige Angelegenheit. Gleich nach der Suppe wurde Champagner gereicht und Liszt schwelgte so brillant und schön in Erinnerungen an die alten Weimarer Tage, an denen Fräulein von Schorn und Lassen teilhatten und zu denen auch ich durch meine Eltern eine Verbindung beanspruchen konnte, dass wir alle wie gebannt dasaßen.

Während des Abendessens fragte mich Liszt, ob ich etwas über ein Porträt von ihm wüsste, das viele Jahre zuvor unter interessanten Bedingungen gemalt worden war. Liszt bewohnte jeden Winter ein oder zwei Monate lang Zimmer in der alten Villa d'Este in Tivoli, in der Nähe von Rom. Es gehörte damals seinem alten Freund, Kardinalfürst Hohenlohe. Eines Abends klingelte seine Klingel, und da sein Diener ausgegangen war, nahm Liszt eine Kerze und öffnete die Tür. Seine Besucher waren Henry Wadsworth Longfellow, der amerikanische Dichter, der einen Malerfreund, Mr. Healy, mitgebracht hatte, um ihn dem Maestro vorzustellen. Longfellow war so beeindruckt von der malerischen Erscheinung Liszts, als er in seiner langen schwarzen Soutane mit einer brennenden Kerze in der Hand in der alten Tür stand, dass er Liszt um Erlaubnis bat, Healy ein Bild von ihm malen zu lassen, und er gab Healy daraufhin mehrere Sitzungen. Longfellow nahm das Gemälde mit nach Amerika.

Ich hatte noch nie von diesem Bild gehört oder es gesehen, aber dreißig Jahre später, als Ernest Longfellow, ein Neffe des Dichters, bei uns zu Mittag aß, erinnerte ich mich an den Vorfall und fragte ihn, ob er etwas über den Verbleib des Bildes wisse. Er sagte mir, er erinnere sich sehr gut daran und es hing noch immer im Haus seines Onkels in Cambridge. Dank der Freundlichkeit der gegenwärtigen Bewohner durfte ich ein Foto davon machen, das in diesem Buch abgebildet ist.

Erst um Mitternacht begleiteten wir Liszt durch den Park und den schönen Goethegarten zurück zu seinem Haus. Es war eine laue Sommernacht mit einem dunstigen Mond, der den Bäumen und Büschen einen unbeschreiblichen Glanz verlieh, und plötzlich legte Liszt seine Hand auf meine Schulter und sagte: „Hör zu!"

Aus den Büschen ertönte der Gesang einer Nachtigall. Ich hatte noch nie zuvor eine Nachtigall gehört und stand wie gebannt da. Es schien unglaublich, dass solch ekstatische Süße, solche Lieder der Freude und des Kummers aus der Kehle eines kleinen Vogels kommen konnten, und das alles mit vierundzwanzig Jahren zu hören und an der Seite von Liszt zu stehen! Lieber Leser, ich gestehe, dass ich heute, fünfunddreißig Jahre später, immer noch bei der Erinnerung daran erschaudere.

Ach! Das war fast das letzte Mal, dass ich Liszt sah. Im Juli fuhr ich wieder nach Bayreuth, um die erste „Tristan"-Aufführung zu hören, und eines Morgens traf ich ihn, sehr alt und erschöpft, als er ganz allein von der Frühmesse aus der Kirche kam. Wenige Tage später, am 31. Juli, war er seinem liebsten Freund Wagner ins Jenseits gefolgt.

Im darauffolgenden Winter gab ich zum Gedenken an Liszt (3. März 1887) die erste vollständige Aufführung seines Oratoriums „Christus" in Amerika. Dieses Werk machte einen so tiefen Eindruck, dass ich es im folgenden Jahr wiederholte.

Es tut mir leid, dass „Christus" seitdem nicht mehr von unseren Chorvereinen aufgeführt wurde, da ich es für Liszts größtes Werk halte. Viele seiner Themen basieren auf den gregorianischen Tonarten. Die Chöre sind in klangvollen Harmonien gehalten und atmen eine Ruhe, die nur durch eine perfekte Beherrschung des Themas und der Form, in der es behandelt wird, erreicht werden kann. Es gibt zwei Orchesternummern – eine Pastorale, die die Hirten und die Verkündigung darstellt, „Angelus Domini ad Pastores ait", und den Marsch der Heiligen Drei Könige, „Et ecce Stella quam Viderant" – die hervorragend orchestriert sind. Der Marsch stellt die drei Könige des Morgenlandes mit ihrem mächtigen Gefolge dar, wobei der Stern, der sie zur Krippe in Bethlehem führt, durch ein ausgehaltenes hohes As in den ersten Violinen in einem Orgelpunkt angedeutet wird, um den herum die Prozession weitergeht. Das Trio oder der Mittelteil zeigt in einem wunderschönen Einklang der Violinen und Violoncelli, wie die Könige ihre Schätze öffnen und dem kleinen Jesus Gold, Weihrauch und Myrrhe überreichen.

Der Einzug Christi in Jerusalem ist geprägt von einer Atmosphäre erhabenen, freudigen Beifalls und der Vertonung des Gebets Jesu für den Bariton:

O mein Vater, wenn dieser Kelch nicht vergehen darf,

von mir, außer ich trinke es, Dein Wille geschehe,

ist eines der bewegendsten, das ich in der Geschichte der religiösen Musik kenne.

Im letzten Teil gibt es eine exquisite, aber einfache Vertonung eines alten orientalischen Hymnus, „O Filii et Filiæ". Insgesamt kann ich nicht verstehen , warum „Christus" angesichts des Mangels an religiöser Musik aus moderner Feder keinen festen Platz im Repertoire von Gesangsvereinen einnimmt.

Wie bei vielen anderen Werken der größten Meister steigern einige gelungene Kürzungen die Wirkung dieses Oratoriums.

VI

DIE GRÜNDUNG DER DEUTSCHEN OPER IM METROPOLITAN – DER TOD MEINES VATERS

Das Metropolitan Opera House wurde 1882 von einer Gruppe reicher New Yorker erbaut, die sich von der älteren Aristokratie, der die alte Academy of Music gehörte und die in den italienischen Opernsaisonen von Colonel Mapleson alle Logen besetzte, ausgeschlossen fühlten und entschlossen waren, eine eigene Oper zu gründen. Sie vermieteten ihr neues Haus für die Eröffnungssaison 1883-84 an Abbey, Schoeffel und Grau, eine Firma von Theaterspekulanten und -managern, die sich durch die Tourneen von Mary Anderson und anderen berühmten „Stars" aus Europa und Amerika einen Namen gemacht hatten.

Die Anteilseigner der Metropolitan Opera hatten einen Mann zum Architekten ernannt, der sich einen Namen als Kirchenbauer gemacht hatte, der aber weder die Anforderungen des Theaters noch der Oper verstand, noch die neuesten Entwicklungen in Europa im Bühnenbau und in der modernen Bühnenausstattung. Daher war die Bühnenausstattung äußerst plump. Große, mehrere Meter dicke Mauern zogen sich von vorne bis hinten unter der Bühne hindurch und verhinderten so die Möglichkeit einer „Verwandlungsszene", bei der eine Kulisse im Boden versinken und die andere von oben herabsteigen konnte. Der Parkettboden war so niedrig, dass der Orchestergraben, der eine Nachahmung des versunkenen Orchesters in Bayreuth sein sollte (was er aber nicht war), noch tiefer verlegt werden musste, und der Dirigent saß daher auf einer Art Kanzel hoch in der Luft, damit die Sänger ihn sehen konnten. Er musste wild nach oben in Richtung der Sänger und nach unten in Richtung des Abgrunds gestikulieren, in dem das Orchester geigte, ohne seine Gesten richtig sehen zu können. Außerdem war das Orchester aufgrund seiner Entfernung von der Bühne für die Sänger fast nicht hörbar, was insbesondere bei konzertanten Stücken oft zu katastrophalen Tonabfällen führte. Einige dieser Konstruktionsfehler wurden Jahre später mit enormem Aufwand behoben.

Abbey, Schoeffel und Grau engagierten für ihre Saison eine große Zahl von Opernstars, darunter Nilsson, Patti, Sembrich, Trebelli und viele andere namhafte Künstler, aber es gab absolut keinen künstlerischen Leiter des Unternehmens und auch niemanden, der wirkliche Erfahrung als Manager einer großen Oper hatte, und in der Folge traten sich all diese Stars gegenseitig auf die Füße und Züge, und das Durcheinander war unglaublich. Gute Aufführungen waren ein Zufall, da die Hauptdarsteller es normalerweise für unter ihrer Würde hielten, an Proben teilzunehmen, und die Saison endete mit einem Misserfolg und dem Bankrott von Abbey,

Schoeffel und Grau. Colonel Mapleson, der kluge Manager der Academy of Music, rieb sich vor Freude die Hände über den Untergang dessen, was er „die neue gelbe Brauerei am Broadway" nannte. Die Direktoren der Metropolitan wussten nicht, was sie mit ihrem Elefanten anfangen sollten. Ihr Präsident war James Roosevelt, ein Onkel von Hilborn Roosevelt, der damals Präsident der New York Symphony Society war und ein treuer und ergebener Freund meines Vaters. Er schlug seinem Onkel vor, meinen Vater zum Direktor zu ernennen und eine Opernsaison in deutscher Sprache zu eröffnen, da die italienische Oper offensichtlich auf dem Rückzug war und vor allem Wagner auf dem Vormarsch war.

Die Direktoren hielten von diesem Plan viel und einigten sich daher mit meinem Vater darauf, dass er für die Saison 1884/85 Direktor der Oper werden und eine Truppe deutscher Sänger verpflichten sollte. Zu dieser Truppe musste allerdings auch Madame Materna gehören, da sie im Vorjahr beim Theodore Thomas Festival mit großem Erfolg gesungen hatte und man für die Sängerliste einen in Amerika bereits bekannten Namen suchte.

Dies bedeutete eine völlige Revolution in der Opernwelt, da bis dahin die italienische Oper die einzige moderne Form musikalischer Unterhaltung gewesen war. Oper in deutscher Sprache wurde eher verachtet und Wagners Genie war noch zu wenig bekannt oder anerkannt, um großen Einfluss auf die Opernbesucher jener Zeit auszuüben.

Mein Vater sollte ein Gehalt von zehntausend Dollar erhalten, für das er als Manager und musikalischer Dirigent der Saison fungieren sollte. Das Gehalt war sicherlich nicht hoch, selbst für die damalige Zeit, aber mein Vater war froh, es zu bekommen und gleichzeitig den Traum seines Lebens zu verwirklichen, die Wagner-Musikdramen in Amerika einzuführen und die künstlichen und seichten Opern der alten italienischen Schule, mit denen Mapleson, Max Strakosh und andere bis dahin hauptsächlich unser Publikum gefüttert hatten, für immer zu vertreiben.

Er segelte im Mai nach Europa und kehrte im August mit allen seinen Verträgen zurück, einschließlich denen mit Madame Materna, der er tausend Dollar pro Nacht zahlen musste, da sie von der Anweisung der Direktoren der Metropolitan Opera erfahren hatte, sie müsse unter allen Umständen zur Truppe gehören.

Unter den Sängern befanden sich Marianne Brandt, eine der größten dramatischen Mezzosopranistinnen und Altistinnen unserer Zeit, und Anton Schott, ein typisch deutscher „Heldentenor", mit dem Bülow einige Jahre zuvor in Hannover bei einer „Lohengrin"-Aufführung seine berühmte Auseinandersetzung gehabt hatte. Schott hatte *Lohengrins* „Abschied vom Schwan" falsch gesungen, und dies hatte Bülow, der dirigierte, so verärgert, dass er sich an den unglücklichen Tenor wandte und zu ihm sagte: „Sie sind kein Schwanenritter, sondern ein Schweineritter." Schott, ein ehemaliger Offizier eines hannoverschen Regiments, sah seine Ehre als Offizier beleidigt, verlangte eine Entschuldigung oder ein Duell, und da der wütende von Bülow ihm weder das eine noch das andere gewähren wollte, musste Bülow seinen Posten als Direktor der Königlichen Oper niederlegen, während Schott triumphierend in seinem Amt blieb.

Für die jugendlichen lyrischen Sopranrollen hatte mein Vater Madame Seidl-Kraus engagiert, die Frau von Anton Seidl und Besitzerin einer Stimme von großer Reinheit und schlichtem Charme. Die Koloraturrollen wurden von Madame Schroeder-Hanfstangel gesungen, einer wahrhaft großen Künstlerin mit dem echten *Belcanto der italienischen Schule, die Gounod so sehr bewundert hatte, dass er sie nach Paris einlud, um an der Grand Opera die Marguerite* in „Faust" zu singen .

Die anderen Sänger besaßen sowohl die Tugenden als auch die Schwächen der damaligen deutschen Opernschule. Sie waren sehr gut für die Ensemblearbeit geeignet, führten die dramatische Seite ihrer Rollen mit echtem Können aus, bildeten ein hervorragendes Ensemble und probten unermüdlich, aber ihr Gesang war manchmal fehlerhaft und nicht vergleichbar mit der natürlich schönen Tongebung der besten italienischen Sänger.

Der Bühnenmanager Wilhelm Hock war einer der besten in Deutschland, und sein Umgang mit den Bewegungen der großen Menschenmengen auf der Bühne, wie zum Beispiel in „Lohengrin" bei der Ankunft von *Lohengrin* und dem *Schwan* , dem Bau der Barrikaden in „Massaniello", der Krönungsszene in Meyerbeers „Le Prophète", war für unser Publikum eine Offenbarung. Das Orchester war natürlich das der New York Symphony Society, und mein Vater erfüllte das gesamte Ensemble mit einem solchen Ideal der Perfektion, dass bei vielen Aufführungen, insbesondere bei „Lohengrin", „Le Prophète", „Fidelio" und „Walküre", das Publikum vor Aufregung und Begeisterung kochte. Einige Jahre zuvor hatte es an der Musikakademie unter dem deutschen Dirigenten Neuendorf eine „improvisierte" Aufführung der „Walküre" gegeben. Die *Brünhilde* war von Madame Pappenheim gesungen worden, die eine herrliche Stimme besaß, aber der Rest der Besetzung war erbärmlich unzulänglich. Unzureichende Proben und die Unkenntnis des Dirigenten hinsichtlich der Musik Wagners hatten zudem verhindert, dass diese Aufführung irgendeinen Eindruck machte und die Schönheit des Werkes wirklich zur Geltung kommen ließ.

Die Aufführung unter der Leitung meines Vaters umfasste Madame Materna als *Brunhilde* , die die Rolle 1976 in Bayreuth geschaffen hatte und damals auf dem Höhepunkt ihres stimmlichen Könnens war; Madame Seidl-Kraus, eine exquisite und ergreifende *Sieglinde* ; Anton Schott, einen kraftvollen und hochdramatischen *Siegmund*; und Staudigl als *Wotan*. Staudigl war ein Sohn des berühmten alten Wiener Basses, bei dem er studiert hatte, und sang mit so guten Ergebnissen, dass er im Konzert und im Oratorium ebenso einen großartigen Eindruck machte wie in der Oper. Der erste Baryton war Adolf Robinson, der seine Karriere bei meinem Vater in Breslau begonnen hatte und dessen warmer, leidenschaftlicher *Belcanto* hier sofort Anerkennung fand.

Es gab damals an der Metropolitan keine professionelle Opernclaque, wie sie heute von einigen Sängern und Dirigenten behauptet wird, die in Rivalität zueinander ihr Geld töricht dafür ausgeben, zwanzig bis fünfzig kräftige Männer unter einem gut ausgebildeten Leiter zu engagieren, die an der Seite der Balkone und des Familienkreises stehen und mit der maschinenhaften Regelmäßigkeit eines Stahlhammers in einer Eisengießerei klatschen, um nach einem Akt so und so viele Recalls zu erzeugen. Damals war das nicht nötig. Das Publikum applaudierte wild und schrie sich freiwillig heiser, und die Zeitungen erklärten die Aufführungen fast einstimmig zu einer künstlerischen Revolution und sagten, dass eine solche dramatische Wahrheit und Ensemblearbeit auf der Opernbühne von New York nur selten zuvor in so überzeugender Weise präsentiert worden sei.

Den ganzen Winter über war ich in einem Meer der Aufregung und Freude, als ich sah, wie das Genie meines Vaters endlich so allgemein anerkannt wurde. Aber meine Angst war auch sehr groß. Ich war ständig bei ihm, von morgens bis abends, und konnte sehen, wie überwältigend die Arbeit war, alles auf seinen Schultern zu tragen, die Anstrengung, aus den vielen verschiedenen Elementen ein künstlerisches Ganzes zu organisieren. Die Proben dauerten oft den ganzen Tag, und ich glaube nicht, dass ich während der ganzen Saison eine Probe oder Aufführung versäumte. Manchmal flehte ich meinen Vater schüchtern an, einen Teil der Arbeit, insbesondere den leitenden Teil, auf andere Schultern zu legen, aber er hörte nicht zu und sagte, die Verantwortung liege bei ihm und er könne das, was er als seine feierliche Pflicht ansah, deutsche Kunst im Ausland zu vertreten, nicht an jemand anderen delegieren.

In der Zwischenzeit entschieden die Direktoren, nachdem sie über ihren zukünftigen Kurs beraten hatten, dass die Oper in deutscher Sprache bleiben müsse, und boten meinem Vater einen Vertrag für das folgende Jahr an, in dem sie jedoch, in ihrer Auffassung nach echte Geschäftsmethoden, sein Gehalt auf 8.000 Dollar reduzierten, ihm aber eine Beteiligung an möglichen Gewinnen anboten. Geldangelegenheiten waren meinem Vater immer so unwichtig, dass er, glaube ich, einen Vertrag unterzeichnet hätte, in dem er sich verpflichtet hätte, der Metropolitan Opera 8.000 Dollar pro Jahr für das Privileg zu zahlen, dort Wagners Oper aufzuführen. Er nahm ihr Angebot an und war in den kommenden Jahren in der offensichtlichen Sicherheit der Oper in deutscher Sprache glücklich. Während dieses Winters wollte er seine geliebten Symphonie- und Oratoriengesellschaften nicht aufgeben, und er bestand immer darauf, dass die wöchentlichen Proben am Donnerstagabend mit dem Chor der Oratoriengesellschaft für ihn eine Erholung von den Opernangelegenheiten seien.

Während einer dieser Proben im Februar 1885 (ich glaube, wir bereiteten das „Requiem" von Verdi vor) klagte er plötzlich über Unwohlsein, und ich eilte vom Klavier auf ihn zu, und zusammen mit einigen Sängern trugen wir ihn zu einer Droschke und brachten ihn nach Hause.

Er bekam eine Lungenentzündung, und die gewaltigen Strapazen des Winters hatten ihn zu sehr mitgenommen, um sie zu ertragen. Während dieser schrecklichen Krankheitswoche musste die Oper weitergeführt werden, und ich dirigierte die „Walküre" und den „Tannhäuser" ohne große Schwierigkeiten. Mein Vater hatte sie so großartig einstudiert und sie waren mehrere Male aufgeführt worden; ich kannte sie auswendig, und Künstler, Chor und Orchester unterstützten mich mit größter Zuneigung und Bereitschaft. Ich habe daher nie viel Anerkennung für das beansprucht, was viele freundliche Freunde damals als außerordentliche Leistung betrachteten.

Die Saison lief nur noch eine Woche, aber mein Vater hatte eine kurze Tournee nach Chicago, Boston und Philadelphia organisiert.

Am 15. Februar starb er und ließ mich betäubt und überwältigt von der schrecklichen Verantwortung zurück, die auf mir lastete. Selbst zu diesem späten Zeitpunkt kann ich es nicht ertragen, über meinen Verlust zu schreiben. Unsere Beziehungen waren so eng und vertraut geworden, und in den letzten Jahren hatte er sich so oft mit so süßem Vertrauen an mich gelehnt. Ich hatte immer zu ihm als meinem Ideal eines Mannes und Musikers aufgeschaut, und es schien mir, als könnte ich nie wieder lächeln.

Die letzten Aufführungen im Metropolitan unmittelbar nach seinem Tod dirigierte John Lund, ein hochtalentierter Chorleiter, der inzwischen in Amerika lebt, aber ich hatte so viele dringende Notwendigkeiten, dass ich keine Gelegenheit hatte, in stiller Trauer zu schwelgen. Die Ereignisse überschlugen sich mit unglaublicher und schrecklicher Geschwindigkeit. Die Verträge für die Tournee mussten erfüllt werden. Der Nachlass meines Vaters war technisch haftbar, obwohl er buchstäblich kein Geld hinterließ. Außer mir armen gab es niemanden, der die Verantwortung für die Tournee der Truppe übernehmen konnte, und so brach ich am Samstagnachmittag des 21. Februar zusammen mit der gesamten Truppe von etwa hundertfünfzig Mitgliedern in einem Sonderzug der West Shore Railroad nach Chicago auf. Am folgenden Montagabend sollten wir im Columbia Theatre mit „Tannhäuser" eröffnen. Während dieser Reise wurde unser Zug vom schlimmsten Schneesturm des Jahres heimgesucht. Wir waren völlig eingeschneit und die Straße, die damals ein ziemlich lahmer Rivale der New

York Central war, war so schlecht ausgestattet, dass wir nicht am Sonntagabend, sondern erst am Montag um 20 Uhr in Chicago ankamen, der Stunde, zu der die Vorstellung hätte beginnen sollen. Mein lieber Bruder Frank, der aus Denver gekommen war, um mich in Chicago zu treffen und zukünftige Pläne zu besprechen, bestieg kurz vor Chicago unseren Zug und erzählte mir, dass nicht nur das Haus ausverkauft war, sondern dass alle beschlossen hatten, zu warten, bis wir ankamen, und uns galant „durchzuhelfen". Der Bürgermeister der Stadt hatte von der Proszeniumloge, in der er saß, eine aufgeregte Rede gehalten und gesagt, dass Chicago einem jungen Mann wie mir helfen müsse, der sich so mutig verpflichtet hatte, das große Werk seines Vaters fortzuführen.

Als wir am Bahnhof ankamen, wurde die Truppe schnell in Taxis und Omnibusse verfrachtet. Zum Glück war die Kulisse vorausgeschickt worden, aber die Kostüm- und Requisitenkisten befanden sich in unserem Zug, und die Arbeit, sie zu transportieren und die Kostüme und Requisiten aus „Tannhäuser" herauszuholen, war eine Qual.

Materna und ich kamen als Erste im Theater an und wurden vom örtlichen Direktor, der uns auf diese Weise unsere Anwesenheit öffentlich zeigen wollte, vom Haupteingang durch den Zuschauerraum geführt. Das Publikum jubelte.

Hinter den Kulissen herrschte ein unglaubliches Durcheinander. Die Koffer mit den Perücken waren nicht zu finden, auch nicht die Koffer mit dem Schuhwerk, und *Tannhäuser* und die anderen Sänger der Wartburg erschienen zusammen mit den edlen Herren und Damen in einer höchst bemerkenswerten Kombination mittelalterlicher und moderner Kostüme auf der Bühne. Aber das machte keinen Unterschied. Ich begann die Ouvertüre nach zehn Uhr. Das Publikum jubelte sich heiser.

Der Koffer mit Maternas Kostüm als *Elisabeth* wurde erst kurz vor Beginn des zweiten Aktes auf die Bühne geschleudert. Es machte keinen Unterschied. Als sie in all ihrem strahlenden Lächeln erschien und „Dich Theure Halle" sang, geriet das Publikum erneut außer sich vor Freude, und so ging es weiter, bis schließlich um halb zwei Uhr morgens der Vorhang fiel.

Seit jenem schrecklichen, aber wundervollen Abend habe ich eine Schwäche für Chicago und in all den Jahren habe ich nie die Freundschaft mit dieser bemerkenswerten Stadt verloren. Auch heute noch kommt ab und zu ein alter grauhaariger oder kahlköpfiger Bürger Chicagos zu mir und sagt: „Erinnern Sie sich an die Uraufführung des ‚Tannhäuser' im Februar 1885 im Columbia Theatre?"

Der Erfolg war so groß, dass wir unsere Saison um eine zusätzliche Woche verlängerten, in der ich zum ersten Mal „La Dame Blanche" von Boieldieu produzierte.

Wir beendeten unsere Tournee mit einem einwöchigen Aufenthalt in Boston, wo wir einen ähnlich begeisterten Empfang hatten und besonders „Walküre" und „Lohengrin" einen tiefen Eindruck hinterließen. Dort inszenierte ich (ich glaube, zum ersten Mal in Amerika) Glucks „Orpheus", in dem Marianne Brandt die Titelrolle herrlich und ergreifend verkörperte. Es ist bezeichnend für die Kühnheit der Jugend, dass ich zwei neue Aufführungen von Opern gegeben habe, die während unserer Tournee geprobt und aufgeführt wurden, „La Dame Blanche" und „Orpheus". Da die Hauptrollen jedoch von den meisten unserer Künstler in Deutschland gesungen worden waren und diese beiden Opern zum regulären Repertoire jedes deutschen Opernhauses gehörten, war die Leistung nicht so außergewöhnlich. Die Aufführungen waren gut im Ensemble und bereiteten dem Publikum große Freude.

Meine Abschiedsvorstellung in Boston war eine Samstagsmatinee der „Walküre" mit Materna als *Brunhilde*. Am Morgen schlug das Orchester zu. Wir hatten Vorkehrungen getroffen, die gesamte Truppe auf einem der großen Fall River-Dampfer nach New York zu schicken, aber sie schworen, nicht mit dem Dampfer zu fahren, und bestanden darauf, mit der Bahn transportiert zu werden. Ich war ebenso entschlossen, sie auf dem Wasserweg zu schicken. Die Dampfer waren palastartig, das Wetter herrliches Frühlingswetter, und es gab keinen triftigen Grund, Einwände zu erheben. Als sie auf ihren Forderungen beharrten, teilte ich ihnen mit, dass ich sie als Vertragsbruch betrachte, ihnen ihre Gehälter für die Woche nicht auszahlen und die „Walküre" aufführen würde, begleitet von John Lund und mir an zwei Klavieren. Das war natürlich ein verrückter Bluff, aber er funktionierte, und sie beschlossen, die Dampferüberfahrt anzunehmen.

Am Schluss des dritten Aktes der Walküre, als Materna sich als *Brunhilde* in die künstlich tiefe Mulde des felsigen Lagers gekuschelt hatte, das ihre massige Gestalt stützte und auf dem sie ihren jahrelangen Schlaf beginnen sollte, bis der Held *Siegfried* sie wecken würde, und als Staudigl (*Wotan*) in den Flammen verschwunden war, bemerkte ich plötzlich, während ich die schöne Monotonie der letzten E-Dur-Akkorde des Feuerzaubers dirigierte, dass die Grasmatten gleich unter *Brunhildes* Lager Feuer gefangen hatten, und dass, als gerade der Vorhang bei den letzten Takten langsam herabfiel, ein Bostoner Feuerwehrmann mit Helm auf dem Kopf und Eimer in der Hand leise aus den Kulissen kam und eine großzügige Dosis Wasser auf die Flammen goss. Das Ganze geschah so spät und so schnell, dass keine Panik ausbrach. Die Leute gerieten außer sich vor Begeisterung, und Materna, Staudigl und ich mussten uns viele, viele Male zum Abschied verbeugen.

Gleich nach einem dieser Rückrufe fiel mir auf, wie der kleine Feuerwehrmann in der Kulisse stand und sagte: „Seid Schwätzer, ich sollte auch rauskommen."

„Das sollten Sie auch", sagte ich, nahm ihn bei der einen Hand und Materna bei der anderen und so schleiften wir ihn vor die Rampe, wo er sich mit echtem hibernischem Sinn für Humor und einem entzückten Grinsen im Gesicht nach rechts und links verbeugte.

Damit endete meine erste Operntournee.

Während ich auf Tournee war, trafen sich die Direktoren der Metropolitan Opera, um ihre zukünftige Politik zu erörtern, und angesichts des Erfolgs der von meinem Vater ins Leben gerufenen Oper in deutscher Sprache beschlossen sie, auf derselben Linie weiterzumachen. Kurioserweise ernannten sie einen jungen Mann zum Direktor der Oper, der in seinem Leben noch nie Erfahrung als Manager oder Musiker gesammelt hatte. Sein Name war Edmund C. Stanton. Er war ein Verwandter eines der Direktoren und hatte als Protokollführer für den Vorstand gearbeitet. Er war groß, gutaussehend, hatte sanfte braune Augen, war immer gut gepflegt, hatte ein freundliches Wesen und die vollkommensten und höflichsten Manieren, die ihn tatsächlich nie im Stich ließen und die so ziemlich alles waren, was ihm am Ende seiner siebenjährigen Amtszeit geblieben war, als die deutsche Oper aufgrund seiner merkwürdigen Unwissenheit und Inkompetenz in Sachen Oper zu Staub zerfiel. Die Direktoren ernannten mich gleichzeitig sehr großzügig zu seinem Assistenten und zum zweiten Dirigenten und gewährten mir ein Gehalt, das hoch genug war, um meine Mutter und die Familie meines Vaters anständig zu ernähren . Dies war natürlich eine große Erleichterung für mich und ich beschloss, alles in meiner Macht Stehende zu tun, um zu beweisen, dass ich dieses Vertrauens und dieser Großzügigkeit würdig bin.

VII

LILLI LEHMANN

Im Frühjahr 1885 sollte ich Herrn Stanton als Regieassistent und musikalischer Berater begleiten, um Sänger für die folgende Saison der deutschen Oper an der Metropolitan Opera zu engagieren, aber da Herrn Stantons kleine Tochter krank wurde und später starb, ging ich allein hinüber und war immer ziemlich stolz auf die vier Verträge, die ich für Stantons Unterschrift bereithielt, als er einen Monat später in Deutschland ankam. Es handelte sich um Lilli Lehmann, Sopranistin vom Königlichen Opernhaus in Berlin; Emil Fischer, Bass vom Königlichen Opernhaus in Dresden; Max Alvary, lyrischer Tenor aus Weimar, und Anton Seidl, Dirigent der Angelo Neumann Wagner Opera Company. Diese vier Künstler wurden später zur tragenden Säule der deutschen Oper und erlangten in Amerika immer mehr Macht und Ruhm.

Die damals vierzigjährige Lilli Lehmann hatte vor allem Koloraturrollen gesungen und sich damit in ganz Deutschland und Österreich einen hervorragenden Ruf erworben. Sie hatte 1876 in Bayreuth die *Erste Rheintöchter gesungen und gelegentlich die Elsa* in „Lohengrin", aber erst nach ihrer Ankunft in Amerika begann sie, die *Brünhilden* und *Isolden zu singen* , was sie zu einer der größten dramatischen Sopranistinnen ihrer Zeit machte. Kurioserweise bestand sie darauf, ihren ersten Auftritt in Amerika als *Carmen zu haben* , eine Rolle, der sie eine dramatische, tragische und eher düstere Bedeutung verlieh, bei der die leichteren, koketten Akzente jedoch vielleicht nicht ausreichend betont wurden.

Sie hatte ihre herausragende Stellung als dramatischer Sopran erst nach Jahren härtester Arbeit erreicht und nur durch ihren unbezwingbaren Willen und ihre Energie ihre Stimme von einer leichten Koloraturstimme zu einem dramatischen Sopran verwandelt. Da ich damals erst dreiundzwanzig war und bereits eine Position mit beträchtlicher Verantwortung innehatte, dauerte es einige Zeit, bis sie bereit war zuzugeben, dass ich wirklich ein Musiker mit ernsthaften Absichten war, der Tag und Nacht arbeitete, um sich für die verschiedenen Aufgaben fit zu machen, die mir so plötzlich auferlegt wurden.

Dirigieren ist eine Kunst mit einer eigenen Technik, und gute Musikalität allein reicht nicht aus. Während einer Aufführung muss der Dirigent wissen, wie er seine Sänger und Spieler dazu bringt, seine Interpretation zu vermitteln, und um dies zu tun, müssen ein Blick des Auges und viele verschiedene Bewegungen der Hände und des Kopfes eine eigene Sprache sprechen, die seine Ausführenden schnell verstehen und befolgen müssen. Der Dirigent muss auch wissen, wann und wie er einem Solisten mit

Sympathie folgen muss. Diese Technik kann nicht über Nacht erworben werden, und ich verdanke Lilli Lehmann in dieser Hinsicht einen wertvollen Hinweis. Da Anton Seidl der anerkannte und gefeierte Wagner-Dirigent war, fielen diese Opern und alle anderen wichtigen Neuheiten natürlich ihm zu, und es blieb mir überlassen, nur solche Opern zu dirigieren, die er nicht übernehmen wollte – Meyerbeers „Le Prophète", Verdis „Trovatore" usw. usw. Dies verursachte mir großen Kummer und große Qual, da ein großer Teil meiner Ausbildung auf modernen Opern beruhte. Die Musikdramen Wagners kannte ich fast auswendig und hatte eine sehr gründliche Ausbildung in den Symphonien der klassischen Komponisten genossen, doch den Opern Meyerbeers und Verdis gegenüber hegte ich eine jugendliche Intoleranz, und über ihre Traditionen der Tempi und Nuancen wusste ich nur wenig, mit Ausnahme vielleicht von Meyerbeers „Le Prophète", das im Jahr zuvor unter der Leitung meines Vaters wundervoll aufgeführt worden war und in dem Marianne Brandt die Rolle der Mutter mit unglaublichem Pathos und Adel gesungen hatte.

Eines Tages, als ich „La Juive" von Halévy probte, wandte sich Lilli Lehmann in der Pause an mich und sagte: „Walter, in diesen alten Opern beobachtest du die Sänger nicht genug, du bist mit dem Orchester beschäftigt, als würdest du eine Symphonie dirigieren. Du gibst ihnen das Stichwort für ihre Einsätze und schaust sie an, anstatt deine Sänger. Wir brauchen dich und du brauchst uns. Das Orchester hat seine gedruckten Stimmen vor sich; wir singen auswendig und müssen uns bei schwierigen Einsätzen auf den Dirigenten verlassen. Achte auf meine Lippen, wenn ich singe, und du wirst wissen, wann ich atme, und du wirst mit mir atmen; du wirst auch sofort das *Tempo rubato spüren*, das ein so wichtiger Teil der richtigen Phrasierung dieser älteren Opern ist."

Dieser Rat war für mich eine Offenbarung, und ich stellte zu meiner Freude fest, dass ich, wenn ich ihn befolgte, nicht nur in der Lage war, den Sängern mit dem Orchester zu folgen, sondern sie sogar in Bezug auf das Tempo beeinflussen konnte. Bei der Aufführung von „La Juive" muss ich Lilli jedes Mal wie eine Grinsekatze angestarrt haben, wenn sie sang. Die Musik war bemerkenswert einstimmig und elastisch, und am Ende der Aufführung wandte sich Lilli, die sonst nie sehr überschwänglich mit Lob war, an mich und sagte: „Siehst du, Walter, wie gut es läuft. Was habe ich dir gesagt?"

Auf diese Weise vertiefte ich langsam und oft mühevoll mein Verständnis für die Technik meines Handwerks, und mit zunehmender Sicherheit meinerseits gingen auch die Sänger eher dazu über, meinen künstlerischen Wünschen hinsichtlich der Interpretation ihrer Rollen nachzukommen.

Aber die Opern, die ich dirigieren durfte, waren immer noch nur die Überbleibsel von Anton Seidls reich gedeckter Tafel, und er war natürlich nicht bereit, irgendwelche seiner Vorrechte an einen so viel jüngeren Mann abzutreten. Meine erste echte Gelegenheit bot sich mir im Jahr 1890, als Seidl eine exquisite Oper von Peter Cornelius dirigieren sollte, „Der Barbier von Bagdad". Paul Kalisch, Lilli Lehmanns Ehemann, sollte *Nureddin singen* und Emil Fischer den redseligen Barbier. Cornelius war in den alten Weimarer Tagen unter Liszt ein ergebener und enger Freund meines Vaters und meiner Mutter gewesen. Liszt hatte diese Oper damals in Weimar produziert, aber das Weimarer Publikum hatte sie abgelehnt, weil es sie für ultramodern hielt, und deshalb hatte Liszt seine Position als großherzoglicher Kapellmeister niedergelegt. Ich war natürlich sehr an unserer New Yorker Produktion interessiert. Ich hatte fast jede Probe besucht und mich an der exquisiten Schönheit und dem Humor des Werks erfreut.

Zwei Tage vor der Aufführung erkrankte Seidl gefährlich und ich war in fieberhafter Ungewissheit, ob Stanton die Aufführung verschieben oder mich dirigieren lassen würde. Ich erfuhr, dass Lilli Lehmann lautstark protestierte, dass es mir unmöglich sei, dieses Werk zu dirigieren, dass es zu schwierig und zu kompliziert sei und dass es einen Dirigenten mit langjähriger Erfahrung und viele Proben benötige. Aber ich schien „gute Freunde bei Hofe" zu haben und es wurde beschlossen, dass ich die Generalprobe an diesem Morgen leiten sollte, zu der Sänger, Chor und Orchester in aller Eile zusammengerufen worden waren, und dass ich, wenn alles gut ging, die Aufführung dirigieren sollte. Als ich den Orchestergraben betrat, sah ich Lilli Lehmann ein paar Reihen weiter hinten ganz allein sitzen und mich mit einem, wie mir schien, unheilvollen und drohenden Blick anschauen. Aber als ich ihr den Rücken zuwandte und das Signal für die Ouvertüre gab, verschwand meine Besorgnis und ich gab mich ganz der Musik hin. Der Vorhang hob sich, und Kalisch begann mit seinen Begleitern *Nureddins schönes Lied, als er nach langer Krankheit wieder gesund und mit neuer Sehnsucht nach seiner geliebten Margiana* erwachte. Alles ging wie auf Flügeln, und am Ende des Aktes sah ich zu meiner Freude unter den Sängern, die mit herzlichen Glückwünschen auf mich zustürmten, Lilli, die Würdenträgerin, die mir sagte, sie hätte es nicht für möglich gehalten, sei nun aber überzeugt, dass ich die Musik gründlich beherrsche und erfolgreich dirigieren könne.

Die Vorstellung am nächsten Tag verlief noch besser als die Probe, und von da an begann für mich mein Eintritt als vollwertiger Operndirigent, und meine Beziehungen zu Lilli Lehmann wurden künstlerisch immer brüderlicher und persönlich immer freundschaftlicher.

1897/98 engagierte ich sie, um in meiner Damrosch Opera Company *die Isolde* und die *Brünhilden zu singen* und zahlte ihr tausend Dollar pro Nacht sowie alle Hotel- und Reisekosten für zwei Personen (ihre Schwester Marie reiste mit ihr), und sie bestand auch darauf, dass ich ihre Wäschereirechnungen bezahlen müsse. Aber ich stellte fest, dass diese bemerkenswerte Frau, die ihr Recht auf diese Vergünstigungen vertraglich gesichert hatte, sich weigerte, sie zu missbrauchen, und als sie herausfand, dass ich eine ziemlich hohe Summe für ihr „Wohnzimmer, Schlafzimmer und Bad" im Normandie Hotel in der Nähe des Metropolitan bezahlte, wurde sie wütend; und da sie sagte, dass sie nicht verstehen könne, warum diese schurkischen Hotelbesitzer sich durch mich bereichern sollten, zog sie in eine viel billigere Suite im obersten Stockwerk des Hotels und sie und ihre Schwester wuschen einen Großteil ihrer Wäsche im eigenen Badezimmer, teilweise, weil sie mir die Kosten ersparen wollte, und auch, weil sie darauf beharrte, dass alle amerikanischen Wäschereien empfindliche Dessous ruinierten. Die Liftboys bestanden übrigens darauf, dass sie ihnen nie Trinkgeld gegeben habe, und ich schickte meinen Manager in ihr Hotel, um dies zu tun, da sie sonst keinen angemessenen Service erhalten hätte.

Über ihre wunderbare Darstellung der Heldenfiguren in den Wagner-Musikdramen ist schon so viel geschrieben worden, dass ich dem allgemeinen Chor der Bewunderung kaum etwas hinzufügen muss. Ich möchte jedoch betonen, dass der bei weitem größte Teil des Verdienstes ihr für ihren unbezwingbaren Willen und ihre Ausdauer zusteht, da die Natur ihr ursprünglich keine dramatische Stimme gegeben hatte. Es war ein wunderbar klarer und hoher Koloratursopran, aber durch beharrliches Üben entwickelte sie ein breites mittleres und unteres Register und machte es den emotionalen Anforderungen einer *Isolde* oder einer *Brunhilde gewachsen* .

Ihr Schauspiel war majestätisch, aber im ersten Akt des „Tristan" und im zweiten Akt der „Götterdämmerung" war ihr Zorn wie gegabelte Blitze. Ich nehme an, dass man ihre Schauspieltechnik heute als altmodisch bezeichnen würde, denn damals waren es die Zeiten statuenhafter Posen, die oft über lange Strecken unverändert beibehalten wurden.

An den Tagen, an denen sie die *Isolde singen musste* , sang sie die ganze Rolle vormittags immer mit voller Stimme in ihren Räumen durch, nur um sicherzugehen, dass sie es am Abend tun konnte. Vergleichen Sie das mit jenen zarten Primadonnen, die an den Tagen, an denen sie singen müssen, oft nur flüsternd sprechen, damit ihre kostbaren Stimmbänder nicht beeinträchtigt werden.

Nachdem sie durch ihre eigene Energie so viel erreicht und so viele Hindernisse überwunden hatte, glaubte sie, ihren Mann Paul Kalisch auf ähnliche Weise von einem lyrischen zu einem dramatischen Tenor verwandeln zu können. Wie sie diesen armen Mann bearbeitete und quälte! Sie war sicherlich die Stärkere von beiden, und während seine ganze Neigung zu einer ungezwungenen und angenehmen Kameradschaft mit anderen ähnlicher Neigungen galt, zwang sie ihn, stundenlang zu lernen und zu singen, aber nur mit teilweisem Erfolg, was seine Verwandlung in einen wirklich dramatischen und „heroischen" Wagner-Tenor betraf. Es lag einfach nicht in seiner Natur, „heroisch" zu werden, und wenn er, wie es manchmal geschah, einen Fehler beging, einen falschen Auftritt, als er *Siegfried* in der „Götterdämmerung" sang, waren die Blicke, die *Brunhilde* auf der Bühne auf ihn warf, so schrecklich, so voller bevorstehender Strafe, dass ich von meinem Dirigentenpult aus den armen Mann zu bemitleiden pflegte, der so gezwungen war, in einem Teich herumzuschwimmen, der so viel größer war, als er wollte, und oft fand ich ihn nach solch einer Vorstellung übellaunig ganz allein an einem Tisch im Restaurant des Hotels sitzend, mit einer halben Literflasche Champagner vor sich und ohne Lust, nach oben zu gehen und sich dem Zorn seiner Gattin *Brunhilde auszusetzen* .

Ein tragisches, aber recht amüsantes Ereignis in Pittsburgh soll hier erwähnt werden. Die Damrosch Opera Company spielte dort eine Woche lang im Alvin Theatre. An dem betreffenden Abend sollten wir die „Götterdämmerung" mit Lilli Lehmann als *Brunhilde aufführen* . Alles war gut. Kein Sänger hatte im Laufe des Tages bedrohliche Krankheitsnachrichten geschickt, und ich hatte mich gerade vor der Vorstellung zu einem ruhigen Abendessen im Duquesne Club niedergelassen, als mich ein Telefon rief. Es war meine Kostümbildnerin, Frau Engelhardt, eine ausgezeichnete Frau, die sich mit Hingabe ihrer Arbeit widmete, die in den alten deutschen Operntagen an der Metropolitan gewesen war und die seit der Gründung der Damrosch Opera Company bei mir war. Sie flehte mich an, sofort ins Theater zu kommen, da etwas Schreckliches passiert sei. Natürlich verließ ich mein Abendessen mit nur schwacher Hoffnung, es später noch zu essen, kam im Theater an und fand auf der Bühne Totenstille vor, die Szenerie war bereit für den ersten Akt der „Götterdämmerung", und scheinbar war niemand da außer Frau Engelhardt, die mich in größter Aufregung bat, sofort in Madame Lehmanns Ankleidezimmer zu kommen, wo „etwas Schreckliches passiert sei".

Ich klopfte an ihre Tür und hörte eine tragische, hohle Stimme „Herein" rufen, und als ich die Tür öffnete, bot sich meinem erstaunten Blick ein wahrhaft schrecklicher Anblick. Da stand Lilli Lehmann, bereits in ihr weißes *Brunhildengewand gekleidet* , aber von Kopf bis Fuß mit Ruß bedeckt, so schwarz, dass sie eher für eine Minnesängershow als für ein Wagner-Musikdrama geeignet schien. Ihr Gesicht war mit schwarzen Streifen bedeckt, besonders dort, wo ihre Tränen lange und schreckliche Furchen auf ihren Wangen hinterlassen hatten. Ich konnte mir nicht vorstellen, was passiert war, und erst allmählich und zwischen hysterischen Tränenausbrüchen erfuhr ich, dass Lilli, ihrer Gewohnheit entsprechend, Stunden vor der Vorstellung ins Theater gegangen war und sich angezogen hatte, wobei sie erst im letzten Moment in den Spiegel geschaut hatte, um ihr Make-up vorzubereiten. Dann hatte sie den schrecklichen Zustand ihres

Gesichts und Kostüms entdeckt. Offenbar hatte der Hausmeister den Heizkessel im Keller besonders gründlich durchgeharkt, sodass Tonnen des fürchterlichen Pittsburgher Weichkohlerußes durch die Register und in die Umkleidekabinen geflogen waren, wo er sich wie ein Leichentuch auf alles in Reichweite legte.

Lilli schwor, dass es ihr absolut unmöglich sei, an diesem Abend zu singen, und ich war verzweifelt. Plötzlich kam mir der Gedanke, dass die Anspannung vielleicht nachlassen würde, wenn ich sie irgendwie ablenken könnte, und so wandte ich mich der armen, zitternden Frau Engelhardt zu und sagte ihr in so wütendem Tonfall, wie ich ihn dramatisch aufbringen konnte, dass sie entlassen sei, dass es ihre Pflicht sei, sich um meine Künstler zu kümmern, und dass ich weder verstehen noch verzeihen könne, dass dem Größten von allen eine solche Schandtat widerfuhr.

Als ich unsere Garderobenmeisterin auf diese Weise denunzierte, spitzte Lilli die Ohren und machte mir Vorwürfe wegen meiner Ungerechtigkeit. Sie beharrte darauf, dass es nicht Frau Engelhardts Schuld sei und dass es sehr falsch von mir sei, sie zu entlassen. Es zeige, dass ich kein Herz habe und sie jedenfalls würde sie niemals für einen solchen Vorfall verantwortlich machen. Langsam ließ ich mich überreden und verließ im psychologischen Moment sanft die Garderobe, wobei ich Frau Engelhardt einen umfassenden Blick zuwarf, den sie verstand. Ich wusste, dass die beiden Frauen zusammen die Sache bald in Ordnung bringen würden.

Vor der Garderobe traf ich meinen treuen Hans , den Sohn meines Souffleurs Goettich. Ich gab ihm etwas Geld und sagte ihm, er solle zu einem Floristen laufen und einen Strauß der weißesten Blumen kaufen, die er finden könne, und ihn Madame Lehmann mit meinen besten Grüßen bringen. Dann kehrte ich in den Club zurück und beendete mein Abendessen.

Als ich kurz vor der Vorstellung ins Theater zurückkam, fand ich Lilli bereits auf der Bühne, frisch gekleidet in saubere weiße Gewänder, aber als sie sich zu mir umdrehte, konnte ich unter der Schminke ihrer Wangen noch dunkle Streifen erkennen, und mit ihrer düsteren, dramatischen Stimme sagte sie: „Walter, ich danke dir für die schönen weißen Blumen, aber sie werden mich nie, nie wieder reinwaschen." Ihr Gesang erschien mir an diesem Abend herrlicher denn je.

Von Pittsburgh fuhren wir nach New York, wo ich mit Abbey und Grau vereinbart hatte, mir für eine kurze Saison von drei Wochen das Metropolitan Opera House zu überlassen. Da ich für New York eine besondere Attraktion wollte, engagierte ich Madame Nordica für einige „Lohengrin"-Aufführungen, in denen sie *Elsa singen sollte* , und Lilli Lehmann *Ortrude* , eine Rolle, die sie in New York noch nie gesungen hatte, deren dramatische Möglichkeiten sie aber sehr interessierten und für die sie hervorragend geeignet war. Zuerst war sie wütend, dass ich eine andere Sängerin für New York engagiert hatte. „Wenn ich ausreichte, um Ihre Saison außerhalb der Stadt zu führen, sehe ich nicht ein, warum Sie diese —— für New York engagieren müssen." Aber ich erklärte ihr meine geschäftsführenden Gründe und beruhigte sie einigermaßen, und sobald wir in New York ankamen, arrangierte ich eine kleine Probe auf der Bühne des Metropolitan für Lehmann, Nordica und mich, damit alle Szenen, insbesondere des zweiten Aktes, in denen ihr gemeinsames Spiel von Bedeutung war, richtig arrangiert werden konnten. Bei dieser Probe behandelte Lehmann Nordica mit eisiger Verachtung, aber Nordica verhielt sich mit so viel Takt und Ehrerbietung, dass Lehmann keinen Anlass fand, ihren Ärger auszulassen, und die Probe verlief äußerlich ruhig, obwohl ich den Vulkan darunter beben fühlte. Als wir am späten Nachmittag auf die Straße hinausgingen, tobte ein schrecklicher Regensturm, und Lilli sah, wie Madame Nordica auf einen livrierten Kutscher zuging, der mit aufgespanntem Regenschirm wartete, um sie zu ihrem Coupé zu bringen. Lilli, in einen langen grauen Regenmantel und einen alten Hut gekleidet, wandte sich an Nordica: „Ha, du reitest? Ich laufe!", sagte sie, während sie ihr Kleid hob und ein Paar große Stiefel zeigte.

Übrigens hatte sich mein „Showman-Instinkt" als richtig erwiesen. Unsere Aufführungen von „Lohengrin" mit dieser Besetzung waren künstlerisch sehr interessant und das Publikum strömte herbei, um sie zu hören. Nordicas *Elsa* war in Bayreuth sehr sorgfältig ausgebildet worden, und Lehmanns *Ortrude* war wahrhaft dämonisch und in ihrer Darstellung konzentrierten Hasses der von Marianne Brandt ebenbürtig.

LILLI LEHMANN ALS ISOLDE

VIII

HANS VON BÜLOW

1856 kämpften mein Vater und der Pianist Hans von Bülow in Berlin um Anerkennung und Lebensunterhalt. Beide waren Idealisten und begeisterte Anhänger der „neuen Schule" in der Musik, deren große Vertreter Berlioz, Liszt und Wagner waren. Aus Bülows Briefen aus dieser Zeit geht hervor, dass sie viele Kammermusikkonzerte zusammen gaben, sowohl in Berlin als auch anderswo. Interessant ist, dass sie bei einem davon zusammen mit dem Violoncellisten Kossman ein Trio von „César Franck von Lüttich" aufführten, etwa dreißig Jahre bevor dieser Vater der modernen französischen Kompositionsschule allgemein bekannt und anerkannt wurde. Durch Bülow wurden mein Vater und seine Leistungen als Violinvirtuose und Komponist Liszt bekannt, der ihn 1857 einlud, Violinist am ersten Pult des Weimarer Opernorchesters zu werden, das damals unter Liszts Leitung stand.

Die Freundschaft zwischen Bülow und meinem Vater blieb während des gesamten Lebens meines Vaters und sogar darüber hinaus eng und stark, wie dieses Kapitel zeigen wird.

Meine erste Erinnerung an Bülow geht auf das Jahr 1876 zurück, als er auf Einladung der Firma Chickering Piano nach Amerika kam, um deren neue Chickering Hall an der Fifth Avenue und der 19. Straße einzuweihen und im ganzen Land Klavierkonzerte zu geben.

Als mein Vater und meine Mutter in den sechziger Jahren zu einem gemeinsamen Konzert mit Bülow nach Berlin fuhren, wohnten sie bei ihm und seiner Frau Cosima. Seitdem war viel geschehen. Cosima war mit Wagner, Bülows liebstem Freund, durchgebrannt, und Bülow wäre vor Scham und Elend beinahe gestorben. Eines Abends beim Essen in unserem Haus fragte ihn meine Mutter nach seinen Kindern, die sie seit jenen frühen Tagen nicht mehr gesehen hatte, und ich kann noch immer die überaus höfliche Antwort hören, mit der er antwortete: „Sie sind da, wo sie sein sollten, und in den besten Händen – bei ihrer Mutter."

Die feine Intellektualität seines Spiels, die Qualität seiner Phrasierung, besonders bei Bach und Beethoven, hinterließen bei unserem Publikum einen tiefen Eindruck, der durch gewisse Exzentrizitäten in seinem Auftreten und Verhalten nicht geschmälert wurde. Bei seinen Nachmittagskonzerten erschien er immer im traditionellen schwarzen zweireihigen Gehrock und sehr hellgrauen Hosen auf der Bühne, seine Hände in hellbraunen Handschuhen gehüllt und einen hohen Seidenhut haltend, den er sorgfältig unter dem Klavier ablegte, bevor er seine Handschuhe auszog und zu spielen begann.

Für einen seiner Konzerte hatte man eine junge und hochtalentierte Sopranistin, Miss Emma Thursby, engagiert. Sie war eine Protegée des alten Maurice Strakosch, eines Impresarios der alten Schule, klug und kultiviert in seinen Manieren, der sehr geschickt den hohen persönlichen Charakter der jungen Sängerin und insbesondere ihre große „Reinheit" anpries und schwor, dass die Bekanntschaft mit ihr ihn, den abgebrühten alten Sünder, zu einem besseren Menschen gemacht habe.

Bei Bülows Konzert wurde ihr Gesang einiger deutscher Lieder von Schubert und Schumann, glaube ich, mit so begeistertem Applaus aufgenommen, dass sie eine Zugabe gab, ein eher triviales Lied von Franz Abt. Als Bülow in seiner Garderobe diese „Entweihung" eines Programms hörte, das nur aus Werken großer Meister bestand, kannte seine Wut keine Grenzen, und als er auf die Bühne kam, um sein eigenes Programm fortzusetzen, holte er absichtlich sein Taschentuch heraus und wischte die Tasten des Klaviers in einer lauten Glissando-Tonleiter auf und ab und begann dann über das Rezitativ aus Beethovens Neunter Symphonie zu improvisieren: „O Freunde, nicht diese Töne ...‟

Ein anderes Mal gab er mit meinem Vater ein Kammermusikkonzert und sie spielten unter anderem die „Kreutzersonate" von Beethoven. Kurz bevor er auf die Bühne ging, wandte er sich an meinen Vater und sagte:

„Lass es uns auswendig spielen."

„Gerne", antwortete mein Vater und legte seine Noten weg.

„Nein, nein", sagte Bülow, „nehmen Sie es mit auf die Bühne."

Nachdem sie ihre Plätze auf der Bühne eingenommen hatten, erhob sich Bülow demonstrativ, nahm die Noten meines Vaters vom Pult und seine eigenen vom Klavier und legte beides unter das Klavier.

Sein Gedächtnis, nicht nur für Musik, sondern für alles, was ihn interessierte, war erstaunlich und für mich unheimlich. Aber es war schließlich menschlich und nicht unfehlbar, und bei dieser Gelegenheit verlor er tatsächlich seinen Platz im letzten Satz der Sonate und mein Vater musste ein paar Takte lang mit ihm improvisieren, bis er mit schneller Einfallsreichtum den Faden wiederfand.

Ich habe an anderer Stelle von der schrecklichen Verantwortung gesprochen, die mir durch den plötzlichen Tod meines Vaters auferlegt wurde, und im Laufe der Jahre schien er mir immer mehr zu fehlen, nicht nur seine wunderbare Kameradschaft, sondern auch der weise Rat, mit dem er mir half, meine musikalischen Rätsel zu lösen. Ich arbeitete hart und machte

Fortschritte, denke ich, denn mein Kreis von Freunden und Anhängern wurde immer größer. Aber ich kannte niemanden in diesem Land, an den ich mich auf die gleiche Weise wie an meinen Vater wenden konnte oder der mir so freimütig und großzügig von seiner Weisheit erzählt hätte wie er. Seidl, mein Kollege an der Metropolitan, war nicht freundlich und völlig in sich selbst vertieft, und außerdem hatte er, wie ich dachte, nur ein Spezialgebiet, die Wagner-Musikdramen. Als symphonischer Dirigent hatte er völlig keine Erfahrung, als er zum ersten Mal nach Amerika kam, und seiner Interpretation der Klassiker fehlte es an Fundament und wirklicher Durchdringung, trotz des lautstarken Beifalls, den ihm ein gewisser Teil unseres Publikums wegen seines unbestrittenen Genies als Wagner-Dirigent zuteil werden ließ.

Durch einen glücklichen Zufall stieß ich auf einen Ausschnitt aus einer deutschen Zeitung, in dem angekündigt wurde, dass Hans von Bülow den Sommer 1887 in Frankfurt verbringen würde, um dort eine Klasse fortgeschrittener Pianisten zu unterrichten und die gesamten Einnahmen für den Bau eines Denkmals für seinen alten Freund Joachim Raff zu verwenden, der seine letzten Jahre als Direktor des Konservatoriums in Frankfurt verbracht hatte.

Ich beschloss sofort, nach Deutschland zu gehen und Bülow zu fragen, ob er angesichts seiner alten Freundschaft mit meinem Vater und meines Bedarfs an der Hilfe eines großen Musikers bereit wäre, mich bei ihm insbesondere die Interpretation der Beethoven-Symphonien und anderer Werke, deren Analyse für mich ihn interessieren würde, studieren zu lassen.

Bülow galt damals als der bedeutendste Dirigent Deutschlands. Er hatte ein kleines, mittelmäßiges Orchester von fünfzig Mann, das dem Großherzog von Meiningen gehörte, übernommen und es durch sein überragendes Genie zu einem wunderbaren Instrument gemacht. Unter seiner Leitung erregte dieses kleine Orchester in ganz Deutschland und Österreich Aufsehen, und eine besondere *Glanzleistung* war das Spielen bestimmter Symphonien, die sie vollständig auswendig spielten, ohne Noten vorzuspielen.

Als ich in Frankfurt ankam, erfuhr ich, dass Bülow im Hotel Schwan wohnte, und voller Beklommenheit erzählte ich ihm, was ich von ihm wollte. Er schien sehr gerührt und behauptete, es sei das erste Mal in seiner Erfahrung, dass ein Musiker, der, wie er es ausdrückte, „bereits in Oper, Symphonie und Oratorium hervorragte", glaubte, er könne etwas von ihm lernen. In den wärmsten, ich darf sagen, liebevollsten Worten versprach er mir jede mögliche Hilfe und riet mir, Zimmer im selben Hotel zu nehmen. Das tat ich, und ich kann wahrheitsgemäß sagen, dass während des gesamten Sommers, in dem ich in engster Gesellschaft mit ihm war, nicht nur in seinen Zimmern und während der Unterrichtsstunden für die Klavierspieler, von denen ich viele auch besuchte, sondern auch auf langen Spaziergängen zu den Museen, den Parks und den Vororten von Frankfurt, seine fast väterliche Freundlichkeit, seine Weisheit und seine Kommentare zu künstlerischen, literarischen, politischen und persönlichen Dingen eine Offenbarung für mich waren. Es gab so viele Geschichten über seine beißenden Kommentare und sein schroffes Verhalten gegenüber Leuten, die seine Feindseligkeit erregten, dass ich erstaunt war, ihn in all seinen Beziehungen zu mir durchweg so umgänglich und sanft zu finden. Er hatte ein sehr zartes und sensibles Herz, aber das Leben hatte diesem Idealisten so viele harte Schläge versetzt, dass er sein Herz in eine Schale hüllte, um es vor weiteren Angriffen zu schützen.

Er ging mit mir alle neun Symphonien Beethovens durch, Takt für Takt, Phrase für Phrase, und ich habe noch immer die Partituren, in denen er bestimmte Phrasierungsnotationen machte oder Änderungen in der Dynamik bestimmter Instrumente illustrierte, um die unbestrittenen Absichten Beethovens deutlicher herauszustellen. Er analysierte die Symphonien für mich praktisch auf dieselbe Weise wie in seiner Ausgabe der Klaviersonaten, und am Ende unserer drei gemeinsamen Monate gab er mir eine Kopie seiner eigenen Partitur der Neunten Symphonie mit all seinen eigenen Anmerkungen, von denen viele auf der Analyse basierten, die Wagner während seiner historischen Aufführung dieses Werks bei der Grundsteinlegung des Bayreuther Festspielhauses vorgenommen hatte.

Während dieser drei Monate intensiven Studiums habe ich von ihm so viel Neues gelernt, eine solche Fülle von Ideen hinsichtlich der Interpretation und der Technik der Dirigentenkunst, dass ich Jahre brauchte, um das alles richtig zu verarbeiten und zu lernen, wie ich es mir, statt es bloß sklavisch zu kopieren, zu eigen machen und Teile davon annehmen oder ablehnen konnte, je nach den Analysemethoden, die er mir beigebracht hatte.

Während unseres Aufenthaltes in Frankfurt lud ein kleiner Prinz von Hessen, dessen Mutter, die Landgräfin, eine „Königliche Hoheit" war, da sie eine Nichte des alten Kaisers Wilhelm war, von Bülow ein, in seinem Palast ein Brahms-Konzert zu geben. Bülow bestand sofort darauf, dass auch ich eingeladen werden müsse, was ich dementsprechend auch tat. Als ich ihn begleitete, stellte er mich den verschiedenen versammelten erhabenen Persönlichkeiten vor, und die Landgräfin fragte mich, ob ich nicht „der Sohn des großen Doktor Damrosch" sei. Ich antwortete höflich: „Ja, Eure Königliche Hoheit."

„War er nicht ein Freund von Rubinstein?", fuhr sie fort.

"Ja."

„Er hat Bratsche gespielt, nicht wahr?"

Ich sagte: „Nein, Eure Königliche Hoheit, die Geige."

„Nein", sagte sie, „die Bratsche."

Dadurch habe ich gelernt, dass man Mitgliedern des Königshauses niemals widersprechen darf, selbst wenn ihnen „Tatsachen" über den eigenen Vater bekannt sind, die man selbst nicht kennt.

Der Prinz von Hessen war blind und glaubte, er habe eine Begabung für Musik. Tatsächlich „komponierte" er Streichquartette, die er, wie ich annehme, dem Hofmusiker seines kleinen fürstlichen Haushalts mehr oder weniger „diktierte".

Kurz vor dem Abendessen kam der Prinz mit einem riesigen Lorbeerkranz zu Bülow, was Bülow sehr erzürnte. Er nannte sie immer „Gemüse des Ruhms" und rief sofort: „Gibt es hier keine Büste von Brahms?" Aber da es keine gab, legte er den Kranz auf das Klavier.

Während des sehr guten Abendessens, das Ihren Königlichen Hoheiten und von Bülow in einem Raum und den anderen Gästen in einem anderen serviert wurde, stellte ich zu meinem Erstaunen fest, dass der blinde Prinz mit einem Champagnerglas in der Hand zu meinem Stuhl geführt wurde, um speziell auf mich, „den amerikanischen Musiker und Dirigenten", anzustoßen. Zwei Tage später besuchten mich der Prinz und sein Hofherr offiziell in meinem Hotel. Eine Stunde später kam der Hofherr zurück, um mir mitzuteilen, dass der Prinz mich gern als Musiker in seinem Haushalt aufnehmen würde, mit „zwölfhundert Talern pro Jahr und freier Verpflegung im Palast". Ich musste ihm sehr höflich und dankbar erklären, dass ich damals Dirigent am Metropolitan Opera House, der New York Symphony Society und der New York Oratorio Society war und dass ich trotz der großen Wertschätzung dieses Angebots diese Positionen und meine amerikanische Karriere unmöglich aufgeben könnte, um nach Deutschland zu kommen.

Als ich Bülow davon erzählte, brach er in lautes, entzücktes Lachen aus.

Bülow war den ganzen Sommer über bei erbärmlicher Gesundheit und litt unter Kopfschmerzen, Schlaflosigkeit und einem allgemeinen Nervenzusammenbruch. Mit eisernem Willen zog er jedoch das Sommerprogramm durch und nahm für sich selbst keine finanzielle Entschädigung an. Er half lediglich durch seinen Unterricht dabei, Geld für die Fertigstellung des Raff-Denkmals zu sammeln.

Ich erinnere mich, wie ich eines Nachts nach der Oper ins Hotel zurückkam und als ich an der Tür seines Zimmers vorbeiging, um zu meinem zu gelangen, das auf derselben Etage lag, hörte ich so lautes und anhaltendes Schluchzen, dass ich seine Tür öffnete, nachdem ich keine Antwort auf mein

Klopfen erhalten hatte. Ich fand ihn im Nachthemd vor seinem Bett kniend, den Kopf in der Matratze vergraben und so bitterlich schluchzend, dass es mir das Herz brach. Ich eilte zu ihm, dachte, er sei vielleicht sehr krank, und es dauerte lange, bis ich ihn beruhigen konnte. Er wiederholte immer wieder, dass sein Leben vorbei sei, dass er sterben wolle, und nur indem ich ihm immer wieder sagte, wie sehr wir ihn alle verehrten und was seine Freundschaft für uns bedeutete, konnte ich ihn allmählich beruhigen und ins Bett bringen, wo ich saß und seine Hände hielt, bis er am frühen Morgen endlich einschlief.

Obwohl er nach der anstrengenden Arbeit des Sommers schwach und krank war, hatte er der Universität Marburg versprochen, dort zwei seiner berühmten Beethoven-Konzerte zu geben, und da sein Freund Steyl, der Musikverleger, und ich uns Sorgen um seinen Zustand machten, beschlossen wir, ihn zu begleiten, um uns um ihn zu kümmern. Die Vorbereitungen für die Konzerte, die am Nachmittag in der Aula der ehrwürdigen Universität stattfinden sollten, lagen in den Händen des Professors für Griechisch, eines typischen alten, zerstreuten Herrn, der von der Ehre, einen Besuch des großen von Bülow zu erhalten, überwältigt schien und der außerdem nervöse Angst vor diesem schroffen kleinen Mann hatte. Ich war über die ganze Angelegenheit besorgt. Bülow war den ganzen Morgen sehr schwach gewesen, und Steyl und ich wollten, dass er das Konzert absagte, aber er wollte nichts davon hören und ging tapfer auf die Bühne, um sein Programm zu beginnen.

Leider waren die Fenster der Aula wegen der Sommerhitze weit geöffnet, und während der Musik drang als ständiger Lärm das Geschrei der unten spielenden Kinder und das Rumpeln der Karren auf dem holprigen Pflaster der mittelalterlichen Straßen herauf.

Bülow fing an, stockte, fing wieder an und hielt inne – rannte von der Bühne und kam zurück, um noch einmal anzufangen. Aber es war sinnlos. Der Lärm hielt an und das Konzert musste abgebrochen werden, und nach einer Nervenkrise, die von heftigem Weinen begleitet wurde, brachten wir ihn zurück ins Hotel und ins Bett, wobei Bülow den kleinen Professor verfluchte, dem er alles vorwarf, das grelle Sonnenlicht, das Geschrei der spielenden Kinder und den Lärm der Karren. Das Konzert für den nächsten Tag wurde natürlich abgesagt, und wir arrangierten alles, um Bülow nach Frankfurt zurückzubringen.

Als ich am Morgen bei ihm vorsprach, fand ich ihn in Gehrock, hohem Seidenhut und braunen Glacé-Handschuhen vor, und auf meinen sichtlich erstaunten Blick antwortete er: „Wir dürfen nicht gehen, ohne dem griechischen Professor unseren zeremoniellen Abschiedsbesuch abzustatten." Ich zitterte vor dem Ausgang, aber im Hof des Hotels wartete bereits eine Kutsche mit zwei Pferden und einem livrierten Kutscher, um uns den Hügel hinauf zum alten mittelalterlichen Turm der Universität zu bringen, in dem der Professor lebte.

Wir wurden in eine wundervolle runde Bibliothek geführt, deren Bücher die gesamte Innenwand des Turms bedeckten, und während wir auf den Professor warteten, lief Bülow wie ein Hund auf der Spur durch den Raum und untersuchte die Titel der verschiedenen Bücher in den Regalen. Plötzlich stürzte er sich auf eines, zog es heraus und begann schnell darin zu blättern, bis er zu einer bestimmten Seite kam, auf der er das Buch aufgeschlagen hielt, gerade als der alte Professor, am ganzen Leib zitternd, hereinkam. Ich hatte ziemliche Angst vor der Begegnung zwischen den beiden Männern, aber zu meinem Erstaunen trat Bülow mit dem Buch in der Hand vor und überreichte es schweigend mit einer tiefen Verbeugung dem sanften Amateurimpresario, wobei er auf eine bestimmte Stelle auf der aufgeschlagenen Seite zeigte. Der Professor las es, errötete und blickte mit einer Art stummen Entschuldigungsblicks zu von Bülow, der dann seinen Hut nahm und mit einer weiteren tiefen Verbeugung den Raum verließ, gefolgt von mir, immer noch völlig verwirrt von dieser stummen Zeremonie, deren Bedeutung ich nicht verstehen konnte.

Während der Fahrt zurück zum Hotel war Bülow ziemlich aufgeregt. Ab und zu kicherte er und schließlich, als wäre der Witz zu gut, um ihn für sich zu behalten, drehte er sich zu mir um und sagte:

„Wissen Sie, welches Zitat ich dem Griechischprofessor gab? Es stammte von einem griechischen Philosophen und lautete: ‚Es ist für einen Gelehrten nicht klug, sich in die praktischen Angelegenheiten des Lebens einzumischen.‘ ”

Vielleicht kann mir ein gelehrter Leser dieses Artikels sagen, wer der griechische Autor war. Bülow hat es mir nie gesagt.

Auf unseren langen Spaziergängen schwelgte Bülow oft in Erinnerungen und erzählte mir Geschichten, die man hätte buchfüllen können. Zwei davon möchte ich hier erzählen.

Bülow verbrachte einen Winter in Florenz und wurde eingeladen, mit dem dortigen Orchester eine Aufführung von Beethovens Neunter Symphonie zu dirigieren. Damals gab es in Italien buchstäblich keine Symphonieorchester, und die Musiker, die aus den Opernhäusern rekrutiert wurden, hatten nur wenig Erfahrung mit Konzertmusik von symphonischer Bedeutung. Die Männer waren willig und eifrig, aber selbst ein so erfahrener Dirigent wie Bülow hatte Schwierigkeiten, ihnen bestimmte rhythmische Feinheiten in diesem kompliziertesten aller Werke Beethovens verständlich zu machen. Im

Scherzo kommt eine Stelle, an der die Pauke mit einer Wiederholung des ersten Takts des Hauptthemas unsanft einsetzen muss:

Diesen Rhythmus konnte der Paukenspieler einfach nicht begreifen, so geduldig Bülow sich auch bemühte, ihn ihm beizubringen. Er versuchte es langsam, er versuchte es schnell. Bülow wurde immer aufgeregter und gereizter, und schließlich, als letztes Mittel, schrie er ihm im Rhythmus dieses Themas das italienische Wort für Pauke zu. Aus voller Kehle erklang das Wort:

„Tym—pan—y! „Tym—pan—y!"

Ein erfreutes Lächeln erschien auf dem Gesicht des Paukenspielers.

„Ah, Capisco, Capisco", rief er und machte sich sofort daran, sein neu erworbenes Wissen in der Praxis unter Beweis zu stellen.

Bülow erzählte mir, dass er sich einst angewöhnt hatte, alle seltsamen oder unpassenden Namen, die er auf den Schildern der Geschäfte in den verschiedenen Städten der verschiedenen Länder fand, die er besuchte, aufzuschreiben. In einer kleinen deutschen Stadt fand er über einem Gemüseladen den Namen „Seidenschwanz". Er gefiel ihm und er speicherte ihn in seinem Gedächtnis, entschlossen, einen Vornamen hinzuzufügen, der allein durch seinen Kontrast dazu passte. Monatelang zerbrach er sich den Kopf, aber vergebens, bis er eines Nachts in Venedig aus seinem Bett sprang und rief: „Ich habe ihn. *Caligula Seidenschwanz!* " Der Name des grausamsten römischen Kaisers gepaart mit dem des kleinen Gemüsehändlers!

Am nächsten Morgen ging er zu einem Graveur und ließ Visitenkarten mit dem geheimnisvollen Namen drucken:

Caligula Seidenschwanz.

Kurz darauf hinterließ Doktor Hans von Bülow bei jedem Besuch, bei dem er jemanden besuchte, statt seiner eigenen Visitenkarte die von Herrn Seidenschwanz und verblüffte damit seine Freunde völlig.

Ich erzählte diese Geschichte Jahre später beim Essen im Haus meiner lieben Freundinnen May Callender und Caro de Forest. Lilli Lehmann war eine der Gäste, und als ich fertig war, sprang sie auf und sagte:

„Walter, das ist eine sehr merkwürdige Geschichte, aber sie ist, wie ich zufällig weiß, absolut wahr. Ich war Koloratursopran an der Königlichen Oper Berlin, als Bülow uns eines Abends besuchte, als wir Meyerbeers ‚Prophète' aufführten. Er war von der Aufführung so angewidert, dass er einen seiner empörten und zynischen Briefe an eine Berliner Zeitung schrieb, in dem er die Königliche Oper mit einem Zirkus verglich und dann noch die Beleidigung hinzufügte, indem er sich bei Herrn Renz, dem Besitzer des größten Zirkus Deutschlands, entschuldigte und sagte, er habe ihn nicht beleidigen wollen, da er immer ein großer Bewunderer des Circus Renz gewesen sei. Dieser Brief brachte den alten Intendanten, Baron von Hülsen, so in Rage, dass er Bülow den weiteren Zutritt zur Oper verbot und gleichzeitig den alten Kaiser dazu veranlasste, von Bülow den Titel ‚Pianist Seiner Majestät des Königs von Preußen' zu entziehen."

Lilli Lehmann erzählte dann weiter, dass sie am Morgen nach der Vorstellung einen großen Blumenkorb erhalten habe, in dem eine Karte gesteckt war, auf der stand: „Für den einzigen Lichtblick der gestrigen Vorstellung. In Verehrung, *Caligula Seidenschwanz*."

Bis zu dem Abend, als ich ihr die Herkunft des Namens erklärte, wusste Lilli Lehmann nicht, dass die Blumen ihr von von Bülow geschickt worden waren.

Zum Abschluss des Sommersemesters lud mich Bülow ein, mit ihm zum Kölner Musikfestival zu fahren. Er erzählte mir, dass er Brahms wegen mir geschrieben hatte und dass er mich zu einem Treffen einladen wollte. Außerdem wollte er mir eine schöne Aufführung von Brahms' „Requiem" anhören. Natürlich ergriff ich diese Gelegenheit sofort.

Mein Vater, der trotz seiner wunderbar liberalen Einstellung nicht die engstirnige Haltung anderer Wagnerianer teilte, die Brahms hassten, war einer der ersten, die seine Musik in Amerika bekannt machten, und hatte die erste Aufführung von Brahms' 1. Sinfonie in c-Moll in Amerika gegeben. Bülow war in Deutschland zu einem ähnlichen Propagandisten für Brahms geworden. Ich hielt ihn für den letzten großen Komponisten der Neuzeit, was doppelt interessant war, weil das große Genie Wagners, den er sehr bewunderte, ihn in seinem eigenen Schaffen unberührt ließ und er vielleicht der einzige große moderne Komponist ist, dessen Werke keinen Einfluss der Wagnerschen Schule aufweisen. Seine Symphonien zu dirigieren ist für mich immer noch eine der größten Freuden des Winters, und ich staune immer noch, wie wenig die Jahre sie gealtert haben und wie edel in der Konzeption und reich an subtilen Gefühlen sie weiterhin in ununterbrochener Linie die höchsten Ideale der Beethoven-Symphonien zum Ausdruck bringen.

Im Trubel des Festes hatte ich nur wenig Gelegenheit, Brahms zu sehen, der nur wenige Tage dort war, und ich war zu jung und unwichtig, um seine Aufmerksamkeit zu beanspruchen. Doch war ich Bülow dankbar für die Gelegenheit, ihn kennenzulernen, und sehe noch heute seinen wunderbaren, freundlichen Blick auf mir, als Bülow ihm ein paar nette Dinge über mich erzählte.

Während unseres Aufenthaltes in Köln hatte ich ein so merkwürdiges, so außergewöhnliches Erlebnis, dass ich meinen Lesern ausdrücklich versichern muss, dass es in jeder Hinsicht wahr ist.

Eines Morgens teilte mir Bülow mit, dass er am Nachmittag über den Fluss fahren würde, um die Witwe einer alten Freundin, Madame B., zu besuchen, die in einer Villa in Deutz lebte. Er bat mich, ihn zu begleiten, und so besuchten wir eine recht attraktive junge Witwe, die in tiefste Trauer gekleidet war und uns sehr freundlich empfing. Ihr Mann, ein angesehener belgischer Pianist, war Klavierprofessor am Kaiserlichen Konservatorium in St. Petersburg gewesen und hatte dort eine seiner jungen russischen Schülerinnen geheiratet.

Nachdem wir eine Weile geplaudert hatten, schlug sie vor, dass wir in den Garten gehen und eine Tasse Tee trinken sollten, und wir folgten ihr zu einem kleinen Steingebäude in der Mitte des Gartens, das wie eine Kapelle aussah, aber zu meinem Entsetzen stellte ich beim Betreten fest, dass es sich um ein Mausoleum handelte. In der Mitte stand ein Sarkophag, auf dem ein Sarg mit Glasdeckel ruhte, in dem der Körper von B. lag! Ein Diener in Livree folgte uns mit einem Samowar und den Teetassen.

Es scheint, dass die Dame auf diese Weise versucht hatte, ihre Liebe zu ihrem verstorbenen Mann zu beweisen. Ich muss gestehen, dass mir fast schlecht wurde und ich das Mausoleum eilig verließ, um im Garten die Rosen zu riechen, aber Bülow hielt gewissenhaft und mutig durch und trank unter diesen einzigartigen Bedingungen seine Tasse Tee.

Viele Jahre später erfuhr ich durch Frau Franz Rummel, deren Mann ein Lieblingsschüler von B. gewesen war, dass seine Witwe wieder glücklich verheiratet war und B. ordnungsgemäß unter der Erde begraben worden war.

Im Jahr 1889 überredete ich Herrn Leo Goldmark, den Bruder des Wiener Komponisten, der sich für Musik und das Musikleben New Yorks interessierte, von Bülow für einen weiteren Besuch nach Amerika zu holen und ihm insbesondere die Aufführung seines Beethoven-Sonatenzyklus zu ermöglichen.

Bülow brachte seine zweite Frau mit und der Besuch war in jeder Hinsicht ein großer Erfolg. Sie war eine junge talentierte Schauspielerin am Meininger

Hoftheater gewesen und er hatte sie geheiratet, als er dort Dirigent des Orchesters war.

Die Beethoven- Konzerte fanden im bis an die Türen gefüllten Broadway Theatre statt, und Presse und Publikum begrüßten den alten Meister mit so freundlicher Begeisterung, dass er sehr gerührt war und sich für Amerika begeisterte. Er dirigierte auch mein Orchester in einem denkwürdigen Konzert im Metropolitan Opera House, in dem er seine wunderbaren Fähigkeiten als Dirigent unter Beweis stellte. Unter den Werken auf dem Programm befand sich die „Tragische Ouvertüre" von Brahms. Kurz bevor er mit der Probe begann, rief er den Orchesterbibliothekar Russell mit Namen zu: „Wo ist das Kontrafagott? Warum ist kein Kontrafagott eingesetzt?"

Vergeblich protestierte Russell, man habe ihm nicht gesagt, er solle ein Kontrafagott engagieren, aber plötzlich legte sich Bülows Ärger und er begann mit der Probe. Dabei dirigierte er, wie es seine Gewohnheit war, ohne Orchesterpartitur vor sich. Sein Gedächtnis für das, was die einzelnen Instrumente zu spielen hatten, war in der Tat bemerkenswert, obwohl ich immer den Eindruck hatte, dass er es bei den Proben ein wenig zur Schau stellte. Nachdem die Probe vorbei war, rief er Russell zu sich, steckte ihm einen Fünfdollarschein zu und flüsterte: „Sag nichts; es war mein Fehler, in der Brahms-Ouvertüre gibt es kein Kontrafagott."

IX

ANDREW CARNEGIE UND DIE FAMILIE BLAINE

Im Frühjahr 1887 segelte ich nach Europa, um den Sommer mit Hans von Bülow zu verbringen und dort zu studieren. Auf dem Dampfer lernte ich Andrew Carnegie und seine junge Frau Louise kennen. Sie waren auf ihrer Hochzeitsreise und auf dem Weg nach Schottland, wo Mr. Carnegie „Kilgraston" gemietet hatte, ein schönes altes Haus in der Nähe von Perth. Er kannte meinen Vater und hatte ihn vor ein paar Jahren zu einem Abendessen zu Ehren von Matthew Arnold eingeladen, der auf einer Vortragsreise in Amerika gewesen war. Mr. Carnegie sprach mit großer Zuneigung und Hochachtung von meinem Vater und brachte seine Freude darüber zum Ausdruck, dass ich die Arbeit meines Vaters wiederaufgenommen hatte. Er lud mich ein, nach Abschluss meiner Studien bei von Bülow nach Schottland zu kommen.

Im Spätsommer segelte ich daher mit einem kleinen Dampfer von Hamburg nach Leith und wurde von Mr. und Mrs. Carnegie in Kilgraston mit großer Freundlichkeit empfangen. Zu ihren Gästen zählten James G. Blaine, seine Frau und zwei ihrer Töchter. Meine Bekanntschaft mit dieser bemerkenswerten Familie entwickelte sich bald zu einer für mich sehr glücklichen engen Freundschaft und mündete schließlich in meiner Heirat mit Margaret, einer der Töchter – aber ich gehe zu schnell vor.

Mr. Blaine war 1884 bei der Präsidentschaftswahl gescheitert. Seitdem war er mit der Fertigstellung seines Buches „Twenty Years of Congress" beschäftigt und im Frühjahr 1887 machten er und seine Familie ein Jahr Urlaub im Ausland.

Aufgrund meiner Jugend und der Anforderungen meines Berufs hatte ich die meiste Zeit meines Lebens unter Musikern und Musikinteressierten verbracht. Dies war das erste Mal, dass ich in persönliche Beziehungen zu einem großen Staatsmann kam, der damals der bedeutendste in unserem Land war, und ich stellte zu meinem Erstaunen fest, dass er, obwohl ihn eine Atmosphäre großer Würde umgab, im Umgang mit anderen Menschen absolut einfach und sanft war.

Seine Frau, eine Frau von außergewöhnlicher Charakterstärke, mit einem höchst originellen Geist und einer absoluten Hingabe an ihren Mann und seine Ambitionen, war in vielerlei Hinsicht ebenso bemerkenswert wie er. Ihr Wissen über und ihr Interesse an Literatur – Poesie, Geschichte, Memoiren – waren sehr umfassend, und die Diskussionen darüber, die ständig an Mr. Carnegies Tisch stattfanden, interessierten mich ungemein und eröffneten mir neue Welten.

Die beiden Töchter, Margaret und Harriet, waren temperamentvoll und teilten die Interessen ihrer Eltern. Sie schenkten ihnen eine Hingabe und Liebe, die so parteiisch und intensiv war, dass sie mich zunächst fast mehr zu ihnen hingezogen zu haben schien als alles andere. Als Junge hatte ich Qualen erlitten, als ich sah, wie mein Vater missverstanden und oft von Männern angegriffen wurde, die es nicht wert waren, ihm die Schuhe zu binden, und hier fand ich ähnliche Bedingungen vor, allerdings in einem viel größeren Maßstab, da Mr. Blaines Karriere national gewesen war und seine Triumphe und Niederlagen die Sympathien oder Verwünschungen von Millionen amerikanischer Bürger gewonnen hatten. Musik hatte im Leben der Familie Blaine nur wenig Bedeutung gehabt – obwohl meine Frau sich seitdem enthusiastisch der Musik verschrieben hat – und ich war wirklich entzückt, dass ich zum ersten Mal in meinem Leben gezwungen war, Beziehungen von einem rein menschlichen Standpunkt aus aufzubauen und ohne die Hilfe des „romantischen Glamours" meines Berufs. Zu diesem Zeitpunkt konnte ich die Blaines allerdings nur flüchtig zu Gesicht bekommen, da sie nur eine Woche nach meiner Ankunft blieben. Es gab jedoch nette Gerüchte über eine vierwöchige Postkutschenreise von London nach Schottland, die Mr. Carnegie für den folgenden Sommer plante und zu der wir alle eingeladen werden sollten.

Mr. Carnegie war damals ein großzügiger Unterstützer von Gladstone und der Liberalen Partei, und mehrere ihrer Führer besuchten ihn in Kilgraston, darunter auch John Morley, der mich sehr beeindruckte und dem ich auf seine und die Bitte der Carnegies jeden Abend Auszüge aus Wagners „Nibelungen-Trilogie" vorspielte und dabei die Musik und den Text erklärte, da Mr. Morley die Musik noch nie zuvor gehört hatte. Ich war sehr stolz darauf, dass ich einen so klugen Geist wie ihn für Wagners Musik interessieren konnte, und ich stelle mir gerne vor, dass meine Wagner-Vorträge, die ich in späteren Jahren in ganz Amerika hielt, ihren Ursprung in diesen informellen Gesprächen in Schottland für Morley und die Carnegies hatten.

Übrigens interessierte sich Mr. Carnegie immer mehr für die New York Symphony and Oratorio Societies und willigte ein, deren Präsident und Hauptfinanzier zu werden. Die komplizierteren symphonischen Werke gefielen ihm nicht, aber er hatte eine natürliche und naive Liebe zur Musik. Aufgrund seines Studiums und seiner umfassenden Kenntnis der schottischen Literatur, insbesondere der Poesie, sowie einer intensiven Zuneigung zu seinem Geburtsland liebte er insbesondere die Volkslieder Schottlands und konnte mit hoher, bebender und etwas unsicherer Stimme buchstäblich Dutzende davon auswendig singen. Für mich waren diese Volkslieder eine Offenbarung und ich bin immer noch der Meinung, dass sie

eine Vielfalt und einen Charme besitzen, die die Lieder anderer Völker
übertreffen.

Ich vergöttere sogar die schottischen Dudelsäcke und bin fast auf der
gleichen Wellenlänge wie der Schotte, der sagt, für ihn sei der Himmel „mit
zwanzig Dudelsackspielern, die in einem kleinen Raum zusammenspielen
und jeder eine andere Melodie spielt".

Auf unseren langen Spaziergängen und Angelausflügen sprach Mr. Carnegie
ständig und offen über seine vielen Pläne, die Welt durch großzügige
Wohltaten zu verbessern. Er hatte bereits damit begonnen, in ganz
Großbritannien und Amerika kostenlose Bibliotheken zu gründen, und
erzählte mir oft von seiner eigenen großen Armut als Kind und davon, wie
schwierig es war, die Bücher und die Bildung zu bekommen, nach denen er
sich so sehnte. Seine Fantasie wurde angeregt, als er sich die Möglichkeiten
vorstellte, die seine Bibliotheken der Jugend von heute bieten würden, und
ein ständiger Optimismus hinsichtlich der Zukunft der Welt schien alle seine
Pläne zu bestimmen.

Besonders die niedrigen Gehälter unserer Lehrerschaft erregten seinen Zorn,
da er der Ansicht war, dass die gesamte Zukunft Amerikas in den Händen
seiner Lehrer liege und dass deshalb die größten Köpfe des Landes für diese
Arbeit eingesetzt und angemessen belohnt werden sollten. Wie der Leser
weiß, gipfelte diese Überzeugung schließlich in seinem bemerkenswerten und
umfassenden Pensionsplan für Hochschulprofessoren, die eine bestimmte
Anzahl von Jahren ihrem Beruf gedient hatten.

Als er mir seine verschiedenen Träume und Pläne vorlegte, wurde er wirklich
beredt. Seine kleinen Hände ballten sich und für einen Moment waren sogar
seine Angelrute und eine mögliche Forelle am anderen Ende vergessen,
besonders wenn er von seiner größten Abneigung sprach – dem Krieg – und
von seiner schrecklichen Nutzlosigkeit bei der Beilegung von Streitigkeiten.

Als Junge hatte er kaum Schulbildung genossen, aber er hatte die schottische
Leidenschaft für Bücher geerbt. Er hatte alles verschlungen und, was noch
besser war, er konnte sich das Gelesene merken. Burns und Shakespeare
kannte er auswendig und konnte sie sehr treffend zitieren, um seine
Argumente zu untermauern.

Sein Mitgefühl für Leidende, insbesondere für die durch Armut
verursachten, war sehr groß und äußerte sich in praktischer Hilfe in jeder
Hinsicht. Die harten Kämpfe seiner frühen Jugend hatten ihn sehr
verständnisvoll gemacht, und viele mittellose Witwen erhielten sofortige
Hilfe von ihm, und die Kinder konnten durch seine Hilfe die Schule
besuchen und ins Geschäft einsteigen.

Seine Einstellung zur Religion war sehr merkwürdig. Damals gab er vor, Agnostiker zu sein, aber er hatte alte schottische Vorurteile zugunsten eines „schottischen Sonntags". Er verachtete die Theologie und war dennoch wirklich religiös, aber er legte keinen Wert darauf, seinen Gott zu definieren oder die Geheimnisse oder Möglichkeiten eines zukünftigen Lebens zu erforschen. Seine Vorurteile waren so unnachgiebig wie das Roheisen, das er in seinen Werken in Homestead herstellte, und kein Argument konnte ihn bewegen, wenn er sich entschieden hatte.

Obwohl Mr. Carnegie eine echte Bewunderung für Musik in ihren einfacheren Formen hegte, entwickelte sich daraus nie eine so große Überzeugung von ihrer Bedeutung im Leben wie von der Bedeutung der Wissenschaft oder Literatur, und obwohl er sie immer großzügig unterstützte, waren seine Wohltaten nie so groß wie in anderen Bereichen. Er konnte verstehen, dass eine Bibliothek, eine Schule oder ein Krankenhaus sich nicht selbst tragen konnten und sollten, aber ich konnte ihn nicht davon überzeugen, dass Musik in dieselbe Kategorie fallen sollte. Er bestand immer darauf, dass die größte Förderung der Musik von der zahlenden Öffentlichkeit und nicht von privaten Stiftungen kommen sollte. Er baute die Carnegie Hall, um New York ein angemessenes Zuhause für seine musikalischen Aktivitäten zu geben, aber er betrachtete dies nicht als Philanthropie und erwartete, dass sich die Halle selbst tragen und eine angemessene Rendite auf das investierte Kapital abwerfen würde.

Im Frühjahr 1888 segelte ich erneut mit den Carnegies nach Europa, und als wir im Metropole Hotel in London ankamen, fanden wir den Rest der Kutschengruppe bereits versammelt vor – die Familie Blaine, Mr. Henry Phipps, einen Partner von Mr. Carnegie und Mrs. Phipps, Gail Hamilton (Miss Dodge), eine als Schriftstellerin bekannte Cousine von Mrs. Blaine, sowie einen jungen universalistischen Geistlichen, Dr. Charles Eaton, der Pastor von Mrs. Carnegies Kirche war.

Wir verließen das Hotel Metropole am 8. Juni morgens auf Mr. Carnegies Vierspänner. Eine große Menschenmenge war da, um uns zu verabschieden und uns „Gute Reise" zu wünschen, darunter John Morley und Lord Rosebery. Alle Männer unserer Gruppe sahen sehr sportlich aus in ihren hohen grauen Zylindern, die wir am Morgen eilig bei einem Hutmacher in der Nachbarschaft gekauft hatten.

Ich war von Mr. Carnegie zum Schatzmeister der Tour ernannt worden, „ohne Gehalt, aber mit allen üblichen Vergünstigungen", wie er es ausdrückte.

Der Kutscher, ein kräftiger, gutmütiger und sehr fähiger Schotte, lenkte seinen Vierspänner mit so viel Geschick und Sorgfalt, dass sich seine Pferde bei unserer Ankunft in Invernesshire vier Wochen später in einem noch besseren Zustand befanden als zu Beginn.

Es war sicherlich eine ideale Art zu reisen, und das Tempo war gemächlich genug, um die herrliche Landschaft Englands und Schottlands zu sehen und zu genießen. Jeden Abend hielten wir in einem anderen Gasthof an, nahmen unser Mittagessen aber immer in Körben mit und machten mittags an einem malerischen Winkel am Ufer eines Flusses oder auf einer graswachsenen Wiese im Schatten der Bäume Halt und genossen unser Essen in aller Ruhe.

Die Diskussionen zwischen Mr. Blaine und Mr. Carnegie bei diesen Picknick-Mittagessen waren sicherlich faszinierend anzuhören und besonders aufschlussreich für einen amerikanischen Musiker, dessen Horizont vielleicht zu sehr durch seine eigenen Ambitionen und die Probleme seiner eigenen Kunst begrenzt war. Mr. Blaine kannte England, seine Geschichte und seine großen Familien viel besser als jeder Engländer, den ich je getroffen habe. Es ist bekannt, dass er nie etwas vergaß, und wann immer wir zum Mittagessen oder für die Nacht in einem Gasthaus Halt machten, erweiterte er sofort seinen immensen Wissensschatz, indem er die örtlichen Bauern, Feldarbeiter oder Gastwirte über die wirtschaftlichen oder politischen Bedingungen in diesem Teil des Landes befragte.

Ein amüsantes Opéra-Bouffe-Element der gesamten Busreise war das ständige, wenn auch verstohlene Auftauchen und Verschwinden von vier amerikanischen Zeitungsreportern, die von ihren jeweiligen Zeitungen geschickt worden waren, um Mr. Blaine zu „beschatten", da in Chicago der republikanische Parteitag zur Präsidentschaftsnominierung stattfinden sollte und man inständig hoffte, dass Mr. Blaine die Nominierung erneut annehmen würde. Er – und durch ihn natürlich auch wir – wusste, dass ihm nichts ferner lag, aber in der Abenddämmerung, wenn wir in unserem Gasthof für die Nacht ankamen, waren diese vier Reporter, die mit dem Zug angereist waren, bereits dort und versuchten direkt oder indirekt, „Insiderinformationen " über Mr. Blaines Absichten zu erhalten. Zu den Reportern gehörten Stephen Bonsal von der *New York World* und Arthur Brisbane von der *New York Sun*. Letzterer, der das Private mit dem Geschäftlichen verbinden wollte, verschmähte manchmal den Zug und mietete einen hohen Dogcart.

Unsere Reiseroute umfasste alle Domstädte der Ostküste Englands. Wir waren an keine Zeitpläne gebunden und hatten daher jede Gelegenheit, die mächtigen gotischen Kirchen von Cambridge, Ely, Peterborough, York und Durham zu besichtigen und zu studieren.

Ich hatte zugesagt, am 19. Juni ein Konzert in London zu dirigieren, und verabschiedete mich daher nur sehr widerwillig von unserer Gruppe in York. Das Konzert wurde von Ovide Musin gegeben, einem hervorragenden

jungen belgischen Violinisten, der ein Konzert meines Vaters aufführen
wollte, das er etwa acht Jahre zuvor unter der Leitung meines Vaters in New
York gespielt hatte. Ich hatte ein ausgezeichnetes Londoner Orchester mit
75 Musikern und spielte auch Beethovens Siebte Symphonie und Liszts Erste
Ungarische Rhapsodie. Es war meine erste Erfahrung als Dirigent in
England, und da das Konzert sehr gut verlief, war ich sehr erfreut, besonders
als ich kurz bevor ich meinen Zug nach Durham nahm, um mich wieder der
Reisegruppe anzuschließen, einige lobende Kritiken über das Konzert in der
Londoner Times und *im Telegraph las* .

Es regnete, als ich den Bahnhof in Durham verließ, um zu der Straße zu
gehen, auf der Mr. Carnegies Kutsche ankommen sollte. Ich erinnere mich
noch gut an meine Freudenschauer, als ich eine fröhliche Fanfare auf dem
Kutschenhorn von einem der Lakaien hörte – den ich übrigens immer um
seine Virtuosität auf diesem Instrument beneidete – und kurz darauf sah ich
an einer Straßenbiegung die Kutsche ankommen, in der alle in graue
Regenmäntel gekleidet waren und freundlich winkten. Meine Frau hat
meinen Kindern gegenüber immer darauf bestanden, dass ich während dieser
gesamten Reise einen zweireihigen Gehrock getragen hätte, der mir schon
bei meinen Matineekonzerten in Amerika zum Einsatz gekommen war, aber
ich glaube, das ist eine grobe Verleumdung und beruht nicht auf Tatsachen.

Wir überquerten die Grenze nach Schottland und machten natürlich Halt bei
Walter Scotts Haus und besuchten auch die Ruinen von Linlithgow Castle,
in dem Maria Stuart geboren wurde. Und hier betraten die vier Reporter, die
so beständig wie Blutegel und so unvermeidlich wie der Tod und der
Steuereintreiber gewesen waren, feierlich die Ruinen und übergaben Mr.
Blaine ein Telegramm, das sie gerade erhalten hatten und das die
Nominierung Benjamin Harrisons auf dem Kongress ankündigte. Da Mr.
Blaine dies seit Wochen erwartet hatte, erregte ihn die Nachricht nicht
besonders. Er verabschiedete sich freundlich von den vier jungen
Spürhunden, von denen einige inzwischen in ihrem Beruf Berühmtheit
erlangt haben, und wir setzten unsere Reise weiter nach Norden fort, bis wir
am Abend des 3. Juli bei Mr. Carnegies Haus, Cluny Castle, ankamen.

Es war bitterkalt und der Wind pfiff schrill über den Dalwhinny Moors, als
wir Cluny zum ersten Mal erblickten, aber über seinen Türmen wehte stolz
eine amerikanische Flagge und drinnen erwarteten uns warme Feuer und ein
köstliches Abendessen.

Dann begann für mich ein Sommer voller Freuden. Mr. Carnegie hatte einen
Dudelsackspieler, der nach alter schottischer Sitte jeden Morgen um die
Außenmauern des Hauses ging, um uns zu wecken. Mein Zimmer lag im
Junggesellenzimmer und hatte einen kleinen Kamin, in dem gemütlich ein
Torffeuer glimmte. Der Geruch von Torf und der Klang des

Dudelsackspielers, der sich meinem Fenster immer näherte und dann wieder in der Ferne verschwand, sind in meiner Erinnerung immer untrennbar miteinander verbunden. Morgens arbeitete ich normalerweise an meinen Kontrapunkt- und Kompositionsstudien, aber ab dem Mittagessen war es nichts weiter als herrliche Unterhaltung oder das aufmerksame Zuhören bei Diskussionen aller Art – politischer, wirtschaftlicher, poetischer. Miss Dodge war eine äußerst anregende Person. Sie besaß einen Verstand, der nichts ohne Analyse oder Beweise akzeptierte, und die Wortgefechte zwischen ihr und Mr. Carnegie waren faszinierend, denn obwohl sie keine Schottin war, verkörperte sie ebenso wie Mr. Carnegie die Geschichte der beiden Schotten, die sich treffen und von denen einer sagt: „Wo gehst du hin, Donald?" „Oh, ich fahre nur ins Dorf, um einem Kleinen zu widersprechen."

Gelegentlich begleitete ich Mr. Carnegie zu einem einsamen See in den Bergen, um Forellen zu angeln, aber ich bin nie ein glühender Anhänger von Izaak Walton geworden. Früher bereitete es mir mehr Freude, auf dem Rücken zu liegen und den wunderbaren schottischen Himmel mit seinen tief hängenden Wolken zu beobachten, die die Berge liebevoll umarmen und durch die vielleicht ab und zu ein blauer Fleck hindurchschimmerte, als die „Flossenmonster" zu fangen. Diese waren allerdings selten länger als 15 cm, obwohl ich sie am nächsten Morgen, als wir sie zum Frühstück hatten, in Hafermehl gewälzt und köstlich frittiert, auf jeden Fall genoss.

Abends musste ich meinen kleinen Beitrag zur Hausparty leisten, indem ich Beethoven und Wagner auf einem ausgezeichneten Broadwood-Klavier spielte.

Während dieser ganzen Zeit war ich erstaunt über die extreme Einfachheit und Sanftmut, die Mr. Blaines Verhalten gegenüber allen kennzeichnete, mit denen er in Kontakt kam. Er war ein Mann, der zu dieser Zeit der beliebteste und am meisten verabscheute Amerikaner war, und dennoch hatte er absolut nichts von der „Primadonna"-Manier vieler berühmter Leute in meinem Beruf an sich. Seine Würde war jedoch angeboren und unbewusst, und in den vielen Jahren, die ich ihn kannte und intim kannte, habe ich nie jemanden gesehen, der es wagte, seine Einfachheit und allgemeine Herzlichkeit durch übermäßige Vertraulichkeit zu unterstellen. Seine Fähigkeit, sich von seiner Umgebung zu abstrahieren, war bemerkenswert. Er arbeitete gern in dem Raum, in dem seine Familie redete, lachte und über alle möglichen Themen diskutierte, während er selbst in einer Ecke saß und sich auf ein eigenes Problem konzentrierte und es löste, ohne zu bemerken, was um ihn herum vorging.

Die Familie Blaine verließ Cluny viel zu früh und nicht nur ich, sondern der ganze Haushalt spürte ihre Abwesenheit schmerzlich.

Es folgten weitere Gäste, darunter John Morley, mit dem ich lange und für mich sehr interessante Spaziergänge unternahm. Er schien ein sehr einsamer und vielleicht enttäuschter Mann zu sein. Er war verheiratet, aber kinderlos, und erzählte mir einmal, dass es sein größtes Bedauern in seinem Leben sei, keinen Sohn zu haben, da er ihn gern nach seiner ganz eigenen Theorie erzogen und erzogen hätte, wie die Ausbildung eines Engländers wirklich aussehen sollte. Wie viele Männer haben solche Träume gehabt und wie wenige, wenn überhaupt, können wirklich die Zukunft ihrer Kinder bestimmen!

Im März 1889 wurde Benjamin Harrison als Präsident vereidigt und Mr. Blaine wurde sein Außenminister.

Ich war in diesem Winter wie üblich mit der Oper, den Konzerten und den Wagner-Vorträgen furchtbar beschäftigt, und manchmal schien Washington sehr weit weg zu sein, aber Margaret Blaine hatte gute Freunde in New York, die sie gelegentlich besuchte, und auch eine Schwester, die Frau von Colonel Coppinger von der US-Armee, der auf Governor's Island im New Yorker Hafen stationiert war. Wann immer sie bei Mrs. Coppinger war, war ich ein sehr häufiger Passagier auf der kleinen Fähre, die meines Erachtens von unserem wohltätigen Kriegsministerium nur zu dem Zweck unterhalten wurde, jungen Männern wie mir den Weg zu dieser malerischen, wenn auch veralteten Militärfestung zu ermöglichen.

Mr. Carnegie war sich meiner Hoffnungen in Bezug auf Margaret Blaine überhaupt nicht bewusst und schlug im folgenden Sommer einen Besuch in Bar Harbor vor, wo Mr. Blaine ein Sommerhaus gebaut hatte. Ich nahm das Angebot mit einer Bereitwilligkeit an, die er fälschlicherweise als seinen eigenen Wunsch interpretierte, die Freunde wiederzusehen, die so viel zu den Freuden der Kutschenfahrt und von Cluny Castle beigetragen hatten. Als ich ihm später von meinen Hoffnungen erzählte und dass sie während unseres Besuchs in Bar Harbor etwas ermutigt worden waren, war er sehr verärgert und schwor, dass er mich nie mitgenommen hätte, wenn er jemals etwas dergleichen vermutet hätte. Er sagte mir, er habe gehofft, ich würde viele Jahre lang nicht ans Heiraten denken, sondern als eine Art halbwegs verbundenes musikalisches Mitglied seines Haushalts bleiben, der zu dieser Zeit nur aus ihm und seiner Frau bestand. Natürlich hörte ich mir seine vielen Argumente an, war absolut nicht überzeugt, und obwohl er immer hartnäckig war, fand er in mir seinesgleichen. Ich muss allerdings gestehen, dass er, als er sah, wie ernst es mir war, nicht nur vollständig von seiner Haltung zurücktrat, sondern meine Verlobung und Heirat mit absoluter Freude und Zustimmung akzeptierte.

Meine Verlobung mit Margaret Blaine wurde im Oktober des folgenden Jahres bei der Hochzeit ihres Bruders Emmons und Anita McCormick aus Chicago bekannt gegeben.

Mr. Blaine hatte das alte Seward-Anwesen am Lafayette Square, ganz in der Nähe des Weißen Hauses, gekauft, und Mrs. Blaine, die ein bemerkenswertes Gespür für harmonische Inneneinrichtungen und Dekorationen hatte, machte sich daran, es in ein würdevolles und charmantes Haus umzubauen, dessen besonderes Merkmal ein großes Wohnzimmer im ersten Stock war, das durch die Umwandlung zweier Räume in einen entstand.

Ich habe an anderer Stelle erzählt, wie ich damals aufgrund meiner Jugend gezwungen war, mich an der Metropolitan auf das Dirigieren von Opern wie „Le Prophète", „La Juive" und „Trovatore" zu beschränken. Seidl, mein älterer Kollege, monopolisierte die Wagner-Opern vollständig, die ich natürlich besonders gern dirigieren wollte. Gegen „Trovatore" hatte ich damals eine besonders starke und unbegründete Abneigung, obwohl sie teilweise dadurch gerechtfertigt war, dass wir in unserer deutschen Operngesellschaft keine Besetzung hatten, die seiner italienischen Atmosphäre oder seinen stimmlichen Anforderungen gerecht werden konnte.

Wenn es das Glück wollte, dass die Samstagsmatinee eine Wagner-Oper war, bat ich Direktor Stanton um die Erlaubnis, am Freitagabend nach Washington zu fahren, und erhielt sie auch, da ich dann Samstag und Sonntag mit meiner Verlobten verbringen konnte. An einem dieser Freitage, kurz nachdem ich meine Erlaubnis erhalten hatte, kam mein Bruder Frank zu mir und drängte mich, den ersten Zug nach Washington zu nehmen, den ich erwischen konnte, da er gerade gehört hatte, dass der Tenor, der am Samstagnachmittag in „Siegfried" singen sollte, krank war und dass die Oper aller Wahrscheinlichkeit nach in „Trovatore" geändert würde. Ich verstand den Wink schnell, und als die Nachricht kam, dass ich „Trovatore" dirigieren sollte, war ich nirgends zu finden, und Anton Seidl war gezwungen, die Oper zu dirigieren. Er war wütend, da er sie nicht mehr liebte als ich, und mein Bruder erzählte mir später, dass er die gesamte Oper mit einem finsteren Gesichtsausdruck dirigierte, der tief über die Partitur gebeugt war und von dem er nicht ein einziges Mal die Augen hob, um dem Sänger oder dem Orchester ein Zeichen zu geben.

Im darauffolgenden Winter wurde die Familie Blaine von Tragödien heimgesucht. Walker, der älteste Sohn, ein junger Mann von großem Talent, der viel vom Charme seines Vaters geerbt hatte und Mr. Blaine im Außenministerium eine große Hilfe geworden war, starb. Kurz darauf folgte ihm die älteste Tochter, Mrs. Coppinger.

Diese beiden Tragödien, die so kurz aufeinander folgten, bedeuteten den ersten Bruch in diesem perfekten Familienkreis und beeinträchtigten Mr. Blaines Geist und Gesundheit so sehr, dass er sich, glaube ich, nie wieder davon erholte.

Ich habe Margaret Blainc am 17. Mai 1890 geheiratet. Ich würde gern viel mehr als nur ein Kapitel über die zweiunddreißig wundervollen Jahre unseres Ehelebens schreiben, aber da meine Frau mir streng verboten hat, ihren Namen in diesen Memoiren auch nur zu erwähnen, muss dieses Kapitel mit dem Besten schließen, das unausgesprochen bleibt, obwohl es am tiefsten empfunden wurde.

X

DIE DAMROSCH-OPERNGESELLSCHAFT, 1895-1899

Mit der Rückkehr von Abbey, Schoeffel und Grau im Jahr 1891 verschwand Wagner praktisch von der Bühne der Metropolitan Opera, da sich ihre gesamte Energie auf die Produktion von Opern der französisch-italienischen Schule konzentrierte. Es war eine natürliche Reaktion auf die sieben Jahre Oper in deutscher Sprache, und das Pendel schlug weit in die andere Richtung aus. Die neuen Manager hatten eine Truppe wahrhaft großartiger Sänger zusammengestellt; das Publikum schwelgte in ihrem *Belcanto* , und da Abbey, Schoeffel und Grau die gesamte finanzielle Verantwortung für das Unternehmen übernahmen, waren auch die Direktoren des Opernhauses sehr zufrieden. Sie waren der wachsenden Defizite der deutschen Oper überdrüssig geworden.

Der Kopf und leitende Geist der Firma war Henry Abbey, ein großartiger und ehrenhafter Spieler mit „Sternen", den er so großzügig bezahlte, dass er zwar manchmal große Gewinne machte, aber oft noch mehr verlor. Die Gewinnchancen waren zu gering und im Allgemeinen ähnelte es zu sehr den Roulettetischen in Monte Carlo, wo die Chancen zugunsten der Sterne standen.

John Schoeffel war nicht viel mehr als der Bindestrich zwischen Abbey und Grau. Ich konnte nie erkennen, dass er irgendetwas getan hätte, außer vielleicht die Anzeigen der Operngesellschaft zu organisieren, wenn diese Boston besuchte, wo er als Pächter des Tremont Theatre lebte.

Die eigentliche Leitung der Opernsaison, die Zusammenstellung des Repertoires, die Verpflichtung der Künstler und der Umgang mit ihnen lagen in den Händen von Maurice Grau, der sich zu einem erstklassigen Operndirektor entwickelt hatte. Er behauptete, nur wenig künstlerisches Wissen zu haben, aber er war klug und hatte bis zu einem gewissen Grad ein echtes Gespür dafür, dem Publikum das zu geben, was es wollte. Er ging ehrenhaft mit den Künstlern um, und auf eine widerwillige Art (die Opernkünstler oft haben) mochten sie ihn, obwohl sie ihn unaufhörlich quälten. Er saß von morgens bis abends wie eine Spinne in seinem Büro, arbeitete Repertoires aus, stritt mit den Sängern oder beschwichtigte sie und hatte insgesamt keine weiteren Interessen im Leben – außer vielleicht dem nationalen Pokerspiel, dem er und eine kleine Gruppe von Kumpanen sich zu vergnügen pflegten – und einer großen Zuneigung zu seiner kleinen Tochter.

Mit Ausnahme von „Lohengrin", der sporadisch in italienischer Sprache aufgeführt wurde, wurde der arme Wagner praktisch boykottiert, und trotz meiner großen Verehrung für ihn ärgerte mich dieser Umstand immer mehr.

Im Winter 1893/94 wurde ich gebeten, für einen wohltätigen Zweck, der mir am Herzen lag, eine originelle Unterhaltungsveranstaltung zu organisieren. Da Materna, Anton Schott und Emil Fischer zu dieser Zeit in Amerika waren, kam mir die Idee, die „Götterdämmerung" in der Carnegie Hall aufzuführen. Materna war alt und dick, aber ihre Stimme war immer noch herrlich; Anton Schott war immer noch ein sympathischer *Siegfried*, und Emil Fischer war auf dem Höhepunkt seines stimmlichen und schauspielerischen Könnens. Die Kulisse war zwar einfach, aber gut improvisiert und teilweise speziell bemalt, und die Waffen und andere Requisiten wurden von der Metropolitan Opera ausgeliehen.

Der Erfolg war so bemerkenswert, dass wir das Werk mehrere Male wiederholten und „Walküre" hinzufügten. Dies schien mir ein schlüssiger Beweis dafür zu sein, dass das amerikanische Publikum mehr als bereit für die Rückkehr Wagners war, und ich wandte mich an Abbey und Grau, um ihnen vorzuschlagen, eine bestimmte Anzahl Wagner-Aufführungen in deutscher Sprache in ihr Repertoire aufzunehmen. Sie erhoben entsetzt die Hände über dem Kopf und sagten, Wagner bedeute den Ruin, aber da sie mir gegenüber sehr freundlich gesinnt waren (ich hatte viele Orchesterkonzerte für einige ihrer Instrumentalstars dirigiert), schlugen sie vor, dass sie mir, wenn ich dumm genug wäre, selbst Wagner-Aufführungen zu geben, im Frühjahr gern das Metropolitan Opera House zu günstigen Konditionen vermieten würden. Fast unwiderstehlich war ich von dem Entschluss überzeugt, ihren Vorschlag ernst zu nehmen, obwohl er lachend und skeptisch hinsichtlich seines Ergebnisses vorgebracht wurde. Ich beriet mich mit einer Reihe ergebener Freunde, die meinen Optimismus teilten, und beschloss schließlich, den Schritt zu wagen, und um meinen verrückten Plan angemessen zu finanzieren, verkaufte ich mein Haus in der West 55th Street.

Im Haus von Miss Mary Callender und Miss Caro de Forest, beides treue Freundinnen und Musikliebhaberinnen, wurde eine „Wagner-Gesellschaft" gegründet, deren Zweck es war, den Verkauf von Abonnementsplätzen für mein Vorhaben zu fördern und die Propaganda für das Projekt auf jede erdenkliche Weise zu verbreiten. Beim ersten Treffen dieser Gesellschaft wurden so viele Plätze abonniert, dass der Erfolg gesichert schien, und außerdem boten mir die Direktoren des Metropolitan Opera House, obwohl sie Anspruch auf die kostenlose Nutzung ihrer Logen hatten, sehr großzügig an, dass Abbey und Grau, da sie für meine Vorstellungen eine nominelle Miete von fünfhundert Dollar pro Abend verlangen würden, mir diesen Betrag für die Nutzung ihrer Logen zahlen würden, sodass ich das Haus praktisch mietfrei haben würde.

Abbey und Grau, die mich für einen dummen Jungen hielten, der wie ein Verrückter seinem Untergang entgegen stürzte, sagten mir mit der gleichen Großzügigkeit, dass ich alles aus ihrem enormen Vorrat an Kostümen und Requisiten haben könne, was sich für die Wagner-Opern als nützlich erweisen könnte.

Etwa zu dieser Zeit erhielt ich einen Brief von Mr. William Steinway, dem damaligen Chef des Hauses Steinway & Sons und großen Musikliebhaber, in dem er mich bat, ihn zu besuchen, da er sehr an meinem Projekt zur Rückkehr Wagners ins Metropolitan interessiert sei. Ich tat dies und fand ihn an seinem Schreibtisch, von Gicht gelähmt, aber sehr fröhlich und glücklich über mein Vorhaben, dem er großen Erfolg prophezeite. Er meinte jedoch, dass er zwar wisse, dass die Idee und das Vorhaben ganz von mir stammten und dass ich Anspruch auf jede Anerkennung und jeden Vorteil daraus hätte, es aber eine sehr großzügige Tat meinerseits wäre, wenn ich Anton Seidl einladen würde, die Leitung der Wagner-Opern und -Musikdramen zu übernehmen . Er wies darauf hin, dass Seidl vom amerikanischen Publikum als großer Wagner-Dirigent angesehen werde und seine Mitarbeit zeigen würde, dass ich beabsichtige, mein Projekt auf den breitesten und großzügigsten Grundlagen aufzubauen. Er sagte, wenn ich seinem Vorschlag zustimmen würde, würde er für den nächsten Tag ein Treffen für Seidl und mich in seinem Büro arrangieren, und ich könne seiner herzlichsten persönlichen und finanziellen Unterstützung sicher sein.

Ich hielt viel von seiner Idee, und obwohl Seidl und ich während der alten deutschen Opernzeit und auch später, als wir als Konzertdirigenten getrennte Wege gingen, nie ein freundschaftliches Verhältnis zueinander gehabt hatten, hatte ich das Gefühl, dass das Projekt durch eine Kombination sehr gestärkt werden könnte, und so trat ich Seidl am nächsten Tag zusammen mit William Steinway in dessen Büro. Ich legte Seidl mein Projekt dar, erzählte ihm von der Unterstützung, die ich bereits gewonnen hatte, von meiner Vereinbarung mit Abbey und Grau und davon, dass ich das Vorhaben selbst finanzierte, aber dass ich, mit voller Bewunderung für seine Arbeit in Amerika während der Jahre der deutschen Oper nach dem Tod meines Vaters, gern bereit wäre, die Wagner-Opern mit ihm zu teilen. Ich zeigte ihm eine Liste der acht Opern, die ich aufführen wollte. Sie waren, soweit ich mich erinnere, folgende:

„Rheingold“

„Walküre“

„Siegfried“

„Götterdämmerung“

„Tristan und Isolde"

„Meistersinger"

„Lohengrin"

„Tannhäuser"

Ich schlug ihm vor, er solle sich die vier aussuchen, die ihm am besten gefielen, und ich würde die anderen vier dirigieren. Steinway bezeichnete dieses Angebot als äußerst fair und großzügig und drängte Seidl, es anzunehmen, doch Seidl meinte, er müsse noch darüber nachdenken und werde Steinway seine Entscheidung mitteilen.

Am nächsten Tag besuchte er Steinway um neun Uhr morgens und teilte ihm mit, dass er zu dem Schluss gekommen sei, dass er die Leitung der Wagner-Opern mit niemandem teilen wolle und deshalb nichts mit dem Unternehmen zu tun haben wolle. Steinway war außer sich vor Wut, und als er mir davon erzählte, sagte er: „Ich bin jetzt mit Leib und Seele bei Ihnen, und hier ist mein Scheck über zweitausendfünfhundert Dollar, für den ich für Ihre Saison Abonnementplätze in verschiedenen Teilen des Hauses besorgen werde."

Ich arrangierte eine achtwöchige Spielzeit an der Metropolitan und eine fünfwöchige Tournee, die uns bis nach Kansas City im Westen führen sollte, da dieser Außenposten im äußersten Westen sofort ein großzügiges Angebot für drei Aufführungen abgegeben hatte.

Ich reiste in jenem Frühjahr ins Ausland, um meine Künstler zu engagieren, und es gelang mir, eine bemerkenswerte Truppe von Wagner-Sängern zu versammeln: Rosa Sucher von der Königlichen Oper Berlin für die *Brünhilden* und *Isolde* ; eine junge Sängerin von 23 Jahren, Johanna Gadski, die in Berlin für mich *Elsa* und *Elisabeth sang* ; Emil Fischer von der Königlichen Oper Dresden für *Wotan* und *Hans Sachs* und Max Alvary, den schönsten und dramatischsten *Siegfried* und einen wahrhaft ritterlichen *Tristan* . Er hatte die letztere Rolle in Bayreuth studiert und sie dort bei den ersten Aufführungen gesungen. In Bayreuth fand ich auch eine hochbegabte englische Sängerin, Marie Brema, die damals fast unbekannt war, aber über einen reichen und ausdrucksstarken Mezzosopran verfügte. Ihr schauspielerisches Talent war bemerkenswert und ihr Stimmumfang so groß, dass ich dachte, ich könnte sie nicht nur für *Ortrude* und *Brangäne einsetzen* , sondern, falls nötig, auch für die *Brünhilden* .

Einen großen Teil der Kulissen für „Tristan" und die „Nibelungen-Trilogie" sowie für „Tannhäuser" ließ ich in Wien von der Firma Kautsky und Briosky speziell malen. Sie waren damals die Spitzenkräfte ihres Faches, und so schöne Blätter wie zum Beispiel in der Waldszene von „Siegfried" hatte man noch nie zuvor auf einer amerikanischen Bühne gesehen. Unsere New Yorker Maler versammelten sich erstaunt darum, als es ausgepackt und ordnungsgemäß montiert und aufgehängt worden war.

Ein Marineexperte wie William J. Henderson, der hervorragende Musikredakteur der *New York Sun* , kritisierte zu Recht die Architektur und Takelage des Schiffes, das *Tristan* und *Isolde* über die Irische See nach Cornwall brachte. Wien, die Heimatstadt meiner Bühnenmaler, ist kein Seehafen, und Isoldes prächtiges Zelt *sowie die Segel und der Mast waren zwar sehr malerisch, verbargen aber vor Tristan am Steuer* den Kurs des Schiffes völlig . Wäre er nicht ein Opernmatrose gewesen, der genau gewusst hätte, wo das Schiff am Ende des Aktes anlegen würde, hätte er es zweifellos gegen die weißkreidefarbenen Klippen Englands geschleudert, anstatt es sicher in den Hafen von Cornwall zu steuern.

Mittlerweile waren die Abonnements für Sitzplätze in unserem New Yorker Büro so sprunghaft angestiegen, dass der finanzielle Erfolg meines „verrückten Unterfangens" schon vor der Öffnung der Abendkasse für den Einzelverkauf von Eintrittskarten gesichert war.

Ich hatte „Tristan" für die Eröffnungsvorstellung ausgewählt. Es war im Jahr 1895. Die Generalprobe war gut verlaufen, und ein riesiges Publikum füllte jeden verfügbaren Platz im Opernhaus und begrüßte mich herzlich, als ich auf das Dirigentenpult trat . Ich wollte gerade mit dem Vorspiel beginnen, als ich flüsternd hörte, dass der Englischhornspieler nicht an seinem Platz sei. Es war der alte Joseph Eller, der viele Jahre zuvor unter meinem Vater in der Philharmonie gespielt hatte. Er hatte, unglaublicherweise, sein Instrument vergessen und war, als er dies erst bei seiner Ankunft in der Metropolitan entdeckte, nach Hause geeilt, aber noch nicht zurückgekehrt. Stellen Sie sich meine Aufregung vor! Alles war bereit, die Lichter gedimmt und das Publikum erwartungsvoll , und ich wagte es schließlich nicht, länger zu warten. Ich übertrug den Englischhornpart dem dritten Waldhornspieler, und wir begannen mit den langgezogenen Seufzern der Violoncelli der einleitenden Takte des Vorspiels. Zu meiner großen Erleichterung sah ich, wie Eller einige Minuten später seinen Platz einnahm, und die Vorstellung bewegte sich gut und dramatisch auf einen triumphalen Schluss zu, bei dem sich vor allem Alvary durch sein wunderbares Schauspiel und seinen leidenschaftlichen Gesang in der Szene vor der Ankunft des Schiffes mit *Isolde auszeichnete* . Sucher verlieh *Isolde* eine sanfte, weibliche Würde, aber stimmlich war sie nicht mehr ganz in Bestform und kam meiner Meinung nach nicht an Lilli Lehmann oder Klafsky und Ternina heran, die ich im folgenden Jahr nach Amerika holte.

Auf einer derartigen Wagner-Welle an die Metropolitan zurückzukehren, nachdem die deutsche Oper fünf Jahre zuvor so schmachvoll ausgelöscht worden war, war für mich ein großer Triumph und eine große Genugtuung, vor allem, weil mein Vater elf Jahre zuvor den Grundstein gelegt hatte.

Die weiteren Wagner-Opern inszenierte ich in rascher Folge, und da bei jeder Vorstellung die Häuser ausverkauft waren, war der Gewinn beträchtlich.

Madame Marie Brema erwies sich als so wertvolles Mitglied der Truppe, sowohl als *Ortrude* als auch als *Brangäne* , dass ich es für klug hielt, ihr die Gelegenheit zu geben, auch *die Brunhilde* in der „Walküre" zu singen. Ich begann daher in aller Stille, sie für diese Rolle auszubilden. Unglücklicherweise kam während einer Probe, die ich mit ihr allein auf der Bühne hatte, zufällig Madame Sucher herein und als sie die vertraute Musik von meinem Klavier hörte, sah sie plötzlich eine andere Frau, die *die Brunhilde sang* . Sie warf mir einen empörten, aber umfassenden Blick zu und segelte dann majestätisch von der Bühne. Einige Stunden später erhielt ich einen Brief, in dem sie mir mitteilte, dass sie mit dem nächsten Dampfer nach Deutschland zurückkehren wolle, da sie es bis dahin nicht gewohnt gewesen sei, „ihre" Rollen von jemand anderem singen zu lassen, solange sie in der Truppe sei.

Dies war der erste Brief dieser Art, den ich während meiner kurzen Karriere als Opernimpresario erhielt, doch er war nur der Prototyp vieler ähnlicher Briefe, die während meiner verschiedenen Opernsaisons aufeinander folgten wie Schneeflocken in einem Sturm.

Ich schickte Madame Sucher natürlich sofort einen großen Strauß Rosen und schrieb ihr, dass ich, ganz abgesehen von vertraglichen Verpflichtungen, nicht verstehen könne, wie sie Amerika verlassen wolle, nachdem sie sich „so herrlich in die Herzen meiner Landsleute gesungen" habe. Ich weiß nicht, ob mein Brief oder die Rosen irgendeine Wirkung hatten oder ob klügere Ratschläge die Oberhand behielten, aber sie blieb bei mir und setzte ihre Arbeit mit großer Gutmütigkeit fort und ertrug sogar den verhassten Anblick, als Marie Brema bei mehreren der darauffolgenden Aufführungen *die Brunhilde sang* .

In Kansas City beendeten wir unseren Aufenthalt mit einer Matinee-Aufführung von „Siegfried", Madame Sucher als *Brunhilde* und Max Alvary, der Schöne, als *Siegfried* . Meine Leser werden sich an die großartige Szene erinnern, in der *Brunhilde durch den Kuss Siegfrieds* aus ihrem jahrelangen Schlaf geweckt wird , der sich lange Zeit in dieser entzückenden, aber schwierigen Position über sie beugt, bis ein bestimmter Takt in der Musik anzeigt, dass der Kuss beendet ist. Das Haus war überfüllt und der größte Teil des Publikums bestand aus Frauen. Plötzlich, während ich die exquisite Musik dirigierte, die den ausgedehnten Kuss begleitete, imitierte jemand auf der Galerie, der zu Scherzen neigte, sehr deutlich das schmatzende Geräusch eines Kusses, und zu meinem Entsetzen stiegen und fielen kleine Wellen weiblichen Lachens auf, erwachten und starben, um erneut zu erwachen. Alvary war wunderbar. Er hob seinen schönen Kopf, blickte mit ruhigen Augen auf das Publikum, bis eine totenähnliche Stille herrschte, und kehrte dann mit der gleichen Ruhe zu seiner vorherigen Beschäftigung zurück. Es war zweifellos ein Triumph des Mannes über die Frau oder vielmehr die Frauen, und am Ende des Aktes begrüßten sie diesen jungen Gott mit besonderer und anbetender Begeisterung.

Der gesamte Gewinn meines ersten Unterfangens als Eigentümer und Direktor einer Operngesellschaft belief sich innerhalb von dreizehn Wochen auf etwa 53.000 Dollar. (Leider habe ich dieses schnell erworbene Vermögen nicht lange behalten.)

Ich hatte die Wagner-Fahne wieder fest auf amerikanischem Boden verankert und wollte sie natürlich nicht wieder herunterreißen sehen. Ich besuchte daher Abbey und Grau und bat sie – da ich keine Lust auf Managerehren hatte, sondern mich nur die künstlerische Seite interessierte –, ihrer wirklich großartigen Galaxie französischer und italienischer Künstler eine deutsche Abteilung hinzuzufügen und mich diese für sie betreuen zu lassen. Aber zu diesem Zeitpunkt schienen sie nicht bereit zu sein, ihr traditionelles Opernschema zu ändern, und mein Vorschlag stieß auf keine positive Resonanz. Ich beschloss dann, selbst weiterzumachen. Meine erste Saison hatte mich sehr viel gelehrt. Ich hatte einen beträchtlichen Vorrat an Kulissen, Kostümen und Requisiten erworben und wusste, wo ich das künstlerische Personal meiner Truppe noch weiter verbessern konnte. Ich dachte, dass ich durch die Vereinbarung einer längeren Saison von fünf Monaten meinen Sängern und meinem Orchester finanziell bessere Verträge geben und die Wagner-Opern auch in einem größeren Gebiet bekannt machen könnte.

Alle meine Freunde, bis auf einen, drängten mich, mit der Arbeit fortzufahren. Die einzige Ausnahme war Andrew Carnegie, der mit jenem scharfsinnigen Geschäftssinn, der ihn zu einem der reichsten Männer der Welt machte, sagte:

„Walter, Sie haben großen Erfolg gehabt, sowohl künstlerisch als auch finanziell; Ihre Gewinne waren enorm. Aber ein solcher Erfolg wiederholt sich selten sofort. Sie haben den Wunsch des Publikums nach einer Rückkehr der Wagner-Oper richtig erahnt, aber dieser Trend hat viele Leute angezogen, die nur aus Neugier gekommen sind und für die Wagner immer noch ein verschlossenes Buch ist. Viele von ihnen werden kein weiteres Mal wiederkommen. Ruhen Sie sich auf Ihren Lorbeeren aus.“

Natürlich hörte ich nicht auf solch gute Geschäftsratschläge und engagierte deshalb für das folgende Jahr eine Sängertruppe, die ein wirklich bemerkenswertes Ensemble bildete. Unter den Neulingen war Madame

Katherine Klafsky, deren überwältigende Imitationen von *Brunhilde* , *Isolde* und vor allem von *Fidelio* mir noch immer in Erinnerung sind. Das Dirigieren dieser letzten Oper bereitete mir so viel Freude, dass ich, obwohl sie nie annähernd so viel einbrachte wie die anderen Opern, darauf bestand, sie im Repertoire zu behalten. Dies beweist schlüssig, dass der Künstler in mir viel stärker war als der Impresario und dass ich in letzterem Beruf eigentlich nichts zu suchen hatte.

Fidelio (*Leonore*) befreit im zweiten Akt ihren Mann aus den Fesseln des Gefängnisses und er sagt zu ihr: „O, meine Leonore, wie viel hast du für mich getan!" Sie antwortet: „Nichts, nichts, mein Florestan", und das Orchester beginnt leise zu murmeln, woraufhin die beiden Stimmen zu einem ekstatischen Liebesduett anschwellen. Klafsky schilderte diese Szene mit solcher Zärtlichkeit, dass das gesamte Orchester und auch ich zu diesem Zeitpunkt fast vor Rührung erstickten und ich nur noch meinen Taktstock heben konnte, um das Signal zum Beginn des Duetts zu geben.

Madame Ternina, eine weitere Newcomerin, konnte in Chicago krankheitsbedingt nicht auftreten, in Boston sorgte sie jedoch für eine echte Sensation. Das Publikum spaltete sich in zwei Lager: Die einen priesen die geradezu elementare dramatische Vehemenz Klafskys, die ihre herrliche Stimme geradezu ausströmen ließ, während die anderen Ternina aufgrund ihrer intellektuelleren Konzeption und einer gewissen edlen künstlerischen Zurückhaltung zur größeren Künstlerin erklärten.

Einen Teil des Sommers 1894 verbrachte ich damit, die Musik für eine Oper über Hawthornes „Der scharlachrote Buchstabe" zu schreiben. Das Thema hatte mich schon immer fasziniert und ich hatte Jahre zuvor ein dramatisches Szenario vorbereitet, für das ich schließlich Hawthornes Schwiegersohn George Parsons Lathrop dazu bewegen konnte, ein Libretto zu verfassen. Ich komponierte die Musik im folgenden Sommer und beschloss, sie während der Saison 1895-96 mit der Damrosch Opera Company in Boston aufzuführen, wo die Handlung des Originalromans in der alten Kolonialzeit von Gouverneur Endicott spielt.

Die Rolle der *Hester Prynne gab ich* Johanna Gadski. David Bispham spielte *Roger Chillingworth* und Barron Berthold sang den Geistlichen *Arthur Dimmesdale* .

Die Uraufführung fand am 10. Februar 1896 statt. Das amerikanische Publikum ist bei Premieren sprichwörtlich freundlich zu Autoren, und Boston war wegen Hawthornes Roman besonders an dieser Oper interessiert . Die Szenerie präsentierte das alte Boston auf sehr malerische Weise, und ich hatte viel Zeit mit meinem Bühnenmanager und Kostümbildner in den verschiedenen Bostoner Sammlungen kolonialer Besitztümer verbracht, um ein genaues Bild dieser Zeit zu vermitteln. Für das „Make-up" von

Gouverneur Endicott und anderen alten Bostoner Berühmtheiten wurden frühe Porträts herangezogen, und die „Kompanie der alten und ehrenwerten Artillerie", die im letzten Akt auftrat, trug eine genaue Kopie des Banners, das, glaube ich, noch immer in Faneuil Hall hängt.

Gadski gab eine sehr berührende Imitation von *Hester* und Bispham schwelgte geradezu in den teuflischen Machenschaften von *Roger Chillingworth*. Die Künstler und der Komponist erhielten unzählige Erinnerungen und die Mitglieder meiner Truppe überreichten mir gemeinsam mehrere reizende Andenken an diesen Tag.

Mrs. John L. Gardner, die mir schon damals eine echte und treue Freundin und Unterstützerin geworden war und dies, ihrer wunderbaren Fähigkeit zur Freundschaft entsprechend, während all dieser Jahre geblieben ist, schickte für mich einen riesigen Lorbeerkranz auf die Bühne, in dessen Mitte sich ein großes scharlachrotes „A" befand! Der Leser kann sich vorstellen, welche Witze über diesen sehr prominent ausgestellten Buchstaben auf meine Kosten gerissen wurden.

Die Musik war meiner Meinung nach gut geschrieben und orchestriert, doch stand sie in so großem Maße unter dem Einfluss Wagners, dass ich fürchte, Anton Seidl hatte recht, als er seinen Freunden, nachdem er das Werk in New York gehört hatte, zynisch anvertraute, es handele sich um eine „Neuengland-Nibelungen-Trilogie".

Wenn ich das Werk nach all diesen Jahren selbst kritisch bewerte, würde ich sagen, dass es ausreichend Talent und musikalisches Verständnis zeigt, um eine Karriere als Komponist zu rechtfertigen, aber das Leben und seine Erfordernisse wollten es anders, und alles „Hätte sein können" ist nichts weiter als müßige Spekulation.

Aus finanzieller Sicht schien ein böser Stern über der Opernsaison jenes Winters zu stehen. Das ganze Land litt unter einer schweren Wirtschaftskrise und meine Truppe war groß und teuer. Ich musste ständig reisen und während der gesamten fünf Monate eine Truppe von einhundertsiebzig Leuten mitführen, darunter ein Orchester von siebzig Mann, da ich eine so große Ansammlung als meine feierliche Pflicht als Wagner-Jünger und Propagandist ansah.

Als Abbey und Grau schließlich beschlossen, eine eigene deutsche Opernabteilung zu gründen, und meinen Vorschlag annahmen, als es für mich zu spät war, mich ihnen anzuschließen, schlossen sie mich ganz natürlich aus dem Metropolitan Opera House aus, und ich war gezwungen, für meine New Yorker Saison die alte Academy of Music zu pachten, die zu einem Haus für billige Theaterproduktionen verkommen war und ihren hochmodischen Status früherer Jahre verloren hatte.

Meine Spielzeiten in Chicago und Boston waren profitabel gewesen, aber viele Städte im Süden – mit Ausnahme von New Orleans, wo ich herzlich empfangen wurde – konnten die Kosten nicht decken, weil die Theater zu klein und meine Truppe zu groß und im wahrsten Sinne des Wortes zu gut war.

In New Orleans spielten wir eine ganze Woche im alten St. Charles Theatre. Die Garderoben des Chors befanden sich im Keller und kurz vor der ersten Vorstellung rannten die Frauen des Chors kreischend auf die Bühne und schworen, dass sie nicht wiederkommen würden, da im Keller Ratten, so groß wie ausgewachsene Kaninchen, umherhuschten. Ich konnte es nicht glauben, bis ich hinunterging und diese schrecklichen Kreaturen mit eigenen Augen sah.

Unsere letzte Vorstellung sollte am Samstagabend stattfinden, aber an diesem Tag erhielt ich eine Petition, die von mehreren Bürgern unterzeichnet war, mit der Bitte, ihnen am Sonntagmorgen eine „Fidelio“-Aufführung mit Madame Klafsky zu geben. Da unser Zug an diesem Tag um 15 Uhr abfahren sollte, mussten wir mit dieser Vorstellung um elf Uhr morgens beginnen. Die Ankündigung dieser zusätzlichen Vorstellung erfolgte erst am Vorabend und in den Sonntagmorgenzeitungen. Um elf Uhr war das Haus ausverkauft.

Ich führte die Truppe bis nach Denver im Westen und stellte der Öffentlichkeit überall praktisch zum ersten Mal die „Trilogie“, „Tristan“ und „Die Meistersinger“ vor.

Ich erinnere mich an eine Vorstellung in Providence, Rhode Island, wo in Ermangelung eines Theaters die Waffenkammer für uns durch eine improvisierte Bühne ersetzt worden war, die jedoch so niedrig war, dass das Orchester leicht sehen konnte, was vor sich ging. Die Oper war „Lohengrin“, und kurz vor der Szene im letzten Akt, als *Godfrey* , der kleine Bruder von *Elsa* , anstelle des magischen Schwans erscheint, um in die ausgestreckten Arme von *Elsa zu rennen* , entdeckte der Bühnenmanager plötzlich, dass das kleine Ballettmädchen, das immer die Rolle übernahm, nicht anwesend war. Was tun? In der Not packte er Hans, den Sohn meines Souffleurs und damals eine Art Assistent für alle als Callboy, Hilfsbibliothekar usw. usf. Er war erst vierzehn und von kleiner Statur, hatte aber die für dieses Alter charakteristische übermäßige Länge von Armen und Beinen. Durch eine schmerzhafte Prozedur wurde er in das Kostüm von *Godfrey gezwängt* und gerade noch rechtzeitig auf die Bühne gestoßen. Plötzlich bemerkte ich einen Tumult in meinem Orchester, und als ich ihren erstaunten, aber entzückten Blicken folgte, sah ich die unheimliche Erscheinung von Hans als einem falschen *Godfrey* auf der Bühne stehen, der offensichtlich zu Tode erschrocken war. Gadski, die *Elsa sang*, streckte mit großer Geistesgegenwart ihre Arme weit aus und hieß ihn nicht nur willkommen, sondern löschte ihn unter den voluminösen Falten ihres Umhangs aus, und ich bezweifle, dass das Publikum bemerkte, dass der echte fürstliche Bruder nicht erschienen war.

Als wir schließlich in New York ankamen, hatte ich bereits einen Großteil meiner hohen Gewinne des Vorjahres eingebüßt, und dieser Verlust wurde durch meine Saison an der Academy of Music noch vergrößert.

Während der New Yorker Saison wohnten meine Frau und ich im stattlichen alten Haus unserer lieben Freunde Sophie und Tina Furniss an der Ecke Fifth Avenue und Fortieth Street. Mit ihrer für sie typischen Freundlichkeit nahmen sie nicht nur für jede Vorstellung eine große Proszeniumsloge, sondern bestanden, nachdem sie gehört hatten, dass es finanziell nicht gut lief, darauf, dass wir die ganze New Yorker Saison über ihre Gäste bleiben mussten, damit ich, so nehme ich an, nicht den Luxus eines Hotels auf mich nehmen musste.

Diese älteren Damen und eine verheiratete Schwester, Frau Zimmermann, waren die Töchter eines alten Ostindien-Kaufmanns, der im frühen 19. Jahrhundert ein Vermögen angehäuft hatte. Ihr Haus war voller schöner alter Möbel und Erinnerungsstücke aus einer vergangenen Zeit, und sie boten innerhalb ihrer Mauern eine sehr großzügige und würdevolle Gastfreundschaft.

Ein alter farbiger Kutscher namens Brown war seit vierzig Jahren bei ihnen. Er saß immer zusammen mit einem jungen farbigen Lakaien hoch oben auf ihrem Wagen, in großem Prunk und feierlicher Würde. Da der junge Lakai während unseres Aufenthalts in Ungnade entlassen worden war, wurde Brown beauftragt, einen anderen Jungen zu besorgen, der seinen Platz einnehmen sollte. Eine Woche verging und der neue Junge war noch nicht gefunden, und als Miss Sophie zu ihm sagte: „Brown, warum haben Sie uns keinen neuen Jungen besorgt? Sind die schwer zu finden?", antwortete er:

„Nein, Miss Sophie, es gibt viele Jungs, aber ich finde es so schwer, meine Cola zu machen."

Offenbar legte er großen Wert auf Einstimmigkeit, und zwar nicht nur hinsichtlich der Livree-, sondern auch der Hautfarbe.

Miss Sophie, die älteste dieser drei entzückenden Damen, besaß eine unglaubliche Vitalität, und obwohl körperliche Gebrechen und fortschreitendes Alter ihr Bestes taten, um sie zu bremsen, blieb sie bis zum Ende aktiv, fröhlich und unerschrocken. Während meiner sechswöchigen Opernsaison humpelte sie fast jeden Abend von der Kutsche zu ihrer Proszeniumsloge, auf der einen Seite von ihrem Stock und auf der anderen vom Diener gestützt, und lauschte mit unermüdlicher Aufmerksamkeit den Wagnerschen Musikdramen. Nicht einmal die Länge der

„Götterdämmerung" oder der „Meistersinger" brachte sie aus der Fassung, und nach der Vorstellung wiederholte sie beim Abendessen stolz, während ihre Augen vor Lachen blitzten, eine Bemerkung von mir, die ich zwei Jahre zuvor in ihrem Landhaus in Lenox gemacht hatte, als ich eine Reihe erklärender Vorträge über die „Nibelungen-Trilogie" hielt.

Ein weiterer Gast war Doktor Sturgis Bigelow, ein begeisterter Bewunderer von Madame Terninas Kunst, der eigens nach New York gekommen war, um bei all ihren Auftritten dabei zu sein. Sie sollte sich in der „Götterdämmerung" von Amerika verabschieden, und Doktor Bigelow hatte bei einem halben Dutzend Floristen am Broadway und der Fifth Avenue so viele Blumen bestellt, dass die ganze Akademie gefüllt wäre, aber leider wurde Madame Ternina krank, und ihr Platz musste im letzten Moment von ihrer Rivalin, Madame Klafsky, eingenommen werden. Doktor Bigelow hatte keine Lust, dieser rivalisierenden Sängerin das florale Zeugnis seiner Verehrung zu überreichen, und machte sich daher an die schwierige Aufgabe, seine vielen Bestellungen zu stornieren, aber da viele der Kränze und Leiern bereits vorbereitet waren, war seine Rechnung für „Schadensersatz" ziemlich hoch.

Bevor Ternina nach Hause segelte, teilte sie mir mit, dass sie vorhabe, ein paar Jahre wegzubleiben. Ich hatte ihr fünfhundert Dollar pro Auftritt bezahlt, was damals ein angemessenes Honorar war, da sie völlig unbekannt war und daher noch nicht genügend „Anziehungskraft" entwickelt hatte, um eine höhere Gage zu rechtfertigen, aber sie sagte, sie würde nicht nach Amerika zurückkehren, bis sie eine Gage von tausend Dollar verlangen könne. An dieser Entscheidung hielt sie fest, und als sie ein paar Jahre später zurückkehrte, zahlte Maurice Grau ihr freudig die tausend Dollar und sie wurde sofort zu einer der größten *Isoldes* unserer Zeit erklärt.

Meine New Yorker Saison begann am 4. März 1896 mit Beethovens „Fidelio". Das Publikum war erlesen und bestand aus vielen alten Stammgästen der Akademie. Seit 1888, als der Tenor Italo Campanini eine italienische Operngesellschaft hergebracht hatte, war dort keine große Oper mehr aufgeführt worden.

Über Klafsky habe ich bereits gesprochen, aber auch mein neuer Baryton, Dimitri Popovici, machte Furore. Ich hatte ihn in Bayreuth gefunden, wo er *Telramund* und *Kurvenal gesungen hatte* .

Ich produzierte in der zweiten Woche meine eigene Oper „Der scharlachrote Buchstabe", und der Empfang war mehr als herzlich. Da die Symphony Society of New York mir als Andenken ein exquisit gebundenes Exemplar von Hawthornes „Der scharlachrote Buchstabe" schenken wollte, schlug Richard Welling, der Sekretär und ein alter Freund, Anton Seidl, der im

Publikum saß, vor, Sprecher zu werden, aber als dieser ablehnte, überreichte Welling mir das Buch selbst.

Obwohl die Bilanz der fünfmonatigen Saison einen „Verlust von 43.000 Dollar" auswies, also den größten Teil meines Gewinns des Vorjahres, kann ich nicht sagen, dass meine Frau und ich sehr niedergeschlagen waren. Die Jugend ist optimistisch, und der Verlust von Geld ist an sich kein so schreckliches Unglück, wenn man noch genug hat, um seine Schulden zu bezahlen; und die ganze Zeit über habe ich meine Erfahrung und mein künstlerisches Ansehen erweitert.

Nach einer langen Beratung mit meiner Frau kamen wir beide zu dem Schluss, dass die Bedingungen, unter denen ich in jenem katastrophalen Winter gearbeitet hatte, nicht normal waren und dass wir durchaus eine weitere Saison riskieren konnten. Zwei Faktoren beeinflussten mich bei dieser Entscheidung stark: Erstens hatte sich eine Gruppe von Bürgern Philadelphias gemeldet und mich gebeten, ihre Musikakademie als meine künstlerische Heimat zu betrachten, und sagte, dass sie jede mögliche Unterstützung für eine reguläre Saison dort leisten würden, und zweitens gestanden Abbey und Grau mir offen, dass sie einen Fehler gemacht hatten, als sie mein Angebot einer Kombination ablehnten. Sie hatten kein Glück bei der Wahl ihrer deutschen Sänger und hatten 150.000 Dollar bei ihren deutschen Opern verloren, was fast viermal so viel war wie ich. Grau schlug für die folgende Saison einen Austausch bestimmter Künstler vor, und wenn ich ihm gelegentlich Madame Klafsky leihen würde, die er sehr bewunderte, würde er mir im Gegenzug Madame Calvé für einige Aufführungen von „Carmen" geben. Ich fand diese Regelung bewundernswert, da ich allmählich das Gefühl hatte, dass Wagner-Opern allein nicht ausreichten, um eine ausgewogene Opernsaison auf die Beine zu stellen, und dass Philadelphia für eine längere Saison ein abwechslungsreicheres Repertoire verlangen würde.

In der folgenden Saison 1897/98 lief es für mich viel besser. Das Philadelphia-Komitee garantierte mir eine reguläre Opernsaison an der Philadelphia Academy of Music. Dies sicherte mir ein Zuhause und einen festen Platz für meinen großen Vorrat an Kulissen, Kostümen und Requisiten. Auch die Proben wurden dadurch einfacher und für meine New Yorker Saison im Frühjahr vermieteten Abbey und Grau mir erneut das Metropolitan Opera House.

Ich hatte Madame Klafsky erneut engagiert, aber zu unserem großen Bedauern starb sie, und das Problem, einen Nachfolger zu finden, war ein ernstes. Madame Gadski, die unser Publikum mit *Elsa*, *Elizabeth* und *Sieglinde* bezaubert hatte, war für die schweren dramatischen Rollen ziemlich jung, obwohl ich begonnen hatte, sie in der „Walküre" und „Siegfried" Brunhildes auszubilden . Ich begann Verhandlungen mit Lilli Lehmann und konnte ihre wunderbaren

Dienste für das folgende Jahr gewinnen – aber darüber habe ich in einem anderen Kapitel ausführlich geschrieben.

Die finanziellen Ergebnisse dieser Saison waren recht zufriedenstellend, aber ich begann mich immer mehr unter der unsympathischen Aufgabe des Managers zu ärgern. Von morgens bis abends mit Sängern und Orchester zu proben, war ein Vergnügen, weil es ein künstlerisches Ideal zu erreichen galt und weil es allerlei musikalische Schwierigkeiten zu überwinden gab. Das war Teil meiner Arbeit als Musiker und Dirigent, und die damit verbundenen Strapazen und Sorgen waren leicht zu ertragen. Aber die Aufgaben des Managers ärgerten mich, und die ständigen Intrigen unter den Sängern, die sich manchmal gegeneinander und manchmal gegen das Management richteten, schienen mir oft unerträglich.

Im Frühjahr 1898 teilte mir Madame Nellie Melba mit der goldenen Stimme mit, dass sie sich für den kommenden Winter meiner Truppe anschließen wolle, und schlug vor, dass ihr Manager, Mr. Charles Ellis, der als Manager des Boston Symphony Orchestra bekannt war, eine Partnerschaft mit mir eingehen sollte. Die Truppe sollte The Damrosch-Ellis Opera Company heißen, wobei die Hälfte des Repertoires wie bisher den Wagner-Opern gewidmet sein sollte und die andere Hälfte der Aufführung französisch-italienischer Opern mit ihr als Hauptsängerin. Wir sollten ihr garantiert 1.500 Dollar pro Abend zahlen, zehnmal im Monat. Der Vorschlag erschien mir vernünftig und vorteilhaft, und es wurden entsprechende Vereinbarungen getroffen. Diese Kombination erregte bei Mr. George Haven, dem Präsidenten des Metropolitan Opera House, große Empörung. Mme. Melba war dort mehrere Jahre lang eine der Hauptsängerinnen gewesen, und er empfand es als einen Akt der Undankbarkeit ihrerseits, das Metropolitan zu verlassen, und meinerseits, sie in meine Truppe aufzunehmen, da ich selbst während seiner Amtszeit so viele Jahre lang mit dem Metropolitan verbunden gewesen war. Ich hielt seinen Zorn nicht für gerechtfertigt, da sich seither viel geändert hatte. Und da Melba aus persönlichen Gründen entschieden hatte, alle Verbindungen zum Metropolitan abzubrechen, sah ich keinen Grund, warum ich sie nicht zu einem Mitglied meiner Truppe machen sollte. Aber er konnte oder wollte meine Seite des Streits nicht verstehen und schwor, dass ich, solange er Präsident des Metropolitan sei, es nie wieder in beruflicher Funktion betreten würde. Dieses Versprechen wurde jedoch später nicht eingehalten, da ich dort nicht nur später mit meiner eigenen Truppe Vorstellungen gab, sondern in den Spielzeiten 1900-01 und 1901-02 erneut als Dirigent der Wagner-Opern für Maurice Grau amtierte, der inzwischen alleiniger Direktor und Pächter des Metropolitan geworden war.

Die Kombination von Wagner-Opern mit den Opern der französisch-italienischen Schule, deren glorreicher Star Melba war, erwies sich sowohl in

Bezug auf die Popularität als auch finanziell als erfolgreich, und die Saison brachte Ellis und mir einen schönen Gewinn, obwohl ein großer Teil davon durch eine Frühjahrstournee zunichte gemacht wurde, bei der Melba, unterstützt von einer kleinen Gruppe von Sängern, Chor und Orchester, durch die westlichen Städte tourte. Diese Tournee wurde von meinem Partner Ellis geleitet, und ich begleitete sie nicht, da meine Dienste als Dirigent für die französischen Opern nicht benötigt wurden. Zu diesem Zeitpunkt hatte ich endgültig beschlossen, jede weitere Verbindung mit der Oper als Manager aufzugeben und mein zukünftiges Leben ganz der rein musikalischen Arbeit als Symphoniedirigent und, wie ich hoffte, auch als Komponist zu widmen. Die anstrengende Tätigkeit, Sänger zu „managen", erwies sich für mich als zunehmend unangenehm, und ich hatte das Gefühl, dass ich ein zu guter Musiker und Künstler war, um meine Zeit mit solchen Dingen zu verschwenden, bei denen der einzige Vorteil ein möglicher finanzieller Gewinn sein konnte.

Ich habe festgestellt, dass viele Sänger wie Kinder sind, die kein klares Gefühl für richtig oder falsch haben. Ihr ständiges Leben in enger Nachbarschaft bei Proben und Aufführungen führt oft zu einer übertriebenen Vorstellung von sich selbst und ihrer Bedeutung für die Welt. Sie denken, dass das Publikum buchstäblich nur existiert, um sie singen zu hören, da sie nur über die Bühne mit dem Publikum in Kontakt kommen, wo sie begeisterten Beifall für ihre künstlerischen Darbietungen erhalten, und sie ignorieren geflissentlich die Tatsache, dass das Publikum auch andere Interessen haben kann, wie Familie, Finanzen, Politik oder Religion, die seine Aufmerksamkeit beanspruchen. Da es für einen Manager wichtig ist, nicht nur ein ausgeglichenes Konto zu haben, sondern auch die besten Ergebnisse zu erzielen, die ein diszipliniertes Ensemble erreichen kann, kann er nicht immer mit allen individuellen Wünschen und Forderungen seiner Künstler im Einklang sein. Er muss seine Oper oft im Widerspruch zu ihrem persönlichen Stolz aufführen, und heute habe ich Briefe von mehreren der größten Künstler meiner Truppe erhalten, die darauf bestehen, dass sie gehen oder ihre Verträge brechen müssen, weil ich ihre tiefsten Gefühle verletzt habe, als ich den oder die in die Rolle gesteckt habe, die sie für sich beanspruchten.

Ich stellte fest, dass einige von ihnen sogar gelegentlich kleine Erpressungsversuche unternahmen. Einer meiner Tenöre, dessen Name hier nicht genannt werden soll, hatte eine Klausel in seinem Vertrag, dass er nicht aufgefordert werden sollte, am Tag nach einer sehr langen Eisenbahnreise *den Tristan zu singen* . Wir hatten in Cleveland gespielt und eine „Lohengrin"-Aufführung gegeben, bei der jedoch der andere Tenor aufgetreten war, und waren mit dem Nachtzug in bequemen Schlafwagen gefahren, in einem davon bewohnte mein Tenor einen Salon nach Pittsburgh, was, wie mein

Leser weiß, nur etwa 150 Meilen entfernt ist. Als wir Cleveland verließen, erschien mein Freund, der Tenor, in meinem Salon und machte auf die Klausel in seinem Vertrag aufmerksam, die den *Tristan* und eine „lange" Eisenbahnreise betraf, und bestand darauf, dass er *den Tristan* am nächsten Tag in Pittsburgh nicht singen könne, ohne seine Stimme zu gefährden. Aber wenn ich ihm fünfhundert Dollar extra zahlen würde, würde er das große Risiko einer Stimmverletzung eingehen und zustimmen zu singen. Natürlich war ich wütend und sagte ihm höflich, aber bestimmt, was ich von ihm hielt. Dann ließ ich meinen anderen Tenor kommen und sagte ihm, sein Rivale versuche, mich zu erpressen. Ich schlug ihm vor, dass ich es als eine Aufführung außerhalb seiner Garantie betrachten würde, wenn er mir *Tristan singen würde*, obwohl er am Abend zuvor *Lohengrin gesungen hatte*. Unnötig zu erwähnen, dass er die Gelegenheit, sechshundert Dollar zusätzlich zu verdienen und gleichzeitig seinen verhassten Rivalen „eins auszutricksen", sofort ergriff. Dann ging ich zu Bett und schlief fest auf einem Kissen, das durch eine gut gemachte Tat noch weicher geworden war.

Am nächsten Morgen erhielt ich die Nachricht vom Tenor Nr. 1, dass er seine Meinung geändert habe, sich sehr wohl fühle und singen würde, doch ich teilte ihm sehr hochmütig mit, dass es zu spät sei und ich bereits andere Vorkehrungen getroffen hätte.

Bisher scheint diese Geschichte ein wunderbares Beispiel für den Sieg der Tugend und die Niederlage des Lasters zu sein, aber leider läuft es mit den Problemen des Lebens nicht immer so! Im Laufe des Tages wurde mein dramatischer Sopran, der *Isolde hätte singen* sollen, heiser und die Oper musste geändert werden, so dass mein gesamtes, sorgfältig aufgebautes Konzept von Rechtschaffenheit und Bestrafung des Schuldigen mit einem sehr dumpfen Knall zu Boden fiel.

Dies ist nur einer von vielen solchen Fällen, von denen einige kindisch und andere wirklich böse waren. Aber das Unmoralischste daran ist, dass, wenn die Täter große Künstler waren, egal wie sehr sie mich durch ihre Bosheit erzürnten, ich, nachdem sie wieder triumphierend als *Siegfried* oder *Isolde* aufgetreten waren, oft so begeistert von ihren Werken war, dass sie reingewaschen waren und ich bereit war, ihnen wieder zu vergeben und neu zu beginnen. Das ist die Macht der Kunst, und ein dankbares Publikum wird immer nur bereit sein, sich an die künstlerische Erbauung zu erinnern, die es durch den Künstler erfahren hat, und seine persönlichen Schwächen zu vergessen.

Natürlich gelten meine Kritikpunkte nur für bestimmte Sänger. Es gab viele, die mir gegenüber immer ehrenhaft waren. Zu den ergebensten Mitgliedern meiner Truppe gehören die Sänger des Chors. Viele von ihnen waren in der Zeit der deutschen Oper an der Metropolitan. Ihr Gehalt war gering, aber wenn einer von ihnen krank wurde oder ein anderes Unglück erlitt, war niemand so schnell zur Stelle wie sie, und sie ertrugen die Strapazen der Reise immer mit großer Laune und unerschütterlicher Höflichkeit und Anstand mir gegenüber.

Zu den anderen Gründen, die mich schließlich dazu brachten, die Oper aufzugeben, gehörte die Erkenntnis, wie verhältnismäßig selten absolute künstlerische Vollkommenheit bei einer Bühnenaufführung erreicht werden kann. Es sind so viele Leute daran beteiligt, dass es fast unmöglich ist, immer eine Besetzung zu finden, die vollkommen zufriedenstellend ist, und ein „Zweitklassiger" kann ein Ensemble verderben. Ein weiteres Problem war die Frage der Bühnenillusion. Ich widmete dieser viel Aufmerksamkeit und studierte sie sehr und gab viel Geld für Bühnenbild und Beleuchtung aus. Ich untersuchte die besten Erfindungen in dieser Richtung in den Opernhäusern Deutschlands und importierte viele davon. Ich war der erste, der die sehr raffinierten Schwimmmaschinen mitbrachte, die in Dresden von den Rheintöchtern im „Rheingold" verwendet wurden. Aber Wagners Ansprüche an die Bühne sind so außergewöhnlich, dass eine echte Illusion nicht oft möglich ist. Seine Musik regt die Vorstellungskraft an und ist oft völlig ausreichend. Man kann die herrlichen Flammen um die schlafende *Brunhilde knistern und brennen sehen* , wenn man ein hundertköpfiges Orchester die Musik des „Feuerzaubers" spielen hört, aber wie selten verstärkt eine Bühnenaufführung diese Illusion! Vielleicht ist die *Brünhilde* zu groß und zu dick, oder das Flammenlicht zeigt zu deutlich, dass die Szenerie nur aus bemalter Leinwand und Pappe besteht, und unsere versierten Augen wissen nur zu gut, wie die Dampfrohre des Klempners den Dampf, der den Rauch der Flammen aus dem Kessel im Keller simulieren soll, herbeileiten. Es kam mir manchmal vor, als hätte dieses große Genie, nachdem ich vergeblich versucht hatte, Wagners Ideal einer Vereinigung aller Künste zur Schaffung einer neuen und vollkommenen Kunstform (des „Musikdramas") zu verwirklichen, tatsächlich einen gigantischen Fehler begangen und als sei die künstlerische Illusion und der Anschein von Wahrheit durch die szenischen Utensilien zerstört worden.

Natürlich gab es Aufführungen, über denen ein glücklicher Stern zu leuchten schien und die uns hin und wieder vollkommene Zufriedenheit und Glück bescherten. Aber die statische Qualität der Kulisse wurde für mich immer mehr zu einem Hindernis für eine Vorstellungskraft, die bereit war, auf den Flügeln der Musik zu schweben.

Ich führte meine Operngesellschaft noch ein Jahr lang zusammen mit Herrn Charles Ellis weiter und beschloss dann endgültig, alle Managementtätigkeiten einzustellen und mich ganz auf die rein musikalische Arbeit zu beschränken. Ich brauchte einige Zeit, um zu dieser Entscheidung zu gelangen, da die Opernarbeit auch eine sehr faszinierende Seite hat und ich mit vielen meiner Sänger echte Freundschaften geschlossen hatte.

Ich hatte Ellis als wunderbaren Partner kennengelernt. Er hatte jahrelange Erfahrung als Manager des Boston Symphony Orchestra und sein ausgeglichenes Temperament und seine Fairness hatten ihm viele Freunde eingebracht. Ich verkaufte ihm meinen Anteil an all unseren Kulissen, Kostümen und Requisiten, da er seine Opernarbeit mit Madame Melba als Hauptdarsteller fortsetzen wollte, und ich erklärte mich bereit, in der folgenden Saison eine begrenzte Anzahl von Wagner-Aufführungen in Philadelphia für ihn zu dirigieren.

Nach den vier anstrengenden Jahren, die ich bei der Damrosch Opera Company verbracht hatte, war ich froh über die Gelegenheit, Bilanz über die Vergangenheit zu ziehen und über die Zukunft nachzudenken.

Meine Frau und ich mieteten das alte Butler-Anwesen in Westchester County, in der Nähe von Hartsdale – ein schönes altes Herrenhaus, umgeben von dunklen Kiefernwäldern und durch das der kleine Bronx River plätschert – und verbrachten dort den Großteil des Winters bis Mai. Ich schrieb dort eine Violinsonate und genoss die Ruhe eines Lebens, das frei von Opernsorgen und Aufregungen war.

Im Jahr 1900 reizte es mich erneut, in die Oper einzusteigen, doch dieses Mal war die Tätigkeit ohne leitende oder finanzielle Verantwortung verbunden.

Maurice Grau war zu dieser Zeit Pächter des Metropolitan Opera House. Abbey war einige Jahre zuvor gestorben und die Direktoren, die allmählich erkannt hatten, dass Grau der wahre „Mann hinter der Waffe" war, übergaben ihm und einer kleinen Gruppe von Geldgebern den Pachtvertrag für das Metropolitan Opera House. Grau lud mich ein, als Dirigent für die Wagner-Opern an die Metropolitan zurückzukehren. Er hatte damals eine starke Gruppe von Wagner-Sängern. An der Spitze stand der unnachahmliche Jean de Reszke zusammen mit seinem Bruder Edouard. Grau hatte auch Madame Ternina, David Bispham und Madame Gadski aus meiner Truppe übernommen. Letztere war während der gesamten vier Jahre ihres Bestehens Mitglied der Damrosch Opera Company gewesen. Sie war erst dreiundzwanzig, als ich sie zum ersten Mal engagierte, besaß eine schöne Stimme und war eine unermüdliche Arbeiterin. Es gab Wochen auf unseren Westtourneen, da trat sie an fünf aufeinanderfolgenden Tagen als *Elsa* , *Elizabeth* , *Sieglinde* und *Eva auf* . Sie war eine fleißige Schülerin und ihre Stimme entwickelte sich immer mehr. Während ihres letzten Jahres bei mir erweiterte sie ihr Repertoire um die *Brunhilde-Partien „Walküre" und „Siegfried"* und studierte sie mit mir, teilweise im Zug auf Reisen, teilweise in den Hotels und Theatern der verschiedenen Städte, die wir besuchten. Als sie zur Grau Company wechselte, fügte sie die *Brunhilde-* und *Isolde-Partien*

„Götterdämmerung" hinzu und vervollständigte damit den gesamten Kreis der Wagner-Sopranpartien, mit Ausnahme *der Kundry* .

Jean de Reszke widmete sich, wie Lilli Lehmann, auf dem Höhepunkt seiner Opernkarriere den Wagner-Rollen. Er hatte sich mit den französisch-italienischen Opern einen Namen gemacht, aber Wagner zog ihn unwiderstehlich an.

Ich erinnere mich, dass wir während einer der Spielzeiten der Damrosch Opera Company im Boston Theatre spielten, während die Abbey and Grau Company in der riesigen Mechanic's Hall auftrat. Jean und Edouard de Reszke besuchten eine meiner „Siegfried"-Aufführungen mit Max Alvary in der Titelrolle. Sie applaudierten ihrem Kollegen lautstark, und nach der Vorstellung beklagte sich Jean bei mir, dass er gezwungen sei, nur *Fausts* , *Romeos* und *Werthers zu singen* , während es sein Lebensziel sei, Wagner zu singen. Die Erinnerung an seine außergewöhnlichen Imitationen dieser Rollen später ist zu lebendig, als dass ich dazu einen Kommentar abgeben müsste. Eine Krankheit hielt ihn ein Jahr lang von Amerika fern, und als er zurückkam, war ich wieder an der Metropolitan als Dirigent der Wagner-Opern. Es war eine Freude, mit diesem Mann zu arbeiten. Ein großartiger Künstler, höflicher Gentleman und großzügiger Kollege und (was für einen Dirigenten am wertvollsten ist) unermüdlich bei den Proben. Seine Rückkehr war wie der triumphale Einzug eines siegreichen Monarchen. Er war ein großartiger Imitator und imitierte uns auf wunderbare Weise die verschiedenen Künstler der Truppe, die nach seinem ersten Auftritt in seine Garderobe kamen, um uns zu gratulieren.

De Reszke beschreibt zunächst den französischen Tenorkollegen, der mit höflichem, zurückhaltendem und sogar herablassendem Akzent sagt:

„Wirklich, mein lieber Freund, du wirst diesen Abend sehr gut singen, sehr gut, das versichere ich dir!"

Dann kam der deutsche Baryton im zweireihigen Gehrock und mit überaus höflicher Art und sagte:

„Erlauben Sie mir, Herr de Reszke, Ihnen meine große Hochachtung auszusprechen, um den wirklich ausgezeichneten Genuss den Sie uns heute Abend bereitet haben."

Ihm folgte der italienische Baryton, der impulsiv hereinstürmte, Jean auf beide Wangen küsste und ausrief:

„Caro mio, carissimo!", gefolgt von einer Flut italienischer Wörter.

Dann kam der eigentliche Höhepunkt der Szene. Der Elektriker trat auf, drückte de Reszke seine „schwielige Hand der Arbeit" und rief mit echtem „Yankee"-Akzent:

„Jean, du hast das gut gemacht!"

Edouard de Reszke, der riesige Bassbruder mit dem Herzen eines Kindes und einem unerschütterlichen guten Wesen, war ein ebenso guter Imitator. Aber seine wunderbaren Geschichten und Imitationen waren entschieden rabelaisianischer Natur und werden hier nicht wiederholt.

Mit diesen beiden gut eingeschnürten, aber unkorsischen Brüdern, Madame Ternina oder Madame Nordica, Madame Schumann-Heink und David Bispham, gaben wir Aufführungen des „Tristan", die der Perfektion so nahe kamen, wie ich sie mir nur wünschen kann.

Madame Nordica war jahrelang eine sogenannte „Nutzsängerin" an der Metropolitan. Sie war im französisch-italienischen Repertoire ausgebildet worden, und obwohl ihre Stimme wunderschön war, war sie noch nicht zum Star geworden, vielleicht weil sie in Amerika geboren war und ihr das europäische Prestige fehlte, das damals wichtiger war als heute. Sie war von Natur aus nicht musikalisch begabt und konnte eine Rolle nur durch die härteste und schmerzhafteste Arbeit endloser Wiederholungen und Proben lernen. Aber ihr Ehrgeiz war grenzenlos – sie wartete auf ihre Zeit und arbeitete sich, wie Lilli Lehmann, allmählich in das Wagner-Repertoire ein. Als sie den Werbewert erkannte, bot sie sich Madame Cosima Wagner für die „Lohengrin"-Produktion in Bayreuth an. Sie nahm jede Anweisung, die sie dort während der monatelangen Vorbereitungen erhielt, demütig an, egal wie akribisch oder künstlich ihr einige davon erschienen, und der Erfolg, den sie dort erzielte, war der Startschuss für ihre Karriere als Wagner-Sängerin. Ich habe sie sowohl in der *Brunhilde* als auch in *der Isolde ausgebildet* und war erstaunt darüber, wie sie durch harte Arbeit das erreichte, was die Natur anderen über Nacht schenkt.

Ich erinnere mich, wie sie nach Philadelphia kam, um mit meiner Truppe die „Götterdämmerung" zu singen. Sie war am Vortag angekommen und ich fand sie im zweiten Akt, der rhythmisch sehr schwierig ist, noch sehr unsicher. Ich setzte mich an diesem Abend um acht Uhr mit ihr zusammen und wir gingen den zweiten Akt bis etwa vier Uhr morgens immer wieder durch. Es war grauenhaft, aber wundervoll. Um zehn Uhr morgens gab ich ihr eine Orchesterprobe und am Abend sang sie die Rolle mit vollkommener Sicherheit und fast ohne Fehler.

Eine Aufführung des „Tristan", die wir mit der Grau Company in Baltimore im Lyric Theatre gaben, das vielleicht die beste Akustik aller Auditorien des Landes hat, ist mir noch immer lebhaft in Erinnerung geblieben. Am Ende waren wir so begeistert, dass sich alle Beteiligten ekstatisch küssten, nachdem der letzte Vorhang gefallen war. Das sind die seltenen Momente, die einen vergessen lassen, wie oft Perfektion in der Oper unmöglich zu erreichen scheint.

MATHILDE MARCHESI

NELLIE MELBA

XI

KÜNSTLER

Ich habe an anderer Stelle über meinen ersten Europabesuch nach dem Tod meines Vaters geschrieben, als die Direktoren der Metropolitan Opera mich zum Assistenten des Direktors Edmund C. Stanton machten.

Ich war hinübergegangen, um deutsche Sänger für die kommende Saison zu engagieren, und Emil Fischer, Bassist der Königlichen Oper Dresden, war einer von denen, deren Vertrag ich für Stantons Unterschrift bereithielt, als er einen Monat später ankam. Emil Fischer war mit seinem Leben in Dresden unzufrieden geworden und brach durch die Unterzeichnung bei uns seinen Vertrag mit der Königlichen Oper, und gemäß einer Vereinbarung, die alle Direktoren der verschiedenen deutschen Opernhäuser miteinander hatten, verhinderte dies, dass er jemals wieder auf der Bühne eines deutschen Opernhauses auftreten konnte. Er blieb in Amerika und wurde zu einem der wichtigsten Requisiten der Metropolitan Opera House Company und später meiner Damrosch Opera Company.

Seine Stimme war ein wunderschöner *Basso Cantante* mit großem Umfang und Lebendigkeit. Seine Tonproduktion war perfekt und seine Fähigkeiten als Imitator entsprachen seinem Gesang. Er wird mir immer als der größte *Hans Sachs in Erinnerung bleiben* , den ich je gehört habe. Er erfüllte die Rolle mit einer Noblesse und gleichzeitig mit einem entzückenden Humor, den kein anderer *Hans Sachs* je erreicht hat.

Als Mensch war er eine wunderbare Mischung aus Kindlichkeit, Eitelkeit, Großzügigkeit und Freundlichkeit, aber ich glaube nicht, dass ihn irgendwelche Emotionen des Lebens besonders tief berührt haben.

In Sachen Kleidung war er immer äußerst anspruchsvoll und neigte zu einer etwas extravaganten Liebe zu Extremen. Seine Krawatten waren ziemlich bunt, seine Hosen vielleicht einen Farbton heller grau, als es der harmonischste Geschmack verlangen würde. Er hatte eine stark ausgeprägte Brust, auf die er so außerordentlich stolz war, dass er den oberen Teil seiner Weste nie zuknöpfte, als wollte er demonstrieren, dass keine Weste groß genug geschnitten sein konnte, um seine männlichen Proportionen zu umschließen.

Über den Wert des Geldes, soweit es das Sparen betraf, hatte er keine Ahnung, und seine ständigen Bemühungen waren darauf gerichtet, vor seiner Frau zu verbergen, dass er Geld in der Tasche hatte. Sie war eine dralle Dame, etwas älter als er, die in ihrer Jugend *Tragödin* an einem der kleineren deutschen Hoftheater gewesen war. Sie muss Rollen wie *Medea gespielt* haben und setzte die ziemlich übertriebene und düstere Artikulation ihrer Worte auch in ihrem Privatleben und in all den Jahren nach ihrem endgültigen Abgang von der Bühne fort. Immer wenn sie mir sagte: „Mein Emil geht es heute nicht gut. Ich habe ihm eine Rindersuppe gemacht, in die ich vier Pfund Rindfleisch gekocht habe", dröhnte es in meinen Ohren wie Shakespeares Blankverse oder wie eine griechische Tragödie von Sophokles. Ich glaube, dass sie Emil übermäßig verärgerte und dass er am glücklichsten war, wenn er sich ihrer zweifellos ausgezeichneten Kontrolle entziehen und im Kreise seiner Saufkumpanen Vergnügen finden konnte.

Ich erinnere mich, dass ich ihm, als er Mitglied meiner Operngesellschaft war, 250 Dollar pro Auftritt zahlte, wobei mir etwa zwölf Auftritte im Monat garantiert waren. Er bestand jedoch darauf, dass ich im schriftlichen Vertrag nur 200 Dollar pro Auftritt festlegte und ihm die anderen 50 in bar gab. Er verwendete diese subtile Methode, um etwa 600 Dollar pro Monat Taschengeld zu haben, von dem seine Frau nichts wusste. Ich war es, der ihre Beschwerden ertragen musste, die ungefähr so lauteten: „Ich weiß nicht, warum mein Emil so schlecht bezahlt wird, während alle anderen diese enormen Gehälter bekommen. Mein Emil singt besser als alle anderen und muss sich mit nur 200 Dollar pro Auftritt zufrieden geben!" Und ich saß da und fühlte mich sehr schuldig, und doch wagte ich es aufgrund dieser schrecklichen Loyalität, die ein Mann dem anderen entgegenbringt, nicht, mich zu entlasten, indem ich ihn verurteilte.

Einmal begleitete ich ihn in Chicago in ein Kurzwarengeschäft, weil er eine Krawatte kaufen wollte. Er wählte eine Krawatte aus, die zweieinhalb Dollar kostete, und überreichte dem erstaunten Verkäufer dann großspurig einen Fünfdollarschein mit den Worten: „Das Wechselgeld dürfen Sie behalten!"

Er war ein großer Feinschmecker und gab hin und wieder in seinem Haus ein Bankett für seine Künstlerkollegen mit endlosen Gängen und allen möglichen Weinen. Natürlich sparte er nichts von seinem Verdienst, und als er älter wurde und seine Stimme ihn verließ, musste er sich irgendwann dem Unterrichten zuwenden. Aber er änderte nie seine Gewohnheiten, und sein Äußeres war genauso sorgfältig gepflegt wie in früheren Jahren. Schließlich kam die Zeit, als er wirklich in Not war, und ich half Mr. Flagler, der auch ein alter Bewunderer von ihm war, eine Benefizveranstaltung für ihn im Metropolitan Opera House zu organisieren. Die Direktoren stellten das Haus sehr großzügig zur Verfügung, viele Aktionäre kauften ihre Logen, und der Höhepunkt der Aufführung war der Auftritt des guten alten Fischer in seiner größten Rolle als *Hans Sachs* im dritten Akt der „Meistersinger". Es wurde eine sehr schöne Summe eingenommen, mit der wir eine Rente für ihn kauften. Er war damals, glaube ich, 74 Jahre alt (seine Frau war mehrere Jahre zuvor gestorben), und eine zehnjährige Rente schien uns die beste Möglichkeit, für ihn zu sorgen, ohne ihm Gelegenheit zu geben, sein Geld zu verprassen. Er war entzückt, und das Erste, was er aufgrund seines neuen

Reichtums tat, war, eine junge Dame aus dem Chor zu heiraten, die sich jedoch, wie ich glaube, bis zu seinem Tod hervorragend um ihn kümmerte.

Im zweiten Jahr der Damrosch Opera Company, als wir in St. Louis waren und gerade einen Tag bevor Fischer *Hans Sachs singen sollte* , kam ein Telegramm, in dem stand, dass seine Frau sehr krank sei und voraussichtlich nicht länger als acht Stunden zu leben habe. Frau Alvary bestand darauf, dass ich ihn dazu bringen müsse, nach New York zu fahren, um sie zu besuchen. Er wollte nicht fahren. Er hatte kein besonders gutes Verhältnis zu ihr gehabt, er wusste, dass er nicht rechtzeitig ankommen würde, um sie lebend zu sehen, und außerdem wusste er auch, dass ich keinen Ersatz hatte, der *Hans Sachs* für ihn singen konnte, und dass mich die Absage der Oper etwa fünftausend Dollar kosten würde. Aber Frau Alvary, die durchaus bereit schien, auf sentimentalen Gründen zu bestehen, wenn es nicht um ihren eigenen Geldbeutel ging, quälte uns beide so sehr, dass ich schließlich, da ich noch jung und sentimental war, beschloss, dass er gehen sollte. Ich war daher gezwungen, das Programm im letzten Moment zu ändern und einzelne Akte aus verschiedenen Opern zu ersetzen, was natürlich eine sehr kostspielige Änderung war, da das Publikum in St. Louis besonders auf die erste Aufführung der „Meistersinger" gewartet hatte.

Die Nachricht einer möglichen Programmänderung hatte sich schnell herumgesprochen, und an diesem Morgen erhielt ich Besuch von einem jungen Sänger, Gerhardt Stehmann, der ein Jahr zuvor mit einer kleinen deutschen Operntruppe nach St. Louis gekommen war, die jedoch prompt gestrandet war und ihn arbeitslos zurückließ. Er lebte jedoch weiterhin dort, spielte gelegentlich in deutschen Stücken und unterrichtete Latein, da er ein Mann mit hervorragender Bildung war. Er fragte mich, ob ich ihm nicht einen Platz in meiner Truppe geben könne. Ich fand, dass er ein ausgezeichneter Sänger war, aber vor allem ein Mann, der musikalisch so begabt war, dass er eine ganze Rolle in wenigen Stunden lernen konnte. Er lernte über Nacht den gesamten dritten Akt der „Meistersinger", sodass ich zumindest diesen meinem Publikum in St. Louis vorführen konnte. Ich engagierte ihn sofort als festes Mitglied meiner Truppe, und er blieb bei mir bis zu ihrer Auflösung drei Jahre später, als er nach Deutschland zurückkehrte und von Mahler für die Kaiserliche Oper in Wien geholt wurde, wo er seitdem ist. Er kannte und sang buchstäblich jede Bass- und Baryton-Partie in den Wagner-Opern und Musikdramen. Sein *Beckmesser* in den „Meistersingern" war ein Meisterwerk der Darstellung, und niemand konnte diesen bösen, nörgelnden, eifersüchtigen und eitlen Menschen so überzeugend darstellen wie er. Aber wenn die Erfordernisse des Augenblicks es erforderten, konnte er ebenso gut *Hans Sachs* , *Pogner* , *Kothner* oder einen anderen der guten alten Bürger dieser Oper singen. Im „Tannhäuser" war er als *Landgraf* oder *Biterolf ebenso zu Hause* , aber seine bemerkenswerteste

Leistung, eine Rolle schnell zu lernen, wurde eines Frühlings in New York aufgeführt. Der deutsche Komponist Xaver Scharwenka lebte zu dieser Zeit als Klaviervirtuose und Lehrer in New York. Er hatte Jahre zuvor eine Oper komponiert, die er unbedingt aufführen wollte, und William Steinway und andere fragten mich, ob ich ihm zu diesem Zweck meine Operngesellschaft überlassen könnte, damit er sie bei einer zusätzlichen Aufführung selbst dirigieren könne. Ich willigte ein, und es wurde eine gute Besetzung ausgewählt. Den Tenorpart sollte Ernest Krauss übernehmen, ein ziemlich eingebildeter Heldentenor, der die Rolle nicht mochte und am Tag vor der Aufführung Heiserkeit vorgab. Natürlich gab es keinen Ersatz, und es schien, als müsse die Aufführung abgesagt werden, was für den Komponisten eine grausame Erfahrung gewesen wäre. Zu meinem Erstaunen erschien Stehmann und sagte ganz einfach: „Geben Sie mir die Rolle, und ich werde sie für morgen Abend lernen." Als ich einwarf: „Aber das ist eine Tenorrolle, und Sie sind ein Bassbaryton", antwortete er: „Geben Sie sie mir. Ich glaube, ich kann ein paar der hohen Töne transponieren und so zumindest die Aufführung retten." Scharwenka überglücklich gab ihm die Rolle, und er sang und spielte sie am nächsten Abend ohne einen Fehler – eine wirklich bemerkenswerte Leistung.

Er war mir sehr ans Herz gewachsen, nicht nur wegen seiner musikalischen Qualitäten, sondern auch wegen seiner einfachen und ehrenhaften Art, und ich war froh, später zu hören, dass er sich in Wien eine ausgezeichnete Stellung erarbeitet hatte.

Im Sommer 1922 besuchte ich Wien nach vielen, vielen Jahren wieder. Ich hatte das Gefühl, dass der Krieg für uns endgültig vorbei sein sollte und dass wir auf jede erdenkliche Weise versuchen sollten, die kulturellen Beziehungen zu unseren ehemaligen Feinden wiederherzustellen.

Ich fand Stehmann noch immer in der Wiener Oper, die jetzt nicht mehr Kaiserliche, sondern Staatsoper hieß. Es war eine Freude, ihn wiederzusehen, aber der Krieg hatte ihm auch großes Unglück gebracht! Er erzählte mir, dass er von seinen Ersparnissen aus seiner Zeit als Mitglied meiner Operngesellschaft und von späteren Ersparnissen in Wien ein Haus mit mehreren Morgen Land im österreichischen Tirol gekauft hatte. Mit Tränen in den Augen zeigte er mir Fotos von diesem Anwesen. Das Haus lag reizend in einem malerischen Tal mit den Tiroler Alpen dahinter. Nach dem Krieg wurde dieses Gebiet von Italien übernommen; und diese Regierung, die die Österreicher vertreiben und das Land mit Italienern besiedeln wollte, hatte Stehmann gezwungen, sein Anwesen für einen von ihnen festgelegten Betrag zu „verkaufen". Er hatte keine Wahl und der Preis, den er erhielt, belief sich auf etwa siebenunddreißigtausendfünfhundert Kronen, was zufällig der Betrag war, den ich an diesem Morgen für ein Paar Schuhe bezahlt hatte – bei der gegenwärtigen Bewertung etwa drei Dollar und siebzig Cent! Die

Polen behaupten, Bismarck habe in Polen die gleiche Politik verfolgt, als Preußen die nationalen Bestrebungen der Polen zu unterdrücken versuchte, indem es sie zwang, ihre Ländereien an die preußischen Junker zu verkaufen.

Als ich in Wien ankam, war ich traurig, die ehrwürdige alte Sängerin Marianne Brandt nicht wiederzusehen, aber sie war im vergangenen Winter im Alter von 84 Jahren gestorben. 1884/85 war sie eine der Hauptfiguren der ersten deutschen Opernsaison meines Vaters gewesen, und ihre emotionale Intensität in „Fidelio" und als Mutter in „Le Prophète" hatte bei unserem Publikum einen tiefen Eindruck hinterlassen. Die Natur hatte sie nicht mit Schönheit im Gesicht oder in der Figur ausgestattet, und sie beharrte immer darauf: „Ich war mein ganzes Leben lang eine tugendhafte Frau, weil ich so hässlich bin, dass kein Mann mich jemals ansehen würde."

Wagner hatte sie nach Bayreuth eingeladen, um die Rolle der *Kundry* im „Parsifal" zu singen. Doch sei es wegen ihrer mangelnden Schönheit oder, wie sie glaubte, wegen schrecklicher Intrigen von Madame Materna, sang sie die Rolle nur einmal und blieb stets überaus eifersüchtig auf Madame Materna, deren ziemlich üppiger Charme, wie sie behauptete, Wagner völlig hypnotisiert hatte.

Sie betete meinen Vater und seinen zielstrebigen Idealismus einfach an, und die Spiritualität seines Charakters gefiel ihr so sehr, dass sie bereit war, jede Menge Arbeit auf sich zu nehmen und jede Rolle zu singen, die er von ihr verlangte, sei es eine Hauptrolle oder eine der Walküren in der „Walküre". Nach seinem Tod war sie untröstlich und ging an den Jahrestagen immer zum Woodlawn Cemetery, um einen Kranz auf seinem Grab niederzulegen. Sie versuchte auch, ihre Verehrung für sein Andenken zu zeigen, indem sie mir auf jede erdenkliche Weise half, sowohl als hervorragender Künstler als auch als jemand, der durch jahrelange Erfahrung in Wien und an der Königlichen Oper in Berlin mit der praktischen Seite des Opernlebens vertraut war. Sie nannte mich immer „Mein Sohn", und ihre Ermutigung und ihr Glaube an meine Zukunft als Musiker in vielen schwierigen Zeiten werden mir nie in Erinnerung bleiben.

Sie hatte einen wunderbaren Sinn für Humor, war aber auch sehr aufbrausend, und ich erinnere mich, wie sie mir eines Tages erzählte, sie habe eine Benachrichtigung vom New York Post-Office Department erhalten, dass unten im General Post-Office im Rathaus ein eingeschriebener Brief auf sie wartete. Sie ging dorthin und erkundigte sich am entsprechenden Schalter nach ihrem Brief.

„Ja", sagte der Beamte, „wir haben es hier. Haben Sie ein Dokument, das beweist, dass Sie Marianne Brandt sind? Einen Brief, ein Sparbuch oder einen Reisepass?"

„Ich habe nichts davon, aber ich bin Marianne Brandt und ich möchte diesen Brief."

„Es tut mir leid, Madame, aber die Regeln sind streng und Sie müssen jemanden mitbringen, der Sie ausweisen kann."

Brandt war inzwischen in einem Zustand höchster Empörung. „Sie wollen mir den Brief nicht geben? Ich werde Ihnen beweisen, dass ich Marianne Brandt bin!" Und dann begann sie mit voller Stimme die große Kadenz aus ihrer Hauptarie in „Le Prophète". Ihre herrliche Stimme hallte immer wieder durch die gewölbten Korridore des Postamts. Von allen Seiten kamen Männer angerannt, um herauszufinden, was passiert war, und schließlich überreichte ihr der aufgebrachte Beamte den Brief mit den Worten: „Hier ist Ihr Brief, aber seien Sie um Gottes Willen ruhig!"

Sie zog sich schließlich von der Bühne zurück und kehrte in ihr altes Zuhause in Wien zurück, wo sie ihre Kunst mit beiden Händen einer Gruppe ergebener Schüler widmete. Während des Krieges hörte ich von einer von ihnen, dass sie aufgrund der Not in Wien in echter Not war, aber sie schickte den Scheck, den wir ihr schickten, umgehend zurück und versicherte mir in einem sehr süßen Brief, der wie üblich an „Mein Sohn" gerichtet war, dass sie kein Geld brauchte, dass sie nicht damit rechnete, viel länger zu leben, und dass sie dachte, sie könne ohne Almosen von ihren Freunden auskommen. Es gelang uns jedoch, ihr Lebensmittel zu schicken, die sie mit anderen teilte.

Einer der Sänger, die ich bei meinem ersten Besuch in Deutschland für die Metropolitan Opera engagierte und die später großen Ruhm erlangten, war Max Alvary, ein junger lyrischer Tenor am Herzoglichen Opernhaus Weimar. Er war der Sohn des bekannten deutschen Malers Andreas Achenbach und hatte eine gute Erziehung, ein vornehmen Auftreten und einen verfeinerten künstlerischen Geschmack. Außerdem sah er außerordentlich gut aus. Als Sänger war er sehr unerfahren, obwohl er bei dem italienischen Meister Lamperti studiert hatte. Anfangs zahlten wir ihm nur hundert Dollar pro Abend, aber nachdem er ein paar Monate lang kleinere Rollen gesungen hatte, wählte Anton Seidl ihn für die Rolle des *Siegfried aus* , und in dieser Rolle war er so schnell erfolgreich, dass er sofort in die erste Reihe der deutschen Opernsänger aufstieg. Niemand sonst hat *Siegfried* eine solche Atmosphäre jungenhafter Unschuld und malerischer Schönheit verliehen. Die Frauen, Gott segne sie, verehrten ihn einfach, von der sechzehnjährigen Schülerin bis zur Matrone im reifen und überreifen Alter, und dieser Erfolg wiederholte sich, als er als *Siegfried* in Deutschland, Österreich und England auftrat. Er verdiente viel Geld und gab es verschwenderisch aus. Seine Rüstung und sein Helm in „Lohengrin" wurden speziell für ihn aus Silber nach einem Entwurf angefertigt, den er selbst gezeichnet hatte. Die Stoffe für seine Kostüme wurden oft speziell für ihn gewebt. Er erreichte den Höhepunkt seiner Karriere, als er von Cosima Wagner ausgewählt wurde, *Tannhäuser* und *Tristan* in Bayreuth zu singen. Zu dieser Zeit war dieses Heiligtum für die Wagnerianer unter der führenden und autokratischen Hand der Witwe Wagners bereits zu einem höchst künstlichen Produkt geworden. Ich sah mehrere dieser Aufführungen und war ehrlich erstaunt über die offensichtliche Degeneration seit den Tagen Wagners. Alvary, der über einen großartigen Sinn für Humor verfügte, lieferte höchst unterhaltsame Beschreibungen der Proben und erzählte beispielsweise, wie *Tannhäuser* und *Wolfram in sklavischer Nachahmung bestimmter Rhythmen des Orchesters* einander gegenüber eine Art Menuett aufführen mussten, um die instrumentale Einleitung zu ergänzen, bevor *Wolfram* mit seiner berühmten Bitte an *Tannhäuser beginnt* : „Als du im kühnen Sange uns bestrittest."

Im Frühjahr 1891 wurde die Carnegie Hall, die von Andrew Carnegie als Heimstätte für die höheren musikalischen Aktivitäten New Yorks erbaut worden war, mit einem Musikfestival eröffnet, an dem die New Yorker Symphonie- und Oratoriengesellschaften teilnahmen. Um diesem Festival eine besondere Bedeutung zu verleihen, lud ich den großen russischen Komponisten Peter Iljitsch Tschaikowsky ein, nach Amerika zu kommen und einige seiner eigenen Werke zu dirigieren. In all meinen vielen Jahren der Erfahrung habe ich noch nie einen so sanften, so bescheidenen – fast schüchternen – großen Komponisten wie ihn getroffen. Wir alle liebten ihn vom ersten Augenblick an – meine Frau und ich, der Chor, das Orchester, die Angestellten des Hotels, in dem er lebte, und natürlich das Publikum. Er war kein Dirigent von Beruf, und daher ermüdeten ihn die Technik, die Proben und Konzerte übermäßig; aber er wusste, was er wollte, und die Atmosphäre, die von ihm ausging, war so sympathisch und liebevoll, dass alle Ausführenden mit doppeltem Eifer danach strebten, seine Absichten zu erraten und auszuführen . Die von ihm dirigierte Aufführung seiner Dritten Suite beispielsweise war bewundernswert, obwohl sie teilweise sehr schwierig ist; und da er praktisch der erste große lebende Komponist war, der Amerika besuchte, empfing ihn das Publikum mit Jubel.

Er kam oft zu uns nach Hause und, glaube ich, gern. Im Umgang mit anderen war er immer sanft, aber ein Gefühl der Traurigkeit schien ihn nie zu verlassen, obwohl er in Amerika mehr als enthusiastisch empfangen wurde und der Besuch in jeder Hinsicht so erfolgreich war, dass er Pläne machte, im nächsten Jahr wiederzukommen. Dennoch wurde er oft von unkontrollierbaren Wellen der Melancholie und Verzweiflung erfasst.

Im Mai des folgenden Jahres reiste ich mit meiner Frau nach England und erhielt von Charles Villiers Stanford, dem damaligen Musikprofessor in Cambridge, eine Einladung, die alte Universität während der interessanten Abschlussfeier zu besuchen, bei der fünf Komponisten aus fünf verschiedenen Ländern Ehrendoktortitel in Musik verliehen werden sollten – Saint-Saëns aus Frankreich, Boito aus Italien, Grieg aus Norwegen, Bruch aus Deutschland und Tschaikowsky aus Russland.

Die Veranstaltung war höchst interessant und unterhaltsam. Als jeder der Ehrengäste in seiner Doktorrobe vortrat, hielt der Redner eine Ansprache mit schwülstigen lateinischen Phrasen, in der er seine zahlreichen Tugenden und Leistungen lobte. Diese Phrasen wurden ständig durch das Geplapper scherzhafter Bemerkungen und Bitten der Studenten auf dem Balkon unterbrochen, alles nach altem Brauch. Manchmal wurde der Aufruhr so groß, dass der Vorsitzende aufstehen und „Silentium" verlangen musste.

Zu den anderen Ehrentitelträgern bei dieser Gelegenheit gehörte Feldmarschall Lord Roberts, Baron von Kandahar, der in seiner scharlachroten Uniform unter seiner Arztrobe natürlich den lautesten Empfang erhielt. Damals hätte sich niemand träumen lassen, dass er 23 Jahre später durch England reisen und feierlich vor der Unvermeidlichkeit eines Krieges mit Deutschland warnen und England auffordern würde, sein Schwert umzugürten und sich vorzubereiten, nur um dann als Panikmacher ausgelacht und von Politikern öffentlich gerügt zu werden, weil er versuchte, solche Gefühle gegen eine „befreundete Macht" zu schüren.

Am Abend wurde im Refektorium des Kollegs ein großes Bankett gegeben, und durch einen glücklichen Zufall wurde ich neben Tschaikowsky platziert. Er erzählte mir während des Essens, dass er gerade eine neue Symphonie fertiggestellt habe, die sich in ihrer Form von allen anderen unterscheide, die er je geschrieben habe. Ich fragte ihn, worin der Unterschied bestehe, und er antwortete: „Der letzte Satz ist ein Adagio, und das ganze Werk hat ein Programm."

„Erzählen Sie mir doch das Programm", verlangte ich eifrig.

„Nein", sagte er, „das werde ich nie verraten. Aber ich werde Ihnen die erste Orchesterpartitur und die Stimmen schicken, sobald Jurgenson, mein Verleger, sie fertig hat."

Wir trennten uns in der Erwartung, uns im darauffolgenden Winter in Amerika wiederzusehen, doch leider kam im Oktober das Telegramm, das seinen Tod an Cholera ankündigte, und ein paar Tage später traf ein Paket aus Moskau ein, das die Partitur und Teile seiner 6. Sinfonie, der „Pathétique", enthielt. Es war wie eine Botschaft von den Toten. Ich begann sofort mit den Proben und gab am darauffolgenden Sonntag die Uraufführung in Amerika. Der Erfolg war sofort und tiefgreifend. Wir spielten das Werk in jenem Winter viele Male, und ich habe es seitdem in Konzerten in den ganzen Vereinigten Staaten gespielt. Andere Orchester haben es mit gleicher Sorgfalt gepflegt, und tatsächlich kam für mich vor einigen Jahren der Zeitpunkt, an dem ich einen Stopp rief und das Werk brach liegen ließ, da es offensichtlich zu oft gespielt worden war und seine nervösen Rhythmen die Nerven der Interpreten und des Publikums so oft gereizt hatten, dass sie in Gefahr waren, überanstrengt zu werden.

Ignace Paderewski trat 1891 zum ersten Mal in Amerika auf, und ich dirigierte seine ersten fünf Orchesterkonzerte. Er kam unter die Schirmherrschaft von Steinway and Sons, und man sagte mir, dass die Bruttoeinnahmen für das erste Konzert nur fünfhundert Dollar betrugen! Sein Spiel und seine Persönlichkeit eroberten unser Publikum jedoch sofort im Sturm, und ich glaube nicht, dass es seit den Tagen von Franz Liszt einen anderen reisenden Virtuosen gegeben hat, der als Mensch so faszinierend war wie als Künstler. Wer sich gefragt hat, wie es ihm möglich war, sich zu Beginn des Ersten Weltkriegs so voll ausgerüstet in den Kampf um die nationale Einheit Polens zu stürzen, erkennt nicht, dass er sich bewusst oder unbewusst sein ganzes Leben lang genau auf diese Gelegenheit vorbereitete. Er hatte immer von einem vereinten und unabhängigen Polen geträumt. Er kannte die Geschichte seines Volkes, seine Stärken und seine Schwächen. Es heißt, er habe eines Tages vor dem Zaren gespielt, der ihm gratulierte und seine Freude darüber ausdrückte, dass ein „Russe" in seiner Kunst eine solche Berühmtheit erlangt hatte. Paderewski antwortete: „Ich bin Pole, Eure Majestät", und wurde natürlich nie wieder eingeladen, in Russland zu spielen. Sein Geist ist einer der außergewöhnlichsten, mit denen ich je in Berührung gekommen bin. Die ganze Welt weiß, was er in der Musik erreicht hat – seine inspirierten Interpretationen, sein erstaunliches Gedächtnis und die subtile Farbpalette seiner musikalischen Palette, aber nicht so viele wissen von seinem Interesse an Literatur, Philosophie und Geschichte, und erst der Große Krieg zeigte, dass er als Redner und Staatsmann ebenso hochrangig ist wie als Musiker. Ich hörte ihn während der Weltausstellung in San Francisco 1915 vor einem Publikum von zehntausend Menschen eine Rede über Polen halten, in der er einen so eloquenten Überblick über Polens Geschichte und seine Bedürfnisse und Rechte gab, dass er die Menschen in einen Wahnsinn der Begeisterung versetzte, und ich bin überzeugt, dass Polen seine heutige nationale Existenz seiner Staatskunst und der Sympathie verdankt, die seine Persönlichkeit bei den Alliierten auf der Versailler Konferenz hervorrief. Ich glaube, Colonel House bezeichnete ihn als den größten Staatsmann der Konferenz, und nur der zynische Clemenceau sagte zu ihm: „Herr Paderewski, Sie waren der größte Pianist der Welt und haben sich entschieden, auf unser Niveau herabzusteigen. Wie schade!"

Als er nach Amerika kam, war sein Englisch noch sehr lückenhaft, aber schon damals zeigte er seine Beherrschung des Englischen auf unverkennbare Weise. Eines Abends speisten er, meine Frau und ich im Haus von sehr guten gemeinsamen Freunden, Mr. und Mrs. John E. Cowdin, in Gramercy Park. Cowdin war sein ganzes Leben lang ein begeisterter Polospieler gewesen, und nach dem Essen bewunderten Paderewski und ich einige schöne Silbertrophäen, die er gewonnen hatte und die im Esszimmer aufgestellt waren. Ich sagte: „Sie sehen, der Unterschied zwischen Ihnen und Johnny besteht darin, dass er seine Preise beim Polospiel gewinnt, während Sie Ihre gewinnen, indem Sie alleine spielen."

„Das ist nicht der ganze Unterschied!", rief Paderewski sofort mit seinem sanften polnischen Akzent. „Ich bin ein armer Pole, der Solo spielt, aber Johnny ist eine liebe Seele, die Polo spielt."

Er ist ein hochbegabter Komponist, und neben einer sehr interessanten und spirituellen Sinfonie erinnere ich mich mit großer Freude an seine Oper „Manru", die Maurice Grau 1902 an der Metropolitan Opera herausbrachte und die ich dirigierte. Ich kann mich nicht erinnern, jemals härter für eine erfolgreiche Uraufführung gearbeitet zu haben. Die in Deutschland in großer Eile kopierten Orchesterstimmen kamen so voller Fehler an, dass die ersten Proben eine Qual des ständigen Unterbrechens und Korrigierens waren, und diese Korrekturen dauerten die ganze Vorbereitungszeit an, und ich glaube, dass ich bei der Probe unmittelbar vor der Hauptprobe noch zwei Ungenauigkeiten fand. Immer wieder nahm ich einige der schlechtesten Stimmen mit nach Hause und arbeitete bis spät in die Nacht daran, sie selbst sorgfältig durchzugehen und sie mit der Orchesterpartitur zu vergleichen, um Ordnung in das Chaos zu bringen. Die Oper wurde herzlich aufgenommen, aber dem Libretto fehlte etwas dramatisches Interesse; und die Musik mit all ihrem echten Charme und ihrer Wärme konnte diesen Mangel nicht erfolgreich ausgleichen.

Ich glaube, wenn Paderewski bereit gewesen wäre, seine großartige Karriere als Klaviervirtuose zu opfern (und das wäre ein großes Opfer gewesen), wäre er einer der größten Komponisten unserer Zeit geworden. Es scheint nicht einfach, die beiden Karrieren miteinander zu vereinen, da sie im Grunde miteinander im Konflikt stehen. Liszt, der einzige Mann, mit dem ich Paderewski vergleichen kann, erkannte diese Tatsache und kehrte mit vierzig Jahren dem Virtuosendasein mit seinem Leben im Rampenlicht, seiner Aufregung, seinen Menschenmengen und seinen Einkünften entschlossen den Rücken, um sich dem Komponieren zu widmen. Er ließ sich in der kleinen Stadt Weimar nieder, lebte ein Leben in Armut und berührte das Klavier nie wieder aus persönlichen Gründen. Nur ab und zu spielte er öffentlich, um Geld für das Beethoven-Denkmal in Bonn oder für irgendeine große Wohltätigkeitsorganisation zu sammeln. Und doch ist man sich allgemein einig, dass auch er zu spät aufgehört hat und dass er, so groß sein Gesamtbeitrag zur kreativen Kunst auch ist, noch größer gewesen wäre und sich noch authentischer hätte ausdrücken können, wenn er nie „der größte Pianist seiner Generation" gewesen wäre.

Es ist schwierig, den Charme zu beschreiben, der die Künstler Polens zu besitzen scheint wie kaum eine andere Rasse. Es ist mehr als eine soziale Gabe. Es ist nicht das Ergebnis von Berechnung, sondern scheint eine Kombination aus Herzensgüte und guter Erziehung zu sein. Madame Marcella Sembrich besitzt ihn in höchstem Maße, ebenso Jean und Edouard de Reszke, Tim und Joe Adamowski, Paul Kochanski und mein alter Freund Alexander Lambert, und wenn der neue Staat Polen nur aus den von mir gerade erwähnten polnischen Auserwählten bestünde, wäre er bald die ideale Weltrepublik. Andererseits wäre ein Land, das ausschließlich aus Musikern besteht, möglicherweise keine zufriedene Bevölkerung, da bekannt ist, dass wir ein Publikum brauchen, das uns zuhört, und Musiker haben, ob zu Recht oder zu Unrecht, den Ruf, nie bereit zu sein, einander zuzuhören.

Damit will ich allerdings nicht sagen, dass die Polen die einzigen sind, die über persönlichen Charme verfügen. Ich kenne zum Beispiel keinen Mann, der mehr Charme besitzt als mein alter Freund Charles Martin Loeffler, der im Elsass geboren wurde, seine musikalische Ausbildung in Frankreich erhielt, Geiger im Privatorchester eines russischen Großfürsten in Nizza war und im Alter von 16 Jahren nach Amerika kam. Mein Vater mochte ihn sofort sehr gern, und an den Sonntagnachmittagen, wenn wir zu Hause immer Kammermusik spielten, bei der mein Vater die erste Geige und Sam Franko die zweite spielte, spielte Martin Loeffler die Bratsche. Ich mochte ihn sehr und unsere Freundschaft hat über die Jahre gehalten. Wir haben am selben Tag Geburtstag und sind fast gleich alt, da er nur ein Jahr älter ist. Als Higginson unter George Henschel das Boston Orchestra gründete, wanderte Loeffler nach Boston aus und wurde erste Geige und zweiter Konzertmeister. Gleichzeitig setzte er sein Kompositionsstudium fort und ist seitdem einer unserer bedeutendsten amerikanischen Komponisten geworden. Er hat jahrelang als Gentleman Farmer in Medfield, Massachusetts, gelebt. Seine Kompositionen sind rar gesät, aber sie alle haben dieselbe aristokratische Konzeption, Raffinesse und originelle Orchestrierung, wie sie ein Mann schreiben kann, der einen großen Teil seines Lebens im Orchester verbracht hat und dessen Literatur und Möglichkeiten kennt. Seine Briefe, die er vorzüglich geschrieben hat, stehen denen von Eugene Ysaye in nichts nach, und das ist ein großes Lob, denn Ysaye ist der wahre Prinz der Briefschreiber. Ich wage es, hier einen Brief von Loeffler einzufügen, weil er von der Uraufführung meiner Oper „Cyrano" handelt und weil er so aufrichtig in seinem Lob und so sanft, aber scharfsinnig in seiner Kritik an den Schwachstellen meines Werks ist.

Medfield, Massachusetts.

Sonntag, 26. März 1913.

Lieber Walter:

Letzten Donnerstag gab es im Publikum niemanden, der erstaunter war als
Ihr alter Freund hier. Nachdem ich einige Zeit an meinem eigenen Einakter
gearbeitet und mich im Sturm gewälzt habe, kenne ich die Schwierigkeiten,
Zweifel und Gefahren, denen man begegnet, wenn man eine Oper schreibt.
Daher ziehe ich mit aufrichtiger Bewunderung meinen Hut und verneige
mich tief vor demjenigen, der die Partitur von Cyrano schreiben konnte. Es
ist die meisterhafte Erfüllung einer tückischen Aufgabe. Ich habe Sie in
dieser aufregenden Nacht nicht gesehen; da es einige Unsicherheiten gab,
ob ich im Zug um 13 Uhr ein Bett bekommen würde, musste ich
schließlich auf das Vergnügen verzichten, zu Ihnen nach Hause zu gehen.
Ich drücke Ihre liebe alte Hand jetzt im Geiste und in aufrichtiger
Bewunderung.

Ihre Orchestrierung klang hervorragend. Ihre Chöre harmonierten
wunderbar mit dem Orchester und ich habe keinen Zweifel, dass Cyrano mit
ein wenig *Nachbesserung* und *Nachbesserung* in Zukunft vielen große Freude
bereiten wird. Ich habe gehört, dass Sie bereits erhebliche Kürzungen
vorgenommen haben, dennoch rate ich dazu, weitere zu streichen. Vier Akte
sind ein langer Satz und einige der besten Dinge kommen im letzten Akt.
Aber das Publikum beginnt zu ermüden und kann die Schönheiten dieses
Aktes nicht mehr richtig genießen. Außerdem sind mir noch ein paar Dinge
eingefallen. Ich halte es für einen Fehler, Cyrano in der Szene auf dem Balkon
das sagen zu lassen, was Christian Roxane wiederholen soll. Ist das nicht das,
was im dritten Akt passiert: „Wie könnte ich dich mehr lieben" usw.? Wäre
es nicht ausdrucksvoller, Cyrano seinem dummen Freund mit Flüstern und
pantomimischen Gesten Anweisungen geben zu lassen? Seltsamerweise war
diese Szene, die man als „für eine Oper gemacht" bezeichnet hätte, vielleicht
der am wenigsten wirkungsvolle Teil der Oper. Nach dem Aufstieg zu seiner
Geliebten ist alles wieder bewundernswert.

Wenn Sie dann im letzten Akt Cyranos Delirium verkürzen und seinen Tod
etwas beschleunigen würden, würden Sie meiner Meinung nach die
Endwirkung Ihres Werks verstärken und steigern. Cyranos Tod ist schwer
und man denkt an Tristans Tod mit neun lebenden Katzen! All dies scheint
am Ende der vorangegangenen drei intensiven Stunden nur lange zu warten.
In Ihrem letzten Akt gibt es wirklich außergewöhnliche Effekte und man
möchte sich eine Partitur wie die Ihre ansehen. Wahrscheinlich werden Ihre
Effekte, wie alle aussagekräftigen Dinge auf dieser Welt, mit einfachsten
Mitteln erzielt.

Für mich ist das ganze Werk aufgrund seiner echten Musikalität eine wahre
Freude – ein Werk, das aus einem hochsensiblen, sehr intelligenten Gehirn

entstanden ist, das viel aufgenommen und verarbeitet hat, ohne irgendjemanden oder irgendetwas zu imitieren.

Dies sind meine ersten aufrichtigen Eindrücke von Ihrem Werk, denen ich meine Gefühle hinzufügen möchte. Während der Musiker während der Stunden der Aufführung zuhörte, hielt er den Freund in ihm sorgfältig fern. Als jedoch das Herz des Musikers immer wärmer zu schlagen begann, wurden Freund und Musiker in ihrer Freude wieder eins.

Hier drängt sich auch die Überlegung auf: Wo hast du oder wo erlangt man Meisterschaft? Wissen die Begabten selbst wirklich, was sie tun, und hat Maeterlinck recht, wenn er Mélisande sagen lässt: „Je ne sais pas ce que je sais"?

A priori werde ich immer sagen: Es muss Oper auf Englisch geben – aber derzeit kann es das nicht, da niemand darin singen kann. Die Aufführung war jedoch bewundernswert. Amato war großartig, ebenso das Orchester, der Chor und der alte Herty! Auch vor ihm ziehe ich meinen Hut!

Mit den allerliebsten Grüßen an Frau Damrosch schließt sich mir auch Elise an.

Glauben Sie mir, lieber Walter, wie immer und stolzer denn je,

Dein Freund

CH. M. LOEFFLER.

1891 wurde ich gebeten, ein Konzert für das Orthopädische Krankenhaus zu geben, an dem meine Freundin, Mrs. John Hobart Warren, immer sehr interessiert war, und als ich nach einem sensationellen Stück suchte, das das Publikum anziehen würde, kam ich auf die Idee, Eugene Ysaye und Fritz Kreisler das Bach-Konzert für zwei Violinen spielen zu lassen. Ysaye war damals auf dem Höhepunkt seiner Karriere und Kreisler war gerade als junger Violinist mit großen Fähigkeiten und Charme und noch größeren Zukunftsaussichten nach Amerika gekommen. Die Aufführung des Bach-Konzerts erfüllte meine Erwartungen, und nach dem Konzert aß Ysaye mit mir im alten Delmonico's am Madison Square zu Abend. Ysaye ist nicht nur ein bemerkenswerter Künstler, sondern auch einer der brillantesten Gesprächspartner, die ich je kennengelernt habe, und während des Abendessens analysierte er auf faszinierendste Weise sich selbst und Kreisler. Er sagte: „Ich bin am Gipfel angekommen, und von nun an werden meine Fähigkeiten stetig abnehmen. Ich habe mein Leben in vollen Zügen gelebt und mein Leben bis zum Äußersten ausgekostet. Eine Zeit lang werde ich durch Feinheiten in der Phrasierung und Nuancen wettmachen, was mir meine Technik als Geiger nicht mehr hergibt, aber Kreisler ist auf dem Vormarsch, und in Kürze wird er der größere Künstler sein." Es ist nicht meine Aufgabe zu sagen, ob Ysayes Prophezeiung sich bewahrheitet hat, aber niemand, der ihn in seiner Blütezeit gehört hat, kann seine wahrhaft gigantische Konzeption beispielsweise des Beethoven-Konzerts vergessen und die Meisterschaft, mit der er die goldene Flut seiner Musik ausgoss.

1909 gab ich einen Beethoven-Zyklus, bei dem ich alle Beethoven-Symphonien und andere kleinere Werke von ihm in historischer Reihenfolge aufführte. Wir hatten Ysaye engagiert, um das Beethoven-Violinkonzert zu spielen, aber zu meinem Erstaunen ließ er mir nur eine Woche vorher mitteilen, dass er zuerst ein Violinkonzert von Vitali spielen müsse, da er seine Finger in die richtige Form bringen müsse, bevor er das Beethoven-Konzert spielen könne. Ich protestierte bei ihm und erklärte ihm, dass ich in einem Beethoven-Zyklus unmöglich ein Konzert von Vitali spielen könne, nicht einmal um Ysaye einen Gefallen zu tun, und schlug ihm vor, das Vitali-Konzert vor dem Konzert im Aufenthaltsraum für sich selbst zu spielen, aber er lehnte diese Änderung ab, und ich war sehr widerstrebend gezwungen, seinen Auftritt im Zyklus abzusagen. Dies führte zu einer Kühle zwischen uns, die mehrere Jahre anhielt und die ich außerordentlich bedauerte. Aber die Zeit ist ein großer Friedensstifter. Wir trafen uns zufällig einige Jahre später wieder, und durch stillschweigende Zustimmung wurde dieser kleine Zwischenfall vollständig begraben, und wir sind so gute Freunde wie einst.

Der vielleicht bedeutendste und interessanteste große Musiker Frankreichs, den ich kannte, war Camille Saint-Saëns, den ich 1908 kennenlernte, als er auf einer Konzerttournee nach Amerika kam. Er war damals siebzig Jahre alt. Seine außerordentliche Vitalität und sein flüssiges Spiel versetzten uns alle in Erstaunen, und Amerika übertraf sich selbst, um diesem ehrwürdigen *Großmeister die Ehre zu erweisen* . Ich hatte das große Vergnügen, alle seine Konzerte in New York zu dirigieren, bei denen er seine fünf Klavierkonzerte spielte, eine außerordentliche Leistung für einen Mann seines Alters. Wir hatten von französischen Musikern so viele Geschichten über sein „böses Temperament" bei den Proben und seine ätzenden Kommentare über diese oder jene Phrasierung in seinen Symphonien oder Konzerten gehört, dass wir alle sehr angenehm enttäuscht waren, ihn freundlich, heiter und dankbar für das zu finden, was wir ihm bieten konnten. Er bestand sogar darauf, bei meiner Aufführung seiner 3. Symphonie, die dem Andenken Liszts gewidmet ist, selbst Orgel zu spielen. Ich habe dies immer als sein größtes Werk betrachtet, da es bei aller Klarheit der Form und Diktion, die ein besonderes Merkmal seines Stils ist, auch eine tiefe Emotionalität aufweist, die im letzten Satz zu einem triumphalen und mitreißenden Höhepunkt ansteigt.

Ich sah ihn während des Krieges im Sommer 1918 in Paris wieder und erinnerte ihn an einen Besuch, den mein Vater ihm 1876 abgestattet hatte.

„Das war nicht das erste Mal, dass ich Ihren Vater traf", erwiderte er schnell. „Ich erinnere mich sehr gut an die Begegnung mit ihm in Weimar im Jahr 1857, als ich Liszt besuchte."

1920 sollte meine zweite Tochter Gretchen den Sohn von Richter Finletter aus Philadelphia heiraten. Die jungen Leute hatten sich in Chaumont, Frankreich, kennengelernt, wo Finletter nach dem Waffenstillstand im Hauptquartier stationiert war, während Gretchen und ihre Freundin Mary Schieffelin dort als Kriegsarbeiter tätig waren. Meine Tochter stimmte meinem Vorschlag, die Hochzeit in Paris nach dem Ende meiner Europatournee mit dem Orchester abzuhalten, begeistert zu, und dieses für sie höchst wichtige Ereignis wurde am 17. Juli mit großem Erfolg durchgeführt. Die Zeremonie wurde in der amerikanischen Kirche feierlich begangen und der Empfang in meinem Hotel, dem „France et Choiseul", in der Rue St. Honoré abgehalten. Da ich schon so viele Jahre in diesem Hotel gewohnt hatte, halfen Monsieur Mantel, der *Direktor*, und alle Angestellten vom Chefkoch abwärts bei der Angelegenheit mit einer Begeisterung, die man nur in einem Land wie Frankreich finden kann, wo allen Festen des Familienlebens eine ungeheure Bedeutung beigemessen wird. Alle Empfangsräume im Erdgeschoss und der größte Teil des Hofes, der reizend von Lorbeerbäumen eingerahmt und mit einladend aussehenden kleinen Tischen gefüllt war, standen uns zur Verfügung. Alle Angestellten des Hauses – darunter Leonie, François, Pierre, Adolph, Theo, Félice, Madeleine, Michel und Louis, die ich alle während des Krieges und sogar schon davor gekannt hatte – trugen zu Ehren des Anlasses große weiße Boutonnieren und Bänder; und um vier Uhr begannen etwa hundert französische und amerikanische Freunde von der Zeremonie in der Kirche einzutreffen. Unter ihnen war meine alte Freundin Madame Nellie Melba, die zu diesem Anlass aus London herübergekommen war, und „ *le grand maître* " Camille Saint-Saëns, den alle Hotelangestellten sofort erkannten und mit großer und liebevoller Ehrerbietung behandelten.

Als Saint-Saëns den Hof betrat, drehte er sich zu mir um und sagte ziemlich gereizt: „Mein lieber Freund, warum hast du bei einem deiner Konzerte in Paris dieses Jahr keine meiner Symphonien gespielt?" Einen Moment lang war ich ratlos, was ich antworten sollte. Wir hatten drei Konzerte in Paris gegeben, und ich hatte eines der „Eroica" von Beethoven gewidmet und die anderen beiden den Symphonien in d-Moll von César Franck, Mozarts „Jupiter" und Dvořáks Symphonien aus der „Neuen Welt", aber Albert Spalding, mein Solist, hatte das Violinkonzert von Saint-Saëns gespielt, sodass sein Name auf unseren Programmen vertreten war. Plötzlich fiel mir die richtige Antwort ein: „Cher maître, wissen Sie nicht, dass ich während des Krieges Ihre großartige 3. Sinfonie bei einem Galakonzert auf der Fête Nationale in der Salle du Conservatoire zu Gunsten des Croix Rouge gespielt habe, und hier ist Monsieur Cortot, der den Klavierpart gespielt hat, und hier Mademoiselle Boulanger, die die Orgel gespielt hat." (Beide standen glücklicherweise an meiner Seite, als Saint-Saëns eintrat.) Er war völlig beruhigt und wurde im Triumph von einer Menge ihn vergötternder französischer Musiker zum Büfett getragen, um ihm eine Erfrischung anzubieten.

Henri Casadesus erzählte mir später, dass Saint-Saëns, als er am Buffet ankam, sagte: „Ich habe Durst." „Hier ist Champagner", sagte Casadesus. „Nein. Das ist zu kalt." „Nun, hier ist Schokolade." „Nein. Das ist zu heiß", woraufhin er das Glas Champagner nahm, es in die Schokolade goss und es mit offensichtlichem Genuss hinuntertrank. Ganz schön viel für einen damals 82-jährigen Mann!

Saint-Saëns hatte immer eine große Verehrung für Liszt bewahrt, der einer der ersten Musiker gewesen war, die sich in seinen frühen Tagen mit ihm angefreundet hatten, und seine Bewunderung für Liszts Musik war immer noch viel größer als für die von Wagner. Tatsächlich waren während des Krieges die meisten französischen Musiker wütend über seine chauvinistische Haltung gegenüber Wagner.

Es wird erzählt, dass Saint-Saëns, als er noch ein sehr junger Mann war, Liszt besuchte und der Diener ihn bat, ein paar Minuten zu warten, da Liszt in einem anderen Zimmer beschäftigt sei. Als Saint-Saëns eine handschriftliche Orchesterpartitur auf dem Klavier sah, setzte er sich hin und begann, sie mit seiner wunderbaren Musikalität zu lesen und vom Blatt zu spielen, als sich plötzlich die Tür öffnete und Liszt und Wagner hereinstürmten, erstaunt darüber, die komplizierten Harmonien von Wagners „Rheingold" so wunderbar wiedergegeben zu hören. Wagner hatte Liszt gerade die Partitur gebracht, um sie ihm zu zeigen.

Im Winter 1920/21 übernahm ich die Mitherausgeberschaft einer Reihe von Notenbüchern für unsere öffentlichen Schulen, und da ich zugestimmt hatte, eine kleine Gruppe angesehener französischer und englischer Komponisten einzuladen, einige Lieder für diese Veröffentlichung beizusteuern, bat ich Saint-Saëns, uns mit zwei Liedern zu beehren. Er kam dieser Bitte bereitwillig nach und lud mich im Sommer 1921 zu sich nach Hause ein, da er die Lieder alle fertig hatte. Als ich ihn besuchte, setzte er sich sofort ans Klavier und spielte sie mir aus seinem sehr sauber geschriebenen Manuskript vor, wobei er mich darauf hinwies, dass er die Begleitung äußerst einfach gehalten hatte, damit „die amerikanischen Schullehrer nicht zu sehr verwirrt davon wären". Für eines der Lieder, das zu Ehren der Kriegsflieger komponiert worden war, hatte er sogar den Text selbst geschrieben, und für das andere hatte er einen Text von La Fontaine verwendet.

Er besuchte mich im August 1921 in meinem Hotel. Mir kam es so vor, als sei er immer schwächer geworden, doch als ich auf meinem Klavier eine Ausgabe der Klaviersonaten von Beethoven, herausgegeben von Bülow, liegen sah – ich nehme das Lied immer gern mit, wenn ich reise, da ich das Spielen dieser Sonaten zwischen den unvermeidlichen Strapazen des Reisens als sehr angenehm und erholsam empfinde –, geriet Saint-Saëns plötzlich in Rage und ärgerte sich über eine gewisse, ziemlich komplizierte Fingertechnik, die Bülow einer Klavierpassage zugewiesen hatte, da seine Finger von Natur aus nicht an schnelles Spielen angepasst waren.

„So muss es gespielt werden", sagte Saint-Saëns, als er sich ans Klavier setzte und seine Finger, obwohl immer noch in graue Lisle-Handschuhe gehüllt, mit unglaublicher Geschwindigkeit wie kleine graue Mäuse über die Tasten gleiten ließ. Diese extreme Geschicklichkeit ließ ihn nie mehr los. Ich hatte ihn erst einen Monat zuvor bei einem Musical gehört, das Widor ihm zu Ehren gegeben hatte und bei dem Saint-Saëns den Klavierpart in seinem eigenen „Septett mit Trompete" spielte. Seine Finger liefen buchstäblich mit ihm durch, und bei jeder schnellen Passage beschleunigte er das Tempo so sehr, dass die anderen Spieler ihm einfach so gut wie möglich hinterherjagen mussten.

Er starb letzten Winter im Alter von 84 Jahren, und ganz Paris, Regierung, Künstler und Wissenschaftler, vereinten sich, um ihm eine eindrucksvolle und bedeutungsvolle Trauerfeier zu erweisen. Der Respekt, den die jungen Männer Frankreichs ihren alten Meistern entgegenbringen, ist für einen amerikanischen Beobachter etwas überaus Sympathisches. Wann immer Saint-Saëns unter ihnen erschien, umringten sie ihn mit eifriger Ehrerbietung und erröteten vor Stolz, wenn er etwas zu dem einen oder anderen sagte. Tatsächlich bestand Widor, der vielleicht zehn Jahre jünger ist als Saint-Saëns, immer darauf, ihn zu behandeln, als wäre er, Widor, ein junger, ehrerbietiger Schuljunge in Gegenwart seines großen Meisters. Tatsächlich reservieren sie die Worte „ *Grand Maître* " nur für ihre allerersten Männer der Künste und der gelehrten Berufe.

Mit Lillian Nordica machte ich eine gemeinsame Tournee durch Neuengland, bei der wir Wagner-Konzerte gaben. Da sie inzwischen zu einer wahren Primadonna geworden war, hatte sie einen Privatwagen, in dem sie lebte und in dem ich auch ein Zimmer hatte. Die arme Dame kam am ersten Tag mit einem so heftigen Anfall von Bronchitis an, dass sie kaum sprechen konnte. Ihre Stimme klang wie das Krächzen eines Raben. Ich habe noch nie eine Frau in so tiefer Verzweiflung gesehen, die wie eine eingesperrte Tigerin im kleinen Speisesaal des Wagens auf und ab ging, ab und zu eine Taste auf dem Klavier berührte, das darin aufgestellt war, und ihre Stimme probierte. Sie war in ein Morgentuch gehüllt, und Tränen und Kummer hatten ihr hübsches Gesicht so verwüstet, dass es kaum wiederzuerkennen war. Ich dachte natürlich, dass sie an diesem Abend nicht singen würde, aber um sieben verschwand sie in ihrem Zimmer und tauchte eine Stunde später in einem prächtigen Kleid wieder auf, mit ihrer Diamant-Tiara auf dem Kopf und ihrem wunderbar geschminkten Gesicht. Als sie vor ihrem Publikum auftrat, bei dem sie seit jeher beliebt war, hatte sie den königlichen, aber lächelnden Charme von einst. Ihre Stimme? Nun, das ist eine andere Geschichte.

Während dieser ganzen Woche wiederholte sich diese Tragikomödie jeden Tag. Ihre Bronchitis ließ sie nie los, und von meinem Zimmer aus konnte ich hören, wie die arme Frau, als sie das Esszimmer betrat, verstohlen das Klavier berührte und versuchte, ein paar Töne zu singen. Es war eine Qual, und seitdem hasse ich Privatwagen und bin ganz zufrieden damit, auf Reisen einen Salon oder eine Koje in einem normalen Schlafwagen zu belegen. Das ist auf jeden Fall heiterer.

Als wir schließlich in New York ankamen, wo wir zwei Wagner-Konzerte geben wollten, lichteten sich plötzlich die Wolken. Nordica war wieder ganz die Alte, und während die Diamant-Tiara nicht majestätischer und das Lächeln nicht einschmeichelnder hätte sein können als in Worcester, Massachusetts, hatte ihre Stimme ihren alten Charme wiedergewonnen, und der Ruf der Walküre und *Isoldes* Liebestod riefen ihrem Publikum die glücklichen Tage in Erinnerung, als Nordica, Schumann-Heink und Jean de Reszke sie in der Metropolitan elektrisiert hatten.

Madame Nordica war jedoch nicht die einzige amerikanische Künstlerin, mit der ich häufig beruflich in Kontakt kam und die eine Bekanntheit erlangte, die der der besten Künstler Europas ebenbürtig war. David Bispham wurde 1896 Mitglied meiner Operngesellschaft. Er stammte aus einer alten Quäkerfamilie in Philadelphia, in deren Leben Musik nie vorgedrungen war. Wie Bispham sein intensives musikalisches Temperament bekam, ist eines jener Geheimnisse, die weder die Gesetze der Vererbung noch der Umwelt erklären können.

Er war ein einigermaßen wohlhabender Mann, und da er feststellte, dass die Atmosphäre, in der er lebte, seinen offensichtlichen künstlerischen Bedürfnissen nicht entsprach, ging er nach Europa. Er hatte eine lebendige Baritonstimme, studierte Gesang bei Lamperti und trat allmählich erfolgreich auf der Bühne auf, vor allem in England. In meiner Truppe hatte er besondere Erfolge als *Telramund* , *Kurvenal* und *Beckmesser* sowie als *Roger Chillingworth* in meiner eigenen Oper über Hawthornes „Der scharlachrote Buchstabe". Er liebte Rollen, in denen er „spielen" konnte. Tatsächlich übertrieb er manchmal. Auf sein musikalisches Gedächtnis war vor allem in seinen späteren Jahren nicht immer Verlass, aber je mehr er den Text vergaß, desto intensiver wurde sein Schauspiel, und als *Chillingworth* , für dessen Rolle er den Text nie ganz lernte, verdrehte er seinen Körper regelrecht, um den finsteren Machenschaften und rachsüchtigen Gelüsten dieses Dämons Ausdruck zu verleihen.

Als Mensch war er von außergewöhnlich entzückender, fast kindlicher Natur. Die Dinge des Lebens existierten für ihn selten so, wie sie wirklich waren. Er sah sie durch das Glas seiner eigenen überschwänglichen Vorstellungskraft. Das Geheimnisvolle, das Außergewöhnliche faszinierte ihn immer, und deshalb wurde er oft zur Beute von hinterlistigen Menschen, die seine vertrauensvolle Natur leicht ausnutzten. Er war ein äußerst großzügiger Kollege und freier von Eifersucht als die meisten Opernsänger. Proben, egal wie lange sie dauerten, waren für ihn wie der Atem in seiner Nase, und oft verbrachte er Stunden vor seinem Glas im Ankleideraum, um sein Gesicht für eine Charakterrolle zu schminken, indem er ein berühmtes Gemälde, das er in den Uffizien in Florenz oder in der Royal Gallery in London gesehen hatte, genau nachahmte. Er liebte es, einen Bösewicht zu spielen, aber andererseits trieb uns seine hündische Hingabe an *Tristan* als *Kurvenal* oft Tränen in die Augen.

Meine Frau und ich schlossen ihn ins Herz, und später, als er und ich uns der Metropolitan Opera House Company anschlossen, wiederum unter Maurice Grau, aßen wir auf den langen Reisen nach Westen von und nach Kalifornien oft gemeinsam.

Er wurde äußerst jähzornig, wenn die Bediensteten seine Anweisungen nicht richtig ausführten, und er beschimpfte sie mit seiner sehr sonoren Stimme und einer Deutlichkeit, die der *Comédie Française würdig* gewesen wäre. Eines Morgens saßen wir beim Frühstück im Speisewagen unseres Zuges, als ihm der farbige Kellner seinen Kaffee brachte, der so dünn war, dass ein Tropfen der sogenannten Sahne ihn bläulich-grau färbte. „Nehmen Sie diesen Kaffee weg!", donnerte Bispham. „Er ist ungenießbar. Er ist zu dünn!"

„Oh nein, Sir!", protestierte der Kellner sanft. „Der Kaffee ist in Ordnung. Die Sahne ist zu stark!"

Damals kamen gerade Lederkoffer auf den Markt und ich hatte mir einen gekauft und trug ihn mit mir herum. Bispham bemerkte ihn und sagte in seinem extremen Kensington-Englisch, das er sich dort sorgfältig angeeignet hatte: „Walter, das ist eine sehr schöne Tasche, die du da hast. Ich glaube, ich werde vier davon kaufen, jede ein bisschen kleiner als die andere, damit ich sie alle ineinander packen kann."

„Warum", sagte ich, „David, willst du nichts anderes in diese Taschen packen?"

„Ha, ha, ha!", lachte David. „Walter, du machst immer deine kleinen Witze!"

Wann immer meine Operngesellschaft nach Boston kam, wurden die Statisten, wenn eine zusätzliche Gruppe oder Schar von Rittern oder Bauern usw. benötigt wurde, immer von der Harvard University geholt. Dies wurde zu einer enormen Einnahmequelle für den Türsteher am Bühneneingang. Unser Bühnenmanager zahlte ihm 25 Cent für jeden Statisten, aber er steckte dieses Geld nicht nur selbst ein, sondern verlangte von den Studenten je nach Popularität der Oper zwischen 50 Cent und mehr für das Privileg, sie auf der Bühne zu hören. Infolgedessen hatten wir oft die wunderbarsten athletischen Exemplare, die die leidenschaftliche Ausübung des Sports unter College-Männern hervorbringt, und erfreuten unsere Augen, als sich der Vorhang hob und die Ritter und Adligen im zweiten Akt des „Tannhäuser" beispielsweise in prächtige Gewänder gekleidet einmarschierten und feierlich dem Gesangswettbewerb im Schloss des Landgrafen von Thüringen lauschten.

Aber sie waren nicht alle Sportler, und ich erinnere mich an einen echten Studenten unter ihnen. Der Vorhang hob sich zum ersten Akt von „Lohengrin", und als ich von meinem Dirigentenpult aufblickte, sah ich zu meinem Erstaunen einen dieser College-Jungen, gekleidet in die Rüstung und den Mantel eines von König Heinrichs Rittern, ruhig am Fuße des Throns stehen, eine große Brille auf der Nase, und eifrig der Handlung der Oper anhand eines Librettos folgen, das er in der Hand und dicht vor die Augen hielt.

Ein anderes Mal ereignete sich ein viel schrecklicherer Vorfall, der sich jedoch sehr „hinter den Kulissen" abspielte. Ich war mit der Grau Opera Company in Boston und bei einer Samstagsmatinee wurde „Carmen" mit Madame Calvé in der Titelrolle aufgeführt. Ich dirigierte diese Oper nicht und schlenderte nach dem dritten Akt zufällig auf die Bühne. Ich fand die ganze Truppe in einem Zustand nur halb unterdrückter Fröhlichkeit. Während Madame A —— auf der Bühne *Micaelas* Arie sang, in der sie *Don Jose anfleht, Carmen* zu verlassen und zu seiner alten Mutter zurückzukehren, hatte sich einer dieser jungen Schurken aus Harvard in ihr Ankleidezimmer geschlichen und um ein triumphales Souvenir zu haben, das er in seinem Zimmer im College aufhängen konnte, hatte er ihr – nein, nicht ihre Strümpfe, sondern ein anderes wichtiges Kleidungsstück gestohlen. Als Madame A—— in ihr Ankleidezimmer zurückkehrte, hatte sie den Diebstahl entdeckt. Ihre Zofe hatte es der Kostümbildnerin erzählt, die Kostümbildnerin dem Bühnentischler, dieser hatte es dem Bühnenmanager wiederholt und so weiter und so fort, und die ganze Truppe schwelgte darin, besonders weil Madame A.—— selbst aus Neuengland stammte und als außergewöhnlich anständige junge Person galt.

CAMILLE SAINT-SAËNS UND WALTER DAMROSCH
Aus einer Momentaufnahme, aufgenommen in Paris bei der Hochzeitsfeier
von Gretchen Damrosch, 17. Juli 1920

Zwölftes Kapitel

ROMANTIK

„Endlich!", werden meine Leser ausrufen. „All diese Erinnerungen an Musiker sind ganz gut, aber uns interessieren ihre Liebesgeschichten. Denken Sie an Beethoven und die Gräfin Giucciardi, an Berlioz und Miss Smithson, an Liszt und die Gräfin d'Agoult, an Wagner und Madame Wesendonck. Musiker sind so romantisch, so anders als gewöhnliche Männer. Sie tragen ihr Haar länger, sie legen sich in ihrem Verhalten und ihrer Kleidung auf entzückende Exzentrizitäten fest, der Alltagstrott des Lebens berührt sie nicht und sie leben nur in der höheren und selteneren Atmosphäre der Kunst und Poesie." Deshalb denkt die Frau, die so viel spiritueller ist als der Mann, in ihren unbedachten Momenten manchmal, dass wahres Glück nur dadurch zu finden sei, dass sie sich in einen Künstler verliebt oder, noch besser, dass er sich in sie verliebt.

Ohne mich in dieselbe Kategorie wie die oben genannten großen Musiker einzuordnen, möchte ich in diesem Kapitel dennoch einen vollständigen und detaillierten Bericht über alle meine Liebesgeschichten geben – alle oder zumindest so viele, wie in ein Kapitel passen. Ich habe sehr viele Jahre gelebt und mein Leben war wie das anderer Künstler bis zum Rand gefüllt mit allen möglichen interessanten und faszinierenden Ereignissen. Damit sich meine Leser ein wahres Bild machen können, werde ich ganz am Anfang beginnen und verspreche, die Wahrheit, die ganze Wahrheit und nichts als die Wahrheit zu sagen.

So schrecklich es auch klingen mag, ich muss gleich zu Beginn gestehen, dass ich mein Leben als fröhlicher *Casanova* im zarten Alter von acht Jahren begann. Meine Familie lebte damals in Breslau, Schlesien, und die Rückseite des Hauses, in dem unsere Wohnung lag, ging auf einen großen Hof hinaus, auf den mehrere andere Häuser hinausgingen. Dieser Hof wurde natürlich zum Spielplatz aller Kinder, die um ihn herum wohnten. Wir waren besonders eng mit einer Familie verbunden, deren Kinder aus einem älteren Bruder bestanden, der bereits an der Universität studierte und das Aussehen und die Art des großen deutschen Dichters Friedrich Schiller nachahmte. Er soll große poetische Begabung gehabt haben, und es gab dunkle Gerüchte, er habe bereits zwei Tragödien geschrieben. Ich hatte große Ehrfurcht vor ihm, aber sein jüngerer Bruder, ein Junge in meinem Alter, war mein Klassenkamerad in der Schule – dem Gymnasium, wie es genannt wurde. Und dann war da noch eine Schwester, das kleine Lorchen, sieben Jahre alt, mit blauen Augen und vielen blonden Locken. Ich hatte mehrere Monate mit ihr und ihrem Bruder gespielt, als ich plötzlich entdeckte, dass ihre Locken wunderschön waren, wie gesponnenes Gold, und dass das Blau ihrer Augen etwas besonders Einschmeichelndes hatte. Ich verspürte das intensive Verlangen, sie zu umarmen, aber seltsamerweise erfüllte mich dieses Bewusstsein mit einer solchen Wut, dass ich, anstatt ihr nachzugeben, die erste Gelegenheit nutzte, um diesem süßen kleinen Kind eine gnadenlose Ohrfeige zu verpassen. Bis heute kann ich mir meine unnatürliche Verdorbenheit nicht erklären, und ich wünschte, ich könnte die kleine Lorchen jetzt – über fünfzig Jahre später – wiedersehen, um ihr zu sagen, dass diese Ohrfeige meine einzige Möglichkeit war, ihr zu zeigen, wie sehr ich sie liebte. Leider erfuhr sie es nie, und da wir bald darauf nach Amerika auswanderten, hatte ich weder die Zeit noch die Gelegenheit, meine Schüchternheit zu überwinden und ihr meine Liebe auf angemessene Weise zu Füßen zu legen.

Von da an bis zu meinem sechzehnten Lebensjahr kann ich mich an keine neuen Leidenschaften erinnern. Lorchens Bild verschwand bald und vollständig aus meinem Gedächtnis. Ich war ungeheuer beschäftigt, zunächst mit dem Erlernen der englischen Sprache, dem New Yorker Schulleben, meinen Musikstudien, dem Murmelspiel, dem Drachensteigen und dem Bauen von Schiffen, um auf dem Teich im Central Park zu segeln. Aber als ich fünfzehn war, kam ein kleiner Franzose nach New York und stellte sich meinem Vater mit seinen beiden kleinen Töchtern Louise und Jeanne vor, die beide Wunderkinder am Klavier waren. Louise war fünfzehn und die kleine Jeanne erst zwölf. Letztere war wirklich bemerkenswert, und ihr Spiel erregte damals in New York ziemliches Aufsehen. Aber ich fühlte mich besonders zu der älteren Schwester Louise hingezogen. Ihre Mutter war gestorben, als die Kinder noch sehr klein waren, und Louise hatte den Platz der Mutter eingenommen und wachte über Jeanne mit einer mütterlichen Fürsorge und Zärtlichkeit, die bei einem so jungen Mädchen wirklich bemerkenswert ist. Sie selbst spielte vorzüglich, und ich kann noch immer die samtige Berührung ihrer Finger in Chopins As-Dur-Etüde hören, aber in ihrer Bewunderung für das brillantere Talent ihrer jüngeren Schwester ließ sie sich völlig zurück, und man konnte sie nur mit Mühe zum Spielen bringen, wenn ihre Schwester anwesend war. Sie lebten in einer kleinen französischen Pension, und ich ging abends gern dorthin, und während Jeanne auf brillante Weise für uns spielte, saß Louise an einem Tisch in der Mitte des Raumes und stopfte im sanften Licht einer Lampe Strümpfe oder schneiderte geschickt ein Kleid um, das Jeanne bei ihrem nächsten Konzert tragen sollte. Louise hatte die sanftesten braunen Augen, und ihr Gesicht und ihr Auftreten strahlten eine Ruhe und Süße aus, die man im aufgeregten Nervenleben von heute nur noch selten findet. Sie war nicht gesprächig, aber wenn sie sprach, lächelten und verzogen sich ihre Augen auf sehr einschmeichelnde Weise.

Ich war dem Alter, in dem man mich ohrfeigt, definitiv entwachsen, hatte aber noch nicht den Mut aufgebracht, meine Verehrung zu bekunden. Ich war anscheinend ganz zufrieden damit, neben Louise zu sitzen und in ihre sanften Augen zu blicken oder ihren geschickten Fingern zuzusehen, wie sie plissierten und nähten und all die raffinierten Dinge taten, die nur Frauenfinger können. In jenem Frühjahr kehrten der Vater und seine Töchter leider nach Frankreich zurück, und ich habe sie nie wieder gesehen.

Doch die Jugend ist so wechselhaft, dass ich mich im folgenden Jahr unsterblich in Madame Teresa Carreno verliebte, über die ich bereits in einem früheren Kapitel geschrieben habe. Ich war sechzehn und sie war vierundzwanzig, strahlend schön, hervorragend gebildet und eine bemerkenswerte Sprachwissenschaftlerin, die Englisch, Deutsch, Französisch, Spanisch und Italienisch gleichermaßen fließend sprach. Doch für mich sprachen ihre Augen eine Sprache, die noch beredter war als ihre Zunge, und es war kein Wunder, dass ich völlig überwältigt war. Auf meiner ersten Konzerttournee war ihre Schönheit, ihr exquisites Spiel und der träge halbtropische Charme des Südens, durch den wir tourten, eine Kombination, der ich nicht widerstehen konnte.

Doch meine Verehrung als Schuljunge erlitt einen schweren Schock, als am letzten Tag unserer Reise ein hübscher und sehr kräftiger italienischer Baryton namens Tagliapietra sie abholte und ich erfuhr, dass sie unsterblich in ihn verliebt war. Sie heirateten kurze Zeit später.

Auch sie scheint sich meiner Verehrung nicht bewusst gewesen zu sein. 32 Jahre später, bei einem Abendessen im Hotel Plaza zu Ehren meines 25. Jubiläums als Dirigent, war sie anwesend und in meiner Dankesrede bezeichnete ich sie humorvoll als die *große Leidenschaft* meiner frühen Jugend. Später sagte sie zu meiner Schwester: „Ich wusste nicht, dass Walter so etwas für mich empfunden hatte!"

Um mit meinen Geständnissen fortzufahren. Im folgenden Jahr traf ich mich – aber leider ist dieses Kapitel bereits überfüllt und ich werde die (für mich) so faszinierende Aufzählung meiner verschiedenen Romanzen in meinem nächsten Memoirenbuch fortsetzen müssen, das ich voraussichtlich in etwa zwanzig Jahren veröffentlichen werde.

Dreizehnte

DIE ORATORIO SOCIETY VON NEW YORK

Mein Vater war immer der Ansicht, dass das Studium der Oratorien von Bach und Händel eine äußerst wichtige Grundlage für den jungen Musiker sei, und ich hatte viele Stunden mit ihm verbracht, um ihre Partituren zu studieren und ihre Form in meinen eigenen kontrapunktischen Werken nachzuahmen. Bachs „Matthäuspassion" und Händels „Messias", „Samson" und „Judas Makkabäus" kannte ich praktisch auswendig. Mein Vater glaubte auch, dass die Entwicklung von Laienchören ein sehr wichtiger Faktor für die musikalische Entwicklung eines Volkes sei. Unter seiner Inspiration wuchs der Chor der Oratorio Society ständig an Zahl und technischem Können; er litt jedoch unter dem großen Mangel an männlichen Sängern, insbesondere Tenören. Die schrecklich einseitige musikalische Entwicklung in unserem Land, die fast ausschließlich auf weiblicher Basis erfolgte, zeigte sich in diesem Zweig der Kunst deutlich. Viele der männlichen Sänger, die auf die eine oder andere Weise dazu überredet oder gezwungen worden waren, einem Chor beizutreten, mussten oft wie Kinder in ihre Rollen eingedrillt werden, wenn auch ohne die schnelle Auffassungsgabe eines Kindes. Das Ergebnis war, dass die Arbeit des Trainings unaufhörlich war und die Fehler eines Jahres sich unweigerlich im nächsten wiederholten. Bei der Probe von Oratorien wie Händels „Messias" oder Bachs „Matthäuspassion" zum Beispiel konnte ein guter, erfahrener Dirigent immer im Voraus vorhersagen, welche Fehler der Chor machen würde.

Zur Zeit meines Vaters waren die Sopranistinnen in der Oratorio Society von überwältigender Kraft und Qualität; das lag aber hauptsächlich daran, dass meine Mutter, als wir nach Amerika kamen, jegliches Solosingen in der Öffentlichkeit aufgab und sich enthusiastisch der Leitung des Sopranchors widmete. Ihre Stimme war phänomenal in ihrer Kraft und Qualität, und wenn, wie in einem Fugenchor von Händel, die Sopranistinnen schließlich das Hauptthema anstimmen, riss ihre triumphale Stimme alles mit sich. Sie sang immer auswendig, ihre schönen, tiefliegenden Augen waren auf den Dirigenten gerichtet, und wenn dieser Dirigent zufällig ihr eigener Ehemann oder Sohn war, lag eine Hingabe und Liebe in ihnen, die ich nie vergessen werde.

Einen Chorverein in einer riesigen Stadt wie New York zu unterhalten, ist doppelt schwierig, da die Mitglieder in einer so großen Metropole vielen Versuchungen und Ablenkungen ausgesetzt sind und die regelmäßige Teilnahme an den Proben gefährden. Ich habe daher immer geglaubt, dass die vielen großartigen Aufführungen, die der Verein in seiner langen Existenz von 49 Jahren gegeben hat, ihm besonders zugute kommen. Die Proben mit diesen Amateursängern verlangen dem Dirigenten jedoch zehnmal so viel Energie, Geduld und Vitalität ab wie bei einem Orchester, das aus ausgebildeten Profis besteht. Und doch hat die Arbeit mit hingebungsvollen Amateuren einen gewissen Reiz. Mein Vater liebte es, und selbst während der anstrengenden Arbeit, die Deutsche Oper an der Metropolitan zu gründen und zu unterhalten, nutzte er zur Abwechslung und Erholung immer die regelmäßigen Chorproben des Oratorio Society am Donnerstagabend. Ich gestehe, dass mir das fast primitive Studium, das bei einem Laienchor notwendig ist, nach einem Tag mit meinem Orchester ebenso viel Freude bereitet hat, und ich blicke mit tiefster Freude auf die vielen Jahre zurück, in denen ich die Oratorio Society dirigiert habe.

Kleinere Städte sollten in der Lage sein, Chorgesellschaften weitaus leichter zu gründen als New York. Toronto in Kanada war schon immer ein Beispiel dafür, was in dieser Hinsicht erreicht werden kann. Es gibt dort vier hochkarätige Chorgesellschaften, unter denen der von Dr. Vogt gegründete Mendelssohn-Chor vielleicht den höchsten Rang einnimmt. Die Engländer haben eine angeborene Liebe und Begabung für den Chorgesang, und in Toronto ist die wöchentliche Probe die einzige „Zerstreuung" der Woche, auf die sich die Sänger mit großer Spannung freuen. Ich habe den Mendelssohn-Chor bei seinen Besuchen in New York wiederholt gehört und war von der Schönheit und Lautstärke seines Tons und der Präzision seines Gesangs begeistert.

Ich habe an anderer Stelle über das große Musikfestival geschrieben, das mein Vater im Mai 1881 geplant und dirigiert hatte. Für den großen Chor aus zwölfhundert Sängern, der das herausragende Merkmal des Festivals war, bildeten die vierhundert Sänger der Oratorio Society das Rückgrat, und mir wurde das Einstudieren zweier weiterer Teile des Festivalchors anvertraut. Da ich jahrelang Begleiter und Organist bei allen Proben der Oratorio Society gewesen war und nach dem Festival drei Jahre lang als Dirigent der Newark Harmonic Society amtiert hatte, war ich technisch gut gerüstet, um die Leitung der Oratorio Society zu übernehmen, als sie mir nach dem Tod meines Vaters im Jahr 1885 angeboten wurde.

Ich dirigierte das letzte Konzert dieser Saison, Bachs „Matthäus-Passion", und stellte fest, dass die Zuneigung und Ehrfurcht, die der Chor meinem Vater gegenüber hegte, ihn veranlasste, mir in meinen schwierigen Anfangsjahren hingebungsvoll zu helfen.

Für die folgende Saison suchte ich nach einem neuen Werk, das meinen Einstieg in dieses Feld markieren sollte, und entschied, dass eine konzertante Aufführung von Wagners „Parsifal" das New Yorker Publikum interessieren würde. Der sakrale Charakter des Werks, die Bedeutung und Schönheit seiner Chorteile und die Tatsache, dass seine Musik bis dahin fast unbekannt war, schienen mir eine solche Aufführung geradezu zu empfehlen, obwohl Wagner es für eine dramatische Darstellung und mit Bühnenbild konzipiert hatte. Er hatte das Werk nur für eine Aufführung in Bayreuth vorgesehen, aber 1882, als es dort zum ersten Mal aufgeführt wurde, hatte er mir persönlich eine Orchesterpartitur des Chorfinales aus dem ersten Akt als Manuskript gegeben, um sie meinem Vater vorzulegen, damit er sie in New York in Konzertform aufführen konnte.

Bei einem Besuch in London im Frühjahr 1886 besuchte ich den Londoner Vertreter des Verlegers des „Parsifal" und fragte, ob eine Orchesterpartitur des gesamten Werks gekauft werden könne. Er sagte mir, dies sei möglich, aber der Kauf berechtige mich nicht zu einer Aufführung des Werks, und wenn ich es für eine Aufführung verwenden würde, müsste ich eine Strafe von fünfzig Pfund zahlen. Ich sagte ihm, ich sei durchaus bereit, eine solche Strafe zu zahlen, da ich sie für eine Konzertaufführung in New York benötige, und kaufte sofort eine Orchesterpartitur und ließ die Orchesterstimmen daraus kopieren.

Dank meiner Verbindung zum Metropolitan Opera House konnte ich dem Werk eine außergewöhnliche Besetzung geben. *Kundry* wurde von Marianne Brandt gesungen, die sie in Bayreuth bei einer der ersten Aufführungen gesungen hatte. Max Alvary wurde für die Titelrolle und Emil Fischer für *Gurnemanz besetzt*. Alvary erkrankte kurz vor der Aufführung und seine Rolle wurde von einem anderen jungen Tenor unserer Truppe übernommen, einem Herrn Kraemer. Die Chorpartien wurden von der Oratorio Society mit mitreißender Wirkung gesungen.

Dies war die erste Aufführung des „Parsifal" außerhalb Bayreuths und sorgte für Aufsehen, löste aber auch eine ziemliche Kontroverse in den Zeitungen über seine Eignung für den Konzertsaal aus. Auf beiden Seiten lassen sich gute und gewichtige Argumente vorbringen. Bei einer Konzertaufführung geht vielen Leuten viel verloren, besonders denen, deren Vorstellungskraft ohne die Anregung durch Bühnenbild, Kostüme und dramatische Handlung nicht funktionieren kann; aber damals war dies die einzige Gelegenheit für amerikanische Musikliebhaber, die die lange Reise nach Bayreuth nicht auf sich nehmen konnten, die Musik kennenzulernen. Für viele Zuhörer waren die Chorteile, besonders jene, die sich um die religiösen Zeremonien in der Halle des Heiligen Grals drehten, genauso eindrucksvoll, wenn nicht sogar noch eindrucksvoller, als bei einer szenischen Aufführung. Heute und allgemein gesprochen würde ich die Musik aus „Parsifal" lieber mit geschlossenen Augen hören. Meine durch die Musik angeregte Vorstellungskraft kann die szenische und dramatische Investitur weitaus idealistischer darstellen als jede tatsächliche Bühnendarstellung, aber ich beanspruche dies nicht für alle als wahr, sondern nur als meine persönliche Vorliebe.

Wir gaben zwei konzertante Auftritte im Metropolitan Opera House (öffentliche Probe und Konzert) und bei jeder Aufführung hörten über dreitausend Menschen mit gespannter Aufmerksamkeit zu.

Jahre später, im Jahr 1903, als der damalige Operndirektor der Metropolitan, Heinrich Conried, seine Absicht bekannt gab, eine Bühnenaufführung von „Parsifal" zu geben, erhielt ich einen Brief von Madame Cosima Wagner, in dem sie mir mitteilte, sie habe gehört, dass ich die Partitur und die Orchesterstimmen des Werks besitze. Sie bat mich, sie Herrn Conried nicht zu überlassen, da der *Meister* in seinem Testament die absolute Anweisung hinterlassen habe, dass Bühnenaufführungen dieses Werks für alle Zeiten Bayreuth vorbehalten seien. Sie hatte gehört, dass ich eine konzertante Aufführung gegeben hatte, und fragte sich, wie ich die Erlaubnis dafür erhalten hatte.

Ich schrieb ihr und erklärte, dass ich nun die Partitur erhalten und die „fünfzig Pfund Strafe" gemäß meiner Vereinbarung mit dem Verlag an den Verlag überwiesen hätte. Dann erhielt ich einen weiteren Brief von ihr, der wie folgt lautete:

SEHR GEEHRTER HERR DAMROSCH,

Vielen Dank für Ihre freundlichen Zeilen und den Ausdruck Ihrer Gefühle für Parsifal, die natürlich außerhalb von Bayreuth niemals weitergegeben werden dürfen; aber für die konzertante Aufführung wurde eine sehr begrenzte Auswahl an Fragmenten getroffen, die nicht erweitert werden soll. Die vom Meister getroffene Auswahl lautet wie folgt:

1. Vorspiel, Abschluß des ersten Aktes, nichts vom zweiten.

2. Verwandlungsmusik – Abschluss des dritten Aktes.

3. Amfortasklage

4. Charfreitagszauber

Ich bin erstaunt, dass Sie für 50 £ die Genehmigung (Erlaubnis) erhalten haben, den gesamten Parsifal konzertant aufzuführen, und werde den Verleger (danach) fragen.

Was die Aufführung auf der Bühne angeht, hoffe ich immer noch, dass der kultivierte Teil des Publikums in New York damit nicht einverstanden sein wird.

Mit bestem Dank und freundlichen Grüßen, sehr geehrter Herr Damrosch.

C. WAGNER

Bayreuth, 6. Juli 1903.

Conried jedoch besorgte sich seine Rollen woanders und gab im Winter desselben Jahres eine Bühnenaufführung. Seitdem sind die Urheberrechte an „Parsifal" abgelaufen und das Stück wird auf der ganzen Welt aufgeführt.

Während meiner Suche nach modernen Werken bemühte ich mich auch, das Interesse an den alten Oratorien wach zu halten. Ich verdankte ihnen viel, und ihre Würde und ihr echter Ausdruck religiöser Gefühle waren ein äußerst wichtiger Faktor in meiner frühen und frühesten Erziehung. Als Junge sang ich Alt im Chor der Oratorio Society und mit sechzehn Jahren wurde ich zum Begleiter bei den Proben befördert. In dieser Arbeit wurde ich ein ziemlicher Experte, und wenn mein Vater an einer bestimmten Stelle innehielt, um den Chor zu korrigieren, wusste ich natürlich im Voraus, was er wollte, und hämmerte den richtigen Ton für die Altstimmen oder die Tenöre heraus – normalerweise waren es die Tenöre – oder griff sogar während des Singens auf alle möglichen Hilfsmittel zurück, beispielsweise spielte ich die kritischen Intervalle eine Oktave höher, um die Tonhöhe beizubehalten oder sie klarer zu definieren. Da sowohl meine Mutter als auch Tante Marie im Chor sangen, gingen wir nach einer Probe zu viert nach Hause und diskutierten über diesen oder jenen Punkt, der noch mehr geübt werden musste, oder über eine Schwäche, die es zu verbessern galt, oder wir drückten unsere gegenseitige Begeisterung über einen Refrain aus, der an diesem Abend besonders gut gesungen worden war. Natürlich war der Refrain nach fast jeder Probe: „Wie können wir zehn weitere erste Tenöre bekommen?" Amerika schien sie nicht heranzuzüchten, und da selbst Bässe nicht so zahlreich waren, wie sie hätten sein sollen, schien es fast so, als ob der zukünftige amerikanische Komponist nur Chöre für Frauen schreiben sollte. Wenn bei der Stimmprobe neuer Bewerber, die normalerweise vor oder nach der Probe stattfand, dieser *seltene* Tenor gefunden wurde, glühten wir vor Freude und spekulierten, ob er wirklich bei der nächsten Probe auftauchen und ein reguläres Mitglied werden würde. Man kann nicht behaupten, dass es auch heute noch Tenöre in Hülle und Fülle gibt, aber die Qualität der Chorsänger hat sich enorm verbessert. Ihre Stimmen sind besser ausgebildet, sie können besser vom Blatt lesen und das allgemein gestiegene Interesse an Musik manifestiert sich sehr stark in dieser Richtung.

1892 gab ich ein Händel-Festival zu Ehren des 150. Jahrestages der ersten Aufführung von Händels „Messias" in Dublin unter seiner eigenen Leitung im Jahr 1742. Darauf folgte das Fest, an dem König Georg II. und sein Hofstaat teilnahmen. Der Andrang war so groß, dass die Leitung die Herren bat, ihre Schwerter und die Damen ihre Reifröcke nicht zu tragen, damit so viele wie möglich das Werk von „Mr. Handel" hören konnten. Bei dieser Aufführung begann der Halleluja-Chor mit seinem gewaltigen Höhepunkt: „König der Könige, Halleluja! Halleluja!" König Georg erhob sich überwältigt von seinen Gefühlen und blieb bis zum Ende stehen. Natürlich erhob sich das gesamte Publikum in Nachahmung seines königlichen Herrn, und Großbritannien hat diesen Brauch seither beibehalten. Da dies eine angemessene Huldigung sowohl an den Allmächtigen als auch an den Komponisten war, der in diesem Chor so wunderbar die Verehrung des Menschen für ihn zum Ausdruck brachte, führte mein Vater diesen Brauch bei seiner eigenen Uraufführung des „Messias" im Jahr 1874 ein, und das Publikum der Oratorio Society befolgt ihn bis zum heutigen Tag.

Eine interessante Beschreibung der Art von Orchester, das Händel möglicherweise eingesetzt hat, findet sich in einer Beschreibung eines Gedenkgottesdienstes für den „Messias", der kurz nach seinem Tod in der Westminster Abbey gesungen wurde. Ich beschloss, bei unserer Festivalaufführung ein solches Orchester so weit wie möglich nachzubilden. Die Hauptmerkmale bestanden in der Verdoppelung der Streicherstimmen in den Chören durch Oboen und Fagotte und in der Verdoppelung der Trompeten und Pauken in den Chorhöhepunkten. Die Wirkung davon war höchst bemerkenswert. Ich hatte bei jeweils drei Violinen eine zusätzliche Oboe und bei jeweils drei Violoncelli ein zusätzliches Fagott aufgestellt, mit einigen Kontrafagotten und Kontrabassklarinetten, um die Kontrabässe zu verstärken und die Rolle des Serpents zu übernehmen – ein Instrument, das veraltet ist. Die Verdoppelung von Trompeten und Pauken in den Höhepunkten ließ sie nicht lauter, sondern voller klingen. Zum ersten Mal in meinem Leben ging der Klang des Orchesters nicht vollständig in der Klanglawine eines großen Chors mit dreihundertfünfzig Stimmen unter. Die Orchesterbegleitung unterstützte und ergänzte den Chor auf eine Weise, wie es vielleicht nur eine sehr große und sanfte Kirchenorgel könnte.

Zu Händels Zeiten saß er selbst gewöhnlich an der Orgel und ergänzte mit meisterhaften Improvisationen viele der Harmonien, für die er in seiner Partitur nur den Bass geschrieben hatte, mit Ziffern, die die Harmonien anzeigten, die der Organist improvisieren sollte. Seitdem haben verschiedene Musiker versucht, diese Harmonien dauerhaft zu ergänzen, indem sie sie für andere Instrumente im Orchester schrieben, hauptsächlich für Klarinetten und Fagotte. Da die meisten Konzertsäle nur schlecht mit Orgeln ausgestattet sind, boten diese Arrangements eine Art Ersatz, und am häufigsten wurden die von Robert Franz verwendet. Er war ein deutscher Komponist sehr schöner Lieder und ein großer Bewunderer Händels, aber seltsamerweise waren seine Arrangements sehr schlecht und nicht im Einklang mit dem Händelschen Geist. Mozart hatte auch Begleitungen geschrieben, um die fehlenden Harmonien für eine Aufführung des „Messias" in Wien in einem Saal zu ergänzen, in dem es keine Kirchenorgel gab. Seine Ergänzungen, insbesondere in der Arie „The people that stepped in darkness", sind von solch überragender Schönheit, dass mir der Mut völlig fehlte, als ich mit meiner Arbeit fortfuhr, das Händelsche Orchester in seiner ursprünglichen Form wiederherzustellen, als ich zu dieser Arie kam. Es war, als hätte ein Meister ein Gemälde eines anderen gefunden und es in einen Rahmen von solcher Schönheit gefasst, dass er den Wert des Originalbildes steigerte. Ich konnte es nicht ertragen, es zu stören, aber die Klarinetten und Fagotte von Robert Franz warf ich mit großer Begeisterung hinaus.

Ein weiterer neuartiger und interessanter Aspekt unseres Festivals war eine szenische Bühnenaufführung einer reizenden Pastorale von Händels „Acis und Galatea". Diese hatte dramatische Qualitäten, die in ihrer Anziehungskraft die vieler italienischer Opern Händels bei weitem übertrafen. Die Besetzung war exzellent. Die Rolle der *Galatea* wurde von Madame de Vere gesungen, einer bezaubernden Koloratursängerin; der Hirte *Acis* von William Rieger, einem unserer besten jungen Konzerttenöre; und *Polyphem*, der Riese, von dem Meisterkünstler Emil Fischer. Die Szene stellte eine Landschaft von klassischer Schönheit dar und alle Beteiligten waren in reizende griechische Hirtenkostüme gekleidet. Die Szene, in der *Polyphem* auf die geliebten Hirten trifft, einen riesigen Felsen hochhebt und Acis in eifersüchtiger Wut tötet, wurde mit einer solchen dramatischen Intensität aufgeführt, dass unser Publikum begeisterte. Die Aufführung war ein echtes Ereignis, da dieses Werk seit Händels Zeit vielleicht nicht mehr in dieser dramatischen Form aufgeführt worden ist; aber seltsamerweise stieß es auf wenig Interesse, denn während bei allen anderen Aufführungen des Festivals die Türen voll waren, hatten wir bei unseren beiden Aufführungen der Pastorale nur die Hälfte des Publikums. Es kam etwa zwanzig Jahre zu früh, und ich denke, dass es heute, insbesondere wenn es unter der Schirmherrschaft der Metropolitan Opera aufgeführt würde, auf großes Interesse stoßen würde.

In diesem Frühjahr (1922) war ich in München und die Stadt war in großer Aufregung wegen der bevorstehenden Aufführung von Händels „Acis und Galatea" in dramatischer Form. Ihr Dirigent, Bruno Walter, sagte zu mir: „Wir sind sehr stolz auf diese Bühnenaufführung, da es die erste seit Händels Zeit ist." Er war erstaunt und, wie er mir sagte, sehr betrübt, als ich ihm mitteilte, dass ich die Aufführung vor fast dreißig Jahren in New York gegeben hatte. Er lieferte eine wunderschöne Aufführung. Ich hatte meine Sänger in klassische griechische Kostüme gekleidet, aber der Münchner Bühnendirektor hatte dem Werk eine zusätzliche und ziemlich pikante Note verliehen, indem er die Sänger und Tänzer wie zu Händels Zeit kleidete, als alle Darsteller, egal in welchem Zeitalter ihre Stücke spielen sollten, die Kostüme und riesigen Perücken ihrer eigenen Zeit trugen.

Im Sommer 1898 waren wir von den dramatischen Berichten über Admiral Deweys Sieg in der Bucht von Manila sehr begeistert, und es schien mir angemessen, ihn mit der Komposition eines „Te Deums" für Solisten, Chor und Orchester zu feiern. Um meinem „Manila Te Deum" einen angemessenen Charakter zu verleihen, verwendete ich mehrere der Hornsignale der amerikanischen Armee und Marine als *Cantus firmus*, um den ich die Fugenentwicklungen der Stimmen des Chors webte. Im letzten Refrain „O Herr, auf dich habe ich vertraut; lass mich niemals zuschanden werden" verwendete ich in ähnlicher Weise das „Star-Spangled Banner".

Das Werk wurde am 3. Dezember 1898 bei einem Konzert der Oratorio Society uraufgeführt und markierte die Einführung meines Bruders als regulärer Dirigent der Gesellschaft. Im folgenden Frühjahr wurde ich eingeladen, es bei einer Dewey-Feier in Chicago zu dirigieren, und am 6. Februar 1900 dirigierte ich es erneut bei einer Sonderaufführung in der Carnegie Hall, deren Erlös für den Bau eines Bogens zu Ehren von Admiral Dewey verwendet werden sollte. Dieser Bogen wurde jedoch nie gebaut, und die mehreren tausend Dollar, die unser Konzert einbrachte, wurden schließlich vom Dewey Arch Committee für einen wohltätigen Zweck gespendet. Unsere beiden Ehrengäste bei dieser Aufführung waren Admiral Dewey in einer Loge auf der einen Seite der Halle und Theodore Roosevelt, damals Gouverneur von New York, in einer Loge auf der anderen Seite. Roosevelt sollte eine angemessene Rede halten, und da der Sieger der Manilabucht anwesend war und die ganze Veranstaltung von jubelnder Bewunderung für unsere Marine geprägt war, erwarteten wir eine von Roosevelts flammendsten patriotischen Reden über die Ruhmestaten der amerikanischen Marine. Aber leider war sein Geist an diesem Abend ganz mit Dingen in der näheren Umgebung beschäftigt, und nach ein paar sehr höflichen Bemerkungen über meine Musik stürzte er sich in eine grandiose Rede über die Straßenreinigungsbehörde von New York und die „Pflicht jedes Bürgers, bei den Vorwahlen seine Stimme abzugeben"!

1892 gab ich in Amerika die erste Aufführung von Saint-Saëns' Oper „Samson und Delilah". Dieses Werk ist hervorragend für Konzertaufführungen adaptiert, und viele Teile davon sind in dieser Form weitaus wirkungsvoller als auf der Bühne. Die Musik ist wunderschön und von großer melodischer Einfachheit, und viele der Chöre sind in Ora-Torio-Form geschrieben. Bei Bühnenaufführungen ist der dramatische Höhepunkt des zweiten Akts, in dem *Delilah* jubelnd an der Tür ihres Palastes erscheint und *Samsons* rote Perücke triumphierend vor dem bewundernden Hohepriester und den Soldaten schüttelt, wirklich ein Antiklimax und erregt unsere Lachkrämpfe viel mehr als unsere Trauer darüber, dass die gottgegebene Kraft des mächtigen Soldaten ihn verlassen hat.

Von meinem Vater habe ich eine tiefe Bewunderung für Hector Berlioz geerbt und viele Aufführungen seiner größeren Werke dirigiert – „Fausts Verdammnis", das „Requiem", „Romeo und Julia" sowie die erste Aufführung seines „Te Deum" in Amerika.

Eine weitere Neuheit, die ich 1889 mit der Oratorio Society produzierte, war die „Missa Solemnis" von Edward Grell. Dieses Werk erregte großes Aufsehen. Sein Komponist war praktisch unbekannt, außer in Berlin, wo er in der ersten Hälfte des 19. Jahrhunderts Kontrapunkt- und Kompositionslehrer gewesen war. Er hatte sich so sehr in den Stil der italienischen Meister des 17. und 18. Jahrhunderts hineinversetzt, dass moderne Harmonien für ihn einfach nicht existierten, und seine „Missa Solemnis" ist ganz im Stil der frühen Meister der Kirchenmusik konzipiert. Sie ist für vier Chöre mit jeweils vier Stimmen und vier Soloquartette geschrieben. Es gibt absolut keine Begleitung, und die Reinheit dieser sechzehnstimmigen Harmonien ohne jegliche Instrumentalbeimischung erzeugt wahrhaft himmlische Effekte. Die vier Chöre, die im Allgemeinen antiphonisch mit den Soloquartetten verwendet werden, erzeugen aufregende Höhepunkte, und insbesondere das *Benedictus* vermittelt einen Eindruck ekstatischer Schönheit.

Ich habe an anderer Stelle über meine erste Aufführung von Liszts „Christus" geschrieben. Ich habe auch „St. Christopher" von Horatio Parker, einem angesehenen amerikanischen Musiker und Komponisten, aufgeführt. Dieses Werk war jedoch nicht so wirkungsvoll wie sein „Hora Novissima". Es schien zwischen zwei Stühlen zu sitzen, da es weder eine Oper noch ein Oratorium war.

Natürlich habe ich viele Oratorien von Händel, Haydn und Mendelssohn aufgeführt und den Brauch einer jährlichen Aufführung von Bachs „Matthäuspassion" in der Karwoche ins Leben gerufen. Ich bin froh, sagen zu können, dass es mir gelungen ist, dieses gewaltige Werk „populär" zu machen, sodass es jetzt jedes Mal, wenn es aufgeführt wird, ein riesiges und frommes Publikum anzieht. Aber im Allgemeinen schwindet das Interesse an den älteren Oratorien, nicht nur in New York, sondern im ganzen Land. Die Ohren unseres Publikums haben die Freude an den einfacheren Harmonien von Händel und Haydn verloren und finden, an die reichere Orchestrierung von heute gewöhnt, die Begleitungen des Händel-Orchesters dünn und archaisch. Auch etwas von dem einfachen und naiven religiösen Glauben, der die alten Oratorien inspirierte, ist verloren gegangen, und es wurde noch kein Komponist gefunden, der dem Glauben und den Bestrebungen von heute Ausdruck verleihen kann. Es ist schade, dass die alte Form des Orat Orio deshalb vernachlässigt wird. Ich glaube jedoch, dass es nicht tot ist, sondern nur schläft und wieder erwachen wird.

Im Jahr 1898 trat ich aufgrund der Belastung durch meine Opern- und Orchesterarbeit als Dirigent der Oratorio Society zurück und mein Bruder Frank wurde zu meinem Nachfolger gewählt. Er ist zwei Jahre älter als ich und hat meine Liebe und Begeisterung für die Musik immer in gleichem Maße geteilt. Er hatte als Junge Klavier gelernt, aber immer darauf bestanden, dass sein Talent nicht groß genug war, um die Musik zu seinem Beruf zu machen. Deshalb beschloss er im Alter von siebzehn Jahren mit großem Mut, nach Westen zu gehen und eine Geschäftskarriere zu beginnen. Mit einhundert Dollar in der Tasche kam er in Denver, Colorado an und machte sich daran, seinen eigenen Lebensunterhalt zu verdienen, wie es unsere jungen Amerikaner tun, die nicht die Absicht haben, ihren Eltern zur Last zu fallen.

Er begann ganz unten und arbeitete sich langsam nach oben, litt aber während seiner ersten Jahre in Denver sehr unter dem fast völligen Mangel an Musik dort. Er hatte in New York so viel davon getrunken, dass sie einen größeren Teil seines Lebens einnahm, als er gedacht hatte; und um seinen Bedarf zu decken, gründete er einen Gesangsverein, mit dem er einige der alten Oratorien aufführte, und mit seiner ihm eigenen Kühnheit ergänzte er diesen durch ein Orchester, das aus einer Handvoll Profis bestand, die damals in den Theatern von Denver spielten, und einigen Amateuren. Die Bürger von Denver erkannten, dass er trotz seiner bescheidenen Selbsteinschätzung ein echter Musiker war, und drängten ihn, das Geschäft aufzugeben und sich ganz der Musik zuzuwenden.

Zum Zeitpunkt des Todes meines Vaters war Frank praktisch die treibende Kraft in allen bedeutenden Musikunternehmen Denvers geworden. Es schien mir, dass die Zeit gekommen war, ihn zu drängen, nach New York zurückzukehren und gemeinsam mit mir die Arbeit meines Vaters fortzusetzen. Er wurde umgehend als Chorleiter an der Metropolitan Opera engagiert und widmete sich auch zunehmend der pädagogischen Arbeit, für die er eine besondere Begeisterung hegte, die nie nachgelassen hat.

Seine Aktivitäten erstreckten sich auf viele Bereiche. Er gründete die Young People's Concerts in der Carnegie Hall und wurde Musikdirektor an den öffentlichen Schulen von New York, wo er den Musikunterricht grundlegend reformierte. Die positiven Auswirkungen davon sind bis heute spürbar. Er gründete auch die People's Choral Union, in der Arbeiter und Arbeiterinnen Gesang und die Grundlagen der Musik unterrichtet wurden und später zu einem Chor mit zwölfhundert Stimmen heranwuchsen, der die alten Oratorien von Händel und Haydn studierte und aufführte.

Von 1898 bis 1912 fungierte er als Dirigent der Oratorio Society und dirigierte in dieser Zeit in New York die Uraufführungen von Edward Elgars „The Dream of Gerontius" und „The Apostles", Anton Dvořáks „Stabat Mater", Gabriel Piernés „Children's Crusade", Johannes Brahms' „Song of Fate" und Wolf-Ferraris „La Vita Nuova".

Sein Interesse an der Musikpädagogik gipfelte in der Gründung einer Musikschule – des Institute of Musical Art –, die von James Loeb und anderen großzügig gestiftet wurde und sich zu einer der wenigen großen

Musikschulen dieses Landes und Europas entwickelte. Diese Schule nahm bald solche Ausmaße an, dass sie seine ganze Zeit und Energie in Anspruch nahm. Er zog sich daher von anderen öffentlichen Aufgaben zurück, mit Ausnahme der Leitung der Society of Musical Art, eines einzigartigen Chors aus 65 Berufssängern, der während der Saison nur zwei Konzerte gab und das Höchste darstellte, was im Chorgesang erreicht werden kann. Für seine Programme schöpfte er aus den reichen und teilweise unbekannten Schätzen der *A-cappella-* Chöre von Meistern wie Palestrina, Orlando di Lasso, Cornelius und Brahms; und da dieser Chor aus den erlesensten Kirchen- und Konzertsängern New Yorks bestand, erzielte er Ergebnisse von hinreißender Schönheit.

Als wir noch Jungen waren, stritten wir uns schrecklich und unverschämt. Frank versuchte, seine zwei Jahre Überlegenheit gegenüber mir geltend zu machen, und ich ärgerte mich mit Händen und Füßen darüber. Ich erinnere mich, wie meine Mutter uns entschlossen trennte und mir ein kleines Zimmer für mich allein gab, da dies der einzige Weg zu sein schien, Frieden zwischen uns zu schaffen. Aber ich bin froh, sagen zu können, dass wir seit 1885, als Frank nach New York zurückkehrte, in absoluter Harmonie und gegenseitiger Hilfsbereitschaft zusammen gelebt und gearbeitet haben. Tatsächlich war die Einigkeit zwischen uns so vollkommen, dass wir jetzt im Gegensatz dazu geneigt sind, einander als außergewöhnlich teuflisch und gemein in jenen frühen Kindheitsjahren zu betrachten. Ich weiß natürlich, dass die Schuld ganz bei ihm lag, da er wegen des Unfalls seiner früheren Geburt so anmaßend und anmaßend war, während er ebenso davon überzeugt ist, dass ich für mein Alter insgesamt zu frech war und es für mein eigenes Wohl und mein zukünftiges Wohlergehen absolut notwendig war, mich dorthin zu bringen, wo ich hingehörte.

1919 wurde ich erneut gebeten, die Leitung der Oratorio Society zu übernehmen. Ihre Geschäfte hatten sich nicht gut entwickelt, nachdem mein Bruder die Leitung abgegeben hatte. Eine riesige Verschuldung drohte sie zu verschlingen, und obwohl ich mit der Arbeit im Zusammenhang mit dem New York Symphony Orchestra, mit dem ich jeden Winter über hundert Konzerte gab, überlastet war, konnte ich ihrem Ruf nicht widerstehen und versprach, bei ihnen zu bleiben, bis sie einen festen Dirigenten nach ihrem Geschmack gefunden hätten.

Ich freue mich, sagen zu können, dass in Albert Stoessel der richtige Mann gefunden wurde. Er war während des Krieges Kapellmeister in der AEF gewesen, war zum Dirigierlehrer an der Kapellmeisterschule in Chaumont gewählt worden, die ich für General Pershing gegründet hatte, und war mein stellvertretender Dirigent bei den Proben der Oratorio Society geworden. Der Chor war von ihm begeistert, und er wurde 1920 zum regulären Dirigenten der Gesellschaft gewählt. Er hat bereits zwei sehr erfolgreiche

Spielzeiten dirigiert, und ich denke, dass unsere geliebte alte Gesellschaft unter seiner Leitung viele Jahre voller Leben und Erfolg haben wird.

XIV

DAS NEW YORK SYMPHONY ORCHESTRA

Als mein Vater starb, gab es in Amerika nur drei Symphonieorchester: das New York Symphony, das New York Philharmonic (aus diesem Orchester bildete Thomas sein Reiseorchester) und das Boston Symphony. Letzteres wurde von Major Higginson unterstützt und war das einzige, dessen Mitglieder eine Saison von 30 Wochen wöchentliche Gehälter erhielten, sich jeden Morgen zur Probe trafen und sich ausschließlich dem Spielen symphonischer Musik widmeten. Es war das erste sogenannte „ständige Orchester", das in Amerika gegründet wurde. Die New Yorker Orchester spielten damals nur eine sehr kleine Anzahl von Symphoniekonzerten, für jedes davon gab es etwa drei Proben. Ihre Mitglieder verdienten sich etwas dazu, indem sie in Konzerten, Opern, Theatern und praktisch allem mitspielten, was sie finden konnten.

Heute wird das New York Symphony Orchestra dank der Großzügigkeit seines Präsidenten, Mr. Flagler, als festes Orchester hervorragend unterhalten. Das Philharmonische Orchester wird in ähnlicher Weise durch großzügige Beiträge aus verschiedenen Quellen unterstützt, und andere Orchester in Philadelphia, Chicago, Detroit, Minneapolis, Cincinnati, St. Louis, San Francisco und Los Angeles verwenden jährlich über hunderttausend Dollar aufwärts, die von ihren jeweiligen Bürgern gespendet werden, zusätzlich zu den Einnahmen aus dem Kartenverkauf, um sich als feste Symphonieorchester zu erhalten. Ohne solche Subventionen könnten diese Orchester nicht existieren, denn obwohl die Konzerte gut besucht sind, sind die Ausgaben viel höher als alle möglichen Einnahmen.

Ich frage mich, wie viele Dirigenten dieser Orchester, die allesamt großzügige Gehälter beziehen und bei diesem Unternehmen kein persönliches finanzielles Risiko tragen, sich darüber im Klaren sind, welch harte Pionierarbeit wir in der Anfangszeit leisten mussten, um unsere Orchester am Leben zu erhalten und die musikalischen Grundlagen zu legen, auf denen sie heute so solide aufbauen.

Nach dem Tod meines Vaters wurde ich im Alter von 23 Jahren zum Dirigenten der New York Symphony Society gewählt. Wir gaben im Winter sechs Konzerte und sechs öffentliche Proben, und in den sieben Jahren nach meiner Wahl war dieses Orchester auch für die deutsche Oper an der Metropolitan beschäftigt. Als die deutsche Oper jedoch durch die italienische unter Abbey, Schoeffel und Grau ersetzt wurde, hatte ich große Mühe, genügend Arbeit für meine Leute zu finden, um sie zusammenzuhalten. Die geringen Subventionen, die damals von den Direktoren der Symphony Society beigesteuert wurden, reichten nur für die sechs regulären Konzerte der Wintersaison. Ich hatte die schwierige Kunst erlernt, Solisten harmonisch mit dem Orchester zu begleiten, und die ausländischen Künstler, die nach Amerika kamen, wie Sarasate, Ysaye, d'Albert, Joseffy, Paderewski, Kubelik und viele andere, wählten immer mein Orchester als Begleitung. Aber diese Konzerte fanden verhältnismäßig selten statt, und ich musste nach anderen Möglichkeiten suchen, meinen Männern genügend Arbeit zu geben, damit es sich für sie lohnte, bei mir zu bleiben, anstatt reisende Engagements bei kleinen Opernhäusern usw. anzunehmen. Allmählich entwickelte ich Symphoniekonzerte am Sonntagnachmittag, eine völlige Neuerung, da bis dahin sonntags nur abends Musik gespielt wurde und eher populärer und trivialer Natur war. Ich argumentierte, dass der Sonntag der einzige Tag in der Woche sei, an dem die Männer nicht in geschäftliche Sorgen vertieft seien, und dass sie und ihre Familien an diesem Tag empfänglicher für die Wertschätzung einer höheren und ernsthafteren Art von Musik seien. Daher führte ich mutig eine Reihe von Symphoniekonzerten für jeden Sonntagnachmittag im Winter ein; und mein Glaube war gerechtfertigt, da diese Konzerte nicht nur von riesigen Zuhörern besucht wurden, sondern auch der Prozentsatz an Männern höher war als je zuvor bei Symphoniekonzerten. Mehrere Jahre lang hatte ich das Monopol auf meine Idee, doch dann erkannten auch andere Orchester und Solisten ihren Wert, und heute muss ich mir den Sonntagnachmittag mit zwei oder drei anderen Organisationen teilen, die ebenfalls erstklassige Konzerte geben, die im Allgemeinen alle gut besucht sind.

Nach und nach entwickelte ich auch lange Frühlingstourneen mit fünfzig Mann, was damals als ein reisendes Orchester von beträchtlicher Größe galt. Auf diesen Tourneen drang ich in den Süden, den Mittleren Westen und später in den Fernen Westen von Kalifornien und Oregon vor.

Viele der von uns besuchten Gemeinden hatten noch nie zuvor ein Symphonieorchester gehört, und für sie leisteten wir echte Pionierarbeit, da ich in meinen Programmen einen hohen musikalischen Standard beibehielt. Die Klassiker bildeten natürlich die Grundlage, aber Wagner entwickelte sich sehr bald zu einer großen Anziehungskraft, und Wagner-Programme waren oft die gefragtesten.

Der allgemeine Plan meiner Touren bestand darin, dass der Vorabagent dreitägige Festivals mit einem örtlichen Chor organisierte, der an einigen Oratorien oder Konzertausschnitten aus den Opern von Wagner, Verdi usw. teilnehmen würde. Ich würde auch ein Quartett von Solosängern mitbringen, manchmal ergänzt durch einen „Star", denn das durchschnittliche amerikanische Publikum liebt einen „Namen". Viele dieser Stars verdienen ihr meistes Geld lange nachdem ihre stimmlichen Fähigkeiten nachgelassen haben, und sie sind gezwungen, diesen Mangel durch zusätzliche Mittel wie außergewöhnliche Kostüme auszugleichen, die vielleicht mehr Dekolleté haben, als es die örtlichen Gepflogenheiten zulassen würden, die aber immer als genau das Richtige für eine so exotische Persönlichkeit wie die „Primadonna" gelten.

Während dieser dreitägigen Festivals gaben wir im Allgemeinen fünf Konzerte, und da wir oft zwei Festivals in einer Woche buchten, waren die zehn Konzerte und die notwendigen Proben oft eine große Belastung für meine Vitalität. Aber es musste sein, da die örtlichen Festivalkomitees gezwungen waren, so viele Konzerte wie möglich unterzubringen, um ihre Ausgaben zu decken. Es hat mich immer fasziniert, Pionierarbeit zu leisten, sei es indem ich etwas Neues organisierte, einen neuen Komponisten vorstellte oder in Regionen vordrang, in denen symphonische Musik noch nicht bekannt war. Die Dankbarkeit der Menschen war oft sehr rührend, und wenn meine Gewinne am Ende einer anstrengenden Tournee manchmal nicht so hoch waren, wie sie hätten sein sollen, hatte ich mein Orchester immerhin acht, zehn oder sogar zwölf Wochen lang zusammengehalten und den Radius der musikalischen Aktivität um viele Hunderte – manchmal Tausende – Meilen erweitert. Ich staune jetzt über den Mut, mit dem ich eine Tournee begann, bei der vielleicht nur die Hälfte meiner Konzerte garantiert war und diese Garantien leider nicht immer vollständig eingelöst wurden. Doch war ich jahrelang fast der Einzige, der mit einem Orchester durch das Land reiste, und da die Fahrpreise für die Bahnfahrten nur halb so hoch waren wie heute, konnte ich meine Tourneen im Allgemeinen mit einigem Gewinn beenden.

Ich begann mich auch mit der Frage zu befassen, wie ich mein Orchester während der Sommermonate einsetzen könnte, und hatte das Glück, dieses Problem viele Jahre lang sehr erfolgreich lösen zu können. Schon 1885 und 1886 wurde ich von der Southern Exposition in Louisville, Kentucky, eingeladen, mit meinem Orchester dorthin zu kommen und den ganzen Sommer zu spielen, wobei ich zwei Konzerte pro Tag gab. Ich werde immer mit Freude und Dankbarkeit auf diese beiden Sommer zurückblicken. Ich war sehr jung und es war meine erste Erfahrung mit einem längeren Aufenthalt in einer Stadt im Süden. Louisville war damals eine kleine Gemeinde, aber mit einer alten Zivilisation, die sich in einem Kreis charmanter Menschen mit etablierter Kultur und gesellschaftlichen Beziehungen manifestierte. Sie öffneten meinem Bruder und mir ihre Türen und ihre Herzen. Der Pendennis Club war mit seiner altmodischen Höflichkeit und Gastfreundschaft wie eine Seite aus Thackeray oder Dickens. Die meisten Leute hatten noch nie symphonische Musik gehört, und da wir etwa drei Monate lang zweimal täglich spielten, bot ich ihnen fast das gesamte Orchesterrepertoire, angefangen von der guten Popmusik von Johann Strauss über die Symphonien von Mozart, Beethoven und den modernen Komponisten bis hin zu Wagner, der sofort ihr

„Lieblingskomponist" wurde. Auch die Mitglieder meines Orchesters wurden mit großer Herzlichkeit empfangen, und es entstanden mehrere sehr zärtliche und romantische Liebesaffären. Auch ich wäre gern dem Charme dieser Schönheiten aus dem Süden erlegen, aber leider war ich mit meinen zwei Konzerten und Proben pro Tag ein so hart arbeitender junger Mann, dass ich mich nicht viel der Romantik hingeben konnte.

Eines Abends, während eines schrecklichen Gewitters, schlug der Blitz in die Maschinerie ein, die das elektrische Licht des Musiksaals erzeugte, und tauchte ihn in Dunkelheit. Er war mit Tausenden von Zuhörern vollgestopft, und für einige Minuten herrschte eine ehrfurchtsvolle Stille, die nur durch die lauten Donnerschläge unterbrochen wurde. Allmählich hörte man hier und da hysterische Schreie der Frauen, und ein Ansturm auf die Türen begann. Die Dunkelheit war intensiv, aber ich wusste, dass das Orchester den Marsch aus „Le Prophète" auswendig spielen konnte, also rief ich ihnen zu, diese Nummer anzufangen. Ich kann noch immer den alten Karl Deis hören, der unter meinem Vater Posaunist gewesen war, wie er ganz allein mit dem Eröffnungsthema begann, dem sofort der Rest des Orchesters folgte. Ich dirigierte wie verrückt, obwohl mich wegen der Dunkelheit keiner der Spieler sehen konnte, außer wenn die Blitze den Saal kurzzeitig erhellten; aber die Musik beruhigte das Publikum sofort, das sich setzte und am Ende des Marsches lautstark applaudierte. Dann begannen wir mit der „Schönen blauen Donau", und in der zweiten Bar flammten wieder die elektrischen Lichter des Saals auf. Am nächsten Abend erschienen der Chef der Feuerwehr und weitere Stadtvertreter und stießen mit mehreren Flaschen Champagner auf das Orchester und seinen Dirigenten für ihre „große Lebensrettungstat" vom Vorabend an.

Sonntags gab es keine Konzerte, und es wurden gesegnete Tage des Friedens und der Erholung. Normalerweise verbrachte ich sie auf dem Landsitz eines Freundes – einem geräumigen, gastfreundlichen Herrenhaus im Süden, wo ich ein köstliches Mittagessen aß und danach eine faule, glückliche Zeit auf dem Rasen verbrachte und den Pferden zusah, wunderschönen, reinrassigen Pferden aus Kentucky, die ohne Sattel oder Zaumzeug herumtollten wie junge Welpen, gemäß der althergebrachten Sonntagstradition des Ortes. Für den Kentuckianer ist die Liebe zu seinen Pferden und der Stolz auf ihre Qualitäten Teil der Romantik seines Lebens; zumindest war das damals so, lange bevor das Automobil aufkam.

Durch die vielen Konzerte auf der Louisville Exposition zu Beginn meiner Laufbahn als Orchesterdirigent erlangte ich enorme Routine und lernte das gesamte Orchesterrepertoire kennen.

Ich fand den Süden außerordentlich empfänglich. New Orleans war natürlich schon seit Jahren ein Förderer der französischen Oper – sein Opernhaus war eines der bezauberndsten, die ich je gesehen hatte –, aber ich gründete auch neue Musikzentren, von denen sich eines sehr erfolgreich in der kleinen Stadt Spartanburg in South Carolina entwickelte. Der Impuls kam hier vom Converse College for Women, das im Süden ein hohes Ansehen genießt. Die jungen Damen dieser Einrichtung bildeten den Kern eines großen und gut ausgebildeten Chors mit zweihundertfünfzig Stimmen. Über zehn Jahre lang fuhr ich mit meinem Orchester jeden Frühling dorthin. Es gelang uns, dort und in anderen nahe gelegenen Orten eine große Liebe und Wertschätzung für Musik aufzubauen, da es Brauch war, dass die Absolventen des Colleges zur Musikfestivalwoche nach Spartanburg zurückkehrten und dann ihre musikalische Begeisterung mit nach Hause brachten und in ihre Heimatstädte verbreiteten.

Allmählich drang ich immer weiter nach Westen vor. 1904 unternahm ich mit dem Orchester und einer ziemlich großen Gruppe von Solosängern eine Tournee bis nach Oklahoma City, mit denen ich Auszüge aus Wagners „Parsifal" vortrug und die einzelnen Nummern mit einigen erklärenden Bemerkungen verband. Die Tournee war sehr erfolgreich, da das Publikum viel über die Uraufführungen des „Parsifal" in Bayreuth und New York gelesen hatte und die Musik unbedingt hören wollte. Ich erinnere mich an einen amüsanten Vorfall in Oklahoma City. Unser Konzert war als Teil einer Unterhaltungsreihe unter der Leitung eines örtlichen Managers geplant. Das Theater war überfüllt und ich hatte gerade das Vorspiel zu „Parsifal" beendet und wollte mit den Auszügen aus dem ersten Akt beginnen, als plötzlich der Manager auf die Bühne kam und das Publikum etwa folgendermaßen ansprach: „Meine Damen und Herren: Ich bin stolz, so viele von Ihnen heute Abend hier zu sehen und nutze diese Gelegenheit, um Ihnen mitzuteilen, dass ich für die nächste Saison bereits ein Programm arrangiert habe, das in jeder Hinsicht besser sein wird als das, das ich Ihnen dieses Jahr gebe! Ich möchte auch bekannt geben, dass Stewarts Oyster Saloon nach dem Konzert zum Mittagessen geöffnet sein wird." (Sic.) Dies war jedoch unsere einzige Unterbrechung und der Rest der Musik wurde mit offensichtlichem Interesse und begeisterter Zustimmung angehört.

Als ich nach dem Konzert durch den Bühneneingang in mein Hotel zurückkehrte, wurde ich von der Menschenmenge empfangen, die von der obersten Galerie herunterkam. Ein junger Mann, der am Bühneneingang gelehnt saß, ging zu einem der Männer, die aus dem Theater kamen, und sagte: „Na, wie war es, Jim?", und Jim antwortete: „Diese Show ist keine dreißig Cent wert." Die Leiden von *Amfortas* und die beschwingten Melodien der *Flower Maidens* hatten diesem jungen Oklahomaner offensichtlich nicht zugesagt!

Im Gegensatz zu dieser Erfahrung möchte ich erzählen, was ein anderes Mal geschah, als wir ein Symphoniekonzert gaben, vielleicht das erste, das man dort je hörte, in Fargo, North Dakota. Efrem Zimbalist, ein wunderbarer Mensch und Künstler, war unser Solist auf dieser Tournee, und als wir uns nach dem Konzert zum Abendessen trafen, erzählte er unter lautem Gelächter, dass er, während ich die „Lenore"-Symphonie von Raff spielte, hinter den Kulissen des „Opernhauses" saß – jede westliche Stadt hat ein „großes Opernhaus" – und der Musik lauschte, als ein Cowboy, jung, gutaussehend, in Flanellhemd, hohen Stiefeln, Schlapphut usw., auf die Bühne kam und sich freundlich neben ihn setzte. Der Cowboy war vielleicht ein wenig „abgeklärt", da dies vor der Zeit der nationalen Prohibition war, aber er hatte offensichtlich ein musikalisches Gehör, obwohl er noch nie zuvor in seinem Leben ein Symphonieorchester gehört hatte. Immer wenn die Musik einen freudigen Höhepunkt erreichte, packte er Zimbalist in krampfhafter Freude am Knie und rief: „Verdammt, ich mag diese Musik!" Dann saß er in angespanntem Schweigen da, bis zum nächsten Ausbruch, bei dem er Zimbalist erneut packte und rief: „Die können zur Hölle fahren, aber sie wissen, wie man spielt!" Wir alle beneideten diesen Mann, denn egal, wie sehr wir Musik schätzen, wir haben schon so viel davon gehört, dass wir nie wieder das Hochgefühl erleben können, zum ersten Mal in unserem Leben ein Symphonieorchester zu hören.

Natürlich machte die Geschichte im Orchester die Runde, und wenn wir noch wochenlang danach im Speisewagen unseres Zuges saßen, konnte man über dem Dröhnen der Waggons und dem Lärm der klappernden Messer und Gabeln die Stimme eines der Musiker hören, der mit fröhlicher Stimme rief: „Verdammt, aber dieses Omelett schmeckt mir!"

Apropos Speisewagen: Auf einer unserer Westreisen in den ersten Kriegsjahren hatten wir viel über die traurige Lage der Belgier gehört, deren Territorium von den deutschen Armeen so gnadenlos überrannt worden war. Unser gesamtes Orchester hatte gerade einstimmig und großzügig gespendet und an den belgischen Hilfsfonds gespendet, und im Speisewagen saßen am Tisch gegenüber von mir unser zweiter Flötenspieler, ein Belgier, und sein Sohn, einer unserer talentierten Violoncellisten. Ihre Teller waren mit Truthahn, Preiselbeersoße und Kartoffeln überhäuft, und es stand ein Apfelkuchen auf dem Programm. Ich sagte: „Ich dachte, die Belgier verhungern!" „Oh", sagte Barrère, der immer bereit und immer witzig war, „das braucht man für die anderen."

Wie viel haben wir George Barrère auf diesen Reisen zu verdanken! Er war für mich immer ein vorbildliches Orchestermitglied. Er ist ein großer Künstler – vielleicht der größte Flötenspieler, den ich je gehört habe –, aber keine Probe ist ihm zu lang, und die unvermeidlichen Zwischenfälle einer Reise nimmt er mit unerschütterlicher Gutmütigkeit hin. Ich habe an anderer Stelle beschrieben, mit welchen Schwierigkeiten es mir vor siebzehn Jahren gelang, ihn aus Frankreich zu holen, da die New York Musical Union dagegen Widerstand leistete. Seitdem hat er jedoch seinen Anspruch auf die amerikanische Staatsbürgerschaft mehr als gerechtfertigt, nicht nur durch seine künstlerische Arbeit, sondern auch durch die Gruppe amerikanischer Schüler, die er um sich geschart hat, die ihm ergeben sind und viel von seiner Kunst angenommen und sich zu eigen gemacht haben. Er ist eine entzückende Mischung aus gallischem Witz und amerikanischem Humor. Einmal wurde er gefragt: „Wenn Sie kein Musiker wären, Monsieur Barrère, was möchten Sie dann sein?“, und er antwortete prompt: „Orchesterdirigent!“ Eine böse Bemerkung, aber da er inzwischen Dirigent von Barrères Kleinem Sinfonieorchester ist, kann ich ihm das Gleiche vergelten.

Als der Krieg ausbrach, stellte ich fest, dass die Beziehungen oft angespannt waren, da wir im Orchester dreizehn Nationalitäten hatten, darunter alle Nationen, die sich im Krieg befanden, besonders auf unseren langen Tourneen, wenn die Männer in den Schlafwagen und bei den Konzerten zu ständiger und enger Kameradschaft gezwungen waren. Ich hielt ihnen deshalb eine kleine Ansprache, in der ich ihnen erklärte, dass sie, da sie ihren Lebensunterhalt in diesem Land verdienten und Künstler waren, denn sonst wären sie nicht in der New Yorker Symphonie – ihre erste Pflicht ihrer Kunst, mir und ihren Familien gegenüber seien, die sie in ehrenhafter Weise unterstützten, und dass es daher im Moment im Interesse aller sei, ihre politischen Meinungsverschiedenheiten und ihre unterschiedlichen Einstellungen zum Krieg beizulegen und in Harmonie miteinander zu leben. Diese Ansprache hatte gute Ergebnisse, denn während der gesamten vier Kriegsjahre kann ich mich an keine ernsthaften Meinungsverschiedenheiten oder Streitigkeiten zwischen ihnen erinnern.

Natürlich gab es auch ernsthafte Diskussionen und manchmal gutmütige Scherze. Damals war Rudolf Rissland der erste meiner zweiten Geigen und leitete das Orchester während der langen Tourneen. Er ist schon seit vielen Jahren bei mir und ich schätze ihn sehr als Mann mit Charakter und Loyalität. Er ist gebürtiger Deutscher, und obwohl er ein patriotischer Amerikaner geworden war, trug er seinen blonden Schnurrbart immer nach deutscher Art nach oben gekämmt. Vor unserer Kanadatournee hatte man uns mitgeteilt, dass keine Spieler deutscher Herkunft nach Kanada einreisen dürften, aber dank des britischen Botschafters Sir Cecil Spring-Rice, einem alten Freund der Familie meiner Frau, erhielten wir eine Sondergenehmigung für die wenigen in Deutschland geborenen Musiker, die noch keine Zweitbürgerschaftspapiere erhalten hatten, um nach Kanada einzureisen, da ich mich gerne für sie verantwortlich machte. Wir waren das einzige Orchester, das während des Krieges Konzerte in Toronto und Montreal gab. Auf dieser Reise begann das Orchester, nachdem unser Zug Toronto verlassen hatte, Rissland gnadenlos zu verspotten und beschuldigte ihn, er habe seinen Schnurrbart auf feigeste Weise nach unten gekämmt, bevor er zum Konzert auf die Bühne kam. Zuerst bestritt er dies kategorisch, gestand aber schließlich, dass er die dem Publikum zugewandte Seite nach unten gekämmt, die andere Seite jedoch trotzig nach oben gedreht hatte!

Unsere Musiker kamen nie auf die Idee, ihre Gefühle gegenüber einer Nation auszulassen, indem sie die Musik ihrer Komponisten bei Proben oder Konzerten schlecht behandeln. Unsere Franzosen spielten eine Symphonie von Beethoven oder einen Auszug aus einem Wagner-Musikdrama mit der gleichen Sorgfalt und Begeisterung wie ein Werk eines ihrer eigenen Komponisten. Dasselbe galt umgekehrt für unsere in Deutschland geborenen Mitglieder. Für den guten Musiker ist Kunst international, obwohl jede Nation ihre eigenen Standards und Traditionen der Interpretation hat, und es ist interessant zu beobachten, wie stark sich diese manchmal gegenüberstehen. Zwischen den französischen und italienischen Musikern herrscht oft ein merkwürdiger Rassenantagonismus. Der Franzose wird darauf bestehen, dass die Phrasierung des Italieners schlampig und hypersentimental ist, während der Italiener entgegnet, dass die des Franzosen akademisch und starr ist. Jede Nation hat ihre hervorragenden Qualitäten, und das beste Orchester der Welt ist eines, das aus den besten der verschiedenen Nationalitäten besteht und von einem Meisterdirigenten ohne rassische musikalische Vorurteile zu einem harmonischen Ganzen geformt wird.

Unsere Besuche in Kalifornien haben uns vielleicht am meisten Spaß gemacht. Sie begannen lange bevor das Erdbeben und das Feuer das alte San Francisco zerstört hatten, als die Stadt noch die ganze Romantik früherer Tage hatte und Chinatown noch eine exotische und faszinierende Gegend voller Geheimnisse war. Die Gesellschaft von San Francisco unterschied sich von der jeder anderen Stadt in den Vereinigten Staaten. Sie bestand größtenteils aus ruhelosen Pionieren aus dem Osten und aus anderen Ländern, die, nachdem sie sich über den Kontinent „durchgearbeitet" hatten, schließlich Halt machten und sich in San Francisco niederließen, weil der Pazifische Ozean sie daran hinderte, noch weiter zu gehen, und auch, weil die Natur in Kalifornien sie mit offenen Armen willkommen hieß und ihre Gaben so freigiebig verteilte, dass das Leben und die Notwendigkeit, sie zu erhalten, eine leichte Angelegenheit wurden. Viele der Wohlhabenden schickten ihre Söhne und Töchter zur Ausbildung nicht nach New York und Boston, sondern nach Paris und London. Die Gesellschaft war international, da sie aus Amerikanern, Deutschen, Franzosen und Italienern bestand. Sie alle liebten Musik instinktiv und zollten ihr begeistert Beifall, ganz wie in einer Stadt in Italien oder im französischen Midi.

Nur wenige ausgebildete Sinfonieorchester waren so weit in den Westen vorgedrungen, und mein Orchester war für viele unserer Zuhörer eine Offenbarung.

Für mich gab es auch angenehme Besuche in San Mateo und anderen schönen Orten in der Nähe, wo man ein gutes Polo- oder Tennisspiel sehen und seine kulinarischen Bedürfnisse von chinesischen Köchen und japanischen Butlern verwöhnen lassen konnte. Damals war Los Angeles nur eine kleine Stadt und niemand träumte damals von der einzigartigen und blitzartigen Entwicklung, die es in wenigen Jahren zu einer der wichtigsten Städte Amerikas machte.

Als wir unsere Tour weiter nach Norden fortsetzten, kamen wir unter die Leitung zweier bemerkenswerter Frauen, die unter dem Firmennamen „Steers and Coman" das Musikgeschäft von Oregon und Washington bis nach Denver im Osten praktisch beherrschen. Miss Lois Steers und Miss Wynne Coman leben in Portland, Oregon. Dank ihres Organisationstalents und ihrer Begeisterung für Musik sowie ihrer absoluten Integrität in allen Geschäftsbeziehungen haben sie nicht nur den höchsten Respekt und das höchste Vertrauen der Gemeinden gewonnen, die sie betreuen, sondern auch eine sehr effektive Organisation aufgebaut. Unter ihrer Schirmherrschaft ist jeder große Künstler, der dieses Land jemals besucht hat, nicht nur in den größeren Städten der von ihnen kontrollierten Staaten aufgetreten, sondern auch in vielen der kleineren Universitätsstädte und Bauerngemeinden, in denen die Misses Steers und Coman ein Interesse an Musik entwickeln konnten. Sie sind nicht nur Geschäftsfrauen von hervorragender Qualität, sondern auch Damen von so feiner Sympathie und Erziehung, dass ich mich durch ihre Freundschaft immer besonders geehrt gefühlt habe.

Auf unseren Touren kümmerte sich Miss Steers normalerweise um die lokalen Belange der Städte, die wir besuchten – die Musikkomitees, die Saalmanager und die Zeitungen –, während Miss Coman als Generaldirektorin der Eisenbahn, Gepäckabfertigerin und „Ein-Mann-Komitee" mit uns reiste, um alle Schwierigkeiten zu glätten, etwaige Streitigkeiten zu schlichten und im Allgemeinen „die Räder zu ölen". Sobald wir ihr Territorium betraten, lief alles wie am Schnürchen. Ich erinnere mich jedoch an einen qualvollen Tag, als wir Salt Lake City von Westen aus erreichen mussten und schreckliche Überschwemmungen alle Fahrpläne der Eisenbahn durcheinandergebracht hatten. Der letzte Schock kam, als an einem Bahnhof auf dem Weg die beiden Waggons von John Drew, die seine Theatertruppe und die Kulissen enthielten, zu unserem bereits überladenen Zug hinzugebucht wurden, weil die Überschwemmungen ihn ebenfalls gezwungen hatten, seine Route zu ändern. Alle Hoffnung, Salt Lake City rechtzeitig zu unserem Konzert zu erreichen, schien dahin. Miss Coman sprang auf die Lokomotive und setzte sich neben den Lokführer und Heizer.

Ich wusste nicht, ob sie weibliche List oder rohe Gewalt oder eine Kombination aus beidem anwandte, aber wir kamen an einem schönen Sommerabend um neun Uhr abends in Salt Lake City an. Zweitausend Zuschauer waren über unsere Verspätung informiert worden und flanierten in aller Ruhe vor dem Theater auf und ab. Lastwagen warteten am Bahnhof, um unser Gepäck in den Zuschauerraum zu bringen, unsere Männer hatten im Gepäckwagen ihre Abendgarderobe angezogen, und zehn Minuten vor zehn begann ich mit der Eröffnungsouvertüre, bei der alle Instrumente richtig gestimmt waren. Sinfoniekonzerte waren in Salt Lake City so selten, dass das Publikum diese lange Wartezeit nicht im Geringsten störte.

Natürlich hätten all diese Schwierigkeiten nicht so glücklich gelöst werden können, wenn ich nicht immer engagierte und tüchtige Leiter der verschiedenen Abteilungen unserer Organisation gehabt hätte. George Engles ist der sorgfältigste aller Geschäftsleiter; Rissland, der Orchesterleiter, war immer unermüdlich in seinen Bemühungen, die Männer bei guter Disziplin und guter Laune zu halten und sich um ihr Wohlergehen zu kümmern; und Hans Goettich, der seit über 25 Jahren mein Gepäckmeister und Bibliothekar ist, ist ein wahres Wunder. Ich erinnere mich, wie er einen ganzen Zug anhielt, weil er plötzlich bemerkt hatte, dass unser Gepäckwagen mit all unseren Noten und Musikinstrumenten versehentlich daran angehängt worden war. Da dieser Zug nach New Orleans fuhr, während wir nach Chicago unterwegs waren, hätten wir mehrere Tage lang keine Konzerte geben dürfen, bis dieser Gepäckwagen aufgespürt und an uns zurückgeschickt worden wäre! Auf Goettich überträgt sich die gesamte Verantwortung für die Bibliothek, die in Dutzende von Kisten verpackt und nach einem von ihm selbst erstellten System aufbewahrt wird. Auf diesen langen Tourneen ändern sich unsere Programme mehr oder weniger täglich, teils, um die Monotonie der Wiederholung für uns zu vermeiden, teils, weil jede Gemeinde je nach ihrem musikalischen Entwicklungsstand ihre eigenen Bedürfnisse hat, die ich bei der Zusammenstellung meiner Programme sehr genau zu berücksichtigen versuche. Das bedeutet unaufhörliche Arbeit für die Bibliothekarin und es können leicht Fehler passieren, aber in all diesen Jahren kann ich mich an kein einziges Konzert erinnern, bei dem durch Goettichs Verschulden eine Orchesterstimme verloren gegangen oder verlegt worden wäre. Das ist eine bemerkenswerte Bilanz.

Ich erinnere mich an ein Symphoniekonzert in William J. Bryans Stadt Lincoln, Nebraska. Ich fand eine typische Gemeinde des Mittleren Westens vor, die in schönen Häusern mit grünen Rasenflächen, sauber gepflasterten Straßen und Betongehwegen sowie geräumigen Schulen mit großen Fenstern lebte. Das Theater, in dem wir spielten, war durch und durch modern, sauber und gut beleuchtet, und das Publikum war gut gekleidet und dankbar. Einer meiner Kontrabassisten erzählte mir, dass er dort vor dreißig Jahren mit

Theodore Thomas gespielt hatte. Damals war Lincoln nur eine Grenzstadt, und das Theater und das Publikum, das gekommen war, um das Thomas Orchestra zu hören, waren mehr oder weniger primitiv. Mein Kontrabassist erzählte mir, dass er mit einem Kollegen, dessen Kopf kahl war, direkt unter einer Proszeniumsloge gestanden hatte, in der eine Gruppe Cowboys saß. Während das Orchester Beethovens „Fünfte Sinfonie" spielte, amüsierte sich einer dieser Cowboys, der heftig Tabak kaute, indem er häufig spuckte und dabei immer auf den kahlen Kopf des Bassisten zielte, der ein aufgeregtes Auge auf den Dirigenten und das andere auf diesen schrecklich einfallsreichen Zuhörer richten musste, um seinen nur allzu gut gezielten Schlägen auszuweichen.

Unser Orchester genoss die langen Frühlingstourneen immer, obwohl hin und wieder unangenehme Ereignisse die Freude trübten. Nichts macht einen Musiker so übellaunig wie der Verzicht auf eine gute, anständige Mahlzeit, und manchmal hatte unser Speisewagen keinen Anschluss oder wir hatten so viel Verspätung, dass wir gerade noch rechtzeitig in einer Stadt ankamen, um ins Theater zu eilen und unser Konzert zu geben. Dann musste ich als Redner all meine Kräfte aufbieten, um sie dazu zu bewegen, direkt ins Theater zu gehen, anstatt „am Straßenrand herumzulungern", und ich ließ schnell große Mengen Schinken- und Schweizer-Käse-Sandwiches hinter den Kulissen verteilen, kurz vor dem Konzert.

Gegenwärtig erhalten unsere Musiker während ihrer Tournee einen bestimmten Betrag pro Tag zusätzlich zu ihrem Gehalt für Verpflegung und Übernachtung, aber früher habe ich ihre Hotelkosten bezahlt, und mein Manager hat Zimmer gebucht und die Preise „nach amerikanischem Schema" vereinbart, bevor wir in der Stadt ankamen, in der wir spielen sollten. Dieses System hat jedoch nie gut funktioniert, da es unter den Musikern immer großen Neid auf die Qualität oder Ausstattung ihrer jeweiligen Zimmer gab; und wenn der erste Oboist feststellte, dass sein Zimmer nicht in einer so angenehmen Lage lag wie das des ersten Horns, schmollte er vielleicht und dachte, er sei ungerecht behandelt worden. Die neuere Regelung erwies sich als viel besser, da sie es einigen ermöglichte, von dem ihnen zugestandenen Geld zu sparen, und anderen erlaubte, „zu protzen", indem sie mehr ausgaben.

Ich erinnere mich, dass wir in jenen frühen Tagen einmal auf unserem Weg nach Kanada einen Termin in einer kleinen Stadt im Staat New York ausfüllen mussten. Das Haupthotel hatte nur Platz für etwa zwanzig Leute, und die anderen Orchestermitglieder waren in vier anderen Hotels untergebracht. Natürlich hatten die unglücklichen fünf, die in das letzte dieser Hotels kamen, eine schreckliche Geschichte über ihre Leiden zu erzählen, als wir uns am nächsten Morgen am Bahnhof trafen. Der Manager des Hotels hatte zwar nur einen Dollar pro Person verlangt, und darin waren

Abendessen, Übernachtung und Frühstück enthalten, aber ihre Zimmer waren düster und die Betten hart gewesen. Der Höhepunkt war am Morgen erreicht, als eine schmuddelige Kellnerin begann, ihnen ihr Frühstück im mit Fliegen besudelten Speisesaal auf einem Tisch zu servieren, der mit dem unvermeidlichen schmutzigen rot-weiß karierten Tuch bedeckt war, und der Manager seinen Kopf zur Tür hereinsteckte und rief: „Lizzie, keine Eier für die Band!" Dieser Satz wurde zu einem Schlagwort im Orchester, und wann immer mein Manager oder ich unseren Männern etwas verweigerten, ertönte sofort der Ruf: „Natürlich keine Eier für die Band!"

Orchestermusiker werden durch Erfahrung zu bemerkenswert routinierten Reisenden. Sie kennen die guten Hotels und Restaurants in jeder Stadt der Union, und während der langen Eisenbahnstrecken, besonders westlich des Mississippi, wo die Entfernungen zwischen den wichtigen Städten immer größer werden, wissen sie sich zu amüsieren, jeder nach seiner eigenen Art. Es gibt natürlich einige Gruppen, die von morgens bis abends wild Poker spielen. Andere spielen ebenso regelmäßig Binokel oder Bridge , während einige im Schach perfekte Haie sind. Die Franzosen wie auch die russischen Juden sind große Leser ernsthafter Literatur, und Bücher über Geschichte, Philosophie und Musik sind bei ihnen sehr gefragt. Immer wenn der Zug hält, auch nur für ein paar Minuten, springen ein Dutzend aus, um Ball zu spielen. In der Regel haben wir tagsüber zwei Waggons, von denen einer den Rauchern überlassen ist, wo die Luft tatsächlich so dick wird, dass man sie mit einem Messer schneiden könnte. Nachts sind drei oder vier Schlafwagen nötig, um bequem für uns zu sorgen. Die alten Zeiten, als ich mit fünfzig Männern reiste, sind lange vorbei, und heute sollten wir nicht daran denken, mit einem Orchester von weniger als fünfundachtzig Leuten auf Tournee zu gehen.

Die Zeit der Frühlingstourneen scheint jedoch vorbei zu sein, da die westlichen Städte beginnen, sich mit ihren eigenen hervorragenden Orchestern um die Bedürfnisse ihrer jeweiligen Gemeinden zu kümmern.

Viele Jahre lang nahm ich lange Sommerengagements mit zwei Konzerten täglich an, zuerst in Willow Grove bei Philadelphia und dann in Ravinia Park an der North Shore bei Chicago. Ersteres wurde zu einem großen Bildungsfaktor, da Philadelphia damals kein eigenes Orchester hatte. Willow Grove Park liegt siebzehn Meilen von dieser Stadt entfernt und wurde von der Rapid Transit Company gebaut, um den Verkehr auf ihren Straßenbahnlinien anzukurbeln. Die erste Saison, für die eine Militärkapelle engagiert worden war, war kein Erfolg, und ich wurde im folgenden Jahr eingeladen, in der Hoffnung, dass eine symphonische Organisation besser abschneiden könnte. Ich begann damit, ihnen populäre Programme mit guter Musik zu bieten, mit einem regelmäßigen Symphonieabend jeden Montag und einem Wagner-Programm jeden Freitagabend, mit hervorragenden

Ergebnissen. Unser Publikum zählte normalerweise 15.000 bis 20.000. Die Rapid Transit Company erkannte die Bedeutung der Konzerte und baute umgehend nach meinem eigenen Entwurf ein riesiges Freiluftauditorium, das nur aus einem Dach auf Säulen bestand, das mit der Hülle verbunden war, in der das Orchester untergebracht war. Die Akustik erwies sich als außerordentlich gut und die Atmosphäre des Freien blieb erhalten.

Ich führte diese Konzerte sieben Spielzeiten lang weiter und baute so ein Publikum für symphonische Musik auf, das schließlich und unvermeidlich ein eigenes Orchester erforderte. Heute zählt das Philadelphia Orchestra unter der Leitung von Leopold Stokowski zu den führenden unseres Landes. Seine Konzerte sind bis an die Türen gefüllt und ich denke gerne, dass unsere sieben Jahre Pionierarbeit in Willow Grove dazu beigetragen haben, seine Grundlagen zu legen.

Ich dirigierte auch eine Reihe von Konzerten im Ravinia Park, die von der Chicago and Milwaukee Electric Railway zu einem ähnlichen kommerziellen Zweck organisiert wurden. Chicago hatte natürlich schon seit Jahren die großartigen Winterkonzerte des Chicago Orchestra genossen, zuerst unter Theodore Thomas und dann unter seinem Nachfolger Frederick Stock, aber dies war das erste Mal, dass im Sommer in solch reizvoller Umgebung am Ufer des Michigansees Symphoniekonzerte gegeben wurden. Diese Konzerte erwiesen sich als außerordentlich beliebt, das Publikum bestand nicht nur aus den Bewohnern der North Shore, sondern aus Tausenden, die mit Zügen und Straßenbahnen aus Chicago angereist waren.

Nach mehreren Jahren dieser Arbeit begannen die unaufhörlichen täglichen Konzerte nach einer anstrengenden Wintersaison jedoch meine musikalischen Nerven zu strapazieren. Wenn ich so weitermachte, bestand die echte Gefahr, dass ich nichts weiter als ein musikalischer Routinier werden würde, was zwangsläufig den Enthusiasmus und die Frische verlieren würde, die für den Interpreten absolut notwendig sind. Deshalb gab ich das Dirigieren während der Sommermonate ganz auf.

Ich gründete 1895 die Damrosch Opera Company, und die quälende Frage, wie ich mein Orchester unterhalten sollte, schien gelöst, denn im ersten Jahr dauerte meine Opernsaison dreizehn Wochen und in den folgenden drei Jahren jeweils zwanzig bis dreißig Wochen. Dies ermöglichte es mir nicht nur, ein hervorragend ausgebildetes Orchester für die Wagner-Opern zu unterhalten, sondern verlieh auch meinen Symphonieaufführungen einen größeren Abschluss. Das Orchester stand nun unter meiner alleinigen Kontrolle und konnte so oft proben wie das von Major Higginson gestiftete Orchester. Aber da es die Oper war, die es mir ermöglichte, meinen Männern ein so langes Engagement zu geben, mussten ihre Bedürfnisse alle anderen Vereinbarungen bestimmen, und allmählich begann die regelmäßige Abfolge

meiner Winterkonzerte in New York darunter zu leiden. Ich konnte meine
Operngesellschaft nur für einen begrenzten Zeitraum jedes Jahr in New York
halten und musste daher einen Großteil meiner Zeit in Philadelphia, Boston
und den größeren Städten des Südens und Mittleren Westens verbringen. Im
Jahr 1899 war ich daher endgültig gezwungen, die reguläre Abonnementreihe
unserer New Yorker Konzerte aufzugeben, und das New York Symphony
Orchestra wurde Teil meiner reisenden Opernorganisation.

Ich brachte dieses Opfer schweren Herzens auf, aber damals war es die
einzige Lösung. Ein Orchester, das sich ausschließlich Konzerten widmete,
konnte ohne eine Stiftung nicht unterhalten werden, und die hatte ich damals
nicht, während die Länge meiner Wagner-Opernsaison es mir ermöglichte,
meinen Männern nicht nur gute Engagements zu geben, sondern auch die
besten Musiker New Yorks auszuwählen.

Von da an bis 1903 spielten wir symphonische Musik hauptsächlich auf
unseren Frühjahrskonzerttourneen und in unregelmäßigen Abständen in
New York.

Im Jahr 1900 bat mich Maurice Grau, die Wagner-Opern an der Metropolitan
zu dirigieren, und im Frühjahr 1902, am Ende meiner zweiten Saison bei ihm,
erhielt ich eine Einladung der New York Philharmonic Society, deren
Dirigent zu werden. Diese Einladung war eine große Überraschung für mich,
da die Philharmoniker seit der Zeit meines Vaters das konkurrierende
Orchester gewesen waren. In vielerlei Hinsicht schien es ein
schmeichelhaftes Angebot zu sein, da es die älteste Organisation dieser Art
in Amerika war und eine ehrenvolle Geschichte hatte. Unter der Leitung von
Theodore Thomas und später von Anton Seidl hatte das Publikum groß und
seine Geschäfte florierten. Es war immer eine kooperative Vereinigung
gewesen, bestehend aus den Mitgliedern des Orchesters, die die vollständige
Kontrolle über seine Angelegenheiten hatten, keine Gehälter erhielten, aber
die Gewinne am Ende jeder Saison gleichmäßig unter sich aufteilten. Ich
nahm die Dirigentenstelle an, stellte jedoch sehr bald fest, dass meine
Annahme ein Fehler war. Die Gesellschaft hatte schlechte Zeiten erlebt, und
unter ihrem letzten Dirigenten war die Besucherzahl auf weniger als die
Hälfte gesunken. Von den Orchestermitgliedern war nur noch das Skelett
übrig, und ich stellte zu meinem Erstaunen fest, dass von den hundert
Musikern bei den Konzerten weniger als fünfzig tatsächliche Mitglieder der
Organisation waren; der Rest wurde von außerhalb angeworben und
wechselte oft von einem Konzert zum anderen. Einige der Mitglieder waren
alte Männer, die eigentlich nicht mehr im Orchester hätten spielen sollen;
aber sie waren den Konzerten der Gesellschaft ergeben, und da das
Orchester durch ihre Stimmen reguliert wurde, würden sie sich natürlich
nicht selbst hinauswählen. Viele von ihnen waren ausgezeichnete Musiker
gewesen und persönlich aufrechte Männer, aber leider macht das Alter

keinen Rücksicht auf die Technik, und die Finger der linken Hand und die Muskeln des Bogenarms werden mit zunehmendem Alter allmählich steifer. Die meisten Blasinstrumente waren Außenseiter und konnten daher hinsichtlich ihrer Anwesenheit bei Proben und Konzerten nicht richtig kontrolliert werden, während im Gegensatz dazu fast alle ersten Geigen alte Mitglieder waren, von denen einige nicht mehr geeignet waren, die erste Geige zu spielen.

Tatsache war, dass Major Higginson aus Boston mit seinem festen Orchester, das aus jungen Männern bestand – viele von ihnen die besten ihrer Art –, mit seinen täglichen Proben und mindestens fünfundsiebzig Sinfoniekonzerten pro Saison einen neuen Standard der Orchestertechnik gesetzt hatte, den die alte Philharmonie unter ihren archaischen Bedingungen nicht erreichen konnte.

Die einzige Lösung schien mir darin zu liegen, einen Fonds zusammenzustellen, der groß genug war, um dieselben Bedingungen und Ergebnisse zu erzielen, wie Higginson sie mit dem Boston Orchestra erreicht hatte, und vor allem die Leitung der Philharmonie in die Hände eines Komitees zu legen, das sich nicht aus Mitgliedern des Orchesters, sondern aus Musikliebhabern und Garanten des Fonds zusammensetzen sollte.

Ich besprach diese Idee mit mehreren meiner Freunde und einigen alten Abonnenten und Freunden der Philharmonie bei einem Treffen am 5. Januar 1903, und es wurde beschlossen, einen Fonds von fünfzigtausend Dollar pro Jahr für vier Jahre zu schaffen, der zum Nutzen der Philharmonic Society als ständiger Orchesterfonds von einem Vorstand aus fünfzehn oder mehr Treuhändern verwaltet werden sollte, aber nicht der Kontrolle der Philharmonic Society unterliegen sollte. Dieser Fonds sollte der Anfang einer Stiftung für ein ständiges Orchester sein, dessen Kern die Philharmonic Society sein sollte. Die Bedingungen der Treuhandurkunde, unter der der Fonds verwaltet werden sollte, sollten von einem dreiköpfigen Ausschuss festgelegt werden, der aus Herrn Samuel Untermyer, Herrn John Notman und Herrn E. Francis Hyde bestand.

Die Mitglieder des Philharmonischen Orchesters waren unserem Plan gegenüber nicht abgeneigt. Die Idee, ein Jahresgehalt garantiert zu bekommen, anstatt an problematischen Jahresgewinnen beteiligt zu werden, gefiel ihnen natürlich; aber als unser Komitee ihnen erklärte, dass unter den Bedingungen einer solchen Stiftung mehrere der spielenden Mitglieder ihre Plätze aufgeben müssten, weil sie nach Ansicht des Komitees das Alter überschritten hätten, um nützlich zu sein, rebellierten sie. Sie fühlten sich auch nicht geneigt, die uneingeschränkte Leitung ihrer Konzerte aufzugeben.

Zu den angesehensten Mitgliedern des Philharmonischen Orchesters gehörten zwei alte Geiger. Der eine, Richard Arnold, Vizepräsident der

Gesellschaft, war vor 25 Jahren Konzertmeister unter meinem Vater gewesen und hatte diese Position noch immer in der Philharmonie inne. Der andere, August Roebbelin, der fast 40 Jahre lang als erster Geiger im Orchester gespielt hatte, hatte auch als Geschäftsführer der Gesellschaft gewirkt und sich selbstlos für deren Belange eingesetzt. Als Geiger hatte er jedoch seine Zeit der Nützlichkeit hinter sich. Unser Komitee teilte dem Philharmonischen Komitee, vielleicht etwas unverblümt, mit, dass im Zuge der Reorganisation die Auswahl des Orchesters in die Hände des Dirigenten gelegt werden müsse und dass sich Herr Arnold mit einer zweiten Position am ersten Pult begnügen müsse, damit ein jüngerer Künstler Konzertmeister werden könne, und dass mehrere der ersten Geiger, darunter Herr Roebbelin, ganz in den Ruhestand gehen müssten.

Ich hatte ausdrücklich darauf hingewiesen, dass meine Wahl zum Dirigenten für das folgende Jahr keineswegs notwendiger Bestandteil des Reorganisationsplans war. Denn meiner Ansicht nach bestand die einzige Möglichkeit, ein wirklich dauerhaftes Orchester für New York zu schaffen, darin, die sich bekämpfenden Lager zu vereinen und die Wahl des Dirigenten erst dann zu treffen, wenn die Organisation auf eine solide und umfassende Basis gestellt worden war.

Nach langwierigen Verhandlungen lehnten die Philharmoniker in einem Brief vom 28. Februar 1903 das Angebot des Reorganisationskomitees endgültig ab, weil, wie es ihr Sekretär ausdrückte, die von unserem Komitee geforderten Änderungen „den Charakter der Gesellschaft so verändern würden, dass die Kontrolle ihrer Angelegenheiten durch ihre Mitglieder, die schon immer ihr Lebensprinzip war, ernsthaft beeinträchtigt würde und der zukünftige Wohlstand der Gesellschaft dadurch gefährdet würde."

Da ich unter den gegebenen Umständen kein weiteres Jahr mit dem Orchester weitermachen wollte, schrieb ich Herrn Arnold und bat darum, meinen Namen nicht als Kandidat für das folgende Jahr vorzuschlagen. Ich befand mich während dieser ganzen Zeit in einer sehr heiklen Lage, da mir einige der Männer, die aus künstlerischen Gründen zurücktreten mussten, sehr ans Herz gewachsen waren. Es lag nicht in der menschlichen Natur, dass sie sich selbst so sahen, wie andere sie sahen, oder sich so hörten, wie andere sie hörten, und bei unseren Proben und Konzerten gaben sie alle sicherlich ihr Bestes. Die von mir vorgeschlagenen Änderungen waren jedoch notwendig, wenn die Gesellschaft als Orchesterkörper weiter bestehen wollte.

Einige Jahre lang haben sie das Unvermeidliche hinausgezögert, indem sie für jede Saison eine Reihe europäischer Gastdirigenten engagierten. Dies diente als Überbrückung, da es die Aufmerksamkeit des Publikums von den Mängeln des Orchesters auf die unterschiedlichen und interessanten

Persönlichkeiten und musikalischen Besonderheiten der Dirigenten lenkte. Doch dann wurde ein Reorganisationsplan angenommen, der genau den ursprünglich von mir vorgeschlagenen Richtlinien entsprach und den Orchestermusikern die Macht entzog, die Konzerte zu leiten oder die Musiker für das Orchester auszuwählen. Heute ist das Orchester der Philharmonic Society auf genau derselben Grundlage organisiert und arbeitet erfolgreich wie die New York Symphony Society und das Boston Orchestra.

Für mich war die Ablehnung unseres Reorganisationsplans damals natürlich eine große Enttäuschung, aber nicht lange, denn durch meine Bemühungen hatte ich neue Freunde gewonnen und eine neue Richtung eingeschlagen, die sich schließlich als Wendepunkt in meinem Leben herausstellte.

Am 19. März 1903 erhielt ich einen Brief mit folgendem Inhalt:

Ich wurde von den Mitgliedern des Ständigen Orchesterfonds-Komitees beauftragt, Ihnen gegenüber ihre Wertschätzung für den Geist der Selbstlosigkeit und der Treue zu den höchsten künstlerischen Interessen zum Ausdruck zu bringen, der Ihre Haltung während der laufenden Verhandlungen zwischen unserem Komitee und der Philharmonischen Gesellschaft geprägt hat. Wir bedauern, dass sich eine Konsolidierung unserer Interessen als unmöglich erwiesen hat, geben jedoch den Plan, den wir im Auge hatten, mit größtem Respekt und Bewunderung für Ihre umfassende Geisteshaltung in Bezug auf das Unternehmen, für Ihr musikalisches Können und für Ihre Hingabe an die Sache der Musik auf, für die wir alle arbeiten.

HARRY HARKNESS FLAGLER ,

Sekretär des Ständigen Orchesterfonds .

Jahre zuvor hatte ich Mr. Flagler durch seinen Freund Max Alvary kennengelernt, als dieser Mitglied der Damrosch Opera Company war, aber die Begegnung war eher beiläufig und ich hatte ihn erst wieder bei den Sitzungen des Philharmonic Orchestra Fund Committee gesehen, dessen Mitglied er geworden war. Er und sein sanftes und ruhiges, fast schüchternes Wesen hatten mich auf außergewöhnliche Weise angezogen. Er war sein ganzes Leben lang ein großer Musikliebhaber gewesen und hatte in seiner Frau Anne eine begeisterte Gefährtin in seiner Liebe zur Kunst gefunden. Als der Reorganisationsplan des Philharmonic Orchestra allmählich Gestalt annahm, interessierte er sich immer mehr dafür, da er darin die richtige Lösung für das Problem sah, in New York ein Symphonieorchester aufzubauen, das dem Boston Symphony Orchestra oder dem Chicago Orchestra ebenbürtig sein sollte, und er war bereit, ein solches Vorhaben im Rahmen seiner finanziellen Möglichkeiten zu unterstützen. Sehr schnell nach dem Scheitern dieses Projekts rekrutierten sich viele der beteiligten Kräfte neu, und ein großer Teil der potenziellen Garanten wandte sich an mich mit dem Vorschlag, das New York Symphony Orchestra neu zu organisieren und durch Subventionen für alle Stammspieler und deren Bindung an das Orchester einen Neuanfang in die richtige Richtung zu machen. Während der dreijährigen Interregnumzeit hatte sich das Orchester durch die Einnahmen unserer langen Frühjahrstourneen und Sommerengagements recht gut gehalten, aber ich begrüßte diese Gelegenheit, die New Yorker Winterkonzerte wieder aufzunehmen, mit Freude. Eine Reorganisation der Symphony Society of New York wurde schnell durch die Wiederwahl der meisten alten und vieler neuer Direktoren bewirkt. Mein alter und treuer Freund Daniel Frohman, in dessen Theater ich in den vergangenen Jahren viele Wagner-Vorlesungen gehalten hatte, nahm die Präsidentschaft pro tempore an und war eine große Hilfe bei der Beschaffung externer Arbeit für die Mitglieder des Orchesters. Ihm folgte Mr. Samuel Sanford, ein Mann mit wirklicher musikalischer Begabung, der die Musikabteilung der Yale University gegründet und großzügig zu vielen musikalischen Unternehmungen beigetragen hatte. Er wurde sofort zu einem der größten Bürgen unseres Orchesterfonds.

Wir nahmen unsere New Yorker Konzerte unter den bestmöglichen Vorzeichen mit einem begeisterten Direktorium und einer großen Abonnentenliste wieder auf. Ich war jedoch mit den damals in New York verfügbaren Holzbläsern nicht zufrieden. Die Musical Union, die alle Orchestermusiker kontrollierte, hatte den Zustrom guter Musiker aus Europa fast unmöglich gemacht, indem sie darauf bestand, dass ein Musiker mindestens sechs Monate in diesem Land gelebt haben musste, bevor er der Gewerkschaft beitreten konnte, und dass bis zu seiner Mitgliedschaft kein anderes Mitglied der Gewerkschaft mit ihm spielen durfte. Da alle Orchesterengagements in Oper, Konzert oder Theater in den Händen von Gewerkschaftsmitgliedern lagen, bedeutete dies, dass der Neuankömmling sechs Monate hungern musste, bevor er auch nur einen Dollar für seinen Lebensunterhalt verdienen konnte. Dieses Gesetz wurde von den Gewerkschaftsmitgliedern nicht aus patriotischen Gründen durchgesetzt, da die meisten von ihnen in Europa geboren waren, sondern weil sie die mögliche Konkurrenz um die Positionen fürchteten, die sie monopolisierten. Die besten Holzbläser damals – und im Allgemeinen gilt dies auch heute noch – waren Franzosen oder Belgier. Das Pariser Konservatorium hat jahrelang hervorragende Künstler auf diesen Instrumenten hervorgebracht. Das Boston Orchestra, das nicht gewerkschaftlich organisiert ist, hatte mehrere Mitglieder, und ihr exquisiter Klang und ihre schöne Phrasierung haben mich immer besonders wütend gemacht, weil ich aufgrund der Gewerkschaftsbeschränkungen keine Spieler von gleichem Rang haben konnte.

Ich beschloss daher, der Uni den Fehdehandschuh hinzuwerfen, indem ich absichtlich nach Frankreich ging, um die fünf besten Künstler zu engagieren, die ich für Flöte, Oboe, Klarinette, Fagott und Trompete finden konnte. Sie sollten ihre überlegene Qualität gegenüber allem, was wir damals in New York finden konnten, unter Beweis stellen und die Gewerkschaft durch den Druck der öffentlichen Meinung – und vor allem durch die Notwendigkeit des künstlerischen Wettbewerbs mit dem Boston Symphony Orchestra – zwingen, diese Männer als Mitglieder aufzunehmen. Als die Franzosen ankamen, kannte die Wut unter den Mitgliedern der New Yorker Gewerkschaft keine Grenzen. Ich hatte im Sommer ein Engagement für das Orchester auf einem der Dachgärten, aber die Gewerkschaft weigerte sich, sie mit uns spielen zu lassen, außer als „Solisten", und ich beschloss, die Angelegenheit auf die Jahresversammlung der National Federation of Musicians zu bringen, die im Sommer 1905 in Detroit stattfand.

Ich fand die nationalen Delegierten viel empfänglicher für Vernunft als meine New Yorker Kollegen. Es waren mehr echte Amerikaner unter ihnen und viele von ihnen hörten meinen Bitten mit Interesse und Sympathie zu. Der Präsident der Vereinigung, Joseph N. Weber, ist ein Mann mit wirklichen intellektuellen Fähigkeiten; und obwohl es zwischen ihm und mir im Laufe dieser vielen Jahre einige heftige Streitereien und Meinungsverschiedenheiten gab und ich ihn manchmal ins Gesicht als Fanatiker denunzierte und er mir mit gleicher Münze heimzahlte, muss ich anerkennen, dass er nicht nur die Fähigkeit besaß, eine bemerkenswerte Organisation von großer Macht aufzubauen, sondern auch bei Streitigkeiten zwischen den Direktoren der New York Musical Union und mir oft mit großer Fairness handelte.

Der Nationalverband entschied zu meinen Gunsten und erteilte mir die Erlaubnis, diese fünf Franzosen in mein Orchester aufzunehmen und sie als Mitglieder der New Yorker Gewerkschaft zu registrieren. Da ich jedoch „gegen die Gesetze des Verbands verstoßen hatte, indem ich sie aus dem Ausland herüberbrachte", wurde ich mit einer Geldstrafe von 1.000 Dollar belegt. Man teilte mir jedoch vertraulich mit, dass mir der Großteil dieser Geldstrafe wahrscheinlich erlassen würde, wenn ich zum nächsten Kongress des Verbands zurückkehren würde, der im darauffolgenden Sommer in Boston stattfinden sollte. Ich brauche wohl nicht zu erwähnen, dass ich von diesen 1.000 Dollar nie wieder etwas gesehen habe.

Ich kehrte jubelnd nach New York zurück und meine französischen Spieler erwiesen sich als derart hervorragende Künstler, dass das Orchester zusammen mit unseren anderen hervorragenden Mitgliedern, von denen viele schon seit Jahren bei mir waren, schnell zu den besten des Landes zählte.

Der Leiter meiner ersten Geigen war Mr. David Mannes. Ich hatte ihn einige Jahre zuvor in einem der New Yorker Theater entdeckt, wo er Mitglied des kleinen Orchesters war und wo ich ihn zwischen dem ersten und zweiten Akt ein bezauberndes Solo spielen hörte. Die schöne Qualität seines Tons und sein feines Gespür für das Melos des Werks, das er spielte, zogen mich an und ich engagierte ihn für die letzte Geige der ersten Geigen. Von dort aus wurde er schnell befördert, bis er die Position des ersten Konzertmeisters innehatte. Er heiratete meine Schwester Clara, eine hervorragende Pianistin. Ihre Sonatenkonzerte sind zu Vorbildern inniger Einheit im Kammermusikspiel geworden , und vor einigen Jahren gründeten sie die David Mannes Music School. Dies beanspruchte seine Zeit und Energie so sehr, dass er seine Position im New York Symphony Orchestra aufgeben musste, die er viele Jahre lang so ehrenvoll innegehabt hatte.

Jedes Jahr wurde der Garantiefonds für den Unterhalt des Orchesters durch die Unterstützer der New York Symphony Society erhöht, und immer mehr Männer wurden mit regelmäßigem Wochengehalt eingestellt. Endlich wurde mein Traum wahr, und New York hatte ein Orchester, das nach dem Vorbild der Orchester in Boston und Chicago organisiert war, sich ausschließlich der symphonischen Musik widmete und täglich zu Proben zusammenkam.

Der Fonds erreichte zu dieser Zeit über 50.000 Dollar pro Jahr und wurde hauptsächlich von den Direktoren unserer Organisation gezeichnet. Einige von ihnen waren Unterstützer aus der Zeit meines Vaters, darunter Isaac N. Seligman, der sich mit seiner Familie seit vielen Jahren in New York für Musik interessierte. Andere waren der Organisation beigetreten, als ich ihr Dirigent wurde, und waren von da an treue Unterstützer und enge Freunde geblieben. Unter ihnen waren: Richard Welling, Direktor seit 1886, ein bekannter Anwalt und Reformer in der Kommunalpolitik, der sich als Mitglied der Marinereserve sofort als Fähnrich meldete, als wir in den Ersten Weltkrieg eintraten, obwohl er damals weit über 50 Jahre alt war; Miss Mary R. Callender und Miss Caroline de Forest, die seit 1885 Direktoren waren. Miss Callender zeigte ihre Zuneigung zum Orchester weiter, indem sie nach ihrem Tod im Jahr 1919 der Pensions- und Krankenkasse 50.000 Dollar vermachte. Die vollständige Liste der damaligen Zeichner des Fonds lautete wie folgt:

Frau HA Alexander	Frau Nordica
Herr CB Alexander	Herr Stephen S. Palmer
Fräulein Kora F. Barnes	Frau Trenor L. Park
Frau William H. Bliss	Herr Amos Pinchot

Fräulein Mary R. Callender	Frau Joseph Pulitzer
Herr Robert J. Collier	Herr Thomas F. Ryan
Frau Paul D. Cravath	Herr Charles E. Sampson
Herr Paul D. Cravath	Herr Samuel S. Sanford
Fräulein Caroline de Forest	Herr RE Schirmer
Herr Charles H. Ditson	Herr Henry Seligman
Frau S. Edgar	Frau Henry Seligman
Fräulein AC Flagler	Herr Isaac N. Seligman
Herr Harry Harkness Flagler	Herr Jefferson Seligman
Herr Edward S. Flagler	Frau Jesse Seligman
Frau Frances Hellman	Herr Frank H. Simmons
Herr Otto H. Kahn	Fräulein Clara B. Spence
Herr AW Krech	Frau FT Van Beuren
Frau Daniel Lamont	Herr Richard Welling
Herr Albert Lewisohn	Frau JA Zimmerman
Herr Frank A. Munsey	Herr Paul Warburg
Herr Emerson McMillin	

Die idealen Bedingungen, unter denen ich jetzt arbeitete, gaben mir die Gelegenheit, mehrere künstlerische Pläne umzusetzen, die ich schon lange hegte. Der erste davon war ein Beethoven-Zyklus, in dem ich nicht nur alle neun Symphonien in chronologischer Reihenfolge aufführte, sondern auch andere Kompositionen Beethovens, von denen einige noch nicht auf den Konzertprogrammen New Yorks erschienen waren. Dementsprechend bereitete ich im Winter 1909 sechs Programme mit Werken Beethovens vor und gab beim letzten Konzert eine Doppelaufführung seiner „Neunten Symphonie". Das war eine wahre *Glanzleistung* , aber nicht von mir. Im Sommer 1887, den ich mit von Bülow verbracht hatte, um die Beethoven-Symphonien zu studieren, hatte er mir erzählt, dass ich eine solche Doppelaufführung in Berlin gegeben hatte und dass die Ergebnisse sehr bemerkenswert gewesen seien, insofern das Publikum beim zweiten Anhören viele der Feinheiten dieses „Hamlets" unter den symphonischen Dramen noch besser erfassen konnte. Unsere Doppelaufführung rief viele Kommentare hervor, von denen die meisten sehr positiv waren. Zwischen den beiden Aufführungen wurden Orchester und Chor mit heißem Kaffee und Sandwiches gestärkt, und da die Aufführung des Werks etwa eine Stunde und zehn Minuten dauert, brachte die Wiederholung zusammen mit einer halbstündigen Pause dazwischen den letzten sturmischen Ausbruch des Chors „Ode an die Freude" auf elf Uhr. Trotz der späten Stunde begann das Publikum mit einer großen Beifallsbekundung, applaudierte und schrie minutenlang; aber während ich und meine Darsteller einiges davon als uns zustehendes Lob ansahen, hatte ich immer das Gefühl, dass das Publikum einen großen Teil davon als an sich selbst gerichtet meinte, weil es die große Belastung, die ich ihm auferlegt hatte, so edel ertragen hatte.

Dies war das erste Beethoven-Festival, das jemals in New York stattfand, und ein paar Jahre später organisierte ich ein Brahms-Festival nach ähnlichem Vorbild. Ich dirigierte seine vier Symphonien, der einschmeichelnde Zimbalist spielte das „Violinkonzert", Wilhelm Backhaus das großartige „Klavierkonzert in B-Dur" und mein Bruder dirigierte mit dem Chor der Oratorio Society eine sehr schöne Aufführung des „Requiems".

Solche Festivals, die ausschließlich dem Werk eines Komponisten gewidmet sind, sind eine großartige Lektion für den ernsthaften Musikliebhaber, und ich denke, da Beethoven fast das Alpha und sicherlich das Omega der symphonischen Musik darstellt, sollten alle paar Jahre Wiederholungen von Beethoven-Zyklen stattfinden. Ich habe nie verstehen können, warum es nicht ebenso möglich sein sollte, im Frühjahr Shakespeare-Zyklen zu geben, in denen alle unsere besten Schauspieler zusammenkommen könnten, um eine ideale Besetzung zu bilden. Wir sollten amerikanischen Kindern sicherlich so vertraut mit Shakespeares großen Tragödien machen wie beispielsweise den Kindern Deutschlands, für die Shakespeare ein viel geläufigerer Begriff ist als für die Kinder dieses Landes oder Englands. Wenn die Musik Flaglers und Higginsons finden kann, die sie als pädagogische Notwendigkeit ausstatten, warum können dann nicht ähnliche Männer gefunden werden, die dasselbe für das Drama tun und so dazu beitragen, es als pädagogischen Faktor aus seiner schmerzlich schwachen Position zu heben, in die es durch die Notwendigkeit, es zu einer zahlungskräftigen Institution zu machen, gedrängt wurde?

Im Laufe dieser Jahre wurde meine Beziehung zu Mr. und Mrs. Flagler immer enger. Ich hatte in meinem ganzen Leben noch nie solche Menschen getroffen. Ihre Hingabe und ihr Interesse für das Orchester nahmen ständig zu, und Mr. Flaglers Beiträge zum Fonds wurden immer größer, je mehr die

Bedürfnisse des Orchesters stiegen. Aber er bot seine Hilfe mit einer Schüchternheit an, als ob es das Orchester gewesen wäre, das ihm die Wohltat gewährt hätte. Er übernahm auch eine Aufgabe, die ich immer mehr als alles andere verabscheut hatte, nämlich das Sammeln von Geldern. Da die Ausgaben des Orchesters im Laufe der Jahre stiegen, wurde es notwendig, zusätzlich zu den bereits von den Direktoren der Gesellschaft beigesteuerten hohen Summen Geld aus externen Quellen zu sammeln. Mit stets guter Laune, Geduld und unendlichem Taktgefühl schrieb Mr. Flagler, dessen eigene Spenden an den Fonds im Verhältnis zu seinem Einkommen größer waren als die vieler anderer, Briefe oder besuchte wohlhabende Musikmäzene persönlich, um vielleicht ein paar hundert Dollar für den Fonds zu sammeln, und er war außerordentlich stolz auf seinen Erfolg als Finanzier und Sammler.

Schließlich war selbst seine unendliche Geduld unter dieser jährlichen Belastung erschöpft, und dies manifestierte sich auf sehr bemerkenswerte Weise.

Im Frühjahr 1914 teilte er mir in aller Stille mit, dass er beschlossen habe, die gesamte finanzielle Verantwortung für das Orchester selbst zu übernehmen und alle notwendigen Mittel für seinen ordnungsgemäßen Unterhalt beizusteuern. Dieser Betrag war doppelt so hoch wie der Betrag, der zehn Jahre zuvor als notwendig erachtet worden wäre, aber die Gehälter der Orchesterspieler und andere Ausgaben im Zusammenhang mit den Konzerten waren enorm gestiegen, und Mr. Flaglers Wunsch war es, die Angelegenheiten des Orchesters so großzügig zu verwalten, dass bei der Gestaltung der Politik die künstlerischen Bedürfnisse an erster Stelle berücksichtigt werden konnten, ohne dass es zu Verschwendung kam.

Dieser großartige und einzigartige Auftritt sorgte natürlich für große Aufregung in den Musikerkreisen New Yorks und Mr. Flagler wurde allgemein als der bedeutendste Musiker der Stadt gefeiert.

Ich besitze einen charakteristischen Brief von ihm vom 31. August 1914, in dem er schreibt:

Ich bin in der Tat nicht allzu bescheiden, was meine Spende an die Symphony Society angeht. Das ist es nicht, aber was ich tue, ist so wenig im Vergleich zu dem, was die *wahren* Musikschaffenden, Schöpfer und Interpreten wie Sie durch ihre Kunst zur Verbesserung der Welt tun, dass es nicht verdient, dass man darüber nachdenkt. Ich *bin* stolz und glücklich bei dem Gedanken, dass ich Ihnen helfen kann, der Welt Ihre Ideen in Bezug auf die Interpretationen der Meister vorzustellen und die gottgegebene Kunst der Musik vielen näherzubringen, die sonst nicht ihre erhebende und tröstende Kraft hätten, und das ist es, was wir gemeinsam tun. Sie werden frei wie nie zuvor sein,

Ihre eigenen Ideen auszuarbeiten, ohne durch Gedanken an finanzielle Notwendigkeiten behindert zu werden. . . .

Seitdem hat die Gesellschaft ihren Weg konsequent weiterverfolgt und, frei von allen finanziellen Sorgen, viel zur Sache der Musik beigetragen. Das Orchester spielt im Winter über hundert Sinfoniekonzerte in New York und anderswo. Dazu gehören eine Reihe von Sonntagnachmittagskonzerten in der Æolian Hall, Donnerstagnachmittags- und Freitagabendkonzerte in der Carnegie Hall sowie eine Reihe von Jugendkonzerten und eine weitere mit Kinderkonzerten. Es gibt auch Abonnementkonzerte in Brooklyn, Philadelphia, Baltimore, Washington und Rochester sowie mehrere Tourneen jeden Winter nach Kanada und in den Mittleren Westen. Während des Krieges stellte Mr. Flagler die Dienste des Orchesters oft für wohltätige Zwecke im Zusammenhang mit dem Krieg zur Verfügung und spendete mehrmals die Bruttoeinnahmen unserer regelmäßigen Konzerte an Organisationen wie die American Friends of Musicians in France, für die er und seine Frau ein großes Interesse entwickelten. Der Höhepunkt in der Geschichte des Orchesters war jedoch möglicherweise die große Europatournee im Frühjahr 1920. Ihr werde ich ein eigenes Kapitel widmen, das auf meine Erlebnisse in Frankreich während des Ersten Weltkriegs folgt.

Fünfzehntes Kapitel

DER GROSSE KRIEG

Als Amerika schließlich in den Ersten Weltkrieg eintrat, war ich wie die meisten meiner Mitbürger bestrebt, etwas zu tun, um zu helfen, und teilte daher die Ruhelosigkeit und Unzufriedenheit, die die meisten Männer reiferen Alters empfanden, weil sie nicht „zu stolz", sondern zu alt zum Kämpfen waren.

Eine Reihe von Musikliebhabern hatte eine Organisation gegründet, „Amerikanische Freunde von Musikern in Frankreich", deren Ziel es war, Geld zu sammeln, um den Familien von Musikern in Frankreich zu helfen, die wegen des Krieges litten oder mittellos waren. Durch meine französischen Kollegen hatten wir von vielen solchen Fällen gehört – einige der berühmtesten Musiker waren an der Front, in den Schützengräben und in den Krankenhäusern und leisteten ihren Beitrag, genau wie die Männer in allen anderen Berufen und Berufen. In Frankreich wurden mehrere Organisationen gegründet, um zum Unterhalt ihrer Familien beizutragen, aber es blieb noch viel zu tun, und durch unsere Gesellschaft, die in Amerika sofort auf Resonanz stieß, sammelten wir beträchtliche Summen und erwarteten, diese Arbeit bis Kriegsende fortzusetzen.

Ich war zum Präsidenten gewählt worden, und als wir mit unserem Komitee darüber diskutierten, wie man den älteren französischen Musikern am besten helfen könne, stellte sich heraus, dass viele von ihnen zu stolz waren, um Almosen anzunehmen. Was sie wirklich wollten, war die Möglichkeit, ihrem Beruf nachzugehen, da die ständigen Luftangriffe und Bombardierungen von Paris den Unterricht und die Konzerte fast vollständig zum Erliegen gebracht hatten. Während unserer Diskussion schlug Henri Casadesus, ein französischer Musiker, der damals mit seiner Society of Ancient Instruments auf einer Konzerttournee durch Amerika war und uns viele wertvolle Informationen über die Verhältnisse in Frankreich gegeben hatte, vor, aus den noch in Paris lebenden Musikern ein Orchester zu bilden, das im ganzen Land zu den verschiedenen Lagern reisen könnte, in denen unsere riesige Armee aufgestellt und gedrillt wurde, und das unseren Soldaten während ihrer Ruhe- und Erholungsstunden gute Popmusik bieten könnte.

Es wurde vorgeschlagen, einen französischen Dirigenten für die Leitung dieses Orchesters zu engagieren, aber Casadesus fragte, ob es mir nicht möglich wäre, rüberzugehen und die Leitung persönlich zu übernehmen. Er glaubte, dass die französische Regierung dieser Idee sehr positiv gegenüberstehen würde und uns durch das Ministère des Beaux Arts jede mögliche Unterstützung bei der Gründung des Orchesters und seiner Beförderung durch das Land gewähren würde. Unnötig zu sagen, dass mein

Herz bei diesem Vorschlag vor Freude hüpfte. Ein Schritt führte zum anderen, und Mr. Harry Harkness Flagler spendete sofort und mit seiner charakteristischen Großzügigkeit einen Scheck, der groß genug war, um die gesamten Ausgaben und Gehälter eines französischen Orchesters von fünfzig Mann für sechs Wochen zu bezahlen.

Der Plan wurde dem National War Work Council der Young Men's Christian Association vorgestellt, der ihn mit Begeisterung annahm, sowie der französischen Hochkommission in Washington, deren Leiter damals Herr Tardieu war. Er schickte einen seiner Mitarbeiter , den Marquis de Polignac, nach New York, um Einzelheiten zu besprechen und zu arrangieren, und telegrafierte sofort nach Paris, um für mich die erforderliche Genehmigung zu erhalten, nach Frankreich einzureisen und den Plan umzusetzen. Der stellvertretende Direktor des Ministère des Beaux Arts war damals Herr Alfred Cortot, der angesehene Pianist, und innerhalb einer Woche telegrafierte er uns, dass er mir das Pasdeloup-Orchester aus fünfzig Mann zur Verfügung stellen könne, das bei meiner Ankunft bereitstehen würde, um durch unsere Erholungszentren, Lager und Krankenhäuser zu reisen.

Da kein Zivilist, der nicht im Staatsdienst stand, nach Frankreich segeln konnte, außer unter der Schirmherrschaft einer der Wohlfahrtsorganisationen, sollte ich als Kriegshelfer für das YMCA segeln, dessen Unterhaltungsabteilung unter der Leitung von Herrn Thomas McLane stand, einem ernsthaften, patriotischen Bürger New Yorks, der seine ganze Zeit mit Begeisterung dieser mühsamen Arbeit widmete. Einige Wochen vor der Abfahrt wurde die Kriegslage jedoch so ernst, dass die Möglichkeit der Durchführung unseres Plans sehr zweifelhaft erschien, aber Herr McLane und sein Chef, Herr William Sloane, waren der festen Überzeugung, dass ich auf jeden Fall hinübergehen, das Feld in Augenschein nehmen und mich auf die eine oder andere Weise nützlich machen sollte.

Die Bestimmungen des YMCA verlangten, dass jeder seiner Mitarbeiter eine Bestätigung von drei bekannten amerikanischen Bürgern vorlegen musste, und da ich die Ehre hatte, Theodore Roosevelt viele Jahre lang zu kennen, gab ich seinen Namen als jemanden an, der bereit sein könnte, meine amerikanische Gesinnung zu bezeugen. Der Brief, den er schrieb, ist so charakteristisch, dass ich eitel genug bin, ihn hier abzudrucken.

Sagamore Hill, 4. Mai 1918.

SEHR GEEHRTER HERR MCLANE ,

Herr Walter Damrosch ist einer der besten Amerikaner und Bürger dieses ganzen Landes. In Bezug auf Charakter, Fähigkeiten, Loyalität und leidenschaftlichen Amerikanismus sind er und seine Leute unübertroffen im Land. Ich kenne ihn seit dreißig Jahren; ich stehe für ihn ein, als wäre er mein Bruder.

Treu

(*Unterzeichnet*) THEODORE ROOSEVELT.

Die Zusicherung eines Geleitbriefs durch das Ministère des Etrangères war ein ziemlich wichtiger Punkt, da ich in Deutschland geboren war, auch wenn ich nur die ersten neun Jahre meines Lebens dort verbracht hatte. Mein Vater war 1871 nach Amerika ausgewandert, und da ich hier meine Ausbildung erhalten hatte, seitdem in Amerika gelebt und eine Amerikanerin geheiratet hatte, hatte ich mich nie anders als als Amerikanerin gefühlt, und zwar als die enthusiastischste Sorte. Als die Deutschen in Belgien einfielen, als sie die *Lusitania versenkten* und als sie scheinbar alle Gesetze der internationalen Beziehungen gebrochen hatten, drückte ich mich sowohl persönlich als auch in Zeitungsinterviews so stark aus, dass mich lange vor unserem Kriegseintritt mehrere Berliner Zeitungen heftig zur Rede stellten und mir die Ehre erwiesen, mich einen Abtrünnigen und Verräter an meinem Geburtsland zu nennen.

Zwischen unserem Land und Frankreich bestand eine Übereinkunft, dass keinem amerikanischen Zivilisten deutscher Herkunft die Einreise nach Frankreich gestattet werden sollte, es sei denn mit Sondergenehmigung von M. Clemenceau oder M. Pichon, dem damaligen Außenminister. Der französische Hochkommissar kabelte an Letzteren und empfahl in allerbester Weise, mir die Einreise nach Frankreich zu gestatten, sowohl wegen meines Amtes als Präsident der Gesellschaft amerikanischer Musikerfreunde in Frankreich als auch wegen meiner lebenslangen Bewunderung für französische Musik, die ich 33 Jahre lang unter Beweis gestellt hatte, indem ich in unserem Land nahezu jedes wichtige symphonische Werk produzierte, das französische Komponisten vor und während dieser Zeit geschrieben hatten.

M. Pichon übermittelte umgehend das erforderliche Telegramm und mit allen erforderlichen Legitimationen ausgestattet stach ich am 15. Juni 1918 an Bord des französischen Dampfschiffs *La Lorraine in See*.

Die Passagiere des Schiffes bestanden fast ausschließlich aus Soldaten und Kriegsarbeitern. Es waren zweihundertfünfzig belgische Soldaten mit ihren Offizieren, die nach drei Jahren in Russland nach Frankreich zurückkehrten und die nach Ausbruch der Revolution unter unglaublichen Strapazen Wladiwostok erreicht hatten und von dort nach Kalifornien segelten. Es waren polnische Soldaten auf dem Weg, sich der Fremdenlegion der französischen Armee anzuschließen, und es gab Dutzende von Rotkreuz-,

YMCA-, K. of C.- und SA-Mitarbeitern. Es waren nicht mehr als ein Dutzend Zivilisten da, unter ihnen mein Freund Melville Stone, Direktor der Associated Press, und M. Sulzer, der damals in unserem Land akkreditierte Schweizer Minister. Es war seltsam, auf einem transatlantischen Dampfer ohne reiche Müßiggänger, Touristen oder Handelsreisende zu sein; und die großen Kanonen, die vorne und hinten angebracht waren und von einer Geschützmannschaft bewacht wurden, die Tag und Nacht bereitstand, gaben einem einen düsteren Vorgeschmack auf den Krieg, der auf der anderen Seite tobte.

Am ersten Tag sagte mir Stone, dass M. Sulzer mich gern treffen würde. Ich drückte meine Freude aus und sagte lachend: „Ich verspreche, ihm keine Fragen bezüglich der Schweizer Staatsbürgerschaft von Doktor Karl Muck zu stellen." Stone muss dies gegenüber Sulzer wiederholt haben, denn unmittelbar nach unserer Vorstellung sagte er: „Ich möchte Ihnen sagen, dass Doktor Muck ebenso wenig Anspruch auf die Schweizer Staatsbürgerschaft hat wie Sie. Die Fakten sind folgende: Nach dem Deutsch-Französischen Krieg befürchtete Mucks Vater – ein in München lebender Bayer –, dass Bayern vollständig preußisiert werden könnte, und da er dieses Land nicht mochte, zog er es vor, in die Schweiz auszuwandern, wo er die Staatsbürgerschaft erwarb, was damals sehr einfach war, da die Schweiz gerne die Intelligenz anderer Länder aufnahm. Sein Sohn Karl verließ die Schweiz als Junge, um in Deutschland erzogen zu werden, und kehrte nie zurück. Er besuchte eine deutsche Universität , studierte Musik, wurde Orchesterdirigent und amtierte als solcher in verschiedenen deutschen Opernhäusern, bis er Dirigent und Generalmusikdirektor an der Königlichen Oper in Berlin wurde. Dort blieb er viele Jahre und bot dem deutschen Kriegsministerium bei Kriegsausbruch seine Dienste als Geistlicher an. Die Schweizer Regierung erkennt ihn nicht als Staatsbürger an und verweigert ihm den Schutz, den ihm eine solche Staatsbürgerschaft bieten würde."

Unsere Reise verlief ereignislos. Wir sahen keine U-Boote und, was noch wichtiger war, keine U-Boote sahen uns. Als wir die „Gefahrenzone" einige hundert Meilen vor der Küste Frankreichs erreichten, wurde ich feierlich zu einem einköpfigen Komitee ernannt, das Herrn Sulzer darüber informieren sollte, dass wir, da er der Schweizer Minister und als solcher der Vertreter deutscher Interessen in den Vereinigten Staaten während des Krieges war, beabsichtigten, ihn an den Fockmast zu binden und während der zwei oder drei Nächte, bevor wir in der Gironde vor Anker gingen, einen Suchscheinwerfer auf ihn und eine große Schweizer Flagge über seinem Kopf zu richten. Er drückte lächelnd aus, dass er so bereit sei, in dieser Funktion als unser Schutzengel zu fungieren, dass wir davon Abstand nahmen und auf das Glück vertrauten, das uns tatsächlich nie im Stich ließ.

Wir ankerten an der Mündung der Gironde, um uns mit den üblichen Beamten zu treffen, darunter auch mit den Männern des Geheimdienstes, die die Passagiere im Auge behalten sollten, während wir auf die Flut warteten, bevor wir flussaufwärts nach Bordeaux weiterfuhren.

Es war ein wunderschöner, sonniger Abend, und als ich an der Reling stand und die Flut beobachtete, die wie ein Mühlgraben aufs Meer hinauslief, gab es plötzlich ein Platschen, und wir sahen einen der belgischen Soldaten auf dem Wasser liegen, mit dem Gesicht nach unten und ausgestreckten, bewegungslosen Armen und Beinen. Er wurde mit unglaublicher Geschwindigkeit von der Flut aufs Meer hinausgetragen, und es war offensichtlich, dass er versuchte, Selbstmord zu begehen, da er keine Anstalten machte, sich zu wehren. Die Matrosen waren alle damit beschäftigt, die Postsäcke und Koffer herauszuholen, und ein paar Minuten lang schien nichts zu geschehen. Plötzlich gab es ein weiteres Platschen, als vom Deck oben ein Mann hinter dem Belgier herstürzte. Es war Leutnant Shirk, ein Flieger unserer Marineinfanterie, der sich nicht einmal die Zeit genommen hatte, seinen Mantel oder seine Ledergamaschen abzulegen. Kurz zuvor war ein Rettungsgürtel ausgeworfen worden und mit der Flut mehrere Meter vor dem belgischen Soldaten geschwommen, aber beide wurden so schnell mitgerissen, dass es einige Zeit dauerte, bis Leutnant Shirk ihn erreichen konnte. Als er sich näherte, trat der Belgier sofort nach ihm, und es dauerte einige Augenblicke, bis er überwältigt und zum Rettungsring gezogen wurde. In der Zwischenzeit war ein Boot zu Wasser gelassen worden, aber die Flut in diesen Gewässern ist so stark, dass die beiden Männer, als das Boot sie erreichte, wie zwei kleine schwarze Punkte in der Ferne wirkten. Man kann sich die Aufregung und Begeisterung leicht vorstellen, als sie zum Schiff zurückgebracht wurden .

Leutnant Shirk erwies sich als wohlhabender junger Geschäftsmann aus Indianapolis, der sich bei Ausbruch des Krieges sofort der Armee angeschlossen hatte. Er hatte Frau und Kinder sowie große und wichtige Geschäftsinteressen zurückgelassen, um sich mit ganzem Herzen in den Dienst seines Landes zu stellen.

Wenn Sie „den Marines diese Geschichte erzählen", werden sie sich weigern anzuerkennen, dass es sich dabei um etwas Außergewöhnliches handelt, und sie werden Ihnen auch sagen, dass dies einfach ihre Art sei, mit Notfällen an Land oder auf See umzugehen.

Das Traurige an dieser heldenhaften Rettung ist, dass mir ein paar Tage später ein belgischer Offizier in Paris erzählte, der Soldat habe kurz nach seiner Landung Selbstmord begangen und sich in einem Anfall von Verzweiflung erschossen. Er war vier Jahre lang nicht in Belgien gewesen und hatte während dieser ganzen Zeit keine Nachricht von seiner Frau oder seinen Kindern erhalten; sein kleiner Bauernhof war in den Händen der Deutschen und er hatte weder Hoffnung noch Lebenswillen mehr.

Wir mussten uns alle im Salon des Schiffes versammeln, um unsere Pässe vorzuzeigen, und als ich an die Reihe kam, wurde ich höflich gebeten, mit zwei Geheimdienstmännern in meine Kabine zu gehen, damit sie mich weiter zu meiner Mission befragen könnten. Einer dieser Männer schwieg, der andere war ein sehr redseliger, höflicher Franzose. Aber selbst die Visé des Außenministers und der französischen Hochkommission schien ihn nicht ganz zufriedenzustellen. Die Tatsache, dass ich in Deutschland geboren war, machte offensichtlich einen ungünstigen Eindruck auf ihn. Schließlich fragte er mich: „Beabsichtigen Sie, Geld aus Frankreich herauszubringen?" „Im Gegenteil", antwortete ich, „hier ist ein Kreditbrief, von dem jeder Cent für französische Orchestermusiker verwendet werden soll." Zur Bestätigung zeigte ich ihm das Telegramm des Ministère des Beaux Arts, das mir die Nutzung des Pasdeloup-Orchesters anbot, dessen Dirigent M. Rhene Baton war. Das Gesicht meines Geheimdienstmannes verzog sich plötzlich zu einem Lächeln. „Ah!", sagte er, „M. Baton! Vor dem Krieg habe ich in seinem Orchester in Bordeaux das dritte Horn gespielt. Alles ist in Ordnung." Mit einer Verbeugung gab er mir meinen Pass zurück, und an dieser Stelle zwinkerte mir sein schweigsamer Begleiter plötzlich sehr freundlich zu, dessen Nationalität nicht zu verkennen war. Ich sagte: „Sie sind Amerikaner." „Sicher!", antwortete er, und so konnte ich endlich mit wehenden Fahnen in Frankreich landen.

Am nächsten Morgen war ich in Paris, im kleinen Hotel „France et Choiseul", in das ich in den letzten 25 Jahren bei meinen Besuchen in Paris immer gegangen war. Ich wurde von demselben höflichen, lächelnden Direktor, M. Mantel, empfangen. Sogar der alte Kanarienvogel, der im Hof hing, lebte noch, aber entweder hatte seine Fettleibigkeit oder sein Alter seine musikalischen Darbietungen beendet.

Es würde einen Mann von weitaus größerer Beredsamkeit erfordern, als ich behaupten kann, um ein angemessenes Bild des damaligen Paris zu zeichnen. Es erschien mir schöner und edler, als ich es während meiner vielen Besuche in Friedenszeiten je gesehen hatte. Die Straßen waren fast leer, es gab keine Touristen, keine Vergnügungssüchtigen, keine Müßiggänger, und daher fehlte jener Teil des Pariser Lebens, der normalerweise so hervorsticht und der leider normalerweise der einzige Teil ist, den der durchschnittliche Besucher sieht, völlig. Man sah nur die Franzosen, die ihren täglichen Aufgaben nachgingen, und die Soldaten Frankreichs und seiner Verbündeten. Die Champs-Élysées, die Tuilerien und vor allem der Jardin de Luxembourg schienen bezaubernder denn je, aber die tragische Note war, dass die hübschen Kinder, die früher diese Gärten bevölkerten, alle verschwunden waren. Ständige Luftangriffe und die häufigen

Bombardierungen durch die „Dicke Bertha" hatten sie vertrieben. Es hieß, anderthalb Millionen Menschen hätten Paris verlassen, und wegen der Nähe der deutschen Armeen stehe die Evakuierung der gesamten Zivilbevölkerung unmittelbar bevor. Gerüchten zufolge hatten außerdem alle Banken ihre Wertpapiere nach Orleans geschickt, und die Botschaften und verschiedene Hilfsorganisationen seien bereit, Paris innerhalb weniger Stunden zu verlassen. Es gab nicht die geringsten Anzeichen von Panik, aber eine unbeschreibliche Traurigkeit lag über der Stadt.

Während der langen Dämmerung, der schönsten Zeit, um Paris zu sehen, wenn der Himmel und die Wolken am intimsten und zärtlichsten über den wundervollen Aussichten zu schweben scheinen, pflegte ich lange Spaziergänge entlang der Seineufer zu machen. Sogar die völlige Dunkelheit in der Nacht, das Fehlen aller elektrischen Lichter oder Schilder, mit nur hier und da einer halb versteckten blauen Lampe, machte die Stadt malerischer und wunderbarer. Es war fast so, als wären die Jahrhunderte der Zivilisation und der modernen Erfindungen hinweggefegt worden und wir wären wieder in der Zeit der *Grande Monarque* , als Paris nur schwach von schwach flackernden Öllampen beleuchtet wurde.

Natürlich machte ich bald Bekanntschaft mit den nächtlichen Luftangriffen, und wenn die Sirenen an verschiedenen hohen Gebäuden der Stadt ihre schreckliche Warnung erschallen ließen, dass die deutschen Gothas im Anmarsch waren, wurde jedem Einwohner empfohlen, in den Kellern Schutz zu suchen. Ich tat dies pflichtbewusst zwei oder drei Nächte lang, aber da es bedeutete, dass man das Bett um etwa 23.30 oder 24.00 Uhr verlassen und gegen 1.30 oder 2 Uhr morgens zurückkehren musste, wurde mir allmählich klar, dass meine eigene Feigheit eher die Angst vor Schlafmangel war, da ich tagsüber durch Schlafmangel völlig außer Gefecht gesetzt war. Nachdem ich die Alternativen sorgfältig abgewogen hatte, beschloss ich, das kleine Risiko einzugehen, in meinem Bett zu bleiben und dadurch eine gute Nachtruhe zu bekommen; und nachdem ich diese Frage zu meiner vollsten Zufriedenheit gelöst hatte, wachte ich auf, wenn ich die Warnung der Sirenen hörte, streckte mich bequem aus und schlief sofort wieder ein.

Die Zusammenkünfte im *Abri* unseres Hotels waren jedoch recht unterhaltsam. Die Gäste versammelten sich im Weinkeller, der durch mehrere Fuß dicke Mauern geschützt war, und in dem wir uns mit einer oder zwei Flaschen des hervorragenden Bordeaux und Burgunders, die er enthielt, weiter stärken konnten. Wenn einer unserer wenigen Mitglieder ein Armeeoffizier war, ließen wir ihn uns von seinen Erlebnissen an der Front erzählen und hörten mit Ehrfurcht und gespanntem Interesse zu, bis die Signalhörner der Feuerwehr draußen das Signal „Entwarnung" gaben. Dann kam der alte Portier, den wir „Papa Joffre" nannten, herunter und versicherte uns mit dem süßesten Lächeln auf seinem lieben alten Gesicht, dass alles in Ordnung sei und wir wieder in unsere Betten schleichen könnten.

In der Zwischenzeit begann ich, die Bedingungen zu untersuchen, unter denen unser Plan, Orchesterkonzerte für unsere Soldaten in ihren Erholungslagern und in den Krankenhäusern zu veranstalten, umgesetzt werden könnte, und entdeckte bald, dass die jüngsten Entwicklungen an der Front dies außerordentlich schwierig, wenn nicht gar unmöglich machen würden. Paris befand sich in einem Zustand großer Depression. Der Feind bedrohte die Stadt, unsere Erholungslager waren leer und unsere Soldaten wurden heftig gedrillt, um sie so schnell wie möglich entweder in die Front oder dahinter als Reserve einzusetzen. Jeder verfügbare Zoll Platz auf den Eisenbahnen musste für militärische Zwecke, für den Transport von Menschen und Material, genutzt werden, und ein Orchester von fünfzig Männern mit sperrigem Gepäck, Musikinstrumenten usw. zu stören, wäre eher ein Ärgernis als ein Dienst gewesen.

Die französische Regierung empfing mich durch ihre verschiedenen Abteilungen, mit denen ich in Kontakt kam, insbesondere das Ministerium für Schöne Künste und die französische Hochkommission, mit größter Höflichkeit und Freundlichkeit. M. Cortot von den Schönen Künsten hatte Schritte unternommen, um ein Orchester für mich zu beschaffen, und ich profitierte bereits voll von der Freundlichkeit gegenüber allem Amerikanischen, die sich nach dem ersten Einmarsch unserer Truppen in die Kampflinie bei Seicheprey, Belleau Wood und Château-Thierry in eine Begeisterung verwandelte, deren Ausmaß man sich nicht vorstellen kann. Ich sah, wie der Wechsel von tiefster Verzweiflung zu größtem Optimismus wie eine Welle über die Stadt kam, und insbesondere nach dem heldenhaften Widerstand unserer Männer bei Château-Thierry gab es nichts, was ein Amerikaner sich wünschen konnte, was ein Franzose ihm nicht mit beiden Händen geben wollte.

Für den Morgen des 4. Juli war eine französisch-amerikanische Demonstration geplant, die mit einer Parade französischer und amerikanischer Truppen vom Arc de Triomphe über die Champs-Élysées bis zum Place de la Concorde ihren Höhepunkt erreichen sollte. Natürlich war ich unter den Scharen eifriger Zuschauer, die die Allee säumten, um unsere Truppen zu begrüßen, zu denen auch eine Kompanie unserer Marines gehörte, die erst wenige Tage zuvor an der Front gekämpft hatten. Dies war buchstäblich das erste Mal, dass ich eine Menschenmenge in Paris sah, und es markierte auf deutliche Weise die Veränderung gegenüber der Düsternis, die bei meiner Ankunft über der Stadt gehangen hatte.

Paris war so geschmückt, wie es nur die Franzosen können, und die herrlichen Aussichten auf die Stadt zeigten sich von ihrer besten Seite unter einem herrlichen blauen Himmel, der leicht mit weißen Wolken gesprenkelt war. In der wartenden Menge befanden sich keine jungen Männer, nicht einmal mittleren Alters, denn sie alle waren seit vier Jahren an der Front, aber es waren alte Männer, Jungen und Frauen jeden Alters darunter, bis hin zu einem bezaubernden kleinen Mädchen von zwölf Jahren, das offensichtlich der ärmeren Klasse angehörte und vor Aufregung auf Zehenspitzen neben mir stand. Sie konnte ein paar Worte Englisch und hin und wieder, mit einem sehr süßen und schüchternen Blick auf mich, demonstrierte sie ihre Kenntnisse unserer Sprache und ergänzte sie dann mit gewandterem Französisch, während sie mir die verschiedenen Wunder des Tages vor Augen führte.

Über uns flogen einige der erfahrensten französischen Flieger vorwärts und rückwärts, machten Schleifen und tauchten in die Tiefe und vollführten im Sturzflug wunderbare Manöver, wobei sie manchmal fast die Bäume zu beiden Seiten der prächtigen Allee streiften, alles zur großen Freude der Menschenmengen, die auf die Ankunft unserer Soldaten warteten. Als die berittene Polizei von Paris, eine großartige Truppe von Männern, die Allee herunterkam, wurde die Aufregung immer größer, und als unsere khakifarbenen Jungen in Sichtweite kamen, überschritt die Begeisterung alle Grenzen. Junge Mädchen, deren Arme buchstäblich mit Blumen bedeckt waren, rannten über die von der Polizei geräumten leeren Plätze und begannen, sie unter unseren Soldaten zu verteilen, die, geradeaus blickend, unbeholfen die Blumen packten, sie in die Uniformjacken steckten oder sie in der Hand hielten, die nicht mit dem Gewehr beschäftigt war, und dabei die ganze Zeit ihre Aufstellung mit der strengsten Disziplin achteten, als ob sie nichts von der süßesten Ehrerbietung wüssten, die eine Nation einer anderen erweisen kann. Die ganze Szene war so unbeschreiblich berührend, dass jedem in der Menge, mich eingeschlossen, die Tränen die Wangen hinab kullerten.

Auf meiner anderen Seite stand ein amerikanischer Kapellmeister, der mich erkannte, und während wir auf die Parade warteten, flehte er mich an, etwas für die Kapellmeister der amerikanischen Armee in Frankreich zu tun. Er erzählte mir, dass er seine kleine Band aus 28 Männern sechs Monate lang gedrillt hatte, bevor sie nach Übersee geschickt wurde, dass sie während ihres Aufenthalts in Frankreich weiterhin treu gearbeitet und einen guten Leistungsstandard erreicht hatten. Aber nach alter amerikanischer Armeetradition wurden sie als Krankenträger in die Schusslinie bei Seicheprey geschickt, und infolgedessen wurden so viele getötet, verwundet oder erlitten einen Granatenschock, dass seine Band völlig desorganisiert war. Sein Regiment hatte infolgedessen keine Musik mehr, und er wurde abkommandiert und als Generaleinkäufer für Musikinstrumente nach Paris geschickt. Er sagte: „Es dauert mindestens sechs Monate, einen guten

Kapellmeister auszubilden, während ein Krankenträger in ebenso vielen Stunden ausgebildet werden kann. Wir erfüllen einen echten Zweck, während die Männer im Lager sind, indem wir ihre Gedanken von der Plackerei und Monotonie des Armeelebens ablenken. Unsere Musik muntert sie auf; ein stilles Lager ist fast unerträglich. Können Sie General Pershing nicht davon überzeugen, diesen Brauch zu ändern, so wie es die Briten und andere Nationen getan haben?" Ich sagte ihm, dass ich seine Ansichten verstehe und es mir falsch halte, die Kapelle für andere Zwecke als Musik zu verwenden, außer im Falle absoluter militärischer Notwendigkeit, dass ich jedoch keine offizielle Verbindung zur Armee habe und daher nicht glaube, ihm viel helfen zu können.

Als die Parade zu Ende war und sich die Menschenmenge zerstreute, verabschiedete sich das kleine französische Mädchen zu meiner Rechten sehr nett auf Englisch und drückte mir dann ganz schüchtern als Abschiedsgeschenk eine winzige amerikanische Flagge in die Hand, die sie selbst auf ein Stück Baumwolle gemalt hatte, die Sterne und Streifen auf der einen Seite und die französische Trikolore auf der anderen. Selbstverständlich besitze ich dieses bezaubernde Symbol noch immer als *Porte Bonheur*.

Ich hatte vereinbart, in Paris zwei Konzerte zu dirigieren, eines am 13. Juli im Théâtre des Champs-Élysées, ausschließlich für unsere in und in der Nähe von Paris stationierten Soldaten und Rotkreuz-Krankenschwestern, und das andere am folgenden Nachmittag, Sonntag, dem 14. Juli (dem Fête Nationale der Franzosen), dessen gesamter Erlös dem Croix Rouge Française zugute kommen sollte. Für das letztere Konzert bot die französische Regierung sofort ihre historische *Salle du Conservatoire an*, eine Höflichkeit, die noch nie zuvor einem ausländischen Dirigenten erwiesen worden war. Es sollte ein symphonisches Konzert werden, das zu Ehren des Tages ganz den Werken der großen französischen Komponisten gewidmet war, aber bei der ersten Probe sah es so aus, als müsse das Konzert abgesagt werden, weil es unmöglich schien, ein erstklassiges Orchester von achtzig Mann zusammenzustellen. Die vier Kriegsjahre hatten fast jeden männlichen Bürger Frankreichs zum Militärdienst gerufen, und die kürzliche Evakuierung von Paris hatte viele der Musiker mit sich gezogen, die bis dahin in der Stadt verblieben waren. Bei meiner ersten Probe erschienen nur 43 Männer, und diese waren auf höchst ungewöhnliche Weise aufgeteilt. Es gab fünf erste Violinen, zehn zweite, zwei Bratschen, ein Violoncello und drei Kontrabässe. Es gab weder Oboe noch Englischhorn; nur zwei Waldhörner, eine Trompete usw. Von den 43 versammelten Männern waren sieben Mitglieder der *Garde Républicaine*, der berühmten Pariser Militärkapelle, die aber leider (für mich) am Sonntagnachmittag an einer offiziellen Feier der Fête Nationale am Trocadéro teilnehmen musste. Der Präsident der

Republik sollte mit verschiedenen anderen Würdenträgern und einem Chor aus dreitausend Schulkindern anwesend sein.

Ich war verzweifelt und wandte mich schließlich in sehr wortgewandtem, aber ungrammatischem Französisch an das Orchester. Der Kerngedanke bestand darin, dass Amerika gerne eine Million Soldaten nach Frankreich geschickt hatte und sich darauf vorbereitete, weitere zwei Millionen zu schicken; alles, was ich als Gegenleistung verlangte, war ein Orchester von achtzig Mann! Könnten sie mir nicht helfen, ihre dünnen Reihen mit ausreichend ausgebildeten Musikern aufzustocken, um das Orchester zu vervollständigen? Meine kleine Ansprache wurde mit aufgeregter Begeisterung aufgenommen. Sie begannen sich sofort in aufgeregten Gruppen zu versammeln und schworen mir, dass das Orchester beschafft werden könnte und würde. Einer versicherte mir eine schöne Oboe, ein anderer einen Trompeter, ein dritter eine erste Geige und so weiter. Auch M. Cortot machte sich an die Arbeit. Er ließ Hauptmann Ballay, den Dirigenten der *Garde Républicaine* , rufen und legte ihm in einer, wie ich fand, beredten Rede, die der *Chambre des Députés würdig war* , dar, dass Frankreich nach Seicheprey und Château-Thierry einem Amerikaner nichts abschlagen könne und werde, was er verlange. Kapitän Ballay stimmte begeistert zu und versprach, die sieben Mitglieder seiner Band, die ich für mein Konzert brauchte, in den schnellsten Taxis, die er auftreiben konnte, vom Trocadéro, wo die Regierungsfeier um drei Uhr beginnen sollte, unmittelbar nachdem sie seine Eröffnungsouvertüre gespielt hatten, in die *Salle du Conservatoire zu schicken* , wo mein Konzert für vier Uhr vorgesehen war. Er meinte, der Präsident der Republik sei nicht musikalisch genug, um die Abwesenheit dieser sieben Männer zu bemerken, und er würde für den Rest seines Programms ohne sie auskommen.

Gleichzeitig boten bekannte französische Solisten, die normalerweise nicht in Orchestern spielten, ihre Dienste an – Captain Pollain, berühmter Violoncellist aus Nancy, und M. Hewitt (dessen Urgroßvater Amerikaner war, dessen Familie aber seit drei Generationen in Frankreich lebte), Sologeiger der Instruments Anciens. Und bei der zweiten Probe traf ich den lieben alten Longy, der dreißig Jahre lang gefeierter Oboist der Boston Symphony war und mir auf rührende Weise sagte: „Ich sehe, Sie haben keine zweite Oboe. Ich habe kein Instrument in Frankreich, da ich meins in Boston gelassen habe, aber ich werde mir eines leihen und für Sie spielen, wenn Sie mich brauchen.“

Bei meiner zweiten Probe versammelte sich ein hervorragendes Orchester aus 77 Mann, und bei der dritten war das Orchester vollständig, einschließlich vieler französischer Soldaten in Uniform, vier oder fünf hervorragender Virtuosen, die nur für diesen Anlass im Orchester spielten, und sogar einem meiner eigenen ersten Geiger vom New York Symphony Orchestra, Reber

Johnson, der, nachdem er wegen körperlicher Untauglichkeit für die Armee abgelehnt worden war, sich sofort freiwillig beim Amerikanischen Roten Kreuz gemeldet hatte und auf die natürlichste Art und Weise in seiner Uniform bei der Probe erschien, als wäre dies eine der regulären täglichen Proben des New York Symphony Orchestra gewesen.

Mein erster Trompeter war ein junger französischer Soldat, der vor dem Krieg Klarinette gespielt hatte. Sein Arm war erst ein Jahr zuvor abgeschossen worden, und sobald er das Krankenhaus verließ, studierte er die Trompete und hielt sie mit seinem einen Arm nicht nur, sondern fingerte sie auch mit bemerkenswerter Leichtigkeit.

Ich glaube nicht, dass ich in meiner ganzen langen Karriere jemals Konzerte oder Proben dirigiert habe, bei denen sowohl Dirigent als auch Musiker von einer derartigen Atmosphäre emotionaler Erregung umgeben waren. Unsere jungen, hübschen Jungs in Khaki erschienen diesen müden und erschöpften Menschen, die vier schreckliche Jahre lang mit unglaublicher Hartnäckigkeit gekämpft hatten, wie Halbgötter. Die Orchestermitglieder nahmen jede Kritik, die ich während der Proben äußerte, mit einem kurzen Nicken oder einem gewinnenden Lächeln entgegen, und hin und wieder folgte auf eine Bemerkung von mir bezüglich der richtigen Interpretation ein zustimmendes Gemurmel, das sich durch das Orchester verbreitete und manchmal sogar in Applaus mündete. Ich hoffe, dass meine Kritik ebenso wie meine Interpretationen ihnen gefielen, aber ich weiß, dass es auch dann keinen Unterschied gemacht hätte, wenn es ihnen nicht gefallen hätte. Ich war Amerikaner und das war genug.

Beim Konzert am Samstagabend, das eher volkstümlich war, spielte ich unserem amerikanischen Soldatenpublikum Victor Herberts cleveres Medley über amerikanische Melodien, und die Franzosen spielten, als ob sie sie schon ihr ganzes Leben lang kennen würden. Das riesige Publikum in Khaki brodelte vor patriotischer Begeisterung, die natürlich ihren Höhepunkt erreichte, als wir zu „Dixie" übergingen. Alle sprangen auf und jubelten und jubelten, so dass man ungefähr zehn Takte lang buchstäblich nichts von der Musik hören konnte, und nur am Schwenken meines Stocks und den Bewegungen der Spieler konnte man erkennen, dass die Musik weiterging.

Am folgenden Nachmittag stand ein Programm von wahrhaft symphonischem Ausmaß auf dem Programm, das unter anderem Saint-Saëns' großartige „Symphonie Nr. 3" für Orchester, Orgel und Klavier, Debussys „L'Après-midi d'un Faune" und die „Symphonischen Variationen" für Klavier und Orchester von César Franck umfasste.

Den Orgelpart in der Symphonie spielte Mlle. Nadia Boulanger, zweifellos die größte Musikerin, die ich je kennengelernt habe, und die „Variationen" von Franck wurden von Alfred Cortot hervorragend interpretiert. M.

Casadesus spielte ein exquisites Konzert für die Viola d'amour von Laurenziti.

Die kleine *Salle du Conservatoire* mit ihrer malerischen Architektur aus der Zeit Ludwigs XVI. mit ihren winzigen Logen und Balkonen war bis an die Türen gedrängt – der Hausmeister erzählte mir, er habe dort noch nie ein so großes Publikum gesehen. Jeder freie Raum war doppelt besetzt, und die Wände wölbten sich buchstäblich nach außen. Das Publikum war sehr interessant. Die französische Regierung hatte in ihrer üblichen Höflichkeit offizielle Vertreter des *Ministère des Etrangères* , des *Ministère des Beaux Arts* und der französischen Hochkommission geschickt – viele von ihnen in Uniform. Es waren auch viele angesehene französische Musiker da, unter ihnen der geschätzte Maître Charles Widor, der *Secrétaire Perpétuel de l'Institut de France* , und natürlich viele französische, britische und amerikanische Soldaten. Ein New Yorker Brandschutzbeauftragter hätte angesichts der Missachtung sämtlicher Vorsichtsmaßnahmen nach Luft geschnappt, und man kann sich die Aufregung im Publikum vorstellen, als wir am Ende des Konzerts die „Marseillaise" und das „Star-Spangled Banner" spielten.

Zu meiner großen Freude hatte meine Tochter Alice, die in Brest Kriegsdienst leistete, die Erlaubnis erhalten, zu diesem großen Anlass nach Paris zu kommen. Mein alter Freund Paul Cravath, Vizepräsident der New York Symphony Society und damals Leiter unserer Finanzkommission in London, war in einem englischen Flugzeug eingeflogen und lächelte mir in seiner ganzen Pracht von 1,93 Metern aus einer Mittelloge zu, als ich mich umdrehte, um mich vor dem jubelnden Publikum zu verbeugen.

Ich glaube, wir haben ihnen ein außerordentlich gutes Konzert geboten. Das Orchester war entzückend in seinem brennenden Wunsch, meine Absichten umzusetzen; aber ich glaube, auch wenn wir weniger gut gespielt hätten, wäre die Begeisterung genauso groß gewesen, denn während wir spielten, vibrierten die Namen Seicheprey und Château-Thierry in den Herzen aller Zuhörer, und ihre Begeisterung übertrug sich auf mich, als ob ich im Alleingang die Tapferkeit unserer amerikanischen Truppen demonstriert hätte.

Am Ende des Konzerts überreichte mir der Präsident der Musical Orchestral Union of Paris einen großen Rosenstrauß mit den amerikanischen Fahnen und brachte in einer sehr beredten Rede die Dankbarkeit der französischen Musiker für die Unterstützung zum Ausdruck, die ihnen unsere Gesellschaft amerikanischer Musikerfreunde in Frankreich gewährt hatte. Ich konnte meine Dankesworte mit einem weiteren großzügigen Scheck ergänzen, den mir Mr. Flagler geschickt hatte und der den Familien der an der Front dienenden Orchestermusiker gewidmet sein sollte.

Die Woche war voll mit den Vorbereitungen für diese beiden Konzerte ausgefüllt, aber trotz der damit verbundenen Aufregungen und Hochgefühle hatte ich Phasen großer Niedergeschlagenheit. Die Möglichkeit, meine Mission in Frankreich fortzusetzen, schien immer weniger realisierbar, teilweise aufgrund der angespannten militärischen Lage und teilweise, weil ich vom YMCA nicht die nötige Unterstützung zu erhalten schien. Mr. McLane und Mr. Sloane, die Leiter der Angelegenheiten in New York, hatten mir ihre enthusiastische Unterstützung zugesagt, und ich war auf ihre dringende Bitte hin abgereist. Sie hatten dem „Y" in Frankreich umfassende Anweisungen per Telegramm und schriftlich geschickt, und bei meiner Ankunft hatte mir Mr. Ernest Carter, der leitende Angestellte, den ich außerordentlich mochte, die vollste Zusammenarbeit versprochen. Aber er war offensichtlich überlastet und überarbeitet und erhielt nicht die wirksame Hilfe, die er bei der Leitung einer so großen Organisation in Kriegszeiten hätte haben sollen. Viele der Abteilungsleiter waren ehemalige Geistliche oder Kirchen- und Sonntagsschulmitarbeiter, die offensichtlich unerfahren in der Verwaltung praktischer Angelegenheiten waren. Man hat mir erzählt, dass sich diese Bedingungen später deutlich verbesserten und dass die Männer, die später aus Amerika entsandt wurden, eher nach ihren geschäftlichen Fähigkeiten ausgewählt wurden, aber zu der Zeit, die ich erwähne, herrschte im Hauptquartier in der Rue d'Agesseau oft große Verwirrung, und die Zusammenarbeit zwischen den verschiedenen Abteilungen schien unzureichend zu sein. Um unbehelligt durch Frankreich reisen zu können, brauchte ich eine *Carte Rouge* , und diese Karte schien für mich unmöglich zu bekommen, trotz all meiner ordnungsgemäßen und vollständigen Referenzen als Amerikaner, als im ganzen Land bekannter Musiker und vor allem als *Persona Grata* bei der französischen Regierung.

Einige Tage vor meinem ersten Konzert wurde mir mitgeteilt, dass es unmöglich sei, diese Karte für mich zu beschaffen, und dass ich deshalb Paris nicht verlassen dürfe. Als ich um eine Erklärung bat, wurde ich von einem ziemlich scheinheiligen Menschen abgewiesen, der seinen Arm um mich legte, mich Bruder nannte, aber sein Bedauern darüber ausdrückte, dass ich unglücklicherweise in Deutschland geboren war. Ich schluckte meinen Zorn so gut ich konnte hinunter, aber mein Kummer war umso größer, weil mir in der Zwischenzeit M. Casadesus und vier andere angesehene französische Künstler ihre Dienste angeboten hatten, mit mir in einem Auto herumzureisen und Konzerte in unseren Lagern und Krankenhäusern zu geben. Schließlich erhielt ich von einem sehr netten jungen Mann, der die Unterhaltungsabteilung des „Y" leitete, die Information, dass die Einwände seiner Meinung nach von der Geheimdienstabteilung der AEF kamen. Ich rief sofort Major Cabot Ward an, den Leiter der Geheimdienstabteilung in Paris, den ich seit 25 Jahren aus New York kannte. Ich zeigte ihm meine verschiedenen Beglaubigungsschreiben und er versicherte mir: „Soweit es die

US-Armee betrifft, sind Sie frei wie die Luft." Mit diesen Informationen kehrte ich in die Rue d'Agesseau zurück und traf dort auf dieselbe undurchdringliche Mauer der Unwissenheit oder Böswilligkeit. Und da mir meine Freunde in der französischen Hochkommission bereits versichert hatten, dass mir, soweit es sie betraf, ganz Frankreich offen stünde, wusste ich anscheinend nicht, wie ich dieses Rätsel lösen sollte.

Schließlich besuchte ich meinen Freund Robert Bliss, den Botschaftsrat unserer Botschaft in Paris. Ich werde seine Freundlichkeit und Hilfsbereitschaft in dieser Zeit nie vergessen. Er und seine bezaubernde Frau hatten ihre Wohnung in diesen schwierigen Zeiten zum Mittelpunkt des amerikanischen Lebens gemacht. Mrs. Bliss hatte sich entschieden geweigert, Paris zu verlassen, und bot mir in ihrer Wohnung in der Rue Henri Moissan großzügige Gastfreundschaft. Als ich ihm von meinen Problemen erzählte und dass ich, der ich 47 Jahre in Amerika gelebt hatte, nun so behandelt werden sollte, lächelte er und sagte: „Wir können im Moment nichts für Sie tun, da Sie immer noch Teil der Organisation des YMCA sind, aber sobald Sie diese Uniform ausziehen, stehen Ihnen alle Wege offen."

Diese elende Uniform! Sie hatte mich vom ersten Augenblick an geärgert, weil der Schneider, zu dem mich das „Y" geschickt hatte, sie miserabel gemacht hatte. Sie war zwischen den Schultern zu eng, was für einen Orchesterdirigenten fatal ist, und die Hose war eine Tragödie. Aber vor der Abfahrt war keine Zeit, eine besser sitzende Uniform zu bestellen, und da man mir gesagt hatte, dass ich mich in Frankreich ohne sie keinen Zentimeter bewegen könne, hatte ich buchstäblich keine Zivilkleidung mitgenommen! Ich hatte mir in Paris neue Kleidung bestellt, aber es herrschte ein Schneiderstreik, und deshalb war ich aus Anstandsgründen gezwungen, diese Uniform zu behalten, so sehr ich mich auch danach sehnte, das Symbol des heiligen Dreiecks loszuwerden. Doch dann begann das Tageslicht zu sehen, und da ich hoffte, bis zum folgenden Montag oder Dienstag meine neue Zivilkleidung zu bekommen, beschloss ich, die beiden Konzerte am Samstag und Sonntag zu dirigieren und dann in aller Pracht meine Kündigung einzureichen. Doch ein letzter Tropfen Bitterkeit blieb mir nicht erspart, denn am Samstagmorgen bekam ich Besuch von einem sehr dummen und aufreibenden *Verbindungsbeamten* des YMCA, der mir mitteilte, dass ich die beiden Konzerte nicht in ihrer Uniform dirigieren sollte, da ich „ in Deutschland geboren" sei und deshalb keine *Carte Rouge* erhalten könne . Schon wieder diese verfluchte Uniform! Ich war so wütend, dass ich sagte, ich würde entweder in dieser Uniform oder in Unterwäsche dirigieren, dass meine Kündigung bereits geschrieben sei und am Montag eingereicht werden würde, und dass ich auf einem Gespräch mit Mr. Carter und seinem Exekutivkomitee bestand, da ich wollte, dass sie erfuhren, wie ich behandelt worden war. Ich wusste, dass Mr. Carter, der arme Mann, nichts von der

ganzen Angelegenheit wusste, da er die ganze Zeit über im Zickzack durch
Frankreich zu den verschiedenen Posten und Versorgungszentren des Y
gereist war und versucht hatte, irgendwie Ordnung in das Chaos zu bringen.
Er gewährte mir sofort ein Treffen, und als ich ihm meine Geschichte
erzählte, entschuldigte er sich so ausführlich und großzügig, dass ich ihn mit
den freundlichsten Gefühlen verließ und es wirklich bedauerte, dass er, ein
Mann mit hohen Idealen und spiritueller Kraft, durch die Erfordernisse des
Krieges so mit praktischen Angelegenheiten überlastet war. Für einige seiner
Helfer empfinde ich nichts als absolute Verachtung, aber es gab viele unter
den Arbeitern und sicherlich die Mehrheit der Frauen, die wunderbare
Dienste leisteten und gerne alle Arten von Unannehmlichkeiten und
Entbehrungen ertrugen, um den Soldaten zu helfen, die keineswegs alle
Engel waren.

Mein wirklicher Triumph aber kam am Sonntagmorgen meines Konzerts, als
General Charles Dawes von der amerikanischen Armee mich in meinem
Hotel besuchte und mich zu meiner Verblüffung fragte, ob ich zum
Hauptquartier der AEF in Chaumont kommen und mit General Pershing
über die mögliche Verbesserung unserer Armeekapellen sprechen könne. Ich
traute meinen Ohren nicht, dass der Oberbefehlshaber der amerikanischen
Armee in Frankreich so plötzlich nach meinen bitteren Erfahrungen mit dem
„Y" persönlich nach mir geschickt hatte.

General Dawes war zu dieser Zeit Leiter der Armeeversorgung mit
Hauptquartier in Paris. Als großer Musikliebhaber hatte er viel zu ihrer
Förderung in seiner Heimatstadt Chicago beigetragen. Er war ein alter und
geschätzter Freund von General Pershing und ich glaube, er war es, der ihm
meinen Namen vorgeschlagen hatte. Ich kann General Dawes nie genug
dafür danken, dass er mir, einem über fünfzigjährigen Musiker, diese
wunderbare Gelegenheit gab, auch nur den äußeren Saum der Robe der
Kriegsgöttin zu berühren.

Es versteht sich von selbst, dass meine niedergeschlagene Stimmung sofort
in Hochstimmung umschlug. Ich nahm die Einladung mit Freude an und
vereinbarte mit General Dawes, am folgenden Mittwoch, dem 17. Juli, nach
Chaumont zu fahren.

Inzwischen war die Luft voller Gerüchte über die „Dicke Bertha", die seit
meiner Ankunft in Paris bequemerweise geschwiegen hatte. Es wurde
hartnäckig behauptet, dass am Montagmorgen siebzehn dieser Damen
gleichen Namens erneut mit dem Bombardement von Paris beginnen
würden, und ich gestehe, dass es mich ziemlich schockierte, als ich am
Montagmorgen nach meinem Konzert, als ich noch im Bett schwelgte –
voller Freude an die Triumphe des Vortags dachte und voller Vorfreude auf
meine bevorstehende Reise nach Chaumont war – plötzlich ein

merkwürdiges Echo hörte, das sich von den Explosionen der Gothas oder der antwortenden Luftgewehre unterschied. Es war der erste Gruß von Madame Bertha, und dieser Gruß wurde den ganzen Tag über alle fünfzehn Minuten genau wiederholt, während die Granaten in verschiedenen Vierteln von Paris einschlugen.

Es war interessant, die Franzosen zu beobachten. Nach jedem Schuss liefen Scharen von ihnen auf die Straße, redeten, gestikulierten und spekulierten, wo genau diese Granate eingeschlagen war. Das ging dreizehn oder vierzehn Minuten lang so, und dann huschten alle wieder in ihre Läden und Häuser, da sie wussten, dass die nächste Granate bald einschlagen würde.

An diesem Abend war ich zum Abendessen bei Mrs. Edith Wharton in ihrer schönen Wohnung in der Rue de Varennes eingeladen. Gerade als ich an ihrer Tür ankam, blieb ein Franzose stehen und sagte mir, er sei am Vortag beim Konzert gewesen. Dann fügte er hinzu: „Ich sehe, Sie machen die Bekanntschaft von ‚La Grosse Berthe‘.“ „ Ich dachte, er beziehe sich auf die Rückkehr des Bombardements, lächelte zustimmend und begab mich dann zu Mrs. Whartons Wohnung. Ich fand unseren großen Romanautor mit zwei anderen Damen, einem amerikanischen Offizier und einem amerikanischen Komponisten, meinem lieben Freund Blair Fairchild, der seit mehreren Jahren in Paris lebte und äußerst geschickt als Vermittler für das Geld fungierte, das unsere „Gesellschaft amerikanischer Musikerfreunde in Frankreich" dorthin schickte. Das Abendessen verlief, als lebten wir in Zeiten tiefsten Friedens. Es wurde mit peinlicher Sorgfalt serviert, die Blumen waren bezaubernd und die Unterhaltung reizend, und erst als das Abendessen zur Hälfte vorbei war, erfuhr ich ganz beiläufig, dass mein französischer Herr an der Tür erwähnt hatte, dass nur zwei Minuten vor meiner Ankunft die letzte Granate der Big Bertha auf das Dach des gegenüberliegenden Hauses gefallen war und dieses und Teile des oberen Stockwerks zerstört hatte.

Am darauffolgenden Mittwoch, dem 17. Juli, nahm ich den Morgenzug nach Chaumont, wieder bequem in Zivil gekleidet. Am Bahnhof wurde ich von einem jungen Offizier, Leutnant Wendell, dem Neffen meines alten Freundes Evart Wendell, abgeholt, der mich zum Hauptquartier brachte und mich Oberstleutnant Collins, dem Sekretär des Generalstabs, vorstellte, der mir verschiedene Punkte, zu denen General Pershing Informationen und Hilfe benötigte, ausführlich erklärte. Ich wurde dann sehr bequem im Gästehaus untergebracht, einem ehemaligen großen Privathaus in der Stadt, das General Pershing übernommen hatte, um seine Besucher unterzubringen. Ich sollte an diesem Abend in seinem Schloss zu Abend essen und verbrachte einen großen Teil des Nachmittags damit, durch die malerische alte Bergstadt zu spazieren, die auf einer hohen Klippe liegt und das Tal der Marne überblickt. Während dieses Spaziergangs sah ich den einzigen betrunkenen amerikanischen Soldaten während meines dreimonatigen Aufenthalts in Frankreich. Ich folgte einer malerischen Straße, die aus der Stadt aufs Land führte, als ein farbiger Junge in Khaki auf mich zukam und sagte: „ „ Entschuldigen Sie, Sir. Sind Sie Franzose? " Ich sagte „ Nein ", und er erwiderte: „ Dann, um Gottes Willen, können Sie mir bitte sagen, wo ich etwas zu trinken bekomme? " Ich antwortete: „ Nein. Sie haben offensichtlich schon genug." Er versuchte, mir zu folgen, und als ich zwei weiße Soldaten näher kommen sah, drehte ich mich zu ihnen um und sagte: „Ich denke, Sie sollten auf diesen Jungen aufpassen. Er hat zu viel getrunken." Sie antworteten zügig: „Sicher, Sir." Aber als sie auf ihn zugingen, starrte er mich immer wieder an und sagte: „Ich möchte mit diesem Herrn sprechen. Das ist Mr. Damrosch!" Ich lachte laut, denn hier war ich, über 3000 Meilen von zu Hause entfernt, und dieser Junge, der vielleicht musikalisch begabt war und mich in einem Konzert dirigieren gehört hatte, erkannte mich sogar durch die Alkoholdämpfe hindurch, die ihn so dicht umgaben, dass man sie mit einem Messer hätte schneiden können.

Einer der anderen Besucher im Gästehaus war General Omar Bundy, der die erste Division befehligte und nach Chaumont gekommen war, um die Glückwünsche des Oberbefehlshabers für die hervorragende Arbeit seiner Division entgegenzunehmen. Er erwies sich als entzückender Gentleman, und wir plauderten sehr freundlich miteinander, als uns an diesem Abend ein Auto etwa fünf Meilen hinter Chaumont durch eine wunderschöne Landschaft zu dem von herrlichen Gärten und Wäldern umgebenen Schloss brachte, das General Pershing zu seinem persönlichen Wohnsitz gemacht hatte. Eine friedlichere und ruhigere Szene konnte man sich nicht vorstellen, und buchstäblich das einzige Zeichen und Symbol des Krieges war der einsame Wachposten, der mit aufgepflanztem Bajonett vor dem Eingang auf und ab ging.

Da dies zufällig der erste Tag von General Fochs großem Angriff war, bei dem er die Deutschen zehn Kilometer zurückdrängte, war General Pershing, der den ganzen Tag an der Front gewesen war, noch nicht zurückgekehrt, und General Bundy und ich gingen in der schönen Abenddämmerung vielleicht eine halbe Stunde lang durch das Gelände, als ein Auto vorfuhr und unser Oberbefehlshaber, begleitet von seinem Adjutanten, sofort auf uns zukam und uns herzlich und einfach willkommen hieß. Er erinnerte mich daran, dass wir uns während der großen Ausstellung von 1915 im Presidio in San Francisco getroffen hatten, und tatsächlich erinnerte ich mich gut daran, denn kurz danach war er als Truppenkommandeur an die mexikanische Grenze geschickt worden und dort von der schrecklichen Tragödie des Todes seiner Frau und seiner Kinder erschüttert worden, die nachts bei einem Feuer erstickt waren, das ihr Haus im Presidio zerstörte.

Es wurde schon so viel über den wunderbaren Eindruck geschrieben, den General Pershing in Europa auf alle machte, die mit ihm in Kontakt kamen, dass es für mich nicht notwendig ist, mehr zu tun, als den allgemeinen Lobgesang zu wiederholen: Er war soldatisch, würdevoll, höflich und hatte ein schlichtes Auftreten und trug eine Uniform, wie es nur ein Mann tragen kann, der sein ganzes Leben lang Soldat war.

Wir betraten das Haus und setzten uns kurz darauf zum Abendessen. Die Gruppe bestand aus dem Oberbefehlshaber, General Bundy, und einem äußerst netten Stab von acht Offizieren – ich war der einzige Zivilist. Daher erwartete und hoffte ich halb, dass sich das Gespräch nur um den wunderbaren Erfolg des Vorstoßes von Foch am ersten Tag drehen würde, von dem ich in der Stadt bereits begeisterte Gerüchte gehört hatte, oder um große Militärgeheimnisse, strategische Angelegenheiten, Monstergeschütze, Tausende von Flugzeugen und neue, mysteriöse Zerstörungsmaschinen. Aber zu meiner Überraschung drehte sich das Gespräch während fast des gesamten Abendessens um Musik, um ihren Einfluss, die Stimmung der Soldaten zu heben, ihnen die richtige Art von Erholung und die notwendige Erleichterung von der Monotonie der Lagerarbeit oder den Schrecken der Schlacht zu verschaffen. General Pershing erzählte mir, dass er, nachdem er einige der Elite-Militärkapellen Frankreichs und Englands gehört hatte, von dem Bewusstsein unserer Unterlegenheit so überwältigt worden war, dass er unbedingt wissen wollte, ob man nicht etwas tun könne, um das allgemeine Niveau unserer Armeekapellen zu verbessern, und insbesondere, ob es nicht möglich wäre, zumindest die besten Spieler aus den damals in Frankreich vorhandenen Kapellen herauszusuchen und eine Stabskapelle von höchster Qualität zu bilden, die vom besten Kapellmeister unter ihnen geleitet würde, und auf diese Weise ein Vorbild zu schaffen, dem die anderen nacheifern könnten. Dieser Vorschlag schien mir ausgezeichnet, und ich fragte, wie viele Kapellmeister es derzeit in Frankreich gäbe, da ich sie gern auf ihre Eignung prüfen würde. General Pershing sagte lächelnd, es seien über zweihundert, aber das beunruhigte mich nicht, und ich stimmte zu, sie alle zu prüfen, vorausgesetzt, dass geeignete Vorkehrungen für eine angemessene Prüfung ihrer Qualifikationen getroffen werden könnten. Es wurden verschiedene Pläne für eine solche Prüfung diskutiert und General Pershing beschloss schließlich, sie alle in Gruppen von jeweils fünfzig jede Woche nach Paris zu schicken, zusammen mit einer Militärkapelle, die dort für die nächsten vier oder fünf Wochen stationiert sein sollte, was mir reichlich Gelegenheit geben würde, ihre Fähigkeiten im Dirigieren sowie in Harmonie und Orchestrierung zu testen. Es schien mir damals bemerkenswert, dass General Pershing mitten im Krieg und mit all seinen vielen unmittelbaren Notwendigkeiten, die auf ihm lasteten, den Scharfsinn hatte, den Wert der Musik in Kriegszeiten zu erkennen und sich für ihre Verbesserung zu interessieren.

Als ich so dasaß, kam mir plötzlich die Erinnerung an den hohlwangigen Kapellmeister Tyler zurück, der bei der Parade zum 4. Juli in Paris neben mir gestanden hatte. Ich dachte bei mir, hier war ich nun der einzige Zivilist am Tisch, und deshalb könnte ich alles sagen, was ich wollte, ohne bei Sonnenaufgang an die Wand gestellt und erschossen zu werden, denn im schlimmsten Fall könnten sie mich nur für einen sehr unwissenden Mann der Armeegepflogenheiten halten. Daher wartete ich auf meine Gelegenheit und platzte plötzlich heraus und erzählte von meinem Gespräch mit Kapellmeister Tyler, während wir darauf warteten, dass unsere Marines die Champs-Élysées entlang marschierten. Ich sagte, meiner bescheidenen Meinung nach sei es ein großer Fehler, Musiker als Krankenträger im Kampf einzusetzen, nicht dass ihr Soldatenleben wertvoller wäre als das jedes anderen Soldaten, aber ein Krankenträger könne in sehr kurzer Zeit ausgebildet werden, während die Ausbildung eines Musikers viele Monate dauere; dass die kanadischen Regimenter in den ersten Kriegsmonaten derselben Sitte gefolgt seien , aber die Folgen in Bezug auf die Zerstörung der Kapellen und ihrer Nützlichkeit so verheerend gewesen seien, dass die Soldaten selbst ihre Kommandeure angefleht hätten, ihre Kapellenmitglieder nicht auf diese Weise opfern zu lassen, da es nichts Schrecklicheres gebe, als nach der Schlacht in ein stilles und daher trostloses Lager zurückzukehren. Nachdem ich meine ziemlich leidenschaftliche Rede beendet hatte, stimmten General Bundy und andere mir von ganzem Herzen zu, aber General Pershing sagte überhaupt nichts, und ich hatte das Gefühl, dass ich vielleicht zu viel und *mal à propos geredet hatte* . Doch am nächsten Morgen, als ich mit Colonel Collins im Hauptquartier saß und die Einzelheiten meiner Vernehmungen arrangierte, überreichte er mir lächelnd einen Befehl des Oberbefehlshabers, der gerade eingetroffen war und an die Divisionskommandeure geschickt werden sollte, und der besagte, dass „von nun an Kapellenmitglieder nicht mehr als Krankenträger eingesetzt werden dürfen, außer in Fällen äußerster militärischer Dringlichkeit.“

Eine Bemerkung General Pershings während des Abendessens ist so bezeichnend, dass ich sie hier wiederhole. Er sagte: „Wenn der Frieden erklärt wird und unsere Bands die Fifth Avenue hinaufmarschieren, möchte ich, dass sie so gut spielen, dass dies ein weiterer Beweis für den Nutzen militärischer Ausbildung ist.“ Spätere Entwicklungen und Begegnungen mit diesem interessanten Mann verstärkten den Eindruck, den er auf mich machte, noch weiter.

Ich kehrte nach Paris zurück und traf alle notwendigen Vorbereitungen für die Prüfungen der zweihundert Kapellmeister. Unsere Armee hatte ein großes Hotel in der Nähe der Bastille am Ufer der Seine gemietet, und ein großer Raum im Erdgeschoss eignete sich hervorragend für meinen Zweck. Die Kapelle des 329. Infanterieregiments traf bald ein und wurde in diesem

Hotel einquartiert, und jeden Morgen um 9.30 Uhr begannen die Prüfungen und wurden von Montag bis Donnerstag mit einer Rate von etwa fünfzig Kapellmeistern pro Woche fortgesetzt, die aus allen Teilen Frankreichs ankamen – aus den Hafenstädten, aus den Ausbildungslagern und einige sogar aus der vordersten Front der Schützengräben. Freitags kehrte ich normalerweise zum Hauptquartier zurück, berichtete über meine Ergebnisse und begann mit Empfehlungen, die mit zunehmendem Umfang der Arbeit immer größere Ausmaße annahmen.

Zur Unterstützung dieser gewaltigen Arbeit nahm ich die Dienste von M. Francis Casadesus in Anspruch, Henris Bruder und einen hervorragenden Musiker. Er prüfte die Männer hinsichtlich ihrer Instrumentierungskenntnisse und ihrer allgemeinen Kenntnisse der verschiedenen Instrumente, während ich sie beim Dirigieren und Exerzieren einer Kapelle prüfte. Zuerst ließ ich sie sich in eine Ouvertüre wie Webers „Oberon" oder einen Satz aus einer klassischen Sinfonie verbeißen und ließ sie dann eine Komposition ihrer Wahl dirigieren. Ich stellte sehr bald fest, dass die meisten dieser jungen Kapellmeister zwar musikalisch begabt und ehrgeizig waren, aber keine oder nur wenig Gelegenheit gehabt hatten, sich das anzueignen , was wir die Technik des Taktstocks nennen könnten. Sie hatten keine intensive Disziplinarausbildung genossen, wie sie unsere jungen Ziviloffiziere in Plattsburg und ähnlichen Lagern erhalten hatten. Viele von ihnen wussten nicht, wie man den Takt richtig schlägt, geschweige denn, einer Kapelle Phrasierung oder rhythmische Genauigkeit beizubringen; und ich erkannte bald, dass die Bemühungen zur Verbesserung unserer Kapellen nutzlos wären, wenn wir ihnen nicht die Möglichkeit gäben, zumindest die Grundlagen ihres Berufs zu erlernen. Daher schien mir die schnelle Gründung einer Kapellmeisterschule die einzige Lösung des Problems zu sein, und da unsere Armee französische Militär- und Luftfahrtoffiziere als Ausbilder hatte, die uns vom Ministère *de la Guerre ausgeliehen* worden waren, dachte ich, dass man eine ähnliche Regelung treffen könnte, im Rahmen derer wir auch die notwendigen Musiklehrer aus der französischen Armee bekommen könnten, da fast alle Musiker Frankreichs zu dieser Zeit eine Uniform trugen.

Ich stellte auch fest, dass einige der wichtigsten Musikinstrumente, die dem Klang einer Kapelle Weichheit und Adel verleihen, fast völlig fehlten. Wir hatten kaum Oboen, Fagotte, Waldhörner oder Flügelhörner. Ich wusste, dass einige der größten Meister dieser Instrumente, erste Preise des Pariser Konservatoriums, in der französischen Armee dienten, und ich erfuhr sofort über das *Ministère des Beaux Arts* ihre Namen und die Regimenter, denen sie angehörten. Bei meinem darauffolgenden Besuch in Chaumont schlug ich General Pershing vor, eine Musikschule zu gründen, in der fünfzig Kapellmeister acht Wochen lang intensivste musikalische Ausbildung und

Disziplin erhalten könnten, worauf ein neuer Jahrgang von fünfzig usw. folgen sollte, und in der gleichzeitig jeweils vierzig Schüler für Oboe, Fagott, Waldhorn und Flügelhorn eine ähnliche zwölfwöchige Ausbildung auf ihren jeweiligen Instrumenten erhalten könnten.

General Pershing und sein Stab waren von dem Plan begeistert, und ich bot an, die erforderlichen Lehrer aus der französischen Armee zu beschaffen, und versprach General Pershing, dass die Schule bis zum 1. Oktober voll betriebsbereit sein würde, vorausgesetzt, es ließe sich ein geeignetes Gebäude beschaffen. Der General fragte mich, wo ich die Schule unterbringen wolle, und bot mir Longres an, wo bereits mehrere Schulungen zur Kriegsstrategie im Gange waren, aber ich behauptete, dass die Umgebung für meine Musikschule einen „friedvolleren und sogar akademischeren Charakter" haben sollte, und schlug Chaumont vor. General Pershing lächelte, bestand aber darauf, dass es bereits überfüllt sei und ich kein Gebäude finden würde, das groß genug sei, um eine so große Zahl von Lehrern und Schülern unterzubringen. Er erteilte mir jedoch die volle Vollmacht, zu prüfen, was getan werden könne, und ich machte mich sofort mit einem französischen Verbindungsoffizier auf den Weg – einem Mitglied der französischen Militärkommission in Chaumont und im Hauptquartier G-5, dem Hauptquartier, dem die geplante Musikschule angehören sollte –, der sich als äußerst bemerkenswerter und wertvoller Assistent bei meiner Arbeit erwies. Es war Leutnant Michel Weill, Neffe des Besitzers des berühmten Weißen Hauses in San Francisco und ein begeisterter Musikliebhaber, der durch seinen langen Aufenthalt in Amerika Englischkenntnisse und eine Sympathie für Amerika erworben hatte, die nur der für sein eigenes Heimatland nachstand. Er gehörte zu einer entzückenden französischen Offiziersmesse in Chaumont, und sie machten mich sofort zu einer Art Ehrenmitglied und luden mich auf äußerst gastfreundliche Weise zu ihren lukullischen Mahlzeiten ein. Da sie alle begeisterte Musikliebhaber waren, versuchte ich, es ihnen zu vergelten, indem ich nach Herzenslust Wagner, ihren absoluten Favoriten, auf einem alten Klavier hämmerte, das in einem kleinen Wohnzimmer neben ihrer *salle à manger stand* .

Leutnant Weill und ich statteten zunächst dem *Bürgermeister von Chaumont einen Zeremonienbesuch ab* und erklärten ihm unser Anliegen. Die Idee eines „ *kleinen Musikkonservatoriums für Amerikaner* " in Chaumont, wie er es nannte, gefiel ihm außerordentlich, und er griff sofort zum Telefon und rief einen alten Freund an, einen Mitbürger und Fabrikbesitzer. Er erklärte ihm, welche große Ehre ihrer Stadt zuteil werden würde, wenn ein geeignetes Gebäude gefunden würde, und forderte ihn auf, sich als wahrhaft patriotischer Bürger Frankreichs und Freund der Amerikaner zu beweisen, indem er die Mühle, die ihm gehörte, knapp außerhalb der Stadt und nur wenige Gehminuten von unserem Hauptquartier entfernt, diesem edlen Zweck zur Verfügung stellte.

Wir fuhren mit dem Auto zu diesem Gebäude und trafen dort einen älteren, würdevollen und höflichen Franzosen, der uns sagte, dass alles, was er habe, den Amerikanern zur Verfügung stehe. Wir fanden eine riesige Mühle mit zwei Fuß dicken Wänden, deren Maschinen außer Betrieb waren und mit großen leeren Räumen, die unsere Pioniere leicht in Schlafquartiere, Übungsräume und andere Dinge für eine Musikschule umwandeln konnten. In einem großen Flügel fanden wir ein paar Frauen und viele Kinder, die herumspielten. Ich sagte: „Natürlich werden wir auch diesen Flügel brauchen." „Dann bedauere ich", antwortete der Besitzer, „aber diesen Flügel können Sie nicht haben, denn ich habe ihn 48 Flüchtlingen aus Verdun mit dem Versprechen gegeben, dass sie ihn bis Kriegsende bewohnen werden." Natürlich überlegten Leutnant Weill und ich es uns anders und kamen zu dem Schluss, dass man auf der Wiese ein großes Zelt als Essplatz aufstellen könnte und dass wir ohne den zusätzlichen Flügel auskommen könnten. Dann fragte ich den Besitzer, welche Miete er verlangen würde. „Oh", sagte er, „alles, was die amerikanische Armee zahlen möchte." Aber als Leutnant Weill ihm mitteilte, dass er einen fairen Preis festlegen sollte, fragte er schüchtern: „Würde die amerikanische Armee fünfhundert Francs im Monat für angemessen halten?" Ich erzähle dies als Gegenpol zu den Geschichten derjenigen Leute, die immer wieder auf der kommerziellen Gier der Franzosen herumreiten, wenn es um die Bedürfnisse der amerikanischen Soldaten geht.

Wir kehrten jubelnd zum Hauptquartier zurück, und nach einem zufriedenstellenden Gespräch mit dem für die Bauarbeiten verantwortlichen Offizier wurde beschlossen, die Schule in Chaumont anzusiedeln, und ich kehrte nach Paris zurück, um meine Pläne zu vollenden.

Mein Bruder Frank hatte schon viele Jahre vor dem Krieg erkannt, dass es unseren Armeekapellen und Kapellmeistern an guter Ausbildung mangelte, und hatte aus patriotischem Herzen die gesamte Maschinerie seines Institute of Musical Art dem Kriegsminister zur Verfügung gestellt. Dementsprechend wurde eine Vereinbarung getroffen, wonach eine Kapellmeisterschule auf Governor's Island, New York, unter die Leitung meines Bruders gestellt wurde, und mehrere Jahre vor dem Krieg schlossen dort eine kleine Anzahl Kapellmeister ab, die denen anderer Länder durchaus ebenbürtig waren. Aber als wir in den Krieg eintraten und unsere Armee auf Millionenniveau organisiert war, waren diese nur ein Tropfen auf den heißen Stein, und es waren heroische Maßnahmen erforderlich, um in dieses musikalische Chaos aus Hunderten ungebildeter Kapellmeister und Tausenden noch weniger gebildeter Kapellmeister so etwas wie Ordnung zu bringen.

Während dieser fünf Wochen in Paris und Chaumont arbeitete ich sehr hart, und obwohl mein Leben mit Angelegenheiten aller Art im Zusammenhang mit meinem Beruf ausgefüllt war, kann ich mich an keine Zeit erinnern, in der ich Tag und Nacht so ununterbrochen gearbeitet habe oder bei der ich mich glücklicher gefühlt habe. Vormittags untersuchten Casadesus und ich die Kapellmeister, fanden heraus, was sie konnten und was nicht, leisteten ihnen sozusagen „Erste Hilfe für die Verwundeten", indem wir ihnen ihre schlimmsten Fehler oder ihre größten Schwächen aufzeigten. Nachmittags liefen Leutnant Weill und ich zu den verschiedenen französischen Regierungsabteilungen, um diesem oder jenem Musiker auf der Spur zu sein, den wir als Professor für unsere Schule gewinnen wollten. Nachts saß ich aufrecht im Bett und arbeitete den gesamten Unterrichtsplan der Schule bis ins kleinste Detail aus.

Meine allgemeinen Empfehlungen an das Hauptquartier, die alle später umgesetzt wurden, umfassten Kurse zur Unterweisung der Kapellmeister in Dirigiertechnik, Harmonielehre und Orchestrierung. Diese Kurse wurden M. Francis Casadesus und M. André Caplet anvertraut. Letzterer wurde später von Leutnant Albert Stoessel abgelöst, einem hochtalentierten Kapellmeister unserer Armee, der ins Zivilleben zurückgekehrt ist und nun mein Nachfolger als Dirigent der New York Oratorio Society geworden ist.

Captain Ellacott von der AEF wurde der militärische Leiter der Schule, der er seine größte Sympathie zukommen ließ.

Es gab jeweils zwei Professoren für Oboe, Fagott, Waldhorn und Flügelhorn, die alle Absolventen und erste Preise des berühmten Pariser Konservatoriums waren. Ich empfahl auch, dass wir die schönen B-Hörner der französischen Armee übernehmen und einen französischen Tambourmajor, der dieses Instrument beherrscht, als Lehrer ernennen sollten, um jeweils einen Monat lang fünfzig aufeinanderfolgende Klassen auszubilden. Die Absolventen sollten die ersten Hornisten unserer Regimenter werden, damit sie wiederum andere Hornisten in ihren jeweiligen Trommel- und Signalhornkorps unterrichten könnten.

Bei den Prüfungen stellte ich den Kapellmeistern auch bestimmte Fragen zu ihrer Stellung in ihren jeweiligen Regimentern, der Einstellung ihres Obersts zur Musik, ihrer allgemeinen Behandlung und den Stunden, die ihnen zum Üben von Musik eingeräumt wurden, und dabei stieß ich auf alle möglichen Bedingungen. Einige der Kommandeure hatten kein Verständnis für Musik oder für die Kapellmeister, und anstatt sie täglich sechs Stunden üben zu lassen, wurden sie als Küchenpolizisten und mit anderen anstrengenden Aufgaben betraut. Ich drängte daher darauf, den Kommandeuren klarzumachen, dass das Hauptziel der Kapellmeister nicht das Kämpfen, sondern die Aufmunterung der Kämpfer ist, und dass ihre wohltuende Wirkung auf die Stimmung der Soldaten umso größer ist, je besser ihre Musik ist, und dass daher alle Kapellmeister gezwungen werden sollten, täglich mindestens fünf oder sechs Stunden dem Üben und Proben ihrer Instrumente zu widmen, und dass andere Pflichten ihrer musikalischen Arbeit untergeordnet werden sollten und nicht so beschaffen sein sollten, dass sie für eine ordentliche Darbietung ihrer jeweiligen Instrumente ungeeignet sind.

Ich stellte außerdem fest, dass bei Musikinstrumenten eine schreckliche Verschwendung herrschte und dass die Instrumente in mehreren Fällen kurz vor Einsatzbeginn weggeworfen oder einfach zurückgelassen wurden und nie wieder aufgetaucht sind. Daher wäre es möglicherweise ratsam, einen reisenden Inspektor für Musikinstrumente zu ernennen, dessen Aufgabe darin bestehen sollte, sich um den schnellen Ersatz fehlender Teile, die Reparatur der Instrumente und die Beschaffung neuer Noten zu kümmern.

In Chaumont wurde eine wirklich hervorragende Hauptquartierkapelle gegründet, die dem Oberbefehlshaber und seinem Stab große Freude bereitete und ihn bei vielen seiner zeremoniellen Besuche und Veranstaltungen begleitete.

Eine meiner wichtigsten Empfehlungen für die Schule war, dass jede Woche mindestens ein Konzert von den Professoren und wirklich kompetenten Musikern des Orchesters gegeben werden sollte. Die Programme sollten nur aus den großen Meisterkomponisten bestehen, damit die Schüler – von denen viele aus abgelegenen Gemeinden unseres Landes kamen und nur wenig Gelegenheit hatten, gute Musik zu hören – ein Gespür für die feineren und spirituelleren Qualitäten der Musik als Kunst entwickeln. Dies wurde während der gesamten Existenz der Schule auf bemerkenswerte Weise umgesetzt, und die Programme und ihre Aufführungen waren eines Platzes in jeder hochkultivierten Musikgemeinschaft würdig.

Als ich im folgenden Jahr zu einem Inspektionsbesuch nach Chaumont zurückkehrte, hörte ich eines dieser Konzerte, das ein Quintett für Oboe und Streicher von Mozart und eine Sonate für Violine und Klavier von César Franck umfasste. Ich saß voller Entzücken da, als ich die glücklichen Gesichter von über hundert Schülern in Khaki sah, die in verzückter Stille dieser göttlichen Musik lauschten. Wie schade, dass eine solche Schule nicht in jedem Staat Amerikas gegründet werden kann, jetzt, da der Krieg vorbei ist und unsere Soldaten nach Hause zurückgekehrt sind! Dies würde schnell zu einer hervorragenden Band für jede Stadt führen und eine echte Grundlage für die musikalische Entwicklung der Bevölkerung im Allgemeinen legen.

Während dieser Wochen in Paris sah ich auch oft einige meiner französischen Musikerkollegen, die sich alle trotz der Gothas und Berthas geweigert hatten, Paris zu verlassen.

Als ich Charles Marie Widor, den berühmten alten Organisten von Saint Sulpice, zum ersten Mal besuchte, fand ich ihn als *Secrétaire Perpétuel* des *Institut de France* in einer reizvollen Suite im Louis XVI-Stil des Gebäudes vor. Er zeigte mir ein Loch im Fenster seines Arbeitszimmers und erzählte mir, dass er sich ein paar Tage zuvor gebückt hatte, um eine Partitur vom Boden aufzuheben, als vor seiner Wohnung eine Granate der Big Bertha explodierte und ein Stück davon durch sein Fenster flog und ihn nur deshalb verfehlte, weil er sich gebückt hatte.

Sein gallischer Witz und seine Vielseitigkeit machen ihn zu einem wunderbaren Gefährten, und ich bin dankbar, dass der Krieg mir die Gelegenheit gab, ihn näher kennenzulernen und Freundschaft mit ihm zu schließen. Das gilt übrigens auch für alle Freunde, die ich in diesem ereignisreichen Sommer gewonnen habe. Der Krieg hat uns schneller und enger zusammengeführt, als es sonst möglich gewesen wäre, und da ich Amerikaner war, profitierte ich in vollem Umfang von der intensiven Dankbarkeit, die die Franzosen für uns empfanden. Manches davon war kaum verdient, denn unsere Regierung hatte gezögert und gewartet, bis es fast zu spät war, bevor sie unsere große Menge an Männern und Schätzen in die Waagschale warf.

Ich habe bereits von Mlle. Nadia Boulanger gesprochen, die am 14. Juli bei der Aufführung von Saint-Saëns‘ „Dritter Symphonie“ für mich Orgel spielte. Unter den Frauen habe ich noch nie eine vergleichbare Musikalität wie sie gefunden, und tatsächlich gibt es nur sehr wenige Männer, die sich mit ihr messen können. Sie ist eine der besten Organistinnen Frankreichs, eine ausgezeichnete Pianistin und die beste Orchesterpartiturleserin, die ich je kennengelernt habe. Immer wieder habe ich gesehen, wie sie eine handschriftliche Orchesterpartitur in die Hand nahm, sich damit ans Klavier setzte und sie brillant vom Blatt las und sie für das Klavier transkribierte, während sie dazu spielte. Als wir uns das erste Mal trafen, waren sie und ihre liebe Mutter in größter Trauer. Ihre jüngere Schwester, Lili, war erst einen Monat zuvor im Alter von 24 Jahren gestorben. Sie war wunderschön, erlesen und unglaublich talentiert und hatte drei Jahre zuvor den begehrten *Prix de Rome gewonnen* – als erste Frau, der er verliehen wurde. Eine tödliche Krankheit hatte ihre Kräfte langsam ausgezehrt, und da sie das Idol ihrer Mutter und Schwester gewesen war, war ihr Verlust für sie eine Tragödie, die sie kaum ertragen konnten. Neben ihren beruflichen Pflichten – während des Krieges war sie Ersatzorganistin an der Madeleine – stürzte sich Nadia in die Kriegsarbeit und kümmerte sich insbesondere um die Studenten des Konservatoriums, die an der Front waren. Sie kannte alle ihre Namen und die Nummern ihrer Organisationen und gründete eine Art Musikzeitschrift, deren vervielfältigte Kopien jeden Monat an die Studenten verschickt wurden. Darin wurden alle möglichen musikalischen Neuigkeiten und musikalischen Fragen veröffentlicht, damit diese Jungen, die mitten in ihren militärischen Pflichten oder während der Genesung von ihren Verwundungen in den Krankenhäusern waren, etwas zum Nachdenken hatten, das unmittelbarer mit ihrem eigenen Beruf zu tun hatte. Es ist interessant festzustellen, dass als Antwort auf die Frage: „Sollten während des Krieges deutsche Komponisten wie Brahms und Wagner in unseren Konzerten gespielt werden?“ Von den 58 antworteten 47 eindeutig mit „Ja“ für Wagner und Brahms, drei mit „Ja“ für Beethoven und die Klassiker, zwei waren unentschlossen und sechs sagten „Nein“. Diese Antworten wurden in vielen Fällen von hochinteressanten Aufsätzen über Kunst und Nationalität der Kunst begleitet, und insgesamt spiegelten die darin zum Ausdruck gebrachten Urteile den hohen intellektuellen Standard dieser jungen französischen Künstler an der Front wider.

Ich habe viele Beispiele dafür gesehen, wie scharf die Franzosen ihre künstlerischen von ihren politischen Überzeugungen trennen. Eines Abends waren meine Freunde von der französischen Militärkommission in Chaumont nach Paris gekommen, und einer von ihnen, Captain Guegnier, lud mich zum Abendessen in seine Wohnung ein. Seine Frau und die Frau eines seiner Kollegen waren speziell zu diesem Anlass vom Land nach Paris gekommen. Wir setzten uns, eine sehr nette Gesellschaft von sechs Personen, zu einem köstlichen Abendessen, wie es nur die Franzosen erfinden und richtig durchführen können. Da alle Gäste musikalisch waren, gab es nach dem Abendessen natürlich viel Musik. Die Damen sangen bezaubernd, und ich musste Auszüge aus ihrem geliebten Wagner spielen – „Tristan“, „Meistersinger“, „Parsifal“ und die „Trilogie“. Meine Gastgeberin sang Lieder von Fauré, Chausson und Debussy, und genau in diesem Moment dröhnten die Sirenen ihre unangenehme Nachricht, dass die Gothas die mondhelle Nacht ausnutzten, um einen ihrer Angriffe auf Paris durchzuführen. Im selben Moment verkündete der Taxifahrer, der mich zu meinem Hotel zurückbringen wollte, seine Ankunft. Ob er mit nach oben kommen wolle? Nein, er würde einfach im Taxi sitzen und warten, bis ich fertig sei. „Dann lasst uns noch etwas Musik machen“, sagte meine Gastgeberin und zog einfach den Vorhang vor die Fenster. Und während die Gothas ihre Granaten über Paris verstreuten, wandte sie sich mir zu und sagte: „Jetzt lasst mich euch dieses schöne Lied von Schubert vorsingen.“ Da sang meine französische Gastgeberin deutsche Lieder, und erst gegen ein Uhr morgens machten sich Leutnant Weill und ich auf den Heimweg.

Der gewaltige Unterschied in der Haltung der Franzosen und einiger meiner Landsleute hinsichtlich der angemessenen Haltung gegenüber der Kunst einer feindlichen Nation in Kriegszeiten war sehr auffallend. Ich selbst hatte beschlossen, dass das New Yorker Symphonieorchester die Werke lebender deutscher Komponisten nicht spielen sollte und dass die deutsche Sprache während des Krieges bei unseren Konzerten nicht gesungen werden sollte. Es schien mir gute und gültige Gründe für ein solches Vorgehen zu geben. Aber Beethoven, Mozart und Wagner betrachtete ich als Klassiker, die ebenso zu uns wie zu Deutschland gehörten, und ihre göttliche Botschaft hatte nichts mit den politischen und militärischen Führern Deutschlands zu tun, die die Welt in dieses schreckliche Blutbad gestürzt hatten. Es gab jedoch in New York eine kleine, aber laute Gruppe unter der Führung einiger Frauen, die ihren „Patriotismus" durch hysterische Ausbrüche und Zeitungsproteste gegen die Aufführung aller von Deutschen komponierten Musik zu demonstrieren suchten, egal wie viele Jahre sie zurücklag. Einige dieser Frauen glaubten aufgrund der seltsamen Kriegspsychose wirklich, dass sie ihrem Land mit ihren Protesten dienten. Im Winter 1918 unternahm das Orchester des Pariser Konservatoriums unter der Leitung von André Messager eine Tournee durch Amerika. Als ich ihn am Tag nach seiner Ankunft besuchte, zeigte er mir einen Brief, den er gerade von einer dieser Frauen erhalten hatte, in dem sie gegen die Aufführung einer Beethoven-Sinfonie während seines Amerikaaufenthalts protestierte. Er war weiß vor Wut, und als ich ihn fragte, wie er darauf antworten würde, sagte er: „Ich werde antworten, wie es sich für einen französischen Künstler gehört." Ich sagte: „Die beste Antwort wäre, Beethovens ‚Eroica'-Sinfonie auf Ihr erstes Programm zu setzen." „Das werde ich", sagte er, und das tat er.

Die Opposition gegen Wagner basierte auf sehr amüsanten Prämissen. Da einige seiner Helden auf der Bühne mit sehr blonden Perücken und Bärten auftraten, schienen diese Spürhundinnen eine böse und subtile Verbindung zwischen *Siegfried* in der „Nibelungentrilogie" und Nietzsches „blondem Tier" zu erkennen, das seiner Prophezeiung zufolge schließlich die Erde beherrschen sollte. Ihre Studien über Wagner waren zu oberflächlich, um ihnen zu ermöglichen, zu erkennen, dass die gesamte Lebensphilosophie, wie sie Wagner in der „Nibelungentrilogie" zum Ausdruck brachte, in direktem Widerspruch zu dem Wunsch des modernen militaristischen Deutschen stand, die Welt mit Gewalt zu beherrschen und zu kontrollieren. Wagner schildert eine prähistorische Welt, in der die Götter der Gier, Lust und Macht herrschen, die jedoch aufgrund der materialistischen Natur ihrer Wünsche den Keim ihrer eigenen Zerstörung in sich tragen. Als ihre Macht schwindet und die alten Götter zugrunde gehen, entsteht eine neue Religion, die Religion der Selbstaufopferung durch Liebe, wie sie durch *Brunhildes* Selbstverbrennung auf dem Scheiterhaufen *Siegfrieds symbolisiert wird*.

Doch all dies ist längst Geschichte, und ich für meinen Teil bin fest davon überzeugt, dass der Rassengeist, der das Deutschland Bachs, Beethovens, Goethes, Kants und Wagners schuf, bald wiederkehren wird, um die Welt zu erhellen und zu veredeln.

Innerhalb von fünf Wochen waren alle notwendigen Vorbereitungen für die Schule abgeschlossen, und der Generalstab schickte Mitteilungen an die Kapellmeister der gesamten AEF, die bei der Prüfung, die ich ihnen gegeben hatte, nicht die erforderlichen Qualifikationen erreicht hatten, und forderte sie auf, sich ab dem 1. Oktober alle acht Wochen in Gruppen von fünfzig an der Chaumont-Schule zu melden und ihr Studium zu beginnen. Aus den Hunderten von Bewerbern wurden auch Schüler für Oboe, Fagott, Waldhorn und Flügelhorn ausgewählt. Anfangs hatten wir große Schwierigkeiten, die erforderlichen Instrumente für sie zu finden. Frankreich ist berühmt für seine Holzblasinstrumente, aber die verschiedenen Fabriken hatten ihren Betrieb schon lange eingestellt, da alle Arbeiter beim Militär waren. Dem stets hilfsbereiten und einfallsreichen Leutnant Weill gelang es jedoch, genügend Oboen und Fagotte zusammenzukratzen, um den Unterricht zu beginnen, und ich kann die bereitwillige Unterstützung, die mir jeder US-Armeeoffizier, mit dem ich in Kontakt kam, gewährte, nicht genug loben. Vom Oberbefehlshaber bis hin zu Leutnant Kelley, der im Vorzimmer von General Dawes' Büro auf den Champs-Élysées saß und dessen Hauptaufgabe darin zu bestehen schien, unangenehme oder lästige Besucher abzuwehren, die General Dawes seine wertvolle Zeit stehlen wollten, gaben mir alle das Gefühl, dass die Verbesserung der Armeekapellen das Einzige war, was notwendig war, um den Krieg zu gewinnen. Es war höchste Zeit für mich, Frankreich zu verlassen und „auf die Erde zurückzukehren", da ich nicht mehr auf etwas anderem als Luft ging und mein Kopf weit über die Wolken ragte.

Bei meinem letzten Besuch in Chaumont fuhr ich mit dem Auto nach Domrémy, dem Geburtsort von Jeanne d'Arc, und fand das kleine Dorf in ziemlich demselben Zustand vor, in dem es gewesen sein muss, als sie in dem kleinen Haus neben der Kirche geboren wurde. Beide wurden für die heutigen Gläubigen sorgfältig erhalten. Der offene Platz vor ihrem Haus, die Bäume, die es umgeben, und das Denkmal in der Mitte schienen mir eine natürliche Bühne zu bilden, auf der man gut ein Friedensspektakel aufführen könnte, und als ich dort saß und die Glocke der kleinen Kirche zu läuten begann, in der Jeanne ihre Gebete geflüstert hatte, begann ich von einer möglichen Friedensfeier zu träumen, an der eine Kompanie amerikanischer Soldaten, eine Kompanie französischer Soldaten, eine amerikanische und eine französische Militärkapelle, Sänger der Opéra Comique und ein Kinderchor teilnehmen sollten; Der Höhepunkt sollte das freudige Zusammentreffen der Streitkräfte um das Denkmal und das Erwachen Jeannes aus ihrem jahrhundertelangen Schlaf sein, wenn sie die Tür ihres kleinen Hauses öffnet und dort mit Erstaunen den ungewohnten Anblick amerikanischer Soldaten in Khaki als Brüder ihrer geliebten Landsleute erblickt.

Nach meiner Rückkehr nach Chaumont legte ich diese Idee mehreren Offizieren des Stabes und der französischen Kommission vor, die sie mit Begeisterung aufnahmen und jede Unterstützung versprachen, aber leider wurde daraus nie etwas. Als ich im folgenden Frühjahr nach Frankreich zurückkehrte, war der Waffenstillstand vereinbart worden, und die Konferenz von Versailles schleppte ihre mühsamen und trostlosen Beratungen einem unbefriedigenden Abschluss entgegen. Es schien nicht mehr genug Illusion oder Enthusiasmus übrig zu sein, um irgendetwas Internationales im Zusammenhang mit dem Krieg zu feiern.

Bei meinem letzten Besuch in Chaumont gab ich Oberst Collins, dem Stabssekretär, ein kleines Abendessen. Dessen ständiges Interesse war von unschätzbarem Wert und dessen Geist in der Lage zu sein schien, sich im Handumdrehen von der Betrachtung eines komplizierten militärischen Problems auf die großen Vorteile zu konzentrieren, die sich aus der Einführung des französischen B-Trompetens in unserer Armee ergeben würden. Bei einer sehr guten Magnumflasche Champagner stand ich auf und ließ ihn, Oberst Boyd und Leutnant Weill feierlich schwören, dass die Kapellmeisterschule in Chaumont für den Rest des Krieges und so lange wie nötig danach ihr Augapfel sein sollte, und diesen Eid hielten sie treu. Die Schule florierte von Oktober 1918 bis Juni 1919, als sie aufgrund der Rückkehr unserer Armee nach Amerika geschlossen wurde. Die Beziehungen zwischen den französischen Professoren und unseren Jungen, die alle wie eine glückliche Familie zusammenlebten, wurden so sympathisch und vertraut, dass die Ergebnisse wirklich als bemerkenswert bezeichnet werden können. Die Soldaten erkannten, dass sie eine musikalische Ausbildung erhielten, die der der führenden Schulen Frankreichs oder Amerikas ebenbürtig war, und die französischen Professoren gingen mit rührender Begeisterung an ihre Aufgaben heran. Casadesus erzählte mir, dass viele seiner Schüler zwölf Stunden am Tag an ihren musikalischen Problemen arbeiteten, und ich drängte ihn, diese angenehmen und wichtigen internationalen musikalischen Beziehungen auf die eine oder andere Weise fortzusetzen, indem er irgendwo in Frankreich, vorzugsweise in der Nähe von Paris, eine Sommerschule gründete, zu der amerikanische Männer und Frauen, die in ihrem Musikstudium bereits weit genug fortgeschritten waren, jeden Sommer drei Monate lang gehen konnten, um sich mit französischer Kunst und französischen Lehrmethoden vertraut zu machen. Bis zum Kriegsbeginn waren jedes Jahr Hunderte amerikanischer Studenten nach Deutschland gegangen, und es schien schade, dass aufgrund der mangelnden Propaganda der Franzosen für das, was sein Land unseren Studenten bieten konnte, ein Teil dieses Stroms nicht nach Frankreich umgeleitet werden konnte. Unsere Gespräche führten schließlich zur Gründung des *Conservatoire Américain* in Fontainebleau, über das in einem anderen Kapitel Einzelheiten berichtet werden.

Dank der Freundlichkeit von General Pershing erhielt ich die Erlaubnis, mit dem Armeetransporter *America nach Hause zu fahren* . Dieses Schiff lief von Brest aus aus, und ich wollte unbedingt dorthin, um meine Tochter Alice Pennington noch einmal zu sehen. Sie und ihre Freundin, Miss Letty McKim, waren seit einem Jahr dort und hatten zur großen Zufriedenheit von Admiral Wilson und unserer dort stationierten Marine das Marine-YMCA gegründet. Der Enthusiasmus und die Vitalität meiner Tochter hatten zusammen mit denen ihrer ebenso fähigen Freundin eine Atmosphäre geschaffen, die unsere Matrosen sehr genossen, und ich wollte unbedingt etwas von ihrer Arbeit sehen.

Mein Zug sollte Paris am Abend verlassen, und mein treuer Freund und Begleiter der letzten fünf Wochen, Leutnant Weill, kam zum Bahnhof, um sich von mir zu verabschieden. Es gab keine normalen Schlafwagen in diesem Zug, sondern nur das, was die Franzosen „Couchettes" nennen – vier Kojen in jedem Abteil, zwei auf jeder Seite. Die Namen der Insassen waren sorgfältig auf einen Zettel geschrieben und an die Außenseite jeder Tür geklebt, und Leutnant Weill teilte mir mit, dass ein französischer General die untere Koje gegenüber meiner belegte. Und tatsächlich erschien kurz darauf ein hübscher, jugendlich aussehender General, der höflich seine Mütze berührte, unser Abteil betrat und sich in seine Koje setzte. Weill gab mir nach französischer Art zum Abschied einen Kuss auf beide Wangen, und da ich noch zehn Minuten Zeit hatte, stand ich draußen und sah einen amerikanischen Marinekommandanten mit ziemlich unsicheren Schritten auf mich zukommen. Er erzählte mir, dass er 36 Stunden Urlaub gehabt hatte und dass er und seine beiden Adjutanten beschlossen hatten, ihn mit einer Reise nach Paris zu verbringen. Da die Zugfahrt zwölf Stunden dauerte, blieben ihnen nur zwölf Stunden in der Stadt der Wonnen, und er hatte offensichtlich jede Minute voll ausgenutzt. Er erzählte mir, dass seine beiden Adjutanten noch nicht aufgetaucht waren, dass sie alle Fahrkarten und sein ganzes Geld hatten; er vertraute mir auch an, dass einer von ihnen so reich war, dass er den ganzen Zug hätte kaufen können. Schließlich fand ich seinen Namen auf der Liste unseres Abteils, seine Koje war direkt über der des französischen Generals, und da es spät wurde, riet ich ihm, einzusteigen. Gerade in diesem Moment stürzten zwei hübsche junge Marineleutnants herbei, und er empfing sie mit Begeisterung, denn sie hatten seine Fahrkarten. Ich half ihm in unser Abteil, wo er sich sofort direkt neben den General setzte, der seinen Mantel um sich wickelte und sich in seine eigene Ecke kuschelte. Ich sagte zu meinem Landsmann: „Ich glaube, Sie sind in der Koje des französischen Generals. Ihre ist die darüber." Woraufhin er sagte: „Der französische General kann zur Hölle fahren!" Ich war zu Tode erschrocken, da ich eine unmittelbare internationale Auseinandersetzung erwartete, die möglicherweise schwerwiegende Folgen haben könnte. Glücklicherweise verstand der General kein Englisch, und ich überredete meinen neuen Marinefreund schließlich, in seine eigene Koje zu klettern, schwor mir jedoch feierlich, dass ich nie wieder versuchen würde, mich einzumischen, wenn es um die Armee und die Marine zweier verschiedener Länder ginge.

Ich zog mich in meine eigene Koje zurück und schlief gut bis zum nächsten Morgen, als ich den Kommandanten ebenfalls wach und von grenzenlosem Durst befallen vorfand. Natürlich gab es im Zug kein Trinkwasser, aber ich eilte mit ihm zum Restaurant des nächsten Bahnhofs, wo wir anhielten, und er schnappte sich eine Karaffe Wasser und führte sie mit solcher Gier an seine Lippen, dass man das Wasser fast zischen hören konnte, als es seine Kehle hinunterfloss. Er erwies sich als entzückender Kerl. Er war Kommandant eines Zerstörers und hatte trostlose und schreckliche Wochen in seinem kleinen Boot damit verbracht, nach U-Booten Ausschau zu halten. Die Monotonie und Unbequemlichkeit eines solchen Lebens kann man sich nicht vorstellen, da diese Schiffe so klein sind, dass sie unaufhörlich in Bewegung sind und bei schlechtestem Wetter hinausfahren müssen. Es gibt kaum jemals eine Gelegenheit, Mahlzeiten zu kochen, und die an Bord müssen essen, was und wie sie können. Wochenlang passierte nichts, aber mein Kommandant hatte auf seiner letzten Reise das Glück gehabt, ein U-Boot zu bekommen, und hatte deshalb seinen 36-Stunden-Urlaub erhalten. Kein Wunder, dass er und seine Kollegen zu Ehren dieses großen Ereignisses nach etwas Erleichterung suchten!

An der nächsten Station bekamen mein französischer General und ich eine Tasse Kaffee. Zucker war damals tabu, und da ich dank meiner Armeefreunde die Taschen voll mit diesem kostbaren Zeug hatte, bot ich ihm etwas anstelle des schrecklichen Saccharins an, was er dankbar annahm und mir dann erzählte, dass er seinen ersten Urlaub seit zwei Jahren machen würde, um ihn mit seiner Familie in einem kleinen Badeort diesseits von Brest zu verbringen. Und tatsächlich, als er an der nächsten Station ausstieg, stürzten ein bezaubernder Junge und ein hübsches Mädchen, von der Sonne gebräunt, auf ihn zu und überhäuften ihn regelrecht mit Küssen. Es sah für alle Welt aus wie eine Szene an einem Bahnhof auf Long Island im August, wenn die verschiedenen New Yorker Väter am Freitagnachmittag pendeln, um Samstag und Sonntag mit ihren Familien am Meer zu verbringen.

Meine Tochter Alice wartete am Bahnhof in Brest auf mich, und auf dem Weg zu der kleinen Wohnung, die sie und Miss McKim gemeinsam bewohnten, erzählte sie mir, dass Admiral Wilson mich vor meiner Abreise am selben Abend mit dem Transport treffen wollte. Sie bat mich, sie zu unterstützen, wenn er Jazzmusik anprangerte, die er besonders hasste, denn sie hatte ihm gegenüber immer betont, dass die Seeleute sie liebten und dass sie in Kriegszeiten sicherlich alles haben sollten, was sie wollten.

Am Nachmittag gab die Band des Admirals ein Konzert auf dem öffentlichen Platz, und natürlich besuchte ich es und lernte den Kapellmeister und seine Musiker kennen, die sehr gute Arbeit leisteten, da einige von ihnen Mitglieder des Boston Symphony Orchestra gewesen waren. Sie baten mich, sie bei einem der Stücke zu dirigieren, und ich nahm den Stock und spielte feierlich die „Wilhelm Tell-Ouvertüre" mit ihnen. Am Ende sah ich Admiral Wilson auf dem Balkon seines Appartements lautstark applaudieren, und gleich darauf kam er barhäuptig über den Platz gelaufen, um mich zu begrüßen. Fast das Erste, was er sagte, war: „Doktor, finden Sie Jazzmusik nicht schrecklich? Sie zerstört jeglichen Geschmack für echte Musik." „In der Tat stimme ich Ihnen von ganzem Herzen zu", antwortete ich. Woraufhin sich meine Tochter Alice zu mir umdrehte und sagte: „Feigling!", was bedeutete, dass ich, da der Admiral der Alleinherrscher von Brest war, seinem Zorn nicht trotzen wollte, nicht einmal, um meiner Tochter einen Gefallen zu tun. Aber in der Tat war ich völlig mit ihm einer Meinung; und ich wünschte, man könnte entweder einen populären Ersatz für den endlosen Jazz finden, der nicht nur unser Land, sondern ganz Europa verwüstet, oder ein Genie käme, das dieser sehr niederen Kunstform echte Emotionen einhaucht, die, tief aus dem Herzen des Menschen entspringend, dem Leben einhauchen könnten, was gegenwärtig nur eine nervöse Erregung ist.

An diesem Abend ging ich an Bord des Transportschiffs *Amerika* und segelte nach Hause. Ich fand die Reise außerordentlich interessant. Das Schiff war ein Hamburger Passagierschiff, die *Amerika* , das nach seiner Internierung von unserer Marine übernommen worden war; das „k" war sorgfältig entfernt und durch ein amerikanisches „c" ersetzt worden. Verschiedene deutsche Zeichen waren ausgekratzt worden, aber die Tisch- und Bettwäsche sowie die Messer und Gabeln trugen noch die mystischen Initialen *HAPAG – Hamburg Amerika Paketfahrt Actien Gesellschaft* .

Ich war stolzer Bewohner einer Kabine und eines Badezimmers der sogenannten „Roosevelt"-Suite, die der Ex-Präsident während seiner Weltreise bewohnt hatte, und die Wasserhähne über der Badewanne trugen noch die Aufschrift „Kalt", „Warm" und „Gemischt". Die verschiedenen luxuriösen Einrichtungsgegenstände des Schiffes zeigten die Abnutzungserscheinungen des Militärtransports. Der Marmor war gesprungen und die elektrischen Klingeln läuteten nicht.

Die Kabinen der Ersten Klasse waren von mehreren hundert Offizieren belegt, einer merkwürdigen Mischung von Männern. Einige kamen auf Urlaub zurück oder wurden Ausbilder in den Offizierslagern, andere wurden aus dem Dienst entlassen, sei es wegen Krankheit, Trunkenheit oder Inkompetenz. Tagelang wurde ich bis in meine Kabine von einem Mann aus einer westlichen Stadt verfolgt, der sich als Zahnarzt gemeldet hatte. Er war offensichtlich von Sinnen und sollte nach seiner Rückkehr aus dem Dienst entlassen werden. Er war auf die geheimnisvolle Idee gekommen, ich könnte die Machthaber dazu bringen, ihn wieder einzustellen, und schließlich fand ich das Glitzern in seinen Augen so bedrohlich, dass ich ihn dem kommandierenden Oberst meldete, der ihn sofort unter ärztliche Beobachtung stellen ließ. Zwei Tage später fanden ihn seine Kameraden im Krankenzimmer, die er bereits dadurch geärgert und erschreckt hatte, dass er sie nachts plötzlich an den Beinen packte, im Badezimmer mit einer mit seinem Rasiermesser teilweise durchgeschnittenen Kehle. und ich gestehe, dass ich froh war, als ich hörte, dass man ihn in eine eigene Kabine gebracht hatte, deren Tür von einem Soldaten bewacht wurde.

Natürlich unterlagen wir den Armeevorschriften, und in vieler Hinsicht war das Leben dort viel strenger als auf den Passagierschiffen. Wir mussten fast die ganze Reise über Schwimmwesten tragen, und nach Sonnenuntergang war kein Licht mehr erlaubt. Man sagte uns nicht, in welchem amerikanischen Hafen wir anlegen sollten, und ich war sehr erstaunt, als wir eines Morgens unser Schiff im Hafen von Boston neben der alten Fregatte *Constitution aus dem Jahr 1812 vor Anker liegen sahen*, deren Breitseitengeschütze im Vergleich zu den modernen Monstern, die ich in Frankreich gesehen hatte, entzückend malerisch und ineffizient aussahen.

Im darauffolgenden Winter bekamen meine Frau und ich oft Besuch von Marineoffizieren und Matrosen, die Grüße von unserer Tochter Alice aus Brest mitbrachten. Ich erinnere mich an einen rotwangigen Jungen, der einen so angenehmen Eindruck auf meine Frau machte, dass sie ihn einlud, am nächsten Tag, es war Sonntag, wieder zum Mittagessen zu kommen. An diesem Morgen klingelte das Telefon. Es war unser alter Freund, Admiral William Rodgers, der fragte, ob er zum Mittagessen kommen könne. Meine Frau sagte, wir würden uns sehr freuen, aber meine jüngste Tochter Anita, die mit der Etikette der Marine bestens vertraut war, rief: „Oh, wir können den Admiral heute nicht zum Mittagessen einladen. Ein Admiral kann nicht mit einem Trottel am selben Tisch sitzen!" Meine Frau wiederholte dies dem Admiral, der darauf beharrte, dass dies keinen Unterschied mache und dass in Kriegszeiten alles möglich sei; dass er auf jeden Fall kommen wolle und sich sehr freuen würde, den „Trottel" kennenzulernen, der Grüße von Alice mitgebracht hatte, die er sehr mochte. Der junge Matrose kam zuerst an, und als wir ihm sagten, dass unser anderer Gast ein Admiral sein würde, wurde er totenbleich, aber als Rodgers ankam, war er so freundlich zu dem Jungen, dass das Mittagessen ziemlich gut verlief, außer dass der Junge jedes Mal stramm stand, wenn der Admiral mit ihm sprach. Während des Mittagessens sagte Admiral Rodgers zu ihm: „Sie haben gerade Mrs. Pennington in Brest gesehen?" „Ja, Sir." „Und was machte sie, als Sie sie sahen?" „Sie verkaufte Briefmarken, Sir", war die Antwort. Und ich habe keinen Zweifel, dass das stimmte, denn Alice nahm in ihrer Funktion als Marine-„Y"-Mitarbeiterin die Matrosen nicht nur zu Picknicks mit Schwimmwettbewerben mit, organisierte Varieté-Unterhaltungen und Konzerte, sondern verkaufte ihnen zwischendurch auch Schokolade, Zigaretten, Briefmarken, Ansichtskarten, Zitronenbonbons und Ginger Ale.

Nach dem Mittagessen führten meine Töchter den jungen Matrosen diskret ins Wohnzimmer, um die Spannung ein wenig abzubauen, und Rodgers fragte mich nach einer Orchestrierung des „Star-Spangled Banner", die ich zu Beginn des Krieges komponiert hatte und die einige Aufmerksamkeit erregt hatte. Ich hatte immer gespürt, dass diese gute alte englische Melodie einen schönen Klang hatte, vorausgesetzt, sie wurde im richtigen Tempo gespielt, und ich hatte ihr eine Orchestrierung gegeben, die sich in den letzten beiden Zeilen jeder Strophe zu einem echten Höhepunkt entwickelte. Ich setzte mich ans Klavier und spielte es ihm vor, wobei ich ihm den Unterschied zwischen dieser Version und der alten, die vor dem Krieg allgemein verwendet worden war, erklärte. Er war sehr interessiert und wollte es in der Marine einführen.

Der Matrose verabschiedete sich schließlich, und meine Töchter kamen lächelnd ins Musikzimmer und erzählten uns, dass der Matrose, während sie mit ihm sprachen, plötzlich von seinem Stuhl aufgesprungen und stramm dagestanden hatte. Er hatte die Klänge der Nationalhymne aus unserem Zimmer gehört und wusste, was seine Pflicht war, da er sich an den Admiral erinnerte! Wer sollte danach noch die Macht der Musik in Frieden oder Krieg leugnen?

LIEUTENANT WALKER BLAINE BEALE
, getötet bei der St. Mihiel-Fahrt, 18. September 1918

XVI

DIE EUROPA-TOUR

Im Frühjahr 1919 erhielt ich einen Brief von M. Lafere, dem damaligen *Minister für Schöne Künste* in Frankreich, der die Direktoren der New York Symphony Society und mich außerordentlich interessierte. In diesem Brief erwähnte er die Verdienste des New York Symphony Orchestra und mich selbst für die französische Kunst in Amerika und lud uns ein, im folgenden Jahr einen beruflichen Besuch in Frankreich zu machen. Er versprach jede Unterstützung seitens der französischen Regierung und versicherte uns eines herzlichen Empfangs.

Mr. Flagler beschloss sofort, dass diese Einladung angenommen werden müsse, da es das erste Mal war, dass eine ausländische Regierung einer amerikanischen Musikorganisation eine solche Höflichkeit erwiesen hatte. Er dachte auch, dass unser Besuch so kurz nach dem Krieg, der möglicherweise auch die anderen Verbündeten im Krieg einschloss, wie Belgien, Italien und England, nicht nur einen guten Eindruck machen würde, sondern auch dazu beitragen würde, die musikalischen Beziehungen zu Europa auf eine gleichberechtigtere Basis zu stellen. Bis dahin war es genau andersherum gewesen. Europäische Sänger und Instrumentalisten waren seit vielen Jahren in einem stetigen Strom nach Amerika gekommen, aber in der Zwischenzeit hatte Amerika mehrere eigene Orchester entwickelt, die sich mit denen Europas messen konnten; und er war sehr stolz darauf, dass der Organisation, deren Präsident und Unterstützer er war, eine so große Ehre und Chance zuteil wurde.

Ich segelte im Frühjahr 1919 nach Europa, um mit den Beaux Arts über die Vorbereitungen für unseren Besuch in Paris und anderen Städten Frankreichs zu sprechen, und gleichzeitig erhielt ich auch Einladungen von den Regierungen Belgiens und Italiens, ihre Länder mit dem Orchester zu besuchen. In London empfing mich auch Augustus Littleton, der Verleger, Chef des alten Hauses Novello & Co., sehr herzlich und bestand darauf, dass unser Besuch in Europa nicht vollständig wäre, wenn wir London nicht mit einschließen würden. Da England, wie unser Land, kein Ministerium für Schöne Künste hat und daher keine offizielle Kenntnis von Musikangelegenheiten nehmen kann, machte er sich sofort und energisch an die Arbeit, ein Einladungskomitee zu bilden, das von König George geleitet und aus allen führenden Komponisten und Dirigenten Großbritanniens zusammengesetzt werden sollte.

Die Dinge begannen sich sehr günstig zu entwickeln, und unser Manager, Mr. George Engles, begann eine siebenwöchige Tournee zu planen, während der wir fünf Länder besuchen und insgesamt 27 Konzerte spielen sollten.

Aber in der Zwischenzeit sanken die Devisenkurse immer weiter und die Berichte über die Transportbedingungen in Europa waren so düster, dass ich ernsthaft an der Möglichkeit der geplanten Tournee im Frühjahr 1920 zu zweifeln begann. Im Januar beschloss ich schließlich, unseren Manager persönlich nach Europa zu schicken, um sich das Gelände anzuschauen, und gleichzeitig teilte ich Mr. Flagler meine Befürchtungen mit.

Ich sagte ihm, dass wir enorme Reisekosten aufbringen müssten, allein die Dampferüberfahrt betrage 50.000 Dollar, und dass wir unsere Orchestergehälter in amerikanischen Dollar zahlen müssten, unsere Einnahmen in Europa aber in Francs, Lire usw. erfolgen würden. Der Dollar wurde damals in Frankreich für siebzehn Francs und in Italien für dreiundzwanzig Lire gehandelt. Ich schlug ihm vor, die Tournee auf einen Zeitpunkt zu verschieben, an dem das kriegszerstörte Europa wirtschaftlich in einer besseren Lage wäre und sein Verkehrssystem wieder annähernd auf dem Vorkriegsniveau wäre.

Herr Flagler hörte mir zu und sagte: „Ich sehe nicht, wie wir die Annahme dieser offiziellen Einladungen aus vier Ländern auf einen späteren Zeitpunkt verschieben können. Jetzt ist der psychologische Moment dafür. Was glauben Sie, wie viel wird die Reise kosten?"

Ich hatte eine Art Pauschalrechnung angestellt und den Betrag genannt, der mir hoch erschien.

„Ist das nicht merkwürdig?", antwortete er. „Das ist genau der Preis, den ich erwartet habe. Machen Sie gleich mit Ihren Vorbereitungen weiter."

Ich war natürlich erfreut über seine Entscheidung. Ich wusste, dass amerikanische Orchester eine Ensemble-Perfektion erreicht hatten, die nur wenige, wenn überhaupt, europäische Orchester erreichen konnten. Ich war stolz auf unsere Organisation und wollte sie als Maßstab der amerikanischen Musikkultur demonstrieren.

Die Orchestermitglieder waren außer sich vor Aufregung über diese wunderbare Neuigkeit. Viele von ihnen waren in Amerika geboren und hatten Europa noch nie gesehen. Es war das Wunderland ihrer Fantasie. Andere waren während des Krieges als Soldaten dort gewesen, und wieder andere hatten Europa schon vor Jahren verlassen, um in der Neuen Welt ihr Glück zu finden und Familien aufzubauen, und waren seitdem nicht mehr zurückgekehrt. Sie ernannten sofort ein Komitee, um einen Mindestlohnplan festzulegen, der ihnen eine angemessene Vergütung für ihre Zeit bot, uns diesen Teil der Arbeit jedoch nicht zu schwer machen würde. Zu dieser Summe fügte Mr. Flagler jedoch später zehn Dollar pro Woche für jeden Spieler hinzu, da er dachte, dass ihre Hotelkosten höher sein könnten, als wir berechnet hatten.

Die organisatorische Planung der Tournee war mit vielen Schwierigkeiten verbunden, da der Krieg viele der regulären Konzertorganisationen in Europa, unter deren Schirmherrschaft wir unter normalen Umständen gespielt hätten, durcheinandergebracht hatte. Auch die Eisenbahnen waren viel langsamer unterwegs als früher. Doch allmählich nahm die Tournee Gestalt an, und das erste Konzert sollte am 6. Mai in der Grand Opéra in Paris stattfinden, die uns das *Ministère des Beaux Arts* angeboten hatte, und das letzte Konzert am 20. Juni in der Royal Albert Hall in London. Damit diese Tournee in jeder Hinsicht das Beste der amerikanischen Musik repräsentieren konnte , schlug Mr. Flagler vor, dass wir zwei angesehene junge, in Amerika geborene Solisten mitnehmen sollten – Albert Spalding, Violinist, und John Powell, Komponist und Pianist. Ich machte mich sofort an die Arbeit, eine Reihe geeigneter Programme vorzubereiten, die dem doppelten Zweck dienen sollten, die hervorragenden Qualitäten unseres Orchesters und unserer Solisten zu demonstrieren und auch den großen Komponisten der Länder, die wir besuchen wollten, gebührend Tribut zu zollen.

Wir sollten mit drei Konzerten in Paris eröffnen, und da ich mit allen Einzelheiten, insbesondere in Bezug auf Paris, vertraut war, ging ich dem Orchester voraus und kam am 22. April dort an. In meinem Hotel, dem „France et Choiseul", fand ich einen Brief von meinem alten Freund Robert Underwood Johnson, der gerade Paris verlassen hatte, um als amerikanischer Botschafter in Italien nach Rom zu gehen. Er schrieb:

LIEBER WALTER ,

Es ist schön, daran zu denken, dass Sie in ein paar Tagen die „Botschaftersuite" beziehen werden, in der ich diese Zeilen schreibe (Davis aus London hatte sie auch). Wir reisen übermorgen ab und freuen uns sehr, Sie alle zu sehen, wenn Sie nach Rom kommen. Wir sehen der Invasion der Symphonie und ihres Dirigenten und der assistierenden Künstler in Italien mit Stolz und angenehmer Erwartung entgegen. Leider haben wir keine Botschaft, da wir „ganz (oder fast) herausgeputzt sind und keinen Ort haben, wohin wir gehen können", und so werden wir uns im Grand Hotel einquartieren, bis das Geld auszugehen scheint.

Lassen Sie niemanden aus Ihrer Gruppe umkommen, indem er über den zerrissenen Teppich am Eingang dieser Wohnung stolpert. Ich habe versucht, ihn reparieren zu lassen, aber mein Versagen zeigt, dass ich noch kein Diplomat bin.

Auf Wiedersehen. Bientôt in Rom.

Meine erste Handlung bestand darin, den Teppich ausbessern zu lassen, und ich schickte sofort ein Telegramm an die amerikanische Botschaft in Rom, um die wichtigen Neuigkeiten mitzuteilen. Und dann begannen mich die Angelegenheiten der Tournee so sehr zu überfordern, dass ich, bis Mr. Engles eintraf und mir mit geschickten Händen einen Großteil dieser Last abnahm, dachte, ich sei zurück in den alten Tagen der Damrosch Opera Company, als ich Eigentümer, Direktor, Orchesterleiter, Bühnenmanager und Primadonna-Beruhiger in einer Person war.

Zu meinen Sorgen kam noch hinzu, dass für den 1. Mai, den Tag der Ankunft des Orchesters in Le Havre, ein Eisenbahnstreik angekündigt war. Und damit nicht genug: Die Hafenarbeiter von Le Havre wollten an diesem Tag auch noch ihr „Werkzeug", was immer das auch sein mochte, niederlegen und die Arbeit einstellen. Als ich an die Musikinstrumente und Koffer meines Orchesters im Laderaum des Dampfers *Rochambeau dachte* , der am oder um den 1. Mai ankommen sollte, blieb mir das Herz stehen. Allerdings war ich auf meinen großen Orchestertourneen durch den Westen schon zu oft in brenzlige Situationen geraten, um völlig bestürzt zu sein, denn selbst wenn die Eisenbahn stillgelegt würde, würde es immer noch Lastwagen und Flugzeuge geben. Wir hatten mit Thomas Cook and Sons vereinbart, sich um alle Transportangelegenheiten zu kümmern, vom Tag der Ankunft des Orchesters in Frankreich bis zu seiner Heimfahrt aus England, und sie versicherten mir, dass sie bei Bedarf Lastwagen wie die während des Krieges verwendeten hätten, um mein gesamtes Orchester samt Gepäck und Musikinstrumenten von Le Havre nach Paris zu transportieren.

Glücklicherweise legte das Schiff mehrere Stunden vor Beginn des Streiks der Hafenarbeiter an, und Kontrabässe, Pauken und unzählige Spieldosen konnten sicher aus dem Laderaum des Schiffes an Land gebracht werden. Ich hatte vorgehabt, nach Le Havre zu fahren, um das Orchester zu treffen, aber die Streikbedingungen waren zu unsicher und ich hielt es für besser, in Paris zu bleiben und die Operationen von dort aus zu leiten.

Die Regierung ließ mehrere Züge fahren, und das Telegramm, das Orchester habe nach Paris geschickt, munterte mich sehr auf. Ich war an diesem Nachmittag um 15.30 Uhr am Bahnhof und erhielt die Nachricht, dass der Zug Verspätung habe und erst um sechs Uhr eintreffen würde. Um sechs war noch nichts zu sehen, und wie es auf französischen Bahnhöfen üblich ist, war absolut niemand da, der eine Ahnung hatte, wann er ankommen würde. Ich blieb bis acht Uhr dort – kein Zug. Schließlich ertönte ein Pfiff. Alle stürmten hinaus. Es war ein Güterzug, aber wie die Taube aus der Arche Noah sah ich den „Mann von Cook's", einen kleinen Mann, der damals und während der gesamten Fahrt einen sehr kleinen Derbyhut und einen extrem langen zweireihigen Gehrock trug und auf einem der Waggons saß. Er war müde, schmutzig, aber triumphierend, denn alle unsere Musikinstrumente und Spieldosen befanden sich in diesen Waggons. Er war auf halbem Weg in Rouen am Orchester vorbeigefahren, wo es von einer heißen Kiste aufgehalten wurde. Das klang für mich wie Zuhause, denn ich hatte diese magischen Worte nur zu oft gehört, wenn unser Zug auf dem Weg von oder nach Kalifornien durch Idaho oder Arizona stundenlang aufgehalten wurde und wir uns fragten, ob wir es zum Konzert am Abend „schaffen" würden.

Das Orchester hatte unser Repertoire vor unserer Abfahrt so gründlich mit mir einstudiert, dass kaum mehr nötig war. Ich ließ sie jedoch vor unserem ersten Konzert drei Proben abhalten, die ersten beiden in der *Salle du Conservatoire*, um sie nach ihrer langen Reise wieder zusammenzurütteln, und die letzte am Nachmittag des Konzerts, dem 6. Mai, in der Oper, um sie an die Akustik zu gewöhnen. Das Orchester spielte bei den ersten beiden Proben so hervorragend, dass ich jubelte und stolz auf sie war. Das Ensemble war perfekt und jeder Mann spielte, als ob der Erfolg des Konzerts von ihm abhinge – was sicherlich der Fall war. Aber als wir in der Oper mit den Proben begannen, schien der Klang des Orchesters plötzlich so dünn und leblos, dass ich vor Angst fast außer mir geriet. Das Orchester wurde auf die Bühne gebracht, aber die örtliche Leitung hatte es nicht für nötig befunden, uns eine angemessene Kulisse oder ein Dach zur Verfügung zu stellen, so dass der Klang unseres großen und edlen Orchesters vollständig im Flug unterging. Als ich protestierte, wurde mir gesagt, dass sie ein Dach für die Bühne hätten, das sich aber im Lagerhaus hinter den Festungsanlagen von Paris befände und dass dies das erste Mal seit vielen Jahren sei, dass das Opernhaus für ein Konzert genutzt werde. Schließlich stimmten sie zu, für unser Konzert zumindest ein halbes Dach zu bauen und eine kleinere Bühne einzurichten, die den Klang eindämmen und ihn kompakter in den Zuschauerraum werfen würde. Nach etwa zwanzig Minuten Probe warf ich meinen Stock hin und sagte den Männern, sie sollten Schluss machen. Ich ging sehr deprimiert in mein Hotel zurück, da so viel von dem ersten Eindruck abhing, den unser Orchester an diesem Abend machen würde.

Auf dem Programm stand:

1. Ouvertüre „Benvenuto Cellini"   Berlioz

2. Sinfonie Nr. 3, „Eroica"   Beethoven

3. „Istar", Symphonische Variationen   d'Indy

4. „Daphnis et Chloe" (Symphonische Fragmente) Ravel

Der Leser wird bemerken, dass wir darauf zwei Werke lebender französischer Komponisten platzierten, die beide beim Konzert dabei sein sollten. Das

Haus war restlos ausverkauft und begrüßte mich sehr freundlich, als ich auf die Bühne kam.

Schon bei den ersten Akkorden der „Eroica"-Symphonie bemerkte ich, dass die leichten Verbesserungen unserer landschaftlichen Umgebung und vor allem die Tatsache, dass das Haus voller Menschen war, wie ein Zauber auf die Akustik gewirkt hatten. Der Klang des Orchesters war voll, klar und prägnant geworden. Meine Stimmung hob sich und ich vergaß alles außer dem Orchester vor mir und Beethovens Partitur. Nach jedem Satz war der Applaus ohrenbetäubend und am Ende der Symphonie erklangen Freudenschreie aus den Galerien. Wir schienen uns in ihre Herzen gespielt zu haben, und nach dem ersten Teil strömte ein stetiger Strom französischer Musiker in mein Ankleidezimmer, um mir zu unserem wunderbaren Orchester und seinem Ensemble zu gratulieren und ihre Freude darüber auszudrücken, dass wir in solch freundlicher Mission hergekommen waren. Unter ihnen waren: Vincent d'Indy, Gabriel Fauré, André Messager, Gabriel Pierné, Theodore Dubois, Paul Vidal, Nadia Boulanger und viele andere.

Als wir zum französischen Teil unseres Programms übergingen, wurde die Begeisterung noch größer, und am Ende von „Istar" entdeckten einige meiner ersten Geigen den Komponisten d'Indy im Publikum, zeigten auf ihn und erhoben sich, um zu applaudieren. Innerhalb einer Minute waren nicht nur das ganze Orchester, sondern auch das Publikum auf den Beinen, und mit lauten Rufen von „Auteur!" und „d'Indy!" war das Haus in Aufruhr, bis d'Indy, dessen Gesicht rot wie eine Rübe war, sich gezwungen sah, aufzustehen und diese Hommage anzuerkennen.

Das Programm endete mit dem wunderbaren „Daphnis et Chloe" von Ravel, bei dem der köstliche Klang des Orchesters und seine Virtuosität so überzeugend zur Geltung kamen, dass das Konzert nicht nur einen turbulenten Höhepunkt erreichte, sondern mehrere französische Zeitungen hinterher auch verkündeten, dieses Werk sei noch nie zuvor so lebendig und perfekt wiedergegeben worden.

Meine Interpretation der Beethoven-Sinfonie „Eroica" hat einige Zeitungskritiker verwirrt, da sie nicht mit ihren französischen Traditionen übereinstimmte. Diese erlauben keine so geringen gelegentlichen Tempoänderungen, wie sie moderne Dirigenten, die in der deutschen Tradition Beethovens aufgewachsen sind, für eine angemessene Interpretation dieses Meisters für wesentlich halten. Aber ich war sehr erfreut und geehrt, als ich nicht nur von mehreren meiner französischen Kollegen mündlich, sondern auch von M. d'Indy in einem Artikel, den er über unser Konzert schrieb, die volle Zustimmung zu meiner Interpretation erhielt und in dem er sagte:

Wenn ich alles beiseite lasse, was Walter Damrosch für unser Land und die französischen Musiker getan hat, großzügige Taten, für die wir oft unseren Dank ausgesprochen haben, möchte ich vor allem die äußerst ausdrucksstarke Interpretation der Konzerte würdigen, die er in letzter Zeit in der Oper gegeben hat. Ob es sich nun um klassische, romantische oder moderne Musik handelt, Damrosch versucht vor allem, das hervorzuheben und zu verdeutlichen, was wir das „Melos" nennen, das Ausdruckselement, die Stimme, die sich über alle anderen Stimmen des Orchesters erheben muss. Er versteht es, die agogische Handlung, die dynamische Kraft zu verteilen, und er hat keine Angst – selbst in Beethovens Werken und trotz der Überraschung, die dies bei unserem Publikum hervorrief –, die Bewegung zu beschleunigen oder zu verlangsamen, wenn die Notwendigkeit des Ausdrucks es erfordert.

Die Franzosen sind ein höfliches Volk und am Ende des Konzerts versammelte sich hinter den Kulissen eine noch größere Menge an Musikern und Freunden, um ihre Freude über unseren Erfolg auszudrücken.

Die Programme der anderen beiden Konzerte waren wie folgt:

8. Mai

1. Ouvertüre, „Le Roi d'Ys"   Lalo

2. Sinfonie „Aus der Neuen Welt"   Dvořák

3. Konzert für Violine und Orchester h-Moll   Saint-Saëns

HERR SPALDING

4. A. „Pélléas et Mélisande" (Dateiverwendung) Fauré

    B. Ma Mère L'Oye (Die Pagoden)   Ravel

5. Vorspiel zu „Die Meistersinger"   Wagner

9. Mai

1. Sinfonie in C (Jupiter)   Mozart

2. Gedichte (nach Verlaine)   Loeffler

3. Sinfonie d-Moll   Franck

4. Negro Rhapsody für Klavier und Orchester   Powell

JOHN POWELL

Die beiden jungen amerikanischen Künstler Albert Spalding und John Powell machten einen großartigen Eindruck, und von den Orchesterwerken fanden das Vorspiel zu den „Meistersingern" von Wagner sowie die Symphonien von Mozart und Franck besondere Anerkennung.

Es war herrlich, die halb unterdrückten „Ahs" und „Bravos!" zu hören, die so charakteristisch für das französische Publikum nach dem Andante der Mozart-Symphonie sind. Ich gestehe, dass die spontanere Zustimmung, die das europäische Publikum in Dramen, Opern oder Konzerten gibt, überaus erfreulich ist und den Künstler zu seinem allerbesten Potenzial anspornt. Jeder Künstler, der etwas auf sich hält, wird sich einem Publikum immer mit dem Gefühl nähern, dass es Fremde sind, die er durch seine Kunst als Freunde gewinnen muss. Dieses Gefühl besteht, ob er nun als Anfänger seinen ersten Auftritt hat oder nach zwanzig Jahren öffentlicher Arbeit zum dreitausendsten Mal auftritt. Es ist ein wunderbarer Moment für ihn, wenn sein Publikum, nachdem er sein Bestes gegeben und alles gegeben hat, was in ihm steckt, durch die Intensität seiner Zustimmung zeigt, dass das „Lied, das er in die Luft gehaucht hat", seine Heimat „im Herzen eines Freundes" gefunden hat.

Am Sonntagmorgen, dem 9. Mai, um elf Uhr gab das Orchester des Konservatoriums zu unseren Ehren ein großes Fest, als Gegenleistung für das Fest, das wir dem französischen Orchester bei seiner Ankunft in Amerika im Jahr 1918 gegeben hatten. Wir trafen uns alle in der *Salle du Conservatoire*, wo M. Leon, der Vertreter des Ministeriums der Schönen Künste, auf mich wartete. Mit dem Orchester des Konservatoriums waren verschiedene französische Meister anwesend, darunter der ehrwürdige Gabriel Fauré, und Messager, der Dirigent.

Nach verschiedenen Begrüßungsreden wurde mir ein wunderschöner Stich von Beethoven überreicht und ich wurde zum Ehrenmitglied des Konservatoriumsorchesters ernannt . Dann marschierten wir zur *Taverne du Nègre*, wo das Mittagessen serviert wurde. Vor jedem Teller standen so viele verschiedene Weingläser, dass ich um Erlaubnis bat, eine kurze Rede auf Englisch an mein Orchester halten zu dürfen. Sie bestand aus Folgendem:

„Meine Herren, denken Sie daran, dass wir heute Nachmittag ein Konzert haben. Mischen Sie Ihren Wein also bitte mit viel Wasser."

Es erübrigt sich zu erwähnen, dass die französischen Redner in allen Reden immer wieder auf den Krieg zurückgriffen – wie viel Frankreich unserem Eingreifen und der Tapferkeit unserer Soldaten zu verdanken habe.

Es wäre sehr angenehm gewesen, in Paris zu bleiben und uns auf unseren Lorbeeren auszuruhen, wo sich unser Orchester langsam zu Hause fühlte, aber unsere Tournee hatte gerade erst begonnen, und wir mussten weitermachen!

In der Zwischenzeit mussten Herr Engles und unser Schatzmeister Roger Townsend alle möglichen neuen Schwierigkeiten und Komplikationen ausbügeln, von denen die Pässe die größte waren. Es herrschten immer noch Kriegszustände, und die Pässe mussten von den Botschaftern aller Länder, die wir besuchten, sorgfältig kontrolliert werden. Alle Mitglieder unseres Orchesters waren praktisch Amerikaner, aber technisch gehörten sie zu Amerika, Frankreich, Belgien, Italien, England, Russland, Deutschland, Österreich und der Tschechoslowakei. Viele von ihnen hatten bei Kriegsausbruch gerade ihre ersten amerikanischen Papiere und konnten gemäß den Kriegsbestimmungen noch keine amerikanischen Staatsbürgerschaftspapiere erhalten. Sie waren daher gezwungen, mit ausländischen Pässen zu reisen, und einige ihrer Pässe waren äußerst schwer zu erhalten, da neue Länder wie beispielsweise die Tschechoslowakei noch keinen richtig organisierten diplomatischen Dienst hatten. Andere, wie Russland, wurden überhaupt nicht anerkannt, und unsere Russen mussten mit Kerenski-Pässen reisen, die ihnen der Kerenski-Botschafter ausgestellt hatte, der in Washington immer noch „die Stellung hielt". Dank der freundlichen Hilfe von Herrn Grew, Berater unserer Botschaft in Paris, und anderen Freunden in hohen Positionen erhielten wir schließlich unsere hundert Visés und verließen Paris am 11. Mai in Richtung Bordeaux. Trotz des Eisenbahnstreiks war die Durchfahrt unseres Zuges bis Bordeaux sichergestellt.

Der einzige Wermutstropfen war eine kleine Revolution, bevor wir den Bahnhof verließen. Einige Mitglieder des Orchesters hatten ihre Frauen und sogar ein paar kleine Kinder mit nach Europa gebracht. Sie wollten ihren Familien natürlich eine schöne Zeit bereiten und wollten sie während der gesamten Reise bei sich und in den Orchesterwaggons haben. Da der Platz im Eisenbahnwaggon äußerst begrenzt war und die Junggesellen und Strohwitwer des Orchesters sich energisch gegen diesen Zusatz wehrten, musste ich den Plan ablehnen und die Schwierigkeiten mit der Reise, den Hotels, den Pässen usw. so grell darstellen, dass es mir gelang, ihre Abreise aus Paris mit uns zu verhindern. Die Ehemänner versprachen, ihre Familien bis zu unserer Rückkehr etwa drei Wochen später in Paris zu lassen, aber als alle Frauen und Kinder zum Bahnhof kamen, um ihre jeweiligen Ehemänner und Väter zu verabschieden, war ich nervös, bis die letzten Türen des Waggons zugeschlagen wurden und das Pfeifen der französischen Lokomotive, das immer wie das schrille Heulen der Verdammten klingt, verkündete, dass wir wirklich losfuhren.

Das Orchester war in sehr heiterer Stimmung und bestand darauf, jedes Mal auszusteigen, wenn der Zug auch nur eine Sekunde anhielt, und musste dann wieder zurückgezogen werden, wenn der Zug ohne Vorwarnung wieder anfuhr. Ein Passbild eines unglücklichen kleinen zweiten Geigers wurde durch alle Waggons geschickt, aufgeklebt auf ein Stück Papier mit der Aufschrift: „Wegen Bigamie gesucht. Mitglied des New York Symphony Orchestra. Belohnung von drei Francs bei Rückgabe tot oder lebendig an George Engles, Manager." Dies war von Willem Willeke verübt worden, der nicht nur ein Meistervioloncellist war, sondern auch der Kopf hinter fast jedem Streich, der während der Tournee getrieben wurde.

Wir kamen an diesem Abend in Bordeaux an und wurden in unserem Hotel von einem typischen kleinen Hotelmanager begrüßt, der oben völlig kahl war, aber wunderschön mit langen, nach hinten gekämmten Haaren bedeckt war. Er hatte auch einen Vollbart, der ordentlich in der Mitte gescheitelt war, und natürlich einen langen zweireihigen Gehrock. Er rieb sich die Hände vor Freude, uns begrüßen zu dürfen, und versicherte uns, dass alle unsere Zimmer ordnungsgemäß reserviert waren. Tatsächlich brauchten wir eine Dreiviertelstunde, um uns und unser Gepäck in die richtigen Zimmer zu bringen. Unsere Gruppe bestand aus Albert und Mrs. Spalding, John Powell, Mary Flagler, meiner Tochter Gretchen und mir, und der äußerst effiziente Manager hatte jeden von uns zunächst in die falschen Zimmer geschickt, während unser Gepäck noch weiter verloren ging. Aber ein gutes Bad und ein köstliches Abendessen im berühmten *Chapon Fin* brachten uns alle in gute Laune.

Das Theater, in dem wir am nächsten Abend spielen sollten, lag direkt gegenüber unserem Hotel und seine Fassade ist ohne Zweifel die schönste, die ich je gesehen habe. Solche Beispiele der schönsten Architektur des 18. Jahrhunderts heben sich in bemerkenswertem Kontrast zu ihrer moderneren Umgebung ab, und es ist schwer zu verstehen, wie französische Architekten, die sich an so edlen Vorbildern orientieren konnten und eine Schule in Paris hatten, die noch immer als die beste der Welt gilt, ihre Kunst in den letzten dreißig Jahren so weit verkommen lassen konnten. Man braucht nur die edle Fassade des Place de la Concorde mit so modernen Monstrositäten wie beispielsweise dem Hotel Mercedes oder dem Palais de Justice in Tours zu vergleichen, um zu erkennen, dass sie in ihrem Bestreben, sich vollständig von ihren eigenen edelsten Traditionen zu lösen, bewusst die Anarchie heraufbeschworen haben, denn ihre Architektur beruht nicht auf Gesetzen der Schönheit oder Symmetrie. Viele unserer besten amerikanischen Architekten sind Absolventen der École des Beaux Arts in Paris, aber sie sind keine Revolutionäre geworden und haben verstanden, ihre Wertschätzung der besten französischen Traditionen den amerikanischen Bedürfnissen anzupassen. Die Ergebnisse demonstrieren eine Kunst, auf die jeder Amerikaner stolz sein kann.

Unser Konzert, das unter der Schirmherrschaft der örtlichen Symphoniegesellschaft stattfand, wurde mit großer Zustimmung aufgenommen. Das Innere des Theaters ist herrlich intim, und das Publikum machte den Eindruck, einer alten musikalischen Zivilisation anzugehören. Wir bekamen riesige Blumensträuße in den amerikanischen Farben überreicht. Albert Spaldings Auftritt machte einen großartigen Eindruck, und die Ouvertüre zu den „Meistersingern" stieß auf besondere Begeisterung.

Doch wie erstaunt war ich, als ich plötzlich drei der „Orchesterfrauen", die angeblich in Paris geblieben waren, in einer der Logen sitzen sah. Ich weiß bis heute nicht, ob sie auf den Kutschen oder in einem der Gepäckwagen mitfuhren. Es waren jedenfalls bezaubernde Damen, und als verheirateter Mann konnte ich ihnen und ihren nachsichtigen Ehemännern nicht allzu böse sein. Wir einigten uns darauf, indem wir ihnen erlaubten, für den Rest der Tournee mit uns zu fahren, vorausgesetzt, dass sie und ihre Ehemänner einen anderen Platz als den für das Orchester reservierten Platz einnahmen und dass sie nach ihren eigenen Pässen Ausschau hielten, wenn wir uns der Grenze näherten.

Als wir nach dem Konzert in unser Hotel zurückkehrten, stand der lächelnde Hotelmanager in der Lobby, um uns zu empfangen und uns zum Erfolg eines *merveilleux -Konzerts zu gratulieren* . Als wir den elektrischen Aufzug zu unseren Zimmern betraten, schloss er persönlich das Gitter vor uns und drückte den Knopf, um uns langsam nach oben fahren zu lassen. (Alle französischen Aufzüge fahren langsam.) Seine fast himmlische Ruhe brachte mir unwiderstehlich das Finale von Gounods „Faust" in Erinnerung, als *Marguerite* gen Himmel steigt. Ich begann die Melodie der „ *Anges radieux* " zu singen, und als wir gerade das erste Stockwerk erreicht hatten, hörten wir plötzlich die Stimme des Hotelmanagers, einen lebhaften Tenor, der das Trio von unten enthusiastisch fortsetzte. Ich blickte nach unten, und da war er, sein Gesicht ekstatisch zu uns erhoben, die Hand an seinen zweireihigen Gehrock gepresst – vielleicht ein armer Hotelmanager, aber ganz sicher ein begeisterter Musikliebhaber.

Die Zeitungen von Bordeaux waren voll des Lobes über unser Konzert, aber eine von ihnen schrieb: „Das Orchester spielte mit der Trockenheit, die allen Nordamerikanern eigen ist." Ach und weh! Hatte der im Januar zuvor in Kraft getretene 18. Zusatzartikel bereits seine schrecklichen Auswirkungen bemerkbar gemacht?

Lyon war die nächste Stadt auf unserer Reise, aber leider war sie wegen des Eisenbahnstreiks völlig isoliert und von Bordeaux aus nicht zu erreichen. Wir waren daher sehr ungern gezwungen, das Konzert abzusagen. Alle Plätze waren schon lange im Voraus verkauft worden, und da Lyon in musikalischer Hinsicht nach Paris an zweiter Stelle stand, war die Absage für uns eine große Enttäuschung.

Am nächsten Morgen brachte mir Engles ein Telegramm, das er gerade von unserem Generaldirektor in Paris erhalten hatte. Darin stand, dass der Saal, in dem wir in Marseille spielen sollten, von der Feuerwehr als unsicher eingestuft worden war und das Konzert deshalb in einem anderen Theater und unter anderer Leitung stattfinden müsse. Engles gefiel die Lage nicht und er bat mich, da er kein Französisch sprach, ihn nach Marseille zu begleiten und mir das Gelände mit ihm anzusehen. Wir sollten in Marseille unter der Schirmherrschaft und Leitung der örtlichen Symphonieorganisation spielen, die sich jedoch als eine kleine und nicht sehr einflussreiche Gruppe von Musikern herausstellte, von denen die meisten Amateure waren. Ihr Sekretär, der sich um die Einzelheiten der Leitung kümmern sollte, war ein Zeitungsmann und Amateur-Kontrabassist, auf dessen Instrument er sehr stolz war. Als wir nur zwei Tage vor dem Konzert ankamen, stellten wir fest, dass absolut nichts unternommen worden war, um es bekannt zu machen. Es gab keine Plakate, keine Anzeigen, und der Manager des Theaters, in das wir versetzt worden waren, wusste vor unserer Ankunft nicht einmal, ob es sich bei uns um eine Jazzband farbiger Amerikaner oder vielleicht um eine Truppe wandernder Minnesänger handelte.

Wir sollten zwei Konzerte geben, und zunächst schien es, als wäre es unter diesen entmutigenden Umständen besser, sie abzusagen und nach Monte Carlo und Italien zu fahren, wo uns bereits ausverkaufte Häuser erwarteten. Der Zeitungsmann, der eigentliche Schuldige, war nirgends zu finden. Er war aufs Land gefahren, um *sich dort aufzuhalten,* und wurde erst am nächsten Tag erwartet. Glücklicherweise erwies sich der Theatermanager als der richtige Typ. Als er sah, wofür unsere Organisation wirklich stand, wollte er von einer Absage nichts wissen und ging sofort mit Engles zu allen Zeitungsredaktionen. Plakate, das wichtigste Werbemittel in Europa, tauchten wie durch Zauberei an den Straßenecken auf, und obwohl es zu spät war, ein großes Publikum für das erste Konzert anzulocken, versicherte er uns, dass das Theater, das etwa 2400 Menschen fasste, für das zweite Konzert am Sonntagnachmittag komplett ausverkauft sein würde, wenn dieses Konzert den erwarteten Erfolg hätte. Seine Prophezeiung erwies sich als richtig. Beim ersten Konzert waren nicht mehr als achthundert Leute, aber da sie echte Söhne des *Südens waren* und noch nie in ihrem Leben ein Symphonieorchester von solcher Größe und Bedeutung gehört hatten, gerieten sie außer sich. Sie applaudierten mit Händen, mit beiden Füßen, mit ihren Stöcken und Regenschirmen. Sie riefen achtstimmige Harmonien und die Dachbalken des Theaters zitterten vor Mitgefühl. Nach dem Konzert stellten sie sich in einer großen Menschenmenge an der Kasse an, während der Theaterdirektor mit einem breiten Grinsen sagte: „Habe ich es Ihnen nicht erzählt?"

In der Zwischenzeit tauchte der säumige Sekretär und Manager des Ortes auf, und ich war fest entschlossen, ihn für seine mangelnde Ankündigung unseres Konzerts im Vorfeld zu vernichten. Als er mich jedoch sofort mit „Cher maître" ansprach und in eloquentem Französisch seine Freude über das Auftreten einer so bemerkenswerten Organisation wie der unseren zum Ausdruck brachte, ging mir das völlig aus dem Kopf, und ich war nicht in der Lage, auch nur ein Wort mit ihm zu sagen, geschweige denn, ihm zu sagen, was ich wirklich von ihm hielt.

Ich habe bereits erzählt, dass er ein Amateur-Kontrabassist im örtlichen Orchester war, und dies war offensichtlich die beherrschende Leidenschaft seines Lebens, obwohl ich nie verstehen konnte, warum ein Amateur dieses spezielle Instrument zu seinem Vergnügen wählen sollte. Nach dem zweiten Konzert und während der Saal noch von den Rufen der feurigen Bürger von Marseille widerhallte, kam er in meine Garderobe, als ich ihm sein Lob aussprechen wollte, aber leider sagte er nur: „Cher maître, ich konnte Ihre Kontrabassisten während des gesamten Konzerts kaum hören." Ich nehme an, dass er bei den Konzerten seines Orchesters so in seinen eigenen Kontrabasspart vertieft war, dass er beim Spielen nichts von den anderen Instrumenten um ihn herum hörte. Er wurde sozusagen berauscht von der Resonanz seines eigenen Instruments. Bei unserem Konzert, als er im Publikum saß, stellte der arme Mann plötzlich fest, dass der Kontrabass nicht der einzige Kieselstein am Strand des Orchesters war und dass gelegentlich auch die Geigen, Holzbläser oder Blechbläser etwas Wichtiges zu verkünden hatten. Es muss für ihn eine traurige Offenbarung gewesen sein und es wundert mich nicht, dass er sich weigerte, sie zu akzeptieren.

Inzwischen breitete sich das Streikfieber in alle Richtungen aus, und weder fuhr eine Straßenbahn durch die Stadt Marseille, noch verließ ein Boot den Hafen. Die Wirkung war sehr merkwürdig, denn die Straßen waren mit großen Menschenmengen gefüllt, die ruhelos auf und ab gingen und scheinbar ohne Arbeit oder Angelegenheiten jeglicher Art waren, die sie beschäftigt hätten. In mehreren Straßen spielten kleine Bands in abgesperrten Kreisen, während etwa dreißig Paare wie verrückt herumtanzten und Hunderte von anderen außerhalb der Absperrungen ihnen zusahen. Das riesige Publikum, das zu unserem Konzert am Sonntagnachmittag gekommen war, muss zu Fuß gekommen sein, denn nirgendwo drehte sich ein Rad.

Als wir wieder im Hotel ankamen, wurden die großen Eisentüren plötzlich geschlossen und verriegelt, denn davor brach ein ziemlicher Aufruhr aus. Die

Straßenbahngesellschaft versuchte, einen Wagen durch die Stadt zu schicken, der von jungen Mechanikern der Technischen Hochschule besetzt war, und hin und wieder stürzte sich ein Mob von Streikenden auf sie, zerschlug die Fenster des Wagens und zerrte die jungen Streikbrecher heraus. Aber das alles geschah auf ziemlich liebenswürdige Weise, während eine Menge Männer in hellen Strohhüten mit den Händen applaudierte und „Bravo" rief, alles, als wäre es eine Aufführung, die zu ihrem Vergnügen veranstaltet wurde. Dann kamen ein paar liebenswürdige Gendarmen vorbei und setzten die jungen Männer auf die gleiche friedliche Weise wieder in den Wagen, der dann noch ein paar Meter weiterfuhr. Plötzlich jedoch nahm diese scheinbare Komödie eine tragische Wendung. Der Mob machte einen bösartigen Angriff; er wurde von der Polizei gestoppt, die plötzlich mit großer Energie vorging, und bald waren mehrere Männer schwer verletzt. Inzwischen hatten die Streikbrecher ihren Waggon wieder an die Stromleitung angeschlossen, und obwohl der Waggon mit seinen zerbrochenen Fenstern wie ein Wrack aussah, fuhr er triumphierend über die Gleise, und der Streik war gebrochen. Am nächsten Morgen fuhren alle Waggons wieder.

Später am Nachmittag bekam ich Besuch von Morris Tivin, dem ersten Kontrabassisten unseres Orchesters. Er brachte einen fünfzehnjährigen Jungen mit, einen kleinen russischen Juden, der eine höchst bemerkenswerte Geschichte hatte. Er war aus einem Gefängnis in Russland entkommen und hatte sich nach Konstantinopel durchgeschlagen. Da er ein außergewöhnlich begabter Geiger war, hatte er dort seinen kargen Lebensunterhalt damit verdient, in den Cafés zu spielen. Als er in einer alten Pariser Zeitung gelesen hatte, dass wir ein Konzert in Marseille geben würden, hatte er sich schnell entschlossen, dorthin zu gehen und vielleicht mit unserer Hilfe das gelobte Land Amerika zu erreichen. Er kam nach unglaublichen Strapazen als blinder Passagier in Marseille an, und als er sich einigen seiner russischen Landsleute in meinem Orchester vorstellte, war er buchstäblich am Verhungern und hatte keinen Cent in der Tasche. Innerhalb weniger Stunden hatte unser Orchester genug Geld gespendet, um ihn mit mehreren Briefen an ihre Kollegen bei der Musical Union nach New York zu schicken, und innerhalb einer Woche nach seiner Ankunft wurde er als zweiter Konzertmeister mit einem hohen Gehalt in einem unserer westlichen Orchester engagiert.

Der großzügige Geist unserer Männer, der sich so schnell und praktisch zeigte, ist charakteristisch für die einfachen Mitglieder unseres Berufsstands. Ich habe noch nie erlebt, dass ein Orchestermusiker oder Chorsänger in Not war und seine Kollegen nicht sofort zur Stelle waren, um zu helfen. Und da ihr eigenes Einkommen vergleichsweise gering ist, ist ihre Großzügigkeit im Verhältnis viel größer als die vieler reicher Männer, deren Name unter den Spendern unserer Wohltätigkeitsorganisationen häufig auftaucht.

Unser nächstes Konzert sollte in Monte Carlo stattfinden, und ich fuhr mit meiner Frau von Marseille aus die Riviera entlang und erreichte Monte Carlo am Abend des 17. Mai. Das Orchester war bereits mit dem Zug angekommen und war überall in der Stadt anzutreffen, wo es Sehenswürdigkeiten fotografierte, insbesondere die wunderschöne Statue von Hector Berlioz, der wir alle gerne die Ehre erwiesen. Jeder Orchestermusiker verehrt diesen großen Meister, der in seinen Partituren seit Beethoven und vor Wagner mehr als jeder andere dazu beigetragen hat, neue Tonkombinationen im Symphonieorchester zu entwickeln.

Viele unserer Männer gingen natürlich ins Kasino, um sich die weltberühmten Spieltische anzusehen, aber wenn ich jemals Bedenken hatte, dass sie ihre Gewinne verprassen, verschwanden diese sofort. Viele schauten nur am äußeren Rand zu oder setzten sehr schüchtern einen Jeton. Eine alte Harpyie, die aussah, als hätte sie seit der Zeit Napoleons III. in Monte Carlo gespielt, und die ein Notizbuch über ihre Verluste und Gewinne führte und nie weniger als hundert Francs auf einmal setzte, nahm es auf sich, einem unserer talentierten jungen Flötenspieler das Spielen mit einem weißen Jeton beizubringen. Sie hielt ihn in einem Zustand keuchender Aufregung, während sie seine Einsätze für ihn platzierte.

Am nächsten Morgen fand ich eine Nachricht von Jean de Reszke, in der er mir mitteilte, dass er, seine Frau und Amhurst Webber mit dem Auto aus Nizza zum Konzert kommen würden. Er bat meine Frau und mich, mit ihm im Grand Hotel de Paris, wo wir wohnten, zu Mittag zu essen. Es war eine große Freude, ihn wiederzusehen. Wir hatten uns seit 1902 nicht mehr gesehen, als er auf dem Höhepunkt seines Ruhms an der Metropolitan war und ich mit ihm in der Titelrolle viele großartige „Tristan"-Aufführungen dirigiert hatte. Amhurst Webber, ein hochtalentierter englischer Musiker, war damals als Pianist bei ihm gewesen und ich hatte ihm ein wenig bei seinen Studien in Komposition und Instrumentation geholfen. Mme de Reszke hatte ich nie zuvor das Vergnügen gehabt, kennenzulernen. Sie war von einer großen Tragödie heimgesucht worden, denn ihr einziger Sohn war im ersten Kriegsjahr getötet worden. Es war herzzerreißend, sie zu sehen, denn ihr Gesicht erzählte die Geschichte ihres unwiederbringlichen Verlustes.

Das Konzert am Nachmittag fand in dem exquisiten kleinen Theater im Casino statt. Es bietet nur etwa vierhundert Personen Platz und natürlich war jeder Platz besetzt. Jean de Reszke saß in der fünften Reihe des Parketts, und als ich zum „Preislied" in der Ouvertüre der „Meistersinger" kam, das er in New York so oft und so hinreißend gesungen hatte, konnte ich nicht anders, als mich umzudrehen und ihn anzusehen. Er lächelte mich sofort an, aber die Tränen liefen ihm übers Gesicht.

Am Ende des Konzerts wurde mir von dem sehr höflichen kleinen Intendanten des Theaters feierlich mitgeteilt, dass M. Blanc, der Hauptbesitzer des Kasinos, der Oper, der Spieltische, des Hotels de Paris, kurz gesagt von allem, was dem dankbaren Touristen die Hundertfrankenscheine abnimmt, den Wunsch geäußert habe, mich zu treffen und mir für das „ *Concert exquis* " zu danken. Ich wurde dementsprechend in einen anderen Teil des Gebäudes gelotst, wo in einem Vorzimmer fünf oder sechs Personen wie in der Arztpraxis warteten, während Lakaien in Livree schweigend umhergingen oder diesem oder jenem Mann geflüsterte Nachrichten überbrachten. Einer von ihnen näherte sich meinem kleinen Intendanten mit einer Nachricht, der sich zu mir umdrehte und mit vor Stolz strahlendem Gesicht sagte: „Denken Sie daran! Er wird uns vor allen anderen sehen!"

Wir folgten dem Lakaien in einen Innenraum, wo ich einen müde aussehenden kleinen Mann mit grauem Schnurrbart vorfand, den ich während einer halben Stunde des Konzerts in einer der Logen schlafend bemerkt hatte. Er gratulierte mir zu dem „großartigen Konzert und dem exquisiten Spiel des Orchesters", und als ich dort saß, staunte ich über alles. Hier war ein Mann, den wir in Amerika als Spielhöllenbesitzer bezeichnen würden, aber er ist sicherlich ein König unter ihnen. Er hat seine Spieltische mit einem so exquisiten Ambiente ausgestattet, dass Worte es nicht beschreiben können. Die Natur in ihrer bezauberndsten Stimmung, wunderschöne Architektur, entzückende Musik, exquisite Küche – all dies so geschickt kombiniert, dass es eine angenehme Atmosphäre für die Tausenden schafft, die jedes Jahr mit vollen Taschen kommen und normalerweise mit leeren wieder gehen. Übrigens macht er Millionen, indem er so geschickt den Spieltrieb anspricht, der fast jedem Mann (und jeder Frau) innewohnt.

Das Schönste an dem Konzert war für mich, abgesehen natürlich vom Besuch von Jean de Reszke, das große Publikum von 75 Leuten, die hinter den Kulissen saßen, da vorne kein Platz für sie war. Es war das Orchester der Oper von Monte Carlo, eine hervorragende Truppe, die uns zwischen den Teilen und am Ende des Konzerts in typisch südländischer Manier umarmte.

Am nächsten Morgen setzte ich die Reise mit dem Auto nach Genua fort. Da es in Monte Carlo keinerlei Streik gegeben hatte, dachte ich, unser Fluch sei verflogen, aber siehe da, in Genua fanden wir in unserem Hotel nur einen alten Portier mit grauem Bart, der uns begrüßte. Alle Kellner, Portiers, Zimmermädchen, Köche, Küchenjungen, eigentlich alles, was in einem Hotel streiken kann, waren im Streik, und die Unannehmlichkeiten waren beträchtlich. Wir hatten voller Vorfreude auf unser erstes italienisches Abendessen gehofft. Wir hatten von Fritto Misto, Spaghetti und köstlichem italienischen Eis geträumt, aber diese Träume verschwanden schnell. Im Hotel war nicht einmal eine Brotkruste zu bekommen. Schließlich wurden wir heimlich durch eine Gasse über die Küche in den Hintereingang eines kleinen Restaurants geführt, und dort bekamen wir etwas zu essen, allerdings von der einfachsten und ärmsten Sorte. Am nächsten Morgen gab es am Bahnhof eine Tasse elenden Kaffee und ein Stück altbackenes Brot als Frühstück, doch zu unserem Glück besuchte uns ein freundlicher junger Amerikaner, Mr. Allan, und brachte uns in seinem Auto zu seinem Haus, wo uns ein köstliches Mittagessen die Entbehrungen der vergangenen Nacht vergessen ließ.

Wieder einmal war ich erstaunt über die Geschicklichkeit, mit der sich die Mitglieder unseres Orchesters den europäischen Reisebedingungen anpassten. Sie hatten alle hervorragende Restaurants gefunden und es war ihnen tatsächlich viel besser ergangen als uns.

Wir gaben unser Konzert im *Teatro Carlo Felice*, und unser erstes italienisches Publikum war in seinen Freudenkundgebungen noch lauter als das Publikum *im Süden*. Ich war sehr gerührt, als ich vom amerikanischen Generalkonsul einen großen Kranz mit den Sternen und Streifen erhielt, der mir nach dem Konzert sagte, er halte eine solche kulturelle Mission, wie wir sie durchführten, für ebenso wichtig für die freundschaftlichen Beziehungen zwischen unserem Land und Italien wie jedes Geschäftsunternehmen. Er sagte, Musik bedeute den Italienern so viel, dass er erstaunt und erfreut war, festzustellen, dass die Amerikaner sich nicht nur für Geschäfte interessierten, sondern auch die Künste pflegten. Da die Italiener in Bezug auf Präsident Wilson nach dem phänomenalen enthusiastischen Beifall, den sie ihm bei seinem Besuch in Rom nur ein Jahr zuvor zuteilwerden ließen, so bitter desillusioniert waren, war ich nicht überrascht, als ein alter Herr nach dem Konzert zu mir sagte: „Wir mögen Ihren Präsidenten nicht, aber wir lieben die Amerikaner."

Am nächsten Morgen fuhren wir mit dem Zug nach Rom. Der hochtalentierte junge Komponist Signor Vincenzo Tommasini hatte sich für unsere Konzerte dort interessiert und die Sympathie der Accademia Santa Cecilia geweckt, unter deren Schirmherrschaft wir im Augusteo spielen sollten. Die Santa Cecilia, die sich aus Musikern und Musikliebhabern zusammensetzt, ist vielleicht die älteste Musikorganisation der Welt, da sie von Palestrina gegründet wurde. Unter dem Vorsitz des Grafen San Martino unterhält sie ein Symphonieorchester, das im Winter eine Reihe von Konzerten unter seinem eigenen Dirigenten, Maestro Molinari, und verschiedenen Gastdirigenten gibt.

Alle diese Konzerte finden im Augusteo statt, das so genannt wird, weil es von Augustus als Grabstätte für die Cäsaren erbaut wurde. Es ist eine

Rotunde aus alten römischen Ziegeln, aber in jüngster Zeit wurden Balkone, eine Bühne und eine Orgel hinzugefügt, um sie den modernen Konzertbedürfnissen anzupassen. Es war höchstwahrscheinlich eine ausgezeichnete Grabstätte, aber ihre Akustik ist kaum für ein Orchester geeignet. Ich kenne keinen Konzertsaal mit kreisförmiger Form, der in dieser Hinsicht zufriedenstellend ist. Die Schallschwingungen scheinen sich immer weiter zu bewegen, und das Ergebnis ist eine große Verwirrung der Töne, insbesondere bei Musik, bei der sich wechselnde Harmonien schnell abwechseln. Bei unserer kleinen vorläufigen Probe war der Saal bis auf ein halbes Dutzend Mitglieder der Santa Cecilia leer, und als wir begannen, einige Takte der Symphonie durchzuspielen, dachte ich, ich sei plötzlich taub geworden, da der Klang des Orchesters mich dort, wo ich stand, nicht erreichte. Aber ich erinnerte mich an unsere erste Erfahrung im Grand Opera House in Paris und hoffte auf bessere Bedingungen, wenn der Saal voll war. Diese Hoffnung war berechtigt, denn der Klang des Orchesters war beim Konzert deutlich klarer und ausgewogener.

Nach dem ersten und zweiten Satz der „Eroica"-Symphonie gab es großen Applaus und „Bravo!"-Rufe aus den Logen und vom Parkett, doch sofort darauf folgte ein sehr beunruhigendes Pfeifen aus der obersten Galerie, das sich zu einer Art Duell zwischen den beiden Fraktionen zu entwickeln schien. Ich war darüber etwas beunruhigt und dachte, dass den Galerien vielleicht etwas an unserem Spiel nicht gefallen hatte, aber meine Freunde der Accademia Santa Cecilia versicherten mir, dass dies nichts weiter als eine typische kleine Demonstration war, die oft bei ihren Konzerten stattfand. Wenn das Parkett und die Logen eine bestimmte Komposition oder Darbietung guthießen, fühlten sich die Galerien verpflichtet, dagegen zu protestieren. Ich weiß nicht, wie wahr diese Erklärung ist, aber während des Konzerts hörte das Pfeifen plötzlich auf und nach dem „Riccardo Wagner" ertönte ein weiteres Pfeifen. Tristan e Isotta, Preludio e Morte di Isotta (Lipsia 1813—Venedig 1883)", wie es im italienischen Programm hieß, schienen die beiden Fraktionen ihre Kriegsbeile endgültig begraben zu haben und waren sich in ihrem enthusiastischen Beifall uns gegenüber völlig einig.

In den folgenden zwei Tagen überschütteten uns die Römer mit Gastfreundschaft. Die Hitze war schrecklich, aber das gesamte Orchester folgte einer Einladung, sich dem Bürgermeister vorstellen zu lassen und das Kapitolinische Museum zu besuchen, wo ihnen eine private Besichtigung der Kunstschätze angeboten wurde , gefolgt von einem Mittagessen, das die Stadt in den angrenzenden Ruinen des Tabolariums gab.

Am nächsten Morgen schlenderten Tommasini, Molinari und einige andere meiner Musikerkollegen in meinen Salon und schlugen vor, dass wir zu einem Konzert gehen sollten, das am selben Morgen in den Borghese-Gärten von der berühmten Banda Communale di Roma gegeben wurde. Die Hitze war so überwältigend, dass ich bei dem Gedanken schauderte, in der sengenden Mittagssonne zu stehen und einem Konzert zuzuhören, besonders da ich an diesem Nachmittag unser eigenes zweites Konzert dirigieren musste.

„Bitte kommen Sie", sagte Tommasini.

„Nein, wirklich nicht", sagte ich. „Es ist viel zu heiß und ich möchte heute Nachmittag gute Arbeit leisten."

„Aber das Konzert wird zu Ihren Ehren gegeben."

„Du meine Güte! Warum hast du mir das nicht gleich gesagt? Komm mit!"

Ich schnappte mir meinen Hut und wir fuhren zu den Borghese-Gärten, wo sich eine Menge von mehreren tausend Menschen um den Musikpavillon versammelt hatte und wo Maestro Vecella seine Band bei einer wunderschönen Darbietung des Vorspiels zu Wagners „Parsifal" dirigierte. Es war eine wunderbare Vorstellung. Seine Klarinetten spielten die einleitende Phrase im Einklang mit einer lebendigen und singenden Qualität, die ich selten gehört habe, und ich war beeindruckt von der gespannten Stille, mit der das riesige italienische Publikum ihr lauschte. Leider kam ich zu spät, um die Darbietung von Beethovens „Fünfter Symphonie" zu hören, die Vecella selbst für eine Militärkapelle arrangiert hatte und von der mir meine Musiker später erzählten, dass sie wunderschön aufgeführt worden sei. Das Konzert endete mit einer Auswahl von Melodien aus einer der beliebtesten modernen italienischen Opern. Zu meinem Erstaunen und meiner Freude stimmten Gruppen von Männern rund um den Musikpavillon ein, als die Band begann, diese oder jene Melodie zu spielen, die dem Publikum offensichtlich gut bekannt war, und sangen sie mit dem Orchester *mezza voce*, aber mit jener perfekten Tonqualität, die der italienischen Rasse angeboren ist. Und dann, wenn die Klänge einer Gruppe verstummten, übernahm eine andere von der anderen Seite sie, und das ging so weiter bis zum Ende der Nummer. Es war eine wunderbare Demonstration des angeborenen musikalischen Genies des italienischen Volkes.

Ich vergaß vorübergehend, dass die Sonne mit einer fast unerträglichen Intensität herunterbrannte, aber nachdem ich Maestro Vecella für dieses wirklich wundervolle Konzert gedankt hatte, bat ich Molinari und Tommasini, mich zu meinem Hotel zurückzubringen.

„Bleib noch ein bisschen", sagte Tommasini.

„Unmöglich!", antwortete ich. „Ich schmelze dahin und es wird nichts mehr von mir übrig sein, wenn ich nicht bald ein schattiges Plätzchen finde."

„Oh, aber das werden Sie", sagte er. „Die Banda Communale wird Ihnen jetzt die Goldmedaille der Gesellschaft mit einer besonderen Inschrift überreichen."

„Warum in Gottes Namen hast du mir das nicht früher gesagt?", fragte ich meinen Freund, aber er lächelte nur sein unergründliches italienisches Lächeln und zündete sich eine weitere Zigarette an. Mit dem Entschluss, zu siegen oder zu sterben, marschierte ich mit ihnen in einen privaten Raum in einem Restaurant neben den Gärten, wo den Mitgliedern der beiden Musikgruppen Eis und Wermut serviert wurden und ich die goldene römische Medaille überreicht bekam, die ich sehr schätze, da sie von einer so bemerkenswerten Gruppe von Musikern wie der Banda Communale di Roma stammt.

Seit einigen Jahren interessiere ich mich für die neue musikalische Entwicklung, die in Italien stattfindet. Es gab eine Zeit, in der Italiens Kirchenmusik in der Vielfalt und Schönheit ihrer Formen weltweit führend war. Später, insbesondere im 18. Jahrhundert, brachte Italien viele bedeutende Komponisten der Instrumentalmusik hervor, aber von da an und bis in die jüngste Vergangenheit hatte die Oper die Autoren fast vollständig in Beschlag genommen. Die prächtigen Opernhäuser, die man in den kleinsten Städten Italiens findet, sind ein beredtes Zeugnis für den wichtigen Platz, den diese Kunstform in den Herzen des italienischen Volkes einnimmt. Jeder Italiener kann singen, und Kritiker und Liebhaber der Oper finden sich ebenso in den ärmeren Klassen wie in der Aristokratie.

Aber alle Aussagen älterer Musiker, mit denen ich gesprochen habe und die Italien bereist haben, lassen darauf schließen, dass die Qualität der Orchester früher sehr schlecht war. Ihr Spiel war schlampig und die Proben selten und unzureichend. Viele der Spieler in den Opernhäusern selbst der größeren Städte gingen tagsüber einem anderen Beruf nach, und es gab viele Schneider oder Schuhmacher, die abends in der Oper Geige spielten.

In den letzten 25 Jahren jedoch hat sich die musikalische Situation in ganz Italien völlig und geradezu wundersam verändert. Die Konservatorien in Rom, Mailand, Bologna und Neapel bringen hervorragende Musiker hervor, und einige ihrer Dirigenten zählen zu den besten anderer Länder. Signor Mancinelli zum Beispiel, der in den Jahren, in denen ich an der Metropolitan für Maurice Grau dirigierte, mein Kollege war, war ein erstklassiger Musiker und Dirigent, der sich nicht nur in italienischer Musik auskannte. Er war ein großer Mozart-Liebhaber und gab an der Metropolitan wunderschöne Aufführungen der „Zauberflöte". Er beneidete mich um meinen Job, die Wagner-Opern zu dirigieren, und dirigierte später viele davon in Italien und Spanien.

Toscanini ist einer der größten Dirigenten der Gegenwart. Sein Repertoire erstreckt sich auf die Musik aller Länder, und ich habe ihn Mozarts „Don Giovanni", Verdis „Falstaff" und Wagners „Meistersinger" in einer Woche dirigieren hören, mit gleichem Eintauchen in ihre Schönheiten und übrigens ohne Orchesterpartitur vor sich. Er hat aus der Not eine Tugend gemacht, denn er ist fast blind und hat deshalb sein Gedächtnis in einem größeren Ausmaß entwickelt, als ich es je bei einem anderen Musiker gesehen habe, Hans von Bülow nicht einmal ausgenommen.

Das Ergebnis der ernsthafteren Einstellung Italiens zur Instrumentalmusik zeigt sich nicht nur in der Qualität italienischer Orchester, sondern auch in einer Gruppe hochtalentierter junger Komponisten, die sich hauptsächlich der symphonischen Musik widmen und Werke schaffen, die mit den besten Werken anderer Länder mithalten können. Vor einigen Jahren habe ich eine Orchestersuite produziert, die von einem sechzehnjährigen Jungen, Victor di Sabata, geschrieben wurde und bemerkenswertes Talent und feine Orchesterfarben zeigte. Männer wie Resphighi, Sinigaglia, Tommasini, Casella, Pizzetti und Malipiero haben häufigen Platz auf unseren Programmen gefunden, und ich erwarte noch weitere Beiträge, die ständig an Bedeutung gewinnen, von dieser neuen Entwicklung des musikalischen Genies Italiens.

Ich war sehr gerührt von dem Interesse, das unser Botschafter, Mr. Johnson, ständig an unserem Erfolg und unserem Wohlergehen zeigte. Er hatte die Königinmutter und mehrere der jungen Prinzessinnen zu unseren Konzerten eingeladen, und bei den vielen offiziellen und staatlichen Veranstaltungen, die ich besuchen musste, war er ein sympathischer Begleiter und echter Künstlerbruder. Er reagierte immer sehr glücklich, wenn es die Gelegenheit erforderte, und alle meine italienischen Musikerfreunde liebten ihn.

Bei einem Abschiedsessen, das ich am letzten Abend gab, saßen John Powell, dessen Negro Fantasy unser italienisches Publikum sehr interessiert hatte, und der Komponist Malipiero nebeneinander, aber da John Englisch und Malipiero Italienisch und Französisch spricht, herrschte etwa zehn Minuten lang tiefes und inniges Schweigen zwischen ihnen. Plötzlich begannen sie ein fließendes Gespräch, und die Worte sprudelten nur so aus ihnen heraus. Zu ihrer gegenseitigen Freude hatten sie plötzlich entdeckt, dass die deutsche Sprache ein gemeinsamer Treffpunkt war.

Ich verließ Rom nur sehr ungern. Abgesehen von den vielen persönlichen Freundschaften, die ich dort geschlossen hatte, umhüllte mich seine ewige Schönheit erneut und lud mich zum Bleiben ein.

Ich kann mir keine Bewegung oder Institution vorstellen, die jungen amerikanischen Künstlern besser dabei helfen könnte, ihre kreativen Fähigkeiten weiterzuentwickeln und zu fördern, als die American Academy in Rom. Vor kurzem wurden zu den Stipendien für Maler, Bildhauer, Architekten und Archäologen drei weitere Musikstipendien hinzugefügt. Da es mir die Ehre zuteil wurde, mich zu einem der Treuhänder zu wählen und die noch größere Ehre, einem der Musikstipendien meinen Namen zu geben, besuchte ich Rom im Frühjahr 1922 erneut, um mir die Arbeit unserer Akademie anzusehen. Ich war überwältigt und erfreut. Die Akademie ist für junge Künstler gedacht, die sich die Technik ihres Berufs bereits angeeignet haben. Sie werden durch einen Wettbewerb ausgewählt und sind drei Jahre lang völlig frei von Brotsorgen. Die ersten beiden Jahre verbringen sie in der Villa Aurelia, dem Sitz der Akademie. Während des dritten Jahres können sie reisen oder überall in Europa leben, wo sie glauben, ihre künstlerischen Ziele weiter vorantreiben zu können. Rom und seine Umgebung sind so romantisch und seine Kunstschätze so einzigartig, dass die Wahrnehmung der Schönheit und ihre Umsetzung in Kunstwerken bei jenen unserer amerikanischen Jungen, die das Glück haben, ein Stipendium zu erhalten, zwangsläufig noch weiter gefördert wird.

Natürlich kann keine von Menschenhand geschaffene Institution garantieren, dass sich jeder ihrer Amtsinhaber zu einem großen Genie entwickelt. Sicher ist jedoch, dass nur die Besten ausgewählt werden und diese im Laufe dieser drei glücklichen Jahre noch besser werden. Und wenn unter zweihundert nur ein einziges wahres Genie gefunden und auf diese Weise gefördert wird, hat die Akademie ihre Existenzberechtigung erfüllt.

Zwei unserer Musikkollegen, Leo Sowerby aus Chicago und Howard Hanson aus San Jose, Kalifornien, waren bereits an der Akademie angekommen und hatten sich mit der typisch amerikanischen Energie sofort in das römische Musikleben integriert. Die italienischen Musiker hatten sie mit offenen Armen empfangen, und unsere Jungs waren ständig bei den Konzerten und Proben der Santa Cecilia anzutreffen oder trafen sich mit einigen ihrer italienischen Musikerfreunde in der Villa Aurelia zum Kammermusikspielen und einer Tasse Tee in den wunderschönen Gärten rund um die Villa.

Amerika ist Major Felix Lamond zu großem Dank verpflichtet. Durch seine Zielstrebigkeit und Energie konnten die Mittel gesammelt werden, die die drei Musikstipendien ermöglichten. Er setzt die Arbeit nun fort, indem er sein Leben der Musikabteilung der Akademie widmet und als deren Direktor den jungen Mitgliedern als Führer, Berater und Freund zur Seite steht. Ich muss gestehen, dass ich während meines Besuchs ständig den Wunsch hatte, vierzig Jahre jünger zu sein und drei wundervolle Jahre in Rom unter solch idealen Bedingungen verbringen zu können.

Am letzten Abend speisten Major Lamond, seine Frau und ich mit Direktor Stevens, dem Oberaufseher der gesamten Akademie, auf dem Dach der Villa Aurelia. Nach römischer Sitte begann das Abendessen nach neun Uhr. Unter uns erstreckte sich die gesamte Stadt Rom in Richtung Campagna, deren elektrische Lichter in jeder Richtung wie Magie erschienen. Jenseits der Campagna erhoben sich die Berge, die im schwachen Dämmerlicht noch sichtbar waren. Gegenüber erhob sich der Hügel der Pincio-Gärten, und links, gerade sichtbar über den Baumwipfeln, flammte das Kreuz des Heiligen Petrus. Die Stille war tief, bis plötzlich die Glocken Roms aus allen Richtungen zu vibrieren begannen und schließlich, schwach, aber klar, der Klang eines Signalhorns aus den Militärkasernen ertönte, das den Rückzug ankündigte. Mittlerweile war ich in stille Ekstase versunken, aber ein weiterer Höhepunkt stand mir noch bevor, denn als die letzten Töne des Signalhorns verstummten, begann eine Nachtigall aus den Büschen direkt unter uns ihr Lied anzustimmen.

Florenz war das nächste Ziel unserer Orchestertournee und ich freute mich nach unseren vollgepackten Tagen mit offiziellen Empfängen und Konzerten auf einen Tag, der absolut frei von Pflichten jeglicher Art sein würde. Wir kamen am 24. Mai an und ich hoffte, tief und lange schlafen zu können, aber um neun Uhr am nächsten Morgen klopfte es an meiner Tür und ohne weitere Vorwarnung kam ein junger Herr herein, der sich als Vertreter des Bürgermeisters von Florenz vorstellte und „sein Bedauern äußert, dass er nicht persönlich hier sein kann, aber möchte, dass ich Maestro Damrosch die Begrüßungsrede halte." Ich bat ihn, mich für ein paar Minuten zu entschuldigen und kleidete mich so, dass ich den freundlichen Empfang des Bürgermeisters in einem passenderen Gewand und in einem passenderen Zimmer empfangen konnte.

Unser Konzert fand im herrlichen Politeama-Theater statt, einem großen Amphitheater mit hervorragender Akustik. Albert Spalding war unser Solist, und da er praktisch in Florenz aufgewachsen war und die Leute dort seine Karriere mit großem Interesse verfolgt hatten, war sein Auftritt eine echte Heimkehr und die Begrüßung überaus herzlich.

Bei einem charmanten Empfang im Haus von Alberts Vater nach dem Konzert traf ich den Historiker Ferrero und eine reizende Bekannte von früheren Besuchen, Mrs. Janet Ross. Sie ist eine Tochter der schönen Lady Duff-Gordon, und als sie ein Kind war, hatte George Meredith ein Häuschen auf dem Anwesen ihres Vaters in England bewohnt. Er hatte sie angebetet, und es hieß, sie sei seine Inspiration für *Rose* in „Evan Harrington" gewesen. Ich hatte sie 1913 in Florenz kennengelernt, als sie bereits weit über siebzig war und eine Frau von bemerkenswerter intellektueller Kraft und körperlicher Aktivität. Sie lebt in einer entzückenden alten Villa mit zwei Fuß dicken Wänden auf einem Hügel unterhalb von Fiesole. Boccaccio hatte dort einen Teil seines „Decameron" geschrieben, und das Haus war voller interessanter alter italienischer Möbel. Sie stellte auf ihrer Farm ihr eigenes Olivenöl und Wermut her und verkaufte große Mengen davon nach England. Als ich einige exquisite Esszimmerstühle bewunderte, erzählte sie mir, sie habe sie in Pisa gefunden und es seien gute Modelle aus dem 18. Jahrhundert. Sie sagte: „Ich habe einen kleinen italienischen Tischler, der sehr gut Holz schnitzen kann. Wenn Sie möchten, kann ich diese für Sie kopieren lassen, und sie kosten Sie sehr wenig." Diese Stühle stehen heute in meinem Haus, und ich schätze sie doppelt, da ich sie durch die Vermittlung dieser interessanten Dame erhalten habe.

Sie hatte auch eine bemerkenswerte Sammlung alter italienischer *Stornelli angelegt*, die sie beim Umgang mit italienischen Bauern und Landwirten in der Toskana und anderswo gehört und notiert hatte. Da diese Sammlung buchstäblich Hunderte von Volksliedern umfasst, von denen viele Jahrhunderte alt sind, dürfte sie für den Kenner von großem Wert sein.

Am nächsten Tag besuchte ich in Parma das Teatro Farnese. Es ist das älteste Theater Italiens, und obwohl es in einem etwas heruntergekommenen Zustand ist und natürlich nicht mehr für Aufführungen genutzt wird, ist es als Relikt faszinierend, und man kann sich gut vorstellen, welche prächtigen Festspiele und dramatischen Kantaten dort vor den großen Adligen jener Zeit und ihrem Gefolge aufgeführt worden sein müssen. Das Teatro Regio schien mir das schönste, in dem wir je gespielt hatten. Es bot über zweitausend Sitzplätze, und wir wunderten uns, dass eine so kleine Stadt wie Parma stolzer Besitzer einer solchen Musikstätte sein konnte.

Die Hitze war wieder intensiv, aber da das Publikum äußerst aufnahmebereit und ausgelassen war, machte uns das nichts aus, und das Orchester spielte hervorragend. Es tat mir daher leid, dass ich eine kleine Verschwörung im Keim ersticken musste, auf die ich glücklicherweise an diesem Abend gestoßen war. Sechzehn unternehmungslustige junge Mitglieder des Orchesters hatten in aller Stille beschlossen, einen Mitternachtszug nach Venedig zu nehmen, dort einen schönen Tag an der Lagune zu verbringen, vielleicht sogar im Lido zu schwimmen und dann einen weiteren Nachtzug nach Mailand zu nehmen, wo sie gerade rechtzeitig zu unserem Konzert ankamen. Mailand ist ein wichtiges musikalisches Zentrum, und ich wollte dort nicht mit einem Orchester spielen, das durch zwei Nachtfahrten teilweise erschöpft war, abgesehen von der großen Wahrscheinlichkeit, dass italienische Züge Verspätung hatten, die nach dem Prinzip „*chi va piano, va sano, ma non lontano*" *operieren*. Ich musste diesen kleinen Ausflug daher verbieten, obwohl ich großes Verständnis für unsere Männer hatte, die ihn durchführen wollten.

Ich kam zwei Stunden vor dem Orchester in Mailand an und wurde am Bahnhof von einem Komitee empfangen, das aus Signor Finci, dem Präsidenten der Mailänder Symphoniegesellschaft, unter deren Schirmherrschaft wir spielen sollten, Campanari, dem Bruder meines alten Freundes, des Baritons, und dem ehrenamtlichen Sekretär des Verdi-Heims für ältere Musiker, dem Polizeipräfekten und mehreren anderen bestand. Alle hatten blasse und besorgte Gesichter und waren gekommen, um mir zu sagen, dass in Mailand kein Zimmer mehr frei sei, dass mehrere Hotels ihre

Türen geschlossen hätten, da es einen Restaurant- und Kellnerstreik gebe, und dass sie mit mir beraten wollten, was besser zu tun sei. Dieser boshafte Streikteufel sollte offensichtlich während der gesamten Tour ein ständiges Mitglied unserer Organisation sein. Ich zog mich mit dem Komitee in das Zimmer des Präfekten am Bahnhof zurück und besprach verschiedene Pläne, obwohl ich im Hinterkopf fest davon überzeugt war, dass meine Männer Zimmer, Betten und Essen finden würden, wenn sie plötzlich mitten in der Wüste Sahara ausgesetzt würden. Schließlich fragte ich Campanari, ob es im Verdi-Heim für ältere Musiker noch freie Zimmer gäbe, und er teilte mir mit, dass das ganze Heim leer sei, da es während des Krieges aus Geldmangel überhaupt nicht betrieben werden konnte. Es gab genügend Betten, Decken und Laken, aber keinerlei Dienstpersonal. Das war immerhin etwas, und ich dachte, dass meine jungen Männer nichts dagegen hätten, in Betten zu schlafen, die für ältere Musiker bestimmt waren, und ihre eigene Kammermusik zu machen. Der Präfekt schlug auch mehrere leere Betten im Stadtkrankenhaus vor, aber das sah für mich nicht so einladend aus. Schließlich verabredete ich mich jedoch mit ihnen, uns bei der Ankunft des Orchesters wieder am Bahnhof zu treffen, und ich würde ihnen die Angelegenheit vorlegen und sie dann selbst weiterziehen lassen. Wer kein Bett gefunden hatte, sollte zum Bahnhof zurückkehren und sich im Büro des Präfekten melden, der dann dafür sorgen würde, dass eine Unterkunft gefunden wurde. Dieser Plan wurde ausgeführt, und mein Manager berichtete mir, dass in der letzten Stunde nur zwei von unserem Orchester am Bahnhof eintrafen, der eine, um zu sagen, dass er kein Zimmer gefunden hatte, und der andere, dass er zwei hatte. Diese beiden Männer gingen also Arm in Arm los, und mein Vertrauen in das Orchester war wieder einmal mehr als gerechtfertigt, obwohl der Hotelstreik hier noch schlimmer war als in Genua. Ich war mit meiner Familie im Continental Hotel einquartiert, und mit Ausnahme einiger zahnloser alter Weiber, die vorgaben, sich um die Zimmer zu kümmern, gab es keinerlei Service. Der Hauptgrund für den Streik scheint die Erkenntnis der Hotelangestellten gewesen zu sein, dass es unwürdig war, Trinkgelder anzunehmen, insbesondere da das Trinkgeldsystem so ungleiche Ergebnisse lieferte: Das Zimmermädchen im ersten Stock eines Hotels erhielt oft zehnmal so viel Trinkgeld wie das Zimmermädchen im vierten Stock. Sie forderten daher, dass den Rechnungen der Reisenden eine Steuer von zehn bis fünfzehn Prozent hinzugefügt werden sollte, die dann nach einem bestimmten Zeitplan unter den Angestellten verteilt werden sollte. In der Zwischenzeit brutzelten wir in der Hitze und litten. Zu unserem Unbehagen kam noch hinzu, dass in der Stadt großer Wassermangel herrschte und man nur um sechs Uhr morgens oder nach zehn Uhr abends baden konnte.

Aber auch hier zeigte sich die Disziplin der Männer und die Entschlossenheit, sich als künstlerische Organisation zu beweisen, auf bemerkenswerte Weise, und unsere beiden Konzerte wurden hervorragend gespielt und begeistert aufgenommen. Wir betrachteten Mailand als eine der wichtigsten Städte unserer Tournee. Die Oper im berühmten La Scala ist weltberühmt, und in den letzten Jahren hat sich, insbesondere durch die Bemühungen von Maestro Toscanini, ein hochkultiviertes Publikum für symphonische Musik entwickelt.

Toscanini, den ich in Amerika kannte und oft bewunderte, probte und dirigierte in Padua. Zu meiner Überraschung und Freude nahm er von dort einen Nachtzug, um bei unserem Konzert am Sonntagnachmittag dabei zu sein und mich brüderlich zu begrüßen. Nach dem Konzert begleitete er mich zum Bahnhof, wo er den Nachtzug zurück nach Padua nehmen sollte. Als wir ankamen, erkannte ihn mein Orchester, das bereits in seinen jeweiligen Schlafwagen saß, und begrüßte ihn mit lautem Gebrüll mit drei amerikanischen Hurrarufen.

Unsere drei Tage in Mailand waren sehr arbeitsreich gewesen. Am Freitagnachmittag gab uns der Musikverlag Ricordi einen Empfang und führte das Orchester durch seine riesigen Druckereien. Das erste Konzert fand am selben Abend statt. Am Samstag gaben uns der Bürgermeister und die Gemeinde von Mailand einen Empfang mit einem Besuch im Stadtmuseum im Castello Sforzesco. Darauf folgte ein Konzert der hervorragenden städtischen Band im Innenhof und ein „Tee", der aus allerlei Sandwiches, Eis, Kuchen und vor allem unzähligen Flaschen Champagner bestand. Wir waren alle froh, dass an diesem Abend kein Konzert stattfand.

Nach dem Sonntagskonzert brachten mehrere Autobusse das Orchester und die Musikinstrumente schnell zum Bahnhof, während unsere italienischen Freunde herumstanden und über das staunten, was sie „amerikanische Effizienz" nannten, und wir verließen Mailand und Italien auf unserem Weg nach Straßburg, äußerst müde, aber mit dem Gefühl, dass wir Italien und Amerika durch unseren Besuch viele Schritte näher zusammengebracht hatten. Wir waren von dem Moment an, als wir in Italien ankamen, einfach überwältigt von Liebesbekundungen, und es ist etwas in der fast kindlichen Art, in der die Italiener ihre Gefühle zeigen, das sie uns sehr schnell sympathisch machte. Sie brodeln vor Lebenskraft, und gerade die Intensität ihrer Gefühle, die dem kühleren nordamerikanischen Temperament manchmal übertrieben erscheint, ist eine Kraft, mit der man in der Zukunft der Welt rechnen muss. Während ihre Zivilisation die älteste in Europa ist, scheinen sie heute das jüngste Volk zu sein, und in meinem Beruf und den verwandten Künsten erwarte ich Großes vom italienischen Volk, sobald die schrecklichen Folgen des Weltkriegs beseitigt sind.

In Straßburg und Metz war ich sehr interessiert an der eigenartigen Mischung deutscher und französischer Kultur. In Straßburg wurden wir vom neuen

Direktor des Konservatoriums, M. Ropartz aus Nancy, einem der bedeutendsten Musiker Frankreichs, sehr herzlich empfangen.

In Metz hielt der Bürgermeister eine Begrüßungsrede und spendierte uns nach dem Konzert zusammen mit einer Gruppe von Bürgern einen Ehrenwein. In beiden Städten trafen wir auf ein Publikum, das offensichtlich an Konzerte mit symphonischer Musik gewöhnt war und unser Angebot sehr schätzte.

Auf dem öffentlichen Platz in Straßburg bemerkte ich eine Gruppe von Bürgern, die aufgeregt auf einen Kirchturm auf der gegenüberliegenden Seite deuteten, und siehe da, ich sah einen Storch, den ersten, der von seinem Winteraufenthalt in Afrika zurückkehrte, um den Sommer in seiner Heimat zu verbringen. Der Leser wird sich wundern, dass ich nichts Spannenderes zu erzählen habe, aber ich gestehe, dass die völlige Freiheit von offiziellen und gesellschaftlichen Verpflichtungen nach unseren hektischen Wochen in Italien wie ein himmlischer Balsam war, ganz zu schweigen von der angenehmen Abwechslung, wieder in einem Hotel zu leben, wo echte Kellner, Zimmermädchen und Köche für das Wohl des Gastes sorgen.

Als ich den Storch ansah, fiel mir plötzlich ein alter Knittelvers ein, den ich vor über fünfzig Jahren mit anderen Kindern gesungen hatte und der so beginnt:

„Storch, Storch, Steiner, mit de langen Beinen" –

und hier war vielleicht ein Nachkomme desselben Vogels, den wir vor so langer Zeit begrüßt hatten. Ich war geneigt, angesichts dieser interessanten Möglichkeit sentimental zu werden, aber der Storch flog davon, ohne Interesse zu zeigen, und meine Stimmung hielt nicht lange an.

Am nächsten Tag kehrten wir nach Paris zurück und fuhren am Morgen des 4. Juni mit einem Sonderzug nach Fontainebleau, wo das gesamte Orchester für einen Tag Gast des Bürgermeisters und der Gemeinde sein sollte.

Die Vorschläge, die ich Francis Casadesus in Paris und Chaumont während unserer langen Gespräche im Jahr 1918 gemacht hatte, als er und ich die zweihundert Kapellmeister der AEF untersuchten, trugen rasch Früchte. Casadesus hatte meinen Vorschlag einer Sommerschule für amerikanische Musiker seinem sehr musikalischen Freund, M. Fragnaud, dem Unterpräfekten von Fontainebleau, mitgeteilt. Dieser wiederum hatte M. Bonnet, den Bürgermeister, interessiert, und in der Folge wurde rasch entschieden, dass die Sommerschule in Fontainebleau stattfinden und in einem ganzen Flügel des historischen Palais de Fontainebleau untergebracht werden sollte, der von der französischen Regierung zu diesem Zweck gestiftet werden sollte. Ich freute mich über diesen glücklichen Ausgang, und da die betreffenden Personen ihn offensichtlich durch ein besonderes Fest markieren wollten, nahm ich ihre Einladung, dort mit unserem Orchester ein Konzert zu geben, gern an und machte dies sozusagen zum Beginn von Beziehungen, die, wie ich hoffe, wesentlich dazu beitragen werden, Frankreich und Amerika in den kommenden Jahren musikalisch einander näher zu bringen.

Viele französische Musiker und Würdenträger waren im Zug, um an den Feierlichkeiten des Tages teilzunehmen. Mit dabei waren M. Paul Leon, Vertreter des Ministère des Beaux Arts; Alfred Cortot, renommierter Pianist; Mangeot, Herausgeber der *Monde Musicale* und Gründer der École Normale de Musique in Paris; Francis und Henri Casadesus, Mlle. Boulanger, Albert Bruneau, Komponist der Oper „Le Rêve"; M. Dumesnil, Abgeordneter für Fontainebleau, und viele andere.

In der ganzen Stadt herrschte „Feststimmung". Alle Geschäfte waren geschlossen und französische und amerikanische Flaggen, fröhlich ineinander verschlungen, schmückten alle Hauptstraßen. Die Straße, die zum Rathaus führte, war auf beiden Seiten von französischen Truppen gesäumt, und wir alle versuchten auszusehen, als wären wir Delegierte der Versailler Konferenz, als wir zum Empfang des Bürgermeisters marschierten und diese kriegerische Aufstellung betrachteten.

Das anschließende Mittagessen war eine jener typisch französischen Veranstaltungen, bei denen sich das Fröhliche auf charmante Weise mit dem Ernsteren und Feierlicheren vermischte. M. Dumesnil erwies sich als einer der größten Redner, die ich je gehört habe, und sprach jede Emotion des menschlichen Herzens an, indem er mit der Stimme und Diktion eines Virtuosen Tränen und Lachen hervorrief.

Ihm folgte M. Bruneau, der aufstand und plötzlich zu mir sprach und mir zum Schluss die Ehrenlegion an den Mantel heftete. Danach küsste er mich zur großen Freude meines Orchesters in echt französischer Manier auf beide Wangen. Es ist sehr angenehm, wenn das eigene Orchester bei der Verleihung solcher Ehrungen anwesend ist , denn ihre Zustimmung äußert sich auf laute Weise, und meine Jungs wissen, dass diese besondere Auszeichnung ihnen ebenso zusteht wie mir.

Da es in Fontainebleau kein Theater gab, das groß genug war, um das riesige Publikum aufzunehmen, wurde das Konzert in der Ménage d'Artillerie abgehalten, die in aller Eile in einen Konzertsaal umgewandelt worden war. Sie erwies sich als ausgezeichnet für diesen Zweck, nur dass, sobald wir zu spielen begannen, Hunderte von Vögeln, die jahrelang ungestörten Besitz der Dachsparren und der musikalischen Privilegien dieses Gebäudes gehabt hatten, sichtlich durch unser Eindringen gestört und verärgert wurden. Sie flogen plötzlich aus ihren Nestern und brachen in schrille Protestgesänge aus, die sich – nicht ohne interessante Ergebnisse – mit den Harmonien der

„Sinfonie aus der Neuen Welt" vermischten, die auf besonderen Wunsch des Unterpräfekten M. Fragnaud gespielt wurde, der selbst ein ausgezeichneter Amateur-Oboespieler ist.

In den ersten Reihen des Publikums saßen Hunderte von Schulkindern, die „en Américaine" gekleidet waren, mit riesigen Schleifen und Schärpen, die aus den amerikanischen Sternen und Streifen bestanden. Dass es mehrere Hundert waren, kann ich bezeugen, denn ich musste jedem von ihnen nach dem Konzert die Hand schütteln.

Am nächsten Tag, bevor ich nach Belgien abreiste, erhielt ich die erfreuliche Nachricht, dass eine ziemlich unangenehme Angelegenheit bezüglich unserer drei Konzerte in der Pariser Oper auf höchst gütliche Weise geregelt worden war. Das Opernhaus, das Eigentum der französischen Regierung ist, war uns vom Ministère des Beaux Arts „mietfrei" angeboten worden, aber wir sollten die tatsächlichen Kosten für Licht, Heizung und Service selbst tragen. Als ich in Paris ankam, teilte uns unser örtlicher Manager mit, dass der Direktor der Oper, der das Gebäude gepachtet hat, beabsichtigte, uns dreißigtausend Francs für seine „Kosten" in Rechnung zu stellen. Das erschien mir übertrieben, und ich protestierte bei M. Leon, dem Direktor des Beaux Arts. Der Direktor der Oper, der während des Krieges Millionen von Francs an der Oper verloren hatte, war ein reicher Mann, für den die Oper mehr oder weniger ein persönliches Spielzeug war, aber er wollte offensichtlich etwas an uns zurückgewinnen, denn er argumentierte, dass wir, sofern er an den Tagen und zu den Zeiten, an denen wir unsere Konzerte hatten, Opernaufführungen hätte geben können, die anteiligen Kosten für seine Sänger, sein Orchester, seinen Chor und sein Ballett tragen müssten. Dieses Argument schien uns jedoch nicht stichhaltig, da es seit jeher an diesen Wochentagen keine Opernaufführungen gegeben hatte. Ich legte Monsieur Leon unseren Fall vor und sagte ihm, dass ich, da ich nie mit dem Direktor der Oper, sondern nur mit dem Ministère des Beaux Arts zu tun gehabt oder eine Vereinbarung getroffen hätte, gezwungen sei, die Angelegenheit ganz in ihren Händen zu lassen. Wir waren ihre Gäste, und wenn sie der Meinung waren, dass wir dreißigtausend Francs für „Ausgaben" zahlen sollten, würden wir das ganz sicher tun. Die Ergebnisse waren sehr zufriedenstellend, für mich jedoch nicht völlig unerwartet und der Betrag, den wir schließlich zahlten, war völlig angemessen.

Am 3. Juni fuhren wir mit dem Auto nach Brüssel, durch einen großen Teil der verwüsteten Gebiete und durch all das Grauen und Elend der zerstörten Dörfer, durch von Granatexplosionen übersäte Felder und trostlose Überreste von ein paar Baumstümpfen, wo einst Hektar um Hektar Wald gewesen waren.

Bei unserer Ankunft wurden wir von unserem Botschafter Brand Whitlock und seiner Frau mit offenen Armen empfangen. Er erzählte mir, dass er erst zwei Wochen zuvor plötzlich darüber informiert worden war, dass wir nicht im Théâtre Royal de la Monnaie spielen könnten, weil eine sozialistische Organisation in Brüssel das Recht darauf für eine eigene Veranstaltung beanspruchte. Es hatte eine Verwechslung gegeben, weil der Operndirektor, der uns das Theater versprochen hatte, gestorben war und der neue Amtsinhaber behauptete, nichts von unserer Ankunft gewusst zu haben. Sie beabsichtigten, uns in einem flämischen Theater unterzubringen, das natürlich nicht die Würde des Royal Opera House hatte, und Mr. Whitlock teilte ihnen umgehend mit, dass er, da wir auf Einladung der belgischen Regierung dort waren und unsere Ankunft eine internationale Bedeutung hatte, nicht zulassen könne, dass uns unser rechtmäßiger Besitz des Théâtre de la Monnaie entrissen werde, und wenn wir das nicht bekommen könnten, würde er mir ein Telegramm schicken und uns drängen, das Konzert abzusagen. Dies hatte offensichtlich Ergebnisse. Die sozialistische Organisation wurde angesprochen und sagte sofort und höflich, dass sie alles für ein amerikanisches Orchester tun würde.

In Brüssel herrschte offenbar der gleiche Mangel an dem, was wir als angemessene Konzertverwaltung bezeichnen würden, wie in vielen Städten Frankreichs und Italiens. Große Anzeigen, wie sie die Unterhaltungsspalten amerikanischer Zeitungen füllen, werden kaum jemals verwendet. Nur ein- oder zweimal eingefügte zwei Zeilen sind die Regel. Lesezettel mit dem Programm oder anderen Informationen zum Konzert werden nur gedruckt, wenn dafür eine bestimmte Zeile bezahlt wird. Kleine Plakate, die ein oder zwei Wochen lang an Straßenecken geklebt werden, sind fast die einzige Werbung, die man sich leistet.

Transportunternehmen, wie sie in unserem Land eine Musik- oder Theaterorganisation am Bahnhof mit einer bestimmten Anzahl von Lastwagen abholen, um das musikalische Gepäck oder die Kulissen zum Theater zu transportieren, sind nicht bekannt. Wir hatten diesen wichtigen Teil unserer Tournee in die Hände von Thomas Cook and Sons gelegt, und ihr Vertreter verhandelte bei der Ankunft des Zuges mit diesem oder jenem Fahrer, der am Bahnhof herumlungerte und träge nach Arbeit suchte. In Italien weigerten sich die Gepäckträger immer wieder, unser Zeug zu transportieren, weil das Wetter zu heiß war, und sie begannen erst um sechs oder sieben Uhr abends, wenn dreißig kleine Handkarren, von ebenso vielen Männern geschoben, die Musikinstrumente zum Theater brachten. Glücklicherweise beginnen Konzerte in Italien um neun oder halb zehn, so dass wir es immer auf die eine oder andere Weise schafften, unsere Instrumente zu transportieren. Mehrere Male wurden jedoch sogar Soldaten und Militärlastwagen bestochen, um zu dienen. Diese Schlampigkeit, die einen Amerikaner verrückt macht, ist in Europa, besonders seit dem Krieg, so allgemein verbreitet, dass man sich wundert, wie man überhaupt etwas erreichen kann; und doch kamen wir mit Ausnahme der Orte, an denen es zu Streiks kam, klar, auch wenn wir manchmal außer uns vor Angst waren und eine törichte Wut über das auslösten, was wir für ihre nationalen Eigenheiten hielten.

Jeder in Belgien scheint jedoch die Plakate zu lesen, denn die Nachfrage nach Sitzplätzen in Brüssel war so groß, dass wir das kleine Opernhaus zweimal hätten füllen können. Seine Akustik ist wunderbar und die Streicher vibrieren wie eine alte Cremona-Geige. Sie hatten ausdrücklich darum gebeten, dass das Konzert rein symphonisch und ohne Solisten sein sollte. Ich gab ihnen daher die schöne „Jupiter"-Symphonie von Mozart und die d-Moll-Symphonie von César Franck. Franck war in Lüttich geboren worden und ich wollte ihnen unsere Liebe und unser Verständnis für diesen edlen Musiker zeigen. Ich glaube nicht, dass ich jemals vor einem Publikum gespielt habe, das für die Schönheit der Musik empfänglicher war. Als besonderes Kompliment an Brüssel spielten wir ein Adagio für Streicher von Lekeu, einem modernen, hochtalentierten, jungen belgischen Komponisten, der leider im Alter von 24 Jahren gestorben war. Das Adagio ist ein Werk von zarter, melancholischer Schönheit und klang in diesem Gebäude so exquisit, dass die Spieler und ich während der Aufführung tief davon bewegt waren. Diese Emotion übertrug sich offensichtlich auf das Publikum, sodass der Applaus am Schluss nicht mehr zu verstummen begann und ich schließlich die Partitur der Komposition von meinem Schreibtisch nehmen und in stummer Pantomime darauf zeigen musste.

Als ich nach dem Konzert das Theater verlassen wollte, kamen zwei Damen mit einem alten Mann auf mich zu, der sich als der Vater von Guillaume Lekeu herausstellte. Er wollte mir für das Spielen der Komposition seines Sohnes danken, brach dann aber völlig zusammen und Tränen strömten ihm übers Gesicht.

Am nächsten Tag sah ich zu meiner großen Freude in Antwerpen den berühmten alten Tenor Van Dyk wieder, mit dem ich während unseres Engagements an der Metropolitan mit der Maurice Grau Opera Company viele Wagner-Opern aufgeführt hatte. Seine Villa in der Nähe von Antwerpen war während der vier Kriegsjahre von einem deutschen General und seinem Stab bewohnt worden. Sie hatten seinen gesamten Weinkeller, der aus vielen hundert Flaschen erlesener Jahrgänge bestand, ausgetrunken und auch jedes Stück Kupfer von seinen Türklinken und aus der Küche entfernt. Ansonsten hatten sie sein Haus intakt gelassen, und mit unerschütterlicher guter Laune und Mut hatte Van Dyk die Arbeit wieder aufgenommen, den Lebensunterhalt für seine Familie zu verdienen. Zweimal in der Woche fuhr er nach Brüssel, wo er am Königlichen Konservatorium einen interessanten Kurs in dramatischem Gesang besuchte, und außerdem war er eifrig als Direktor einer Versicherungsgesellschaft beschäftigt.

Sowohl in Antwerpen als auch in Lüttich und Gent trafen wir auf dasselbe anspruchsvolle und gebildete Publikum wie in Brüssel.

Die Zerstörungen des Krieges waren kaum noch zu sehen und die wenigen Überreste, die es gab, wurden von den fleißigen Einwohnern rasch wieder repariert.

Wir verließen Belgien am 10. Juni und reisten in die Niederlande, wo wir am Abend in Den Haag und am nächsten Tag in Amsterdam spielten.

In Holland hatte sich unser amerikanischer diplomatischer Vertreter, William Phillips, Gesandter in Den Haag, sehr bemüht, uns einen herzlichen Empfang zu sichern. Er war ein alter Freund und hatte nicht nur die Königinmutter, das einzige musikalische Mitglied des königlichen Haushalts, sondern auch eine erlesene Gesellschaft von fast hundert Personen, darunter alle diplomatischen Vertreter und die höchsten Beamten des Hofes und der Regierung, als seine Gäste zum Konzert eingeladen.

Nach dem ersten Teil stellte er mich der Königinmutter vor, die sich als sehr charmant und sehr musikinteressiert erwies und die auch die wunderbare königliche Eigenschaft besaß, einen „zu beruhigen". Das heißt, sie stellt eine Frage und wartet dann nicht auf eine Antwort, sondern beantwortet sie selbst in allen ihren Möglichkeiten und Zusammenhängen. Die Unterhaltung wird dadurch ziemlich einseitig, aber angenehm, auch wenn all die brillanten Dinge, die man hätte sagen können, unausgesprochen bleiben.

Nach dem Konzert versammelte sich die gesamte angesehene Gesellschaft in der Gesandtschaft zu einem köstlichen Abendessen, bei dem ich viele charmante holländische Damen kennenlernte, die zu meinem Glück Englisch oder Französisch sprachen.

Am nächsten Tag fuhr mich Mr. Phillips mit dem Auto nach Amsterdam. Dort erzählten die Mitglieder des örtlichen Orchesters meinen Männern sofort schreckliche Geschichten über die Eifersucht der Einheimischen auf unser Kommen, dass mehrere Zeitungen angewiesen worden waren, uns scharf zu kritisieren, und dass alle Anhänger des örtlichen Orchesters demonstrativ beschlossen hatten, unserem Konzert fernzubleiben. Sehr wenig davon erwies sich als wahr. Der riesige Saal, in dem wir spielten, das Concertgebow, hat eine Bühne, die so hoch ist, dass die Leute im Parkett buchstäblich ihre Hälse verrenken müssen, um die Künstler zu sehen, und der Nachhall ist übermäßig. Der Saal bietet Platz für dreitausend Leute, und bei unserem Konzert waren nicht mehr als vierzehnhundert. Allerdings machten sie sicherlich durch ihre Begeisterung wett, was ihnen an Zahl fehlte. Alle bisherigen Vorstellungen vom Phlegma des niederländischen

Volkes waren völlig verflogen. Da ich keine Primadonna bin, habe ich nicht gezählt, wie oft ich nach der „Eroica"-Symphonie zurückgerufen wurde, aber da ich jedes Mal eine etwa fünfzig Stufen lange Bühne hinunter- und wieder hinaufmarschieren musste, war die damit verbundene Anstrengung beträchtlich. Die Zeitungen am nächsten Morgen lobten uns trotz aller dunklen Gerüchte enthusiastisch und verglichen unser Orchester großzügig mit ihrer eigenen großartigen Organisation.

London markierte die letzte Etappe unserer musikalischen Reise durch Europa. Wir blieben eine Woche und gaben fünf Konzerte, vier in der Queens' Hall am 14., 15., 16. und 19. Juni und eines am 20. Juni in der riesigen Royal Albert Hall. Der Glücksstern, der uns während der gesamten Tournee begleitet hatte, leuchtete uns in dieser letzten Woche mit unerschütterlichem Licht. Das Orchester spielte nie besser und die Zeitungen wiederholten begeistert den Empfang, den wir beim Publikum erhielten.

Ich hatte in London nicht mehr dirigiert, seit ich an anderer Stelle in diesen Erinnerungen ein Konzert von Ovide Musin im Princes' Hall im Jahr 1888 gegeben hatte, als ich erst 26 Jahre alt war. Seitdem hat sich das Musikleben Englands stark verändert. Damals war die Musik zu einem großen Teil in den Händen von Ausländern, und man muss sich nur die alten Bilder von Du Maurier in *Punch ansehen* , um zu erkennen, dass der Musiker in englischen Salons im Allgemeinen ein langhaariger Deutscher oder Italiener war. Hans Richter war der sehr beliebte Dirigent in London, und in den britischen Orchestern gab es viele Ausländer.

Seitdem hat die Anglisierung der Musik rasch vorangeschritten, vor allem dank großer Musikschulen wie dem Royal College of Music unter Sir Charles Villiers Stanford und Sir Hugh Allen und der Royal Academy of Music unter Sir Alexander MacKenzie. Diese Schulen bilden eine große Zahl von Orchestermusikern aus, und heute besteht das Personal britischer Orchester fast ausschließlich aus Einheimischen. Viele von uns halten Sir Edward Elgar für den größten Symphoniker seit Brahms, und seine Ausbildung war durch und durch britisch. Eine Gruppe englischer Dirigenten, deren Dekan Sir Henry Wood ist und Albert Coates und Eugene Goosens zu den begabtesten gehören, haben sich einen internationalen Ruf erarbeitet. England verfügt nun über das Material für ein starkes nationales Musikleben. Mit den Dirigenten, die es besitzt, und seinem hervorragenden Orchestermaterial könnten seine Orchester bald mit denen Amerikas konkurrieren, wenn seine Bürger ihnen die gleiche großzügige Unterstützung zukommen ließen, die unsere Organisationen erhalten, aber in dieser Hinsicht ist die Lage in London sehr ähnlich der in New York vor und während der ersten Hälfte meiner Karriere.

Ihre Orchester sind in hohem Maße kooperativ. Die Konzerte werden von den Orchestermitgliedern geplant und gegeben, und sie teilen die Gewinne unter sich auf. Diese Gewinne sind äußerst gering und decken nicht wirklich die Zeit, die sie für Proben und Konzerte aufwenden. Das London Symphony Orchestra beispielsweise gibt im Winter nur acht Konzerte und hat selten mehr als drei Proben pro Konzert. Infolgedessen können die Ergebnisse nicht so fein ausgearbeitet werden, wie dies bei den großzügig ausgestatteten Orchestern Amerikas möglich ist, die ihre Spieler jeden Morgen zur Probe versammeln und im Winter mehr als einhundert Symphoniekonzerte geben, obwohl die Spieler eine große Begabung für das Blattspiel entwickelt haben und die begrenzte Probenzeit optimal nutzen.

Wir legen großen Wert auf die Einstimmigkeit der Bogenführung, denn eine korrekte Phrasierung kann nur erreicht werden, wenn beispielsweise die sechzehn ersten Geigen, die eine Phrase unisono spielen müssen, als Einheit spielen. Für das geschulte Ohr macht es einen großen Unterschied, ob eine oder zwei oder mehr Noten mit demselben Bogen gespielt werden oder ob eine Phrase mit einem Auf- oder Abstrich beginnt. Im Allgemeinen beeindruckte und erfreute diese Einstimmigkeit in unserem Spiel unser Londoner Publikum und unsere Kritiker, aber einer von ihnen war offensichtlich darüber verärgert, als er seine Analyse unseres Konzerts mit der Überschrift begann: „Orchester zu perfekt, um gut zu sein." Sein Auge war offensichtlich an die „freiere und lockerere" Bogenführung bei einigen ihrer eigenen Konzerte gewöhnt und er dachte, dass eine emotionalere Wirkung erzielt würde, wenn das einzelne Orchestermitglied nicht durch zu viel Disziplin eingeschränkt wird. Man muss jedoch zugeben, dass sich ein guter Dirigent vor der Versuchung hüten muss, aus der Technik einen Gott zu machen, die schließlich nur ein Mittel zum Zweck sein sollte.

Aufgrund unserer unbestrittenen Überlegenheit in Orchestern und Opern können wir jedoch nicht behaupten, ein musikalischeres Volk als die Briten zu sein. Ihre Liebe und Pflege der Chormusik ist weitaus größer als bei uns, und sie verfügen über eine kleine Gruppe von Komponisten, deren Werk wichtiger und interessanter ist als das, was wir insgesamt bisher hervorbringen können.

Augustus Littleton und seine Freunde arrangierten viele Veranstaltungen zu unserem Vergnügen, darunter ein zeremonielles Mittagessen im Mansion House durch den Lord Mayor von London. An diesem Mittagessen nahmen auch der amerikanische Botschafter, Mr. Davis, Viscount Bryce und viele der bedeutendsten englischen Musiker teil. Mein Orchester war höchst erfreut und beeindruckt von den urigen mittelalterlichen Zeremonien, den prächtigen Uniformen und Livreen und der großzügigen Gastfreundschaft unseres freundlichen Gastgebers. Als Zeichen besonderer Freundschaft gegenüber dem New York Symphony Orchestra und seinem ersten Besuch in Großbritannien wurde ich zum Mitglied der „Worshipfull Company of Musicians" ernannt, die 1604 von James I. gegründet wurde, und erhielt die Silbermedaille dieser alten Organisation.

Unser Botschafter erwies sich als ebenso fähig, eloquent über die Bedeutung der Musik zu sprechen wie über jedes andere Thema, das dazu beitragen könnte, die kulturellen Bindungen zwischen den beiden Nationen zu stärken. Sowohl er als auch seine Frau hatten sich beim englischen Volk offensichtlich beliebt gemacht, und viele bedauerten, als er mit dem Parteiwechsel in Washington seinen Rücktritt einreichte.

Während des gesamten Mittagessens strahlte Lord Bryce seine Zustimmung zu den Vorgängen aus, da er in den späteren Jahren seines Lebens nahezu seine gesamte Energie für ein besseres Verständnis zwischen den beiden englischsprachigen Ländern eingesetzt hatte.

segelte das Orchester mit der *Olympic nach Amerika* , und ich verabschiedete mich mit Herzklopfen von ihnen; sie hatten unserem Präsidenten, Mr. Flagler, unserem Land und ihrem Dirigenten eine solche Ehre erwiesen. Während der gesamten siebenwöchigen Tournee gab es keinen einzigen Ausrutscher von der perfekten Disziplin, einer Disziplin, die größtenteils selbst auferlegt war. Jeder hatte seine Verantwortung gespürt und entsprechend gehandelt. Ihr Spiel war ständig auf Hochtouren, und sie hatten die unvermeidlichen Strapazen und Unannehmlichkeiten des ständigen Reisens mit unerschütterlicher guter Laune ertragen. Andererseits hatten sie auch viel Freude gehabt. Sie hatten die großen Kunstschätze und landschaftlichen Schönheiten von fünf Ländern gesehen, und mit jener schnellen Auffassungsgabe, die ein Merkmal des amerikanischen Lebens ist, hatten sie ihre Gelegenheiten voll ausgenutzt. Wenn sie mit beiden Händen ihr Bestes gaben, kehrte Europa sicherlich mit der gleichen Verschwendungssucht zurück, und es gibt keinen meiner Männer, der nicht die Chance ergreifen würde, unsere Erfahrungen bei der ersten Gelegenheit zu wiederholen und die Tournee natürlich noch weiter auszudehnen, um Deutschland, Österreich, Polen und die Tschechoslowakei einzuschließen. Gegenüber Russland haben wir allerdings noch eine gewisse Scheu, denn zu trostlos und wenig einladend sind die Berichte, die meine russischen Musiker aus ihrer ehemaligen Heimat bekommen.

Siebzehntes Kapitel

FRAUEN IM MUSIKALISCHEN GESCHÄFT

In Europa ist die Musik aus der Erde entstanden, und es waren die Volkslieder und Volkstänze der Bauern, die sich nach und nach - verfeinert und weiterentwickelt in den Händen der großen Komponisten - ihren Weg nach oben fanden und zum Besitz und zur Freude der kultivierten Klassen wurden.

In diesem Land gibt es keine Bauern, und die wenigen Reste von Volksliedern und Volkstänzen, die wir haben, abgesehen von der Musik der Neger, wurden erst vor kurzem aus den isolierten Bergfestungen von Kentucky und Tennessee ausgegraben. Diese sind im Allgemeinen britischen Ursprungs und können nicht als fester Bestandteil unseres Nationallebens betrachtet werden. Im Gegensatz zum reichen Untergrund der Volkslieder Deutschlands, Böhmens, Russlands, Frankreichs und Schottlands können wir nur eine sehr dünne künstliche Schicht Musik vorweisen, und diese wurde von einer kleinen gebildeten Klasse geschaffen und sorgfältig gepflegt.

Das triste Sozialleben der frühen puritanischen Siedler und ihre missbilligende Haltung gegenüber den Freuden des Lebens bremsten die Entwicklung der Künste unter uns zusätzlich.

Ich glaube nicht, dass es jemals ein Land gegeben hat, dessen musikalische Entwicklung so ausschließlich von Frauen gefördert wurde wie Amerika.

Die musikalische Ausbildung begann unter den wohlhabenden Klassen, die es sich leisten konnten, die nach Amerika ausgewanderten europäischen Musiker zu engagieren, um ihre Töchter zu unterrichten – aber leider nicht ihre Söhne. Es herrschte das starke Gefühl, dass Musik im Wesentlichen eine verweichlichte Kunst sei und dass ihre Ausübung durch einen Mann seiner Männlichkeit schade und ihn vor allem ungeeignet mache, an dem heiligsten Schrein des Geschäfts zu ehren. Ich spreche jetzt von vor fünfzig Jahren. Die Bedingungen haben sich seitdem verbessert, aber noch nicht ausreichend, um normale und gesunde Bedingungen für die Zivilisation unseres Volkes zu schaffen.

In vielen Dörfern, Städten und Großstädten begannen sich Frauenmusikclubs zu bilden, die zum aktiven und effizienten Kern des gesamten Musiklebens der Gemeinschaft wurden, aber leider auch hier hauptsächlich der weiblichen Gemeinschaft. An diese Frauenclubs wenden sich die Manager, um satte Garantien für Auftritte ihrer Künstler zu erhalten, und diese Künstler vergnügen sich vor einem Publikum, das zu 75 Prozent aus Frauen besteht.

Dies hat dazu geführt, dass das kulturelle Leben amerikanischer Frauen oft völlig unabhängig von ihren Beziehungen zu ihren Männern war. Es ist allgemein anerkannt, dass Männer das Interesse der Frauen an den Künsten natürlich nicht teilen und auch nicht teilen müssen; und obwohl die Geschäftswelt den amerikanischen Mann vielleicht nicht mehr in ganz so ungesunder Weise monopolisiert wie in früheren Jahren, ist die wichtigste Veränderung die Einführung des Golfsports, zumindest eines Sports, den Männer und Frauen gemeinsam ausüben konnen. Wie schade, dass der schwer fassbare Ball nicht aus ein wenig Beethoven und Brahms besteht, sondern aus der geheimnisvollen Mischung aus Beton und Guttapercha, und dass das Familienleben, das die eigentliche Festung der Zivilisation ist, die Pflege der Musik als eines der stärksten Bande, das Mann und Frau, Söhne und Töchter zusammenhält, nicht nutzen kann!

Manche von uns neigen zu sehr dazu, moderne Sanitäranlagen, Telefone und Autos als Beweis für eine hohe Zivilisation oder gar Kultur zu betrachten, obwohl es sich dabei eigentlich nur um mehr oder weniger angenehme Annehmlichkeiten handelt, die unserem Komfort dienen, nicht aber unserem Herzen oder Verstand.

In Europa teilen Männer und Frauen die Liebe und Pflege der Musik in gleichem Maße, und die emotionale und persönliche Einstellung der Frauen wird durch die eher unpersönliche und geistige Einstellung der Männer ausgeglichen. Das Ergebnis davon zeigt sich in Zuhörerschaften, bei denen kein Geschlecht vorherrscht, und vor allem in der Pflege der Kammermusik zu Hause, an der Profis und Amateure, Männer und Frauen, zu ihrem gegenseitigen Vergnügen und ihrer Entwicklung teilnehmen. Man kann sich nichts Schöneres vorstellen als solche musikalischen Familienabende, bei denen die Musiker sich den Streichquartetten und Klaviertrios von Mozart, Beethoven und Brahms hingeben, vielleicht mit einem kleinen Publikum von Enthusiasten, das aus anderen Familienmitgliedern und einem halben Dutzend Freunden besteht, die sich anschließend alle zu einem fröhlichen Abendessen mit Brot und Aufschnitt sowie einer guten Flasche Wein oder Bier treffen.

Mein Vater brachte diesen schönen Brauch in die Neue Welt, und ich verdanke fast meine gesamte Ausbildung in der Kammermusik den Sonntagnachmittagen in seinem Haus, dessen ruhige und spirituelle Atmosphäre unvergesslich ist.

Vor einigen Jahren fand im Büro des Bürgermeisters im Rathaus eine Versammlung statt, bei der ich gebeten worden war, für gute Musik für die Menschen am Sonntagnachmittag und -abend zu sprechen. Ein Geistlicher aus Brooklyn hatte einen gewaltigen Appell gegen jegliche Sonntagsunterhaltung gerichtet und wollte, dass die Stadträte die alten, schäbigen Gesetze von vor zweihundert Jahren wiederbeleben. Der Raum war voll mit Menschen, und als ich davon sprach, was mir als Junge die Kammermusik am Sonntagnachmittag im Haus meines Vaters bedeutet hatte, brach das Publikum in so begeisterten Applaus aus, dass die allgemeine Stimmung nicht zu verkennen war, und meine sonntäglichen Symphoniekonzerte, die ich als erster in New York einführte, wurden nur einmal von den Stadtbehörden gestört.

Einige amerikanische Frauen haben den falschen und einseitigen Zustand der Musikkultur in unserem Land erkannt und versucht, Abhilfe zu schaffen, indem sie ihre Söhne ermutigten, ein Musikinstrument zu erlernen. Dies war jedoch ein mühsames Unterfangen, da die allgemeine Stimmung im Land noch nicht ausreichend geweckt war. Platon betrachtete das Studium und die Wertschätzung von Musik als eine pädagogische Notwendigkeit für den jungen Athener, aber Schulen wie Groton, Saint Paul's und Saint Mark's haben Musik noch nicht in ihren regulären Lehrplan aufgenommen, und sofern sie dort studiert wird, wird sie eher als externes Privileg angesehen, mit dem der Schulunterricht keine offizielle Verbindung hat. Bei den Jungen wird die Notwendigkeit, im Football oder Baseball hervorzustechen, so sorgfältig und konsequent betont, dass fast die gesamte Zeit, die von der Schulzeit übrig bleibt, diesen Sportarten gewidmet wird, und der Junge, der das Studium eines Musikinstruments fortsetzen möchte, das eine liebevolle Mutter vielleicht mit ihm begonnen hat, bevor er in die Schule kam, wird von den anderen Jungen als Weichei angesehen. Der Standard des persönlichen Verhaltens in diesen Schulen ist hoch, aber die Tendenz scheint dahin zu gehen, die Jungen einander so ähnlich wie möglich zu machen. Viele von ihnen würden, wenn man sie nicht entmutigte, ein ausgeprägtes künstlerisches Talent entwickeln, doch Individualität und Unabhängigkeit im Denken, die eigentlich Ziel und Zweck allen Unterrichts sein sollten, werden oft missbilligt und die Folgen tragen nur noch weiter zur Monotonie unseres gesellschaftlichen Lebens bei, in dem der Mut, man selbst zu sein, im Wunsch untergeht, genau wie alle anderen zu sein.

Die öffentlichen Schulen unseres Landes zeigen jedoch eine viel intelligentere Einstellung als früher; und obwohl die Zeit für Singen und das Studium der Anfänge der Musik immer noch viel zu kurz ist, wird den Jungen ebenso wie den Mädchen Musik beigebracht. Das Singen der Kinder hat sich erheblich verbessert, und in vielen Städten wurden Schulorchester gegründet, an denen die Jungen und Mädchen ungemein viel Freude haben und in denen oft Musik von hohem Niveau studiert wird.

In Los Angeles und Berkeley, Kalifornien, habe ich einige hervorragende Schulorchester gehört, und in Dayton, Ohio, hat sich Mrs. Talbot mit großer Begeisterung und hervorragenden Ergebnissen persönlich für diese Bewegung interessiert.

In New York führte mein Bruder Frank, während er Musikaufseher an den öffentlichen Schulen war, eine umfassende Reform des Kinderunterrichts durch und konnte die Behörden davon überzeugen, der Musik einen wichtigeren Stellenwert einzuräumen. Der Gesang verbesserte sich enorm und seit seiner Pensionierung hat sein Nachfolger Mr. Gartlan die gute Arbeit fortgeführt. Ich habe bei den Musikfestivals der Oratorio Society mehrmals Chöre von tausend Schulkindern eingesetzt, um Werke wie Piernés exquisite „Der Kreuzzug der Kinder" und „Die Kinder von Bethlehem" aufzuführen, und die Kinder sangen die dreistimmigen Harmonien ihrer Musik mit einer solchen Reinheit und exquisiten Klangqualität, dass dem Publikum Freudentränen in die Augen stiegen.

In der ganzen Stadt haben sich Schulorchester gebildet, und einmal im Jahr gehe ich mit meinem gesamten Orchester in einen der großen Hörsäle der öffentlichen Oberschulen, und für zweitausend kleine angehende Orchestermusiker spielen wir ein Programm, das aus der Musik besteht, die sie im Winter studiert haben. Nie zuvor haben wir vor einem enthusiastischeren und entzückenderen Publikum gespielt.

Vor 31 Jahren gab ich das erste Orchesterkonzert für Kinder, und vor 25 Jahren gründete mein Bruder Frank die Young People's Symphony Concerts, deren Zweck es war, Kindern die Schönheit der Orchestermusik näherzubringen und in einem kurzen erklärenden Vortrag ihre Konstruktionsgeheimnisse zu entschlüsseln und die Klangfarben der verschiedenen Orchesterinstrumente zu demonstrieren. Diese Konzerte waren ein enormer Erfolg und von großer Bedeutung für die Ausbildung der kommenden Generation. Als mein Bruder sich aus dem öffentlichen Dienst zurückzog, um sich ausschließlich der Leitung des Institute of Musical Art zu widmen, übernahm ich diese Konzerte und habe seitdem einen weiteren Kurs hinzugefügt, der ausschließlich für kleine Kinder im Alter von sieben bis zwölf Jahren gedacht ist. Das Publikum ist wirklich bemerkenswert. Die Gesichter der Kinder strahlen vor Interesse und Aufregung, und wenn ich mich nach dem Spielen einer Ouvertüre mit dem Orchester ans Klavier setze und eine melodische Phrase daraus wiederhole und sie frage: „Welches Instrument hat diese Melodie gespielt?", erklingen ihre kleinen Stimmen mit hohen, schrillen Akzenten wie kleine Pistolenschüsse aus dem ganzen Saal: „Die Oboe! Die Oboe! Die Trompete!" Dann lasse ich alle, die meinen, es sei die Oboe gewesen, ihre Hände heben, und wenn sie recht haben, ist ihr Triumph groß, und wenn sie unrecht haben, ist ihr Kummer ebenso groß. Im Allgemeinen haben sie recht!

Auf meinen Orchestertourneen habe ich mehrmals solche Kinderkonzerte am Nachmittag vor der regulären Abendsinfonie gegeben, und obwohl zwei solcher Konzerte an einem Tag eine große Anstrengung darstellen, da insbesondere die Kinder viel Energie aufwenden müssen, um ihr Interesse aufrechtzuerhalten, habe ich mich durch die Ergebnisse mehr als belohnt gefühlt; in vielen Städten wurde meine Arbeit in dieser Richtung von den örtlichen Orchestern oder Musikclubs (wiederum die Frauen!) fortgeführt, und zwar mit den erfreulichsten Ergebnissen.

Auch in New York haben musikbegeisterte Frauen viel zu ihrer Entwicklung beigetragen, aber manchmal waren die Ergebnisse ihrer Bemühungen nicht so positiv. Vor nicht allzu langer Zeit kam ein gutaussehender, aber unfähiger ausländischer Musiker (ich werde in dieser Geschichte weder Namen noch Daten nennen) nach New York und gewann die Sympathie einiger begeisterter Frauen. Da viele Frauen eine Persönlichkeit brauchen, auf die sie ihre Hingabe zur Kunst konzentrieren können, beschlossen sie, dass dieser besondere Gentleman New Yorks symphonische Zukunft bestimmen sollte. Der amerikanische Geschäftsmann ist sprichwörtlich gutmütig zu seinen Frauen und bereit, Geld für Musik auszugeben, sofern er nicht gezwungen ist, sie anzuhören, und so sammelten diese Damen einen riesigen Fonds, mit dem sie eine Reihe von Orchesterkonzerten veranstalten konnten. Der Betrag war groß genug, um ein gutes Symphonieorchester einen ganzen Winter lang in guten Händen zu halten, sollte in diesem Fall jedoch nur für sechs Konzerte ausgegeben werden. Der gutaussehende junge Ausländer gab sein erstes Konzert, das ein so völliger und trostloser Misserfolg war – er hatte nicht nur keinen guten Ruf, sondern auch kaum Erfahrung in dieser Art von Arbeit –, dass sogar seine kleine Gruppe von Verehrern entsetzt war und vorschlug, die restlichen Konzerte abzusagen. Eine Dame jedoch, die ihren eigenen Lieblingsdirigenten hatte, meinte, dass eine völlige Schande abgewendet werden könnte, wenn ihr Schützling eingeladen würde, die restlichen Konzerte zu dirigieren. Da er ein ausgezeichneter Künstler war und viel Erfahrung im Umgang mit Orchesterspielern hatte, waren die Ergebnisse so gut und vor allem ein solcher Kontrast zu der schrecklichen Tragödie des ersten Konzerts, dass die begeisterte Anhängerin ihre Chance sah und vorschlug, für den folgenden Winter ein neues Orchester zu gründen, dessen Konzerte von dem Mann dirigiert werden sollten, der ihnen die Situation gerettet hatte. In New York fanden im Winter bereits durchschnittlich 150 Symphoniekonzerte der New Yorker Philharmoniker, der New Yorker Symphonie, der Bostoner Symphonie und des Philadelphia Orchestra statt, und daraus lässt sich schließen, dass der Bedarf unseres Publikums an Symphoniekonzerten bereits mehr als ausreichend gedeckt war. Eine enthusiastische Frau jedoch – insbesondere wenn sie von der Hingabe zu einem Lieblingskünstler getrieben wird – weigert sich, praktische Bedingungen anzuerkennen. Und so machte sich diese kleine Gruppe daran, weitere Gelder in Höhe von Hunderttausenden von Dollars zu sammeln, um das neue Orchester richtig auf die Beine zu stellen.

Ihre erste Schwierigkeit bestand darin, gute Spieler zu finden. Es gibt nie sehr viele erstklassige Symphoniker. Nicht nur beschäftigen die beiden alteingesessenen New Yorker Orchester jeweils etwa hundert Spieler, sondern auch die Orchester anderer Städte kommen nach New York, um ihre freien Stellen zu besetzen. Jahrelang hatten das Philharmonische Orchester, das New Yorker Symphonieorchester und andere Orchester aus anderen Städten eine Gentlemen's Agreement, dass sie sich nicht gegenseitig ihre Spieler abwerben würden, aber diese neue Organisation ging sofort dazu über, dem Philharmonischen Orchester 37 Spieler abzuwerben, indem sie ihnen immens höhere Gehälter anbot. Sie nahmen keinen einzigen Spieler des New Yorker Symphonieorchesters, weil sie, wie sie schworen, großen persönlichen Respekt vor mir hatten, aber ich glaube, es lag teilweise daran, dass wir zufällig einen Zweijahresvertrag mit all unseren Leuten hatten, der sie für eine weitere Saison sehr effektiv an uns band. Sie füllten ihre Reihen weiter mit Mitgliedern des Bostoner Orchesters und anderer Organisationen aus anderen Städten auf und begannen dann ihre erste reguläre Saison als New Yorker Orchester mit lautstarken Beteuerungen, dass New York endlich eine Organisation habe, die der Metropole würdig sei. Dieses Orchester bestand zwei Jahre lang und endete am Ende mit einem traurigen Ende, da die Ausgaben für die drei Spielzeiten die Einnahmen aus der Abendkasse um fast eine Million Dollar überstiegen, die die überraschten und enttäuschten männlichen Bürgen zu zahlen hatten. Dies ist nur eines von mehreren dieser unregelmäßigen Unterfangen, von denen jedes Hunderttausende verschlungen hat. Man könnte meinen, dass das unvermeidliche Scheitern dieser Bemühungen andere davon abhalten würde, sie zu unternehmen, aber das ist nicht der Fall. Die Hoffnung stirbt zuletzt im Herzen der leidenschaftlichen Musikliebhaberin, und ich habe gerade von der Gründung eines neuen Orchesters gehört, um einem weiteren Ausländer, dessen Interpretationen natürlich eine Offenbarung für unser Publikum sein werden, die Möglichkeit zu geben, in diesem Land seine Stimme zu erheben, da sein eigenes Land ihn nicht zu seiner eigenen Wertschätzung akzeptiert hat.

In den letzten Jahren hat die Kammermusik in New York große Ermutigung und intelligente Unterstützung von Frauen erfahren. Mrs. Frederick S. Coolidge hat sich als wahre Patin dieses schönen Zweiges der Musikkunst erwiesen, und jeden Herbst locken die Kammermusikfestivals, die sie in Pittsfield in den Berkshire Hills veranstaltet, namhafte Gruppen von Musikern und Musikliebhabern als ihre Gäste an. Seit mehreren Jahren bietet sie bei Wettbewerben für verschiedene Kammermusikformen großzügige Preise an. Aber für mich ist das Ermutigendste, was sie getan hat, die Beauftragung bestimmter Komponisten, Kompositionen für diese Festivals zu schreiben. Weder Streichquartette noch Violinsonaten können für den Komponisten auf dem normalen Handelsweg jemals profitabel werden, da die Anzahl der Exemplare, die von solchen Werken verkauft werden können, zwangsläufig begrenzt ist. Auch junge amerikanische Komponisten müssen leben, und wenn sie ihre Zeit der Schaffung ernsthafter Kunstformen widmen, sollten sie zumindest eine finanzielle Entschädigung für die Zeit, die sie dafür aufwenden müssen, sicherstellen.

Frau Ralph Pulitzer hat in den vergangenen drei Jahren durchweg hervorragende Streichquartette zusammengestellt und ich würde mir wünschen, dass auch andere unserer wohlhabenden Gesellschaftsschichten solchen hervorragenden Beispielen nacheifern, denn Kammermusik wird grundsätzlich für die Aufführung zu Hause geschrieben und verliert viel von ihrem Charme und ihrer Intimität, wenn sie in einem größeren Saal und vor Hunderten von Menschen aufgeführt wird.

In absehbarer Zeit wird die Initiative für eine allgemeinere musikalische Ausbildung unseres Volkes von den Frauen ausgehen müssen. Wenn amerikanische Mütter für ihre Söhne die gleichen musikalischen Privilegien und Möglichkeiten fordern und durchsetzen, die ihre Töchter heute genießen, wird Amerika rasch zum musikalischsten Land der Welt werden.

Es wurde bereits so viel getan, aber es bleibt noch viel zu tun, und ich würde gern noch hundert Jahre länger leben, nur um diese Entwicklung zu beobachten und mich über ihre Ergebnisse zu freuen.

Achtzehntes Kapitel

BOSTON

1887 besuchte ich Boston zum ersten Mal beruflich. Ein oder zwei Jahre zuvor hatte ich in New York mit meinen Wagner-Vorträgen begonnen, und sie hatten sich wie ein Lauffeuer in alle Richtungen verbreitet. Die Begeisterung für Wagner, die durch die Gründung der deutschen Oper an der Metropolitan Opera durch meinen Vater zu einer hellen Flamme entfacht worden war, hatte ein weit verbreitetes Verlangen nach besserer Kenntnis von Wagners Musik und seinen Theorien zum Musikdrama hervorgerufen.

Von einer Gruppe Bostoner Frauen, darunter Mrs. John L. Gardner, Mrs. OB Frothingham, Mrs. George Tyson und Mrs. Henry Whitman, erhielt ich eine Einladung, meine Vortragskonzerte über die „Nibelungen-Trilogie" zu halten.

Boston hatte damals eine einzigartige Stellung als einzige Stadt in Amerika, die ein ständiges Orchester besaß, das von Major Henry Lee Higginson geleitet wurde und sich der Pflege symphonischer Musik widmete. Eine kleine Gruppe hochgebildeter und gesellschaftlich angesehener Bostoner, die zu den ältesten Familien Neuenglands gehörten, machten dieses Orchester beinahe zum Mittelpunkt ihres gesellschaftlichen Lebens. Die wöchentlichen Konzerte waren die großen Ereignisse, die Programme wurden eifrig diskutiert, und sein Dirigent, Wilhelm Gericke, wurde je nach seiner Einstellung zu einer Neuheit, die er gerade produziert hatte, abwechselnd verflucht oder gesegnet.

In dieser Gruppe wurde ich herzlich willkommen geheißen. Die Atmosphäre war ausgesprochen lokal, wenn nicht gar provinziell, und im Gegensatz zu dem forschenden, fieberhaften Leben einer großen Metropole wie New York mit seinen vielen widerstreitenden Interessen und Rassenströmungen war die Ruhe und die rein amerikanische Qualität des Bostoner Lebens, wie es sich mir präsentierte, ein völliger Kontrast. Ich spreche vom Boston vor 35 Jahren und von Bedingungen, die bis zu einem gewissen Grad verschwunden sind, denn heute scheinen sogar die jungen Nachkommen der Neuenglander dieser Zeit ihre Freuden auf andere und ruhelosere Weise zu finden.

In der Gruppe, von der ich gesprochen habe, war Mrs. Gardner eine der originellsten und faszinierendsten. Sie war zweifellos der Sauerteig im Bostoner Kollektiv und schockierte manchmal die gesetzteren Elemente durch ihre Innovationen und ihr Interesse an moderneren Strömungen in Kunst und Literatur, als sie bis dahin die ruhige, emersonsche Oberfläche durchzogen hatten. Boston war zu dieser Zeit vielleicht das beste Beispiel für jene typisch amerikanische Musikkultur, von der ich anderswo gesprochen habe, die nicht aus der Masse hervorging, sondern von einer aristokratischen und kultivierten Gemeinde durch Symphoniekonzerte und Musikvorträge sorgfältig eingeführt und gepflegt wurde. Ihr ursprünglicher Impuls entsprang vielleicht eher dem Kopf als dem Herzen, aber es wäre daher nicht fair zu sagen, dass die Neuenglander sich der Musik nur vom intellektuellen Standpunkt aus näherten. Ich habe sehr emotionale Ausbrüche unter dem Bostoner Publikum erlebt, sowohl bei meinen Wagner-Konzerten als auch Jahre später, als ich mit der Damrosch Opera Company zurückkehrte, um die Wagner-Musikdramen aufzuführen. Es ist zwar möglich, dass sie sich hinterher für diese Begeisterung zutiefst schämten und ausriefen: „Ist das Boston?" Tatsache ist jedoch, dass auch ein Bostoner ein Mensch ist, wie andere Amerikaner auch, und man muss ihn nur ermutigen, zu beweisen, dass auch er ein Herz hat, das warm schlägt und auf die Emotionen reagiert, die die Kunst hervorruft.

Ihre Fähigkeit zur Freundschaft im besten Sinne des Wortes ist wunderbar, und ich habe damals viele meiner liebsten Freunde gefunden. Wir sind seitdem alle viel älter geworden, mit Ausnahme von Mrs. Gardner, bei der die Jahre keine Spuren hinterlassen und deren Begeisterung für das Leben und die Kunst heute genauso hell lodert wie damals.

Ich war damals ganz bestimmt noch sehr jung, und ich erinnere mich, wie ich nach einer meiner Vorlesungen, die mit großem Enthusiasmus begonnen hatte, die Boylston Street entlang zu meinem Hotel ging und in meiner jugendlichen Einbildung dachte, ich sei offensichtlich eine ziemliche Persönlichkeit, als ich sah, dass die Straße mit Menschenmassen gefüllt war und die Polizei sich mit Mühe einen Weg freimachte, um eine offene Kutsche, die von zwei Pferden gezogen wurde, passieren zu lassen. Darin saß ein ziemlich stämmiger, glattrasierter Herr mit einem sehr glänzenden hohen Seidenhut, und die Leute jubelten ihm wie verrückt zu. „Wer ist das?", fragte ich einen Passanten. Er warf mir einen verächtlichen Blick zu und hörte gerade lange genug auf zu jubeln, um zu sagen: „Erkennen Sie John L. Sullivan nicht, wenn Sie ihn sehen?" Ich nahm den Tadel sanftmütig hin und betrat mein Hotel als ein viel bescheidenerer Mann, als ich es ein paar Stunden zuvor verlassen hatte. John L. Sullivan, „Bostons größter Bürger", war gerade von einem Kampf in London heimgekommen, aber ich weiß bis heute nicht, ob er gewonnen oder verloren hatte.

Das Bostoner Orchester wurde damals von Wilhelm Gericke dirigiert, der es zu einem bemerkenswerten Niveau gebracht hatte. Ich empfand ihn als einen sehr sympathischen Mann, einen gründlichen Musiker und immer sanft und freundlich in seiner Haltung. Ich beneidete ihn immer, denn während ich mein Orchester damals durch eigene Anstrengungen unterhalten musste, hatte er einen großen Philanthropen hinter sich. Sein Orchester war auf Jahresbasis engagiert, spielte unter keinem anderen Dirigenten und versammelte sich jeden Morgen um 9.30 Uhr wie ein Uhrwerk zur Probe. Gericke brachte das Orchester auf ein hohes Niveau der Virtuosität. Sein Sinn für Werte war absolut und unter seiner Ausbildung und mit großer Unterstützung von Franz Kneisel, seinem Konzertmeister, erlangten die Streicher bald große Einstimmigkeit und eine mitreißende Klangqualität. Seine Interpretationen waren immer musikalisch, obwohl ich sie manchmal als zu zurückhaltend empfand. Er hatte eine Abneigung gegen die Übertreibungen der Blechblasinstrumente und irrte vielleicht im anderen Fall, indem er sie zu sehr unterdrückte; aber als er Jahre später für weitere fünf Jahre nach Boston zurückkehrte, hatten seine Lesungen an Freiheit und Elastizität gewonnen, und das Gleichgewicht der verschiedenen Chöre schien perfekt ausbalanciert. Boston und das ganze Land haben ihm viel zu verdanken. Er hatte Glück mit seinen Möglichkeiten, aber er erwies sich als ihrer würdig.

Zu Recht oder zu Unrecht hatte Major Higginson es sich zur Regel gemacht, für sein Orchester nur deutsche Dirigenten zu engagieren. Seine Begeisterung für symphonische Musik hatte er als junger Mann in Wien entdeckt und war fest davon überzeugt, dass nur Deutschland seinem Orchester die nötigen Dirigenten liefern konnte. Natürlich waren nicht alle der vielen Dirigenten, die kamen und gingen, gleich gut. Einige waren eindeutig zweitklassig, und ich erinnere mich an einen, dessen polternde Inkompetenz und Eitelkeit Major Higginson schließlich so wütend machte, dass dieser Herr, da sein Vertrag noch ein Jahr lief, nicht zurücktreten wollte, ihm einen Scheck über den gesamten Betrag schickte und ihn entließ. Kurioserweise war der Auftrieb, den ihm sein Ruf als Dirigent des Boston Symphony Orchestra verlieh, so groß, dass er dadurch in zwei andere amerikanische Orchester wechselte, von denen er eines an den Rand des Ruins brachte und das andere völlig ruinierte, sodass die Stadt, die es gegründet und Hunderttausende dafür ausgegeben hatte, heute ohne Symphonieorchester dasteht und den Mut verloren zu haben scheint, noch einmal von vorne anzufangen.

Doch unter den Dirigenten des Boston Orchestra ragen zwei als die besten heraus, die Europa je dorthin geschickt hat. Das sind Arthur Nikisch und Dr. Karl Muck. Der eine starb letzten Winter, geliebt und betrauert vom musikalischen Publikum in ganz Europa sowie Nord- und Südamerika; der andere wurde nach dem Krieg in verdienter Schande von unserem Land nach Deutschland zurückgeschickt, nachdem er als Kriegsgefangener in Fort Oglethorpe interniert worden war.

Als ich Arthur Nikisch 1887 zum ersten Mal traf, war er Dirigent an der Leipziger Oper. Ich war dorthin gefahren, um an einer Jahresversammlung und einem Fest des Tonkünstler-Vereins teilzunehmen, eines Vereins, dessen Präsident Franz Liszt immer gewesen war und der ursprünglich von einer

kleinen Gruppe von Liszt-Wagner-Berlioz-Anhängern gegründet worden
war, zu denen auch mein Vater gehörte. Eine der Besonderheiten des Festes
war eine Bühnenaufführung von Berlioz' „Benvenuto Cellini", die zu Ehren
Liszts gegeben wurde. Das Werk faszinierte mich, und seine Aufführung
unter dem jungen Nikisch entzückte mich unsagbar. Äußerlich hatte er
bereits dieselben Merkmale, die seine Feinde anprangerten, die bei seinen
Freunden jedoch nur ein entzücktes Kichern auslösten, wenn er auf der
Bühne erschien, und die sich schnell in einen Orkan der Begeisterung
verwandelten, nachdem er seine wunderbaren Fähigkeiten als Interpret unter
Beweis gestellt hatte. Ich meine die lange schwarze Locke, die ihm immer tief
in die Stirn fiel, und seine noch längeren weißen Manschetten, die im Verlauf
der Aufführung immer mehr seine kleinen weißen Hände umhüllten.

Gericke hatte das Orchester zu einem perfekten Instrument entwickelt, und
als Nikisch ankam, spielte er es wie ein Virtuose. Ich habe immer behauptet,
dass Nikisch während seiner Jahre in Amerika noch größere Meisterschaft
erlangte, weil ihm bis dahin kein solches Orchester zur Verfügung stand. Das
vielgerühmte Leipziger Gewandhaus und die Berliner Philharmoniker, die er
dirigierte, leiden unter den Problemen, die allen kooperativen Organisationen
gemeinsam sind. Ihre Mitglieder überdauern ihre Nutzungsdauer und
behalten ihre festen Plätze im Orchester, nachdem sie jüngeren und besseren
Männern Platz gemacht hätten.

Die Interpretationen von Nikisch waren ausgesprochen persönlich und
deshalb, weil sie seine eigene Natur widerspiegelten, so einnehmend, dass ich
manche seiner Interpretationen oft genossen habe, obwohl ich sie für falsch
und den Absichten des Komponisten zuwiderlaufend hielt. Nikisch machte
sie für den Moment überzeugend.

Doktor Muck, der einige Jahre später Dirigent des Boston Symphony
Orchestra wurde, war in seinen Interpretationen weniger persönlich. Seine
Hauptaufgabe in Deutschland war das Dirigieren von Opern gewesen, und
gelegentlich zeigte sich ein Mangel an Routine in der symphonischen Arbeit
in schlecht zusammengestellten Programmen, aber nur in dieser einen
Hinsicht. Als Dirigent der Symphonien von Beethoven und Brahms war er
ein Meister, und für mich zählen seine Interpretationen von Brahms zu den
besten, die ich gehört habe. Es war eine Tragödie, dass sich dieser Mann, der
nicht nur das Vertrauen und den Respekt seines Gönners Major Higginson
in größerem Maße als jeder andere Bostoner Dirigent gewonnen hatte, der
nicht nur in Boston, sondern in jeder Stadt, die das Orchester besuchte,
bewundert wurde und dem Amerika grenzenlose Anerkennung zuteil werden
ließ, im entscheidenden Moment als hochmütiger, arroganter Preuße vom
schlimmsten Junkertyp erwies, undankbar gegenüber dem Mann, dem er
seine vielen erfolgreichen Jahre in Amerika verdankte, und schließlich sogar

als erbärmlicher Feigling und Abtrünniger gegenüber dem Land, dem er nationale Loyalität schuldete.

Die gesamte Geschichte ist zu unangenehm, um sie zu erzählen, aber da Muck es nach seiner Rückkehr nach Deutschland für angebracht hielt, sich in heftigen Tiraden gegen Amerika und dessen Behandlung ihm gegenüber zu ergehen, ist es gerechtfertigt, auf diesen Seiten ein wenig von der Wahrheit zu erzählen.

Um die Geschichte richtig zu verstehen, muss man sich die Aufregung ins Gedächtnis rufen, die das Land erfasste, als wir schließlich in den Ersten Weltkrieg eintraten. Kriege erregen Vorurteile ebenso wie Patriotismus, Argwohn ebenso wie Glauben. Eine der merkwürdigen, fast pathologischen Folgen der Kriegspsychose ist die Spionagemanie, und diese manifestierte sich in den Jahren 1917 und 1918 in bemerkenswertem Ausmaß – in Amerika ebenso wie in Europa. Man braucht sich nur an die vielen Geschichten über Betontennisplätze zu erinnern, die von seriösen Leuten entdeckt und als Jahre zuvor von deutschen Armeeoffizieren gebaut wurden, die, als „reiche amerikanische Finanziers" (!) verkleidet, großzügige Landhäuser entlang der Atlantikküste errichtet hatten , die alle diese bemerkenswerten Betontennisplätze besaßen. Diese sollten große Kanonen tragen, die im richtigen Moment die amerikanische Marine auslöschen sollten! Es gab auch wunderbare Geschichten über in Privathäusern entdeckte Geheimkabel und über seltsame Leuchtfeuer, die plötzlich in regelmäßigen Abständen entlang der Küste aufleuchteten, um Nachrichten an ein geheimnisvolles deutsches U-Boot zu übermitteln.

Es war alles wie in einem Kriegsroman von Oppenheim, und da einige unserer Damen in inoffizieller Funktion dem Geheimdienst beitraten, verbrachten sie zusammen mit anderen – die es als den Gipfel der Treuelosigkeit gegenüber unserem Land empfanden, sich an einer Symphonie von Beethoven oder einer Oper von Wagner zu erfreuen, während wir mit Deutschland im Krieg waren – eine schöne Zeit in der glücklichen Illusion, sie würden echte Kriegsarbeit leisten.

Dr. Muck geriet sofort ins Zentrum des Verdachts. Er hatte für den Sommer 1917 ein Ferienhaus in Seal Harbor, Maine, gemietet und wurde natürlich sofort beschuldigt, eine Funkausrüstung zu besitzen und Signale an eine ganze Flotte deutscher U-Boote zu senden, die vor Mount Desert Island kreuzten und deren unmittelbares Ziel es natürlich war, alle Millionäre von Bar Harbor festzunehmen und sie gegen hohe Lösegelder gefangen zu halten.

Anderen Berichten zufolge hatte er im Keller seines Hauses in Boston einen Telefonhörer aufgestellt, mit dem er geschickt die Telefonleitung der Nachbarin angezapft hatte. Zu ihrem Entsetzen hörte diese eines Morgens, als sie den Hörer abnahm, um ihren Metzger anzurufen, seine „kehlige" deutsche Stimme, wie er mit einem geheimnisvollen Deutschen am anderen Ende über eine Dynamitlieferung sprach, mit der natürlich Faneuil Hall und das Geburtshaus von Henry W. Longfellow in Maine zerstört werden sollten.

Es gab keine Geschichte, die so verrückt war, dass sie nicht glaubwürdig war, aber es war nicht so seltsam, dass sich viele dieser absurden Gerüchte um Doktor Muck drehten. Seine Haltung uns gegenüber war immer hochmütiger geworden. Dass er mit seinem eigenen Land sympathisierte, war vielleicht natürlich, aber dass er in dieser Hinsicht etwas Taktgefühl und Zurückhaltung an den Tag legte, war ebenso zu erwarten. Er hätte sich ein Beispiel an Fritz Kreisler nehmen können, der als österreichischer Staatsbürger zu Beginn des Krieges in der österreichischen Armee diente, aber in den Ruhestand ging und in dieses Land zurückkehrte, bevor wir in den Konflikt eintraten. Von da an handelte er mit solcher Würde und Taktgefühl und gab während dieser kritischen Zeit alle öffentlichen Auftritte auf, dass er den persönlichen Respekt und die Zuneigung aller rechtschaffenen Amerikaner behielt.

Als die Kriegslage immer ernster wurde, schien Doktor Muck immer hochmütiger zu werden. Als Reaktion auf einen völlig natürlichen Impuls verlangte das Publikum, dass unsere Orchester ihre Konzerte mit dem Spielen der Nationalhymne beginnen oder beenden sollten. Diese war zum Symbol unseres Patriotismus geworden , und als Millionen unserer jungen Männer begannen, sich in den Lagern zu versammeln und mit den Transporten ins Ausland geschickt zu werden, begann „The Star-Spangled Banner" in jedem Herzen Gefühle zu wecken, die unserer Generation vor dem Krieg kaum bekannt waren. Doktor Muck weigerte sich, die Hymne zu spielen. Leider nicht aus Boston oder New York, sondern aus Providence, Baltimore und Pittsburgh begann man wütendes Gemurmel zu hören. Diese Städte bestanden darauf, dass einem Orchester, das in Kriegszeiten nicht bereit war, unsere Nationalhymne zu spielen, überhaupt nicht erlaubt werden sollte, zu spielen. Doktor Mucks Antwort darauf in einem Zeitungsinterview war, dass er eine künstlerische Institution leitete, dass „The Star-Spangled Banner" kein Kunstwerk sei und daher „nur für das Spielen durch Gesellschaftsorchester und Militärkapellen geeignet".

Bis dahin hatte ich Doktor Muck insofern unterstützt, als es ihm als Deutschem ebenso geschmacklos erschien, unsere Nationalhymne in Kriegszeiten mit seinem Land zu dirigieren, wie es für unser Publikum geschmacklos war, darauf zu bestehen, dass ein Deutscher dies tun sollte. Er hätte sagen können: „Ich bin ein Deutscher; mein Land befindet sich im Krieg mit Ihrem. Ich bin Ihr Gast, weil Major Higginson 1915 darauf bestand, dass ich nach Amerika zurückkehren sollte, da er dachte, dass das Orchester ohne mich nicht existieren könnte. Ich bin jetzt in einer unglücklichen Lage. Lassen Sie mich während des Krieges vom Dirigieren hier zurücktreten oder lassen Sie zumindest Ihre Nationalhymne vom Konzertmeister dirigieren."

Dieses Interview war jedoch eine leichtfertige Umgehung des eigentlichen Themas, und als der Reporter der *New York Tribune* es mir vorlegte, rief ich aus, ich glaube nicht, dass Doktor Muck etwas so Unerhörtes gesagt haben könnte, woraufhin mir der Reporter sagte, sein Redakteur habe dies von mir erwartet und deshalb nach Boston telegrafiert und eine Bestätigung des Interviews erhalten. Ich äußerte mich dann in sehr deutlichen Worten zu Doktor Mucks Haltung, aber seine einzige Antwort war ein neues Interview, in dem er erklärte, dass alles ein Irrtum sei, dass er kein Deutscher, sondern ein Schweizer sei! Diese nachträgliche Behauptung, die auf Formalien beruhte und den Tatsachen widersprach, wurde vom Schweizer Gesandten in Washington umgehend zurückgewiesen, und dann begann Doktor Muck plötzlich, „The Star-Spangled Banner" zu dirigieren, allerdings in lustloser Art und Weise, obwohl ihm inzwischen ein halbes Dutzend Städte ihre Türen versperrten und die Konzerte des Orchesters abgesagt werden mussten.

In der Zwischenzeit waren die Geheimdienstleute der Regierung geduldig jedem Gerücht und jeder Spur in Bezug auf Mucks angebliche Spionagetätigkeiten nachgegangen, und obwohl sie herausfanden, dass er uns gegenüber absolut feindselig eingestellt war und daher entschieden *eine persona non grata war* , entbehrten die Gerüchte, die ihn mit Leitungen, Funk, Leuchtfeuern, Dynamit oder deutschen U-Booten in Verbindung brachten, jeglicher Wahrheit. Die Geheimdienstleute entdeckten jedoch andere unangenehme Dinge in Bezug auf ihn, die nichts mit dem Krieg zu tun hatten, ihn jedoch nach den Gesetzen unseres Landes haftbar machten. Man zeigte ihm ein belastendes Paket mit Briefen, und als er bestätigte, diese geschrieben zu haben, stellte man ihn vor die Wahl, als Kriegsgefangener in Fort Oglethorpe interniert oder wegen einer anderen Anklage verhaftet und vor ein Zivilgericht gestellt zu werden. Natürlich gab er auf und akzeptierte Ersteres als das kleinere Übel. Da er nach dem Krieg unter der Bedingung freigelassen wurde, dass er in sein Heimatland zurückkehrt, sehe ich keinen Grund für irgendetwas anderes als Dankbarkeit gegenüber diesem Land und seiner nachsichtigen Behandlung ihm gegenüber.

Die ganze Angelegenheit war ein schrecklicher Schock für Major Higginson. Er war ein alter Mann und die Entdeckungen über Doktor Muck, in den er so viel Vertrauen gesetzt und für den er so bedingungslos eingestanden hatte, waren für ihn unerträglich. Er hatte erwartet, das Orchester weiterhin zu unterstützen, und man ging allgemein davon aus, dass er der Organisation eine Stiftung hinterlassen würde, die ausreichte, um es nach seinem Tod zu erhalten. Stattdessen verkündete er seine Absicht, sich ganz zurückzuziehen, und überließ die Entscheidung, ob sie das Orchester weiterführen wollten,

einer Gruppe von Musikliebhabern, die er zusammengerufen hatte. Eine Zeit
lang war seine Zukunft sehr ungewiss. Dreißig der Spieler wurden wegen
ihrer deutschen Nationalität entlassen, aber verschiedene Bostoner Bürger
spendeten Geld, um das Orchester wieder aufzubauen, und heute, unter der
Leitung von Pierre Monteux, erlangt es schnell seine alte Exzellenz zurück.
Es wird nie wieder die einzigartige Position einnehmen, die es vor 25 Jahren
und mehr innehatte, denn seitdem wurden in Amerika so viele andere
Symphonieorchester nach ähnlichen Grundsätzen und mit ähnlich
großzügigen Stiftungen gegründet. Doch Major Higginson wird immer der
Ruhm zuteil, den Weg geebnet zu haben. Er setzte Maßstäbe, und Amerika
wird ihm mit liebevoller Ehrfurcht und Dankbarkeit gedenken.

Neunzehntes Jahr

MARGARET ANGLIN UND DIE GRIECHISCHEN STÜCKE

Im Winter 1915 erhielt ich einen Brief von Margaret Anglin, unserer angesehenen amerikanischen Schauspielerin, in dem sie mich bat, die Bühnenmusik für zwei griechische Stücke zu komponieren, die sie im folgenden Sommer im großen Freilichttheater Greek Theatre in Berkeley, Kalifornien, aufführen wollte. Die ausgewählten Stücke waren „Iphigenie in Aulis" von Euripides und „Medea" von Sophokles. Das damit verbundene Problem faszinierte mich, da es nicht nur das Komponieren der Musik erforderte, sondern auch die Schaffung einer Form, in der sie aufgeführt werden sollte.

Wir wissen sehr wenig über die Musik der alten Griechen, und wenn wir versuchten, sie nachzuahmen, würde sie für unsere modernen Ohren so archaisch und sogar unnatürlich klingen, dass sie die Emotionen des Dramas nicht richtig wiedergeben könnte. Während die Griechen die Technik des Dramas in bemerkenswertem Maße entwickelt hatten, steckte die Musik als Kunst damals noch in den Kinderschuhen, obwohl ihre Bedeutung von Platon und den großen Dramatikern voll erkannt wurde.

Das Problem für mich bestand darin, Musik zu schreiben, die die modernen Entwicklungen in Harmonie und Orchestrierung voll ausnutzt und eine emotionale Strömung erzeugt, auf der das Drama schweben kann, ohne in irgendeiner Weise unterzugehen. Die Behandlung des griechischen Chors war ein weiteres Problem, für das ich keine Präzedenzfälle hatte. Mendelssohn hatte Bühnenmusik zu „Antigone" geschrieben, aber diese Musik zeigt Mendelssohn nicht von seiner besten Seite, da sie größtenteils trocken und akademisch ist.

Die griechischen Chöre beginnen normalerweise mit der Erzählung einer alten mythologischen Geschichte, die jeder Grieche im Publikum jener Zeit seit seiner Kindheit kannte. Allmählich wird diese Geschichte mit der Situation auf der Bühne in Verbindung gebracht und erreicht ihren Höhepunkt, wenn der Chor die Schauspieler anfleht, ihre Lehren daraus zu ziehen. Diese Chöre habe ich je nach den Erfordernissen der dramatischen Situation auf verschiedene Weise behandelt. Einige wurden zu einer sanften, aber ausdrucksstarken musikalischen Unterströmung vorgetragen, andere wurden gesungen und wieder andere waren eine Kombination aus beidem. Ich ließ die Geschichte der alten griechischen Legende vom ersten Chorleiter vortragen. Dann begann der zweite Leiter, je nachdem, wie er sie auf die dramatische Situation anwandte, zu singen, bis in der dritten Phase der gesamte Chor in seine leidenschaftlichen Bitten oder Warnungen einstimmte.

Im Frühjahr 1915 nahm ich mir ein kleines Häuschen in Setauket auf Long Island und schrieb dort innerhalb von sechs Wochen die gesamte Musik für die beiden Stücke. Die Orchesterstimmen kopierte ich Blatt für Blatt, als meine Partitur fertig war. Im Juni packte ich sie in meine Tasche und reiste über den Kontinent, um Margaret Anglin zu treffen und den musikalischen Teil der Produktion zu übernehmen.

Als ich in San Francisco ankam, fand ich die große Weltausstellung bereits in vollem Gange vor. Ihre spanische Architektur und die üppige Vegetation, die sie umgab, machten sie zu einem Traum von Schönheit, aber ich gab mir kaum Gelegenheit, sie zu genießen, denn meine eigentliche Mission war auf der anderen Seite der Bucht, im Greek Theatre in Berkeley, wo Margaret Anglin und eine Truppe von Schauspielern bereits von morgens bis abends fleißig probten. Sie warteten gespannt auf meine Musik, um sie richtig in die Bühnengestaltung einzupassen.

Das Greek Theatre an der California University ist eines der bemerkenswertesten Bauwerke seiner Art weltweit. Es wurde amphitheatralisch an einen Hügelhang gebaut und ist ganz im Stil der alten griechischen Theater gehalten. Seine Spitze ist von düsteren Eukalyptusbäumen gesäumt.

Einige Jahre zuvor hatte ich eine Aufführung der „Bacchantin" des Euripides gesehen, die von einer römischen Schauspielertruppe in einem antiken Amphitheater an einem Hügel oberhalb von Florenz aufgeführt wurde. Vieles an dieser Aufführung war beeindruckend gewesen, aber die Musik war geschmacklos, und da das Stück nach alter griechischer Sitte am späten Nachmittag aufgeführt wurde, ließ das grausame Sonnenlicht das Make-up der Schauspieler und die grellen Farben ihrer Kostüme doppelt prosaisch erscheinen. Die alten Griechen hatten keine künstliche Beleuchtung und waren daher gezwungen, ihre Vorstellungen bei Tageslicht zu geben, obwohl sie versuchten, das Tageslicht abzumildern, sodass es gegen Ende des Stücks dunkel wurde. Margaret Anglin erkannte mit ihrem charakteristischen Genie, dass man einen viel größeren Glanz und eine größere Bühnenillusion erzeugen konnte, wenn man ihre Vorstellungen nachts gab, das Publikum im Dunkeln ließ und die Bühne mit großen elektrischen Lichtern von oben markierte, die je nach den tatsächlichen Erfordernissen des Dramas verstärkt oder gedämpft werden konnten.

Wenn das Drama in Amerika von den kultivierten Bürgern so ernst genommen worden wäre wie die Musik, wäre Margaret Anglin heute vielleicht künstlerische Leiterin eines Theaters, das sich Aufführungen von Werken von Shakespeare, Goethe, Molière, Calderon, Äschylus, Sophokles und Euripides widmet. Diese großen Meister der Bühne würden einen ebenso wichtigen Teil ihres Repertoires ausmachen, wie die Symphonien von

Beethoven und Brahms einen wichtigen Teil des Programms des New York Symphony Orchestra ausmachen. Margaret Anglin ist heute die größte Tragödin der amerikanischen Bühne und sollte *Medea* und *Lady Macbeth spielen* . Stattdessen muss sie durch das Land touren, „Grüne Strümpfe" und ähnlichen Blödsinn spielen und frönt ihren künstlerischen Ambitionen und Idealen nur in gelegentlichen Aufführungen griechischer Dramen auf eigenes Risiko und auf ihre eigenen Kosten.

Ich war sehr interessiert an den Proben auf der Bühne des Greek Theatre. Sie begannen morgens um halb neun und dauerten – mit einer Mittagspause von ein oder zwei Stunden – oft bis acht Uhr abends. Da sie jedoch im Freien in der herrlich frischen Luft Kaliforniens stattfanden, kam es kaum zu Ermüdungserscheinungen und alle Beteiligten gaben sich voller Begeisterung Miss Anglins Regie und malerischer Vorstellung hin.

Sie hatte einen Bungalow in der Nähe des Theaters und einen japanischen Butler-Koch gemietet. Dieser kleine Japaner erschien immer um ein Uhr mit einem Korb voller köstlichster Mittagsgerichte, die er mit seinen geschickten Händen in echtem japanischen Stil kunstvoll dekoriert hatte. Er schien eine große Vorliebe für die Bühne zu haben, behauptete, er habe in Japan *Hamlet gespielt* und saß nach dem Mittagessen stundenlang da und schaute der Probe zu, wobei er seine kleinen, unergründlichen Augen auf die Bühne gerichtet hielt. Ich habe mich oft gefragt, ob er nach seiner Rückkehr nach Japan die griechischen Stücke für seine eigenen Landsleute aufführte und ob große Änderungen oder Anpassungen notwendig waren, um sie für sein Publikum verständlich zu machen.

Obwohl Miss Anglin den allgemeinen Plan der Aktion und Gruppierung sorgfältig ausgearbeitet hatte, war sie unvoreingenommen und änderte die Anordnung oft vollständig, wenn dadurch eine Verbesserung erzielt werden konnte. Dies bedeutete ständige Wiederholungen, bei denen sie ihre Geduld und fröhliche Höflichkeit nie im Stich ließ.

Ein Flügel war in eine Ecke der Bühne gerollt worden, und ich beobachtete die Proben und die allmähliche Entwicklung der Bühnenbilder unter ihren geschickten Händen so fasziniert, dass ich darauf bestand, die Bühnenmusik stets selbst zu spielen, obwohl sich einige der Szenen Dutzende Male wiederholten.

Miss Anglin hatte die Dienste von vierzehn der schönsten und talentiertesten Studentinnen der California University in Anspruch genommen, um ihren griechischen Chor zu bilden. Schönheit scheint an der Pazifikküste von Natur aus zu gedeihen, und einige dieser jungen Damen waren herrliche Beispiele eines wahrhaft griechischen und statuenhaften Charmes. Die Rezitation eines der Refrains, der in einer Art elastischem Rhythmus zur Musik des Orchesters gesprochen werden sollte, wurde einer dieser Dianas von Berkeley anvertraut, und da sie keine Vorstellung von dieser für sie neuartigen Kombination hatte, bat mich Miss Anglin, ihr nach dem Mittagessen eine separate Probe zu geben. Ich setzte mich ans Klavier und rezitierte ihr den Refrain, während ich die Begleitmusik spielte. Sie stand neben mir, hörte aufmerksam zu und sah aus wie eine Statue der Diana von Ephesus. Dann neigte sie mit majestätischer Würde ihren Kopf und sagte: „Ich verstehe dich!" Ach! die Illusion war verflogen, und ihre Stimme brachte mich plötzlich aus meinem Traum des Jahres 400 v. Chr. zurück in das Kalifornien des Jahres 1915. Sie hatte mich jedoch nicht „gefangen", und ich sah mich schließlich gezwungen, diesen Refrain einer anderen jungen Dame zu überlassen, die zwar weniger statuenhaft in der Form war, dafür aber geschickter darin war, eine plastische Einheit zwischen Sprache und Musik herzustellen.

Meine wirklichen Probleme begannen jedoch, als ich versuchte, ein Orchester von fünfzig Leuten für die Aufführungen zusammenzustellen. Damals gab es in San Francisco nicht viele gute Musiker, und selbst diese wenigen waren dauerhaft im großen Weltausstellungsorchester engagiert. Meine erste Probe war wirklich erbärmlich – ich war durch die vielen Jahre der Zusammenarbeit mit meinem wunderbaren New Yorker Symphonieorchester so verwöhnt worden. Aber wo ein Wille ist, ist auch ein Weg, und indem wir ein paar Männer aus den örtlichen Theatern stahlen und ein paar weitere von den Ausstellungsorchestern ausliehen, gelang es uns, eine ziemlich gute Truppe zusammenzustellen.

Der Erfolg von Miss Anglins Produktionen war wirklich bemerkenswert. Bei jeder Vorstellung waren zehntausend Zuschauer anwesend, und „Iphigenie in Aulis" musste zweimal wiederholt werden. In diesem Werk wurden das Lager von *Agamemnon* und seine Kriegsatmosphäre anschaulich dargestellt, und fünfhundert Berkeley-Studenten, malerisch gekleidet und gut ausgebildet, zeichneten ein sehr lebendiges Bild des Soldatenlagers, insbesondere am Ende des Stücks, als das Orakel verkündete, dass der Wind gedreht habe, und diese Hunderte von Soldaten in einem Tumult der Freude über die Bühne stürmten, um an Bord ihrer Schiffe zu gehen und nach Troja zu segeln.

Auch die „Elektra", für die William Furst Jahre zuvor Musik für Miss Anglin geschrieben hatte, wurde aufgeführt. Schließlich komponierte ich auch Musik für dieses Stück, und alle drei Dramen wurden einige Jahre später auf Wunsch von Mr. Flagler in New York auf der Bühne der Carnegie Hall aufgeführt, die für diesen Anlass kunstvoll in ein griechisches Theater umgebaut worden war.

Wir alle staunten, wie lebendig und modern diese vor über zweitausend Jahren geschriebenen Stücke unter der künstlerischen Leitung von Margaret

Anglin wirkten. *Elektra* , die außerhalb der Palastmauern auf den Klang wartet, der ihr den Tod von *Ägisth* und *Klytaimnestra verkünden soll* ; *Medea* , die in den Palast eingedrungen ist, um ihre eigenen und *Jasons* Kinder zu töten und ihn für seine Heirat mit der jungen Prinzessin zu bestrafen, während der Chor, der das Eisengitter der Türen rüttelt, *Medea anfleht* , ihre Kinder nicht zu töten; *Iphigenie* , die jüngste Tochter *Agamemnons* , die allein die große Treppe hinabsteigt, um im heiligen Hain der Göttin Artemis den Tod zu erleiden, auf dass ihr Zorn besänftigt werde und günstige Winde Agamemnons Heere *nach* Troja treiben mögen – all dies sind unvergessliche Szenen, und ich war überglücklich, dass die Musik, die ich geschrieben hatte, nicht unpassend war, sondern eine gute Untermalung für diese entscheidenden Augenblicke bildete.

XX

TOTE KOMPONISTEN

Ich besitze eine große Bibliothek mit Musikwerken. Sie wurde 1857 von meinem Vater angelegt und enthält viele Partituren der Komponisten jener Zeit, die ihm zur Erstaufführung in Deutschland zugesandt wurden. Er hat sie während seiner dreizehn Jahre in Amerika als Gründer und Dirigent der Symphonie- und Oratoriengesellschaften erheblich erweitert, und ich habe sie noch weiter ausgebaut, seit ich Dirigent dieser beiden Organisationen geworden bin. Meine Bibliothek repräsentiert nun praktisch die gesamte symphonische Entwicklung bis heute, und wenn ich meinen Katalog durchsehe, bin ich erstaunt über die Anzahl der darin enthaltenen verstorbenen Komponisten. Damit meine ich nicht die Verstorbenen, sondern die einst gefeierten und als großartig gepriesenen Komponisten, deren Werke heute jedoch vergessen sind und nur noch ungestört auf staubigen Regalen wie meinem ruhen, denn keine Anstrengungen oder Hausfrauenkunst können verhindern, dass Staub in die Regale einer New Yorker Bibliothek sickert!

Um einige dieser „toten" Komponisten alphabetisch zu nennen: Wer spielt heute die Ouvertüren von Aubers „La Muette de Portici" und „Fra Diavolo"? Doch sie kamen vor dreißig Jahren häufig in meinen populären Programmen vor, und beide Opern verdienen mehr als nur eine flüchtige Anerkennung. Die erste war ein Geniestreich, in dem der gewöhnliche Auber zu wahren Höhen aufstieg. Die Heldin ist ein stummes Mädchen, eine Primadonna ohne Stimme, die jedoch im Orchester sehr dramatisch dargestellt wird, und die Atmosphäre eines Volkes, das für die Freiheit kämpft, durchdringt die gesamte Geschichte. „Fra Diavolo" ist eine entzückende komische Oper. Das einzige Problem ist, dass die Musik zu gut ist für das entsetzlich langweilige Publikum, das heute unsere Theater besucht und eine „Musikshow" sehen möchte. Die Handlung ist entzückend stimmig, was ein weiterer Grund ist, sie heute mit Missfallen zu betrachten; aber ich habe immer die Nemesis bedauert, die *Fra Diavolo* im letzten Akt überwältigt. Dieser nette Räuber hat sich inzwischen bei uns so beliebt gemacht, dass man ihn am Ende entkommen lassen sollte, damit die Öffentlichkeit in der Hoffnung leben kann, dass er noch weitere Streiche und Missetaten begehen wird.

Vor dreißig Jahren habe ich in Amerika zum ersten Mal eine „Symphonie in d-Moll" von Anton Bruckner aufgeführt. Er war ein Mann mit dem Verstand eines Bauern, aber der Seele eines echten Musikers und mit einer wunderbaren Begabung zur Improvisation, obwohl er intellektuell nicht in der Lage war, seine Themen richtig zu entwickeln und auszubalancieren.

Eine laute Party in Wien wollte damals diesen Schüler Wagners als Genie feiern, um der ständig wachsenden Bewunderung für Brahms entgegenzuwirken, und in jüngerer Zeit haben so bedeutende Dirigenten wie Mahler versucht, Bruckners Symphonien populär zu machen, aber sie haben nie einen dauerhaften Einfluss auf unser Publikum gewonnen. Einige Jahre nach meiner Aufführung seiner „Symphonie in D" war ich in Berlin, und Siegfried Ochs, der Dirigent des berühmten Philharmonischen Chors, brachte einen kleinen kahlköpfigen Mann von über siebzig Jahren an meinen Tisch im Kaiserhof. Als ich ihm vorgestellt wurde, ergriff er plötzlich meine Hand und sagte: „Sie sind der Mr. Damrosch, der in Amerika meine Symphonie aufgeführt hat!" Zu meiner großen Verlegenheit bedeckte er dann meine Hand mit Küssen.

Wien ist voll von Geschichten über seine kindliche Sanftmut und Bescheidenheit. Hans Richter lud ihn einmal ein, eine seiner eigenen Symphonien mit dem berühmten Orchester der Wiener Gesellschaft der Musikfreunde zu dirigieren. Bei der Probe stand er mit einem Stab in der Hand und einem seligen Lächeln auf dem Gesicht auf dem Dirigentenpult. Das Orchester war bereit zu beginnen, aber er wollte seinen Stab nicht heben, um das Signal zu geben. Schließlich sagte Rosé, der Konzertmeister, zu ihm: „Wir sind ganz bereit. Beginnen Sie, Herr Bruckner." „Oh nein", antwortete er. „Nach Ihnen, meine Herren!"

Damals wurde ihm auch befohlen, vor dem alten Kaiser Franz Joseph zu erscheinen, um eine Auszeichnung entgegenzunehmen. Nachdem er ausgezeichnet worden war, wandte sich der Kaiser an ihn und sagte sehr freundlich: „Herr Bruckner, kann ich noch etwas für Sie tun?" Bruckner antwortete mit zitternder Stimme: „Wollen Sie nicht bitte mit Herrn Hanslick (dem berühmten Musikkritiker von Wien) sprechen, damit er nicht so böse Kritiken über meine Symphonien schreibt?"

Zu Zeiten meines Vaters war die Ouvertüre zu Cherubinis „Anakreon" ein häufiger und ehrenvoller Platz auf seinen Programmen. Ein modernes Publikum würde sie als zu trocken und altmodisch empfinden.

Die Musik von Niels W. Gade war bei unseren Großvätern und Großmüttern sehr beliebt, heute ist er jedoch unerträglich.

Vor vierzig Jahren wurde eine neue Orchesterkomposition von Carl Goldmark mit Spannung erwartet, und zwischen meinem Vater und Theodore Thomas herrschte große Rivalität darüber, wer das Privileg haben sollte, sie zuerst aufzuführen. Früher schwelgten die Leute in seiner „exotischen und üppigen Orchestrierung", aber heute sind seine Farben angesichts der größeren Herrlichkeit von Strauss, Debussy und Ravel verblasst, und nur seine „Rustikale Symphonie" steht gelegentlich auf unseren Programmen.

Im zweiten Jahr der Deutschen Oper an der Metropolitan hatte Goldmarks „Königin von Saba" einen Erfolg, der dem der Wagner-Opern in nichts nachstand. Salomons Tempel, in Gold bemalt, die jüdischen Rituale, die orientalischen Harmonien und die naive Überraschung des Publikums, biblische Figuren auf einer modernen Opernbühne zu sehen, machten das Werk zu einem sensationellen Erfolg. Heute ist es vollständig aus dem Repertoire europäischer und amerikanischer Opernhäuser verschwunden.

Das Schicksal Franz Liszts als Komponist ist noch tragischer, weil es teilweise unverdient ist. Er schuf die Form der symphonischen Dichtung, aber seine Nachfolger haben sie so weit weiterentwickelt, dass seine Werke etwas in Vergessenheit geraten sind. Ich bewundere seine Faust-Symphonie noch immer sehr, aber weder ich noch andere meiner Kollegen, die diese Bewunderung teilen, konnten dieses Werk beim breiten Publikum wirklich populär machen. Seine Dante-Symphonie, Festklänge und Orpheus werden noch seltener öffentlich aufgeführt, und sein Ce qu'on entend sur les montagnes wurde meines Wissens hier noch nie aufgeführt. Aber Les Préludes und die beiden Klavierkonzerte werden im Gegensatz dazu noch bis *zum Überdruss gespielt* .

Die Symphonien von Gustav Mahler haben hier nie echte Anerkennung gefunden, obwohl er eine sehr interessante Erscheinung auf dem Gebiet der Musik war. Er war ein profunder Musiker und einer der besten Dirigenten Europas, und es ist möglich, dass er sich in dieser Eigenschaft so intensiv und ständig mit der Analyse und Interpretation der Werke der großen Meister beschäftigte, dass er die Kraft verlor, sich als Komponist auf originelle Weise zu entwickeln. Sein ganzes Leben lang komponierte er, aber seine Momente wahrer Schönheit sind zu selten, und der Zuhörer muss sich durch Seiten trostloser Leere kämpfen, die keine künstliche Verbindung mit philosophischen Ideen mit wirklicher Bedeutung füllen kann. Die fieberhafte Ruhelosigkeit, die für den Mann charakteristisch ist, spiegelt sich in seiner Musik wider, die fragmentarisch ist und der es an Kontinuität in Gedanken und Entwicklung mangelt. Er konnte geschickt im Stil von Haydn oder Berlioz oder Wagner schreiben, ohne Beethoven zu vergessen, aber er war nie in der Lage, im Stil von Mahler zu schreiben.

Von allen großen Komponisten der letzten hundert Jahre wurde keiner öfter getötet als Mendelssohn, und doch scheint er immer wieder mit einer neuen Renaissance zurückzukehren. Seine Musik für „Athalie", seine „Reformationssinfonie", seine Ouvertüren zu „Melusine" und „Ruy Blas" sind mausetot, aber sein Violinkonzert ist immer noch das perfekteste Beispiel seiner Art, sein „Sommernachtstraum" die beste Bühnenmusik, die je für ein Shakespeare-Stück komponiert wurde, sein „Elias" das dramatischste Oratorium, das je geschrieben wurde, und die schottischen und italienischen Symphonien besitzen immer noch einen entzückenden und ewigen Charme.

Die Werke Meyerbeers hingegen sind verdientermaßen sogar aus unseren populären Spielplänen verschwunden. Diese leeren „Fackeltänze" und die vulgäre Ballettmusik aus „Le Prophète"! Ich gestehe allerdings, dass ich immer noch eine heimliche Vorliebe für den „Krönungsmarsch" habe, vielleicht, weil ich ihn so oft an der Metropolitan dirigieren musste, als ich anfing, dort die Opern zu dirigieren. Dass derselbe Mann, der den glorreichen vierten Akt der „Hugenotten" verfasste, mit dem leeren Geschwafel zufrieden sein konnte, das den Rest dieser Oper dominiert, ist eines der ewigen Mysterien.

Vor etwa dreißig Jahren war Moritz Moszkowski einer der beliebtesten Komponisten seiner Zeit, vor allem für Klavier, doch moderne Ohren können mit seinem zarten, wenn auch flüchtigen Charme kaum etwas anfangen, und seine Orchestersuiten hört man heute nur noch selten. Er hat viele Jahre in Paris gelebt und während des Krieges sehr gelitten. Das fortgeschrittene Alter und eine lange Krankheit hatten ihn sehr geschwächt, und es schien fast, als hätte die Musikwelt, in der er eine so beliebte Figur gewesen war, ihn völlig vergessen.

Doch im vergangenen Winter kam Ernest Schelling, einer unserer besten amerikanischen Pianisten und ein alter Freund von Moszkowski, auf die freudige Idee, ihm zu Ehren ein Abschiedskonzert zu geben, das durchaus originell sein sollte. Zusammen mit seinem angesehenen Kollegen Harold Bauer nahm er daher zwölf weitere berühmte Pianisten in Anspruch, die im Winter in Amerika waren. Diese wirklich bemerkenswerte Liste umfasste Elly Ney, Ignaz Friedman, Ossip Gabrilowitsch, Rudolph Ganz, Leopold Godowsky, Percy Grainger, Ernest Hutcheson, Alexander Lambert, Josef Lhevinne, Yolanda Mero, Germaine Schnitzer und Sigismond Stojowski.

Mr. Flagler bot die Dienste unseres Orchesters an, aber da die Bühne komplett mit vierzehn Flügeln gefüllt werden sollte, war kein Platz für ein Orchester, und ich musste mich mit der Möglichkeit zufrieden geben, als Klaviertransporteur eingestellt zu werden, da ich unbedingt in irgendeiner Funktion an der Veranstaltung teilnehmen wollte. Am Morgen vor dem Konzert erhielt ich jedoch einen hastigen SOS-Anruf von Ernest Schelling. Er sagte: „Bitte kommen Sie sofort zu Steinway und helfen Sie uns. Die vierzehn Pianisten sind alle zur Probe hier. Wir haben vereinbart, dass wir alle mehrere Kompositionen spielen, aber leider hat jeder seine eigene individuelle Interpretation, und nichts scheint uns dazu zu bringen, zusammen zu spielen. Wir brauchen einen Dirigenten!"

Als ich im Probensaal ankam, war die Verwirrung tatsächlich unbeschreiblich, und es dauerte einige Zeit, bis Ordnung in das Chaos gebracht wurde. Hier waren vierzehn der größten Pianisten der Welt, wahre Primadonnen des Klaviers, aber einige hatten nie gelernt, sich anzupassen, um für ein gemeinsames musikalisches Ziel zusammenzuspielen, und als ich auf mein Pult klopfte, um Ruhe zu erbitten und die „Spanischen Tänze" von Moszkowski anzustimmen, setzten mindestens fünf oder sechs ihre höllischen Improvisationen, Tonleiterspiele und pianistischen Feuerwerke fort. Durch heroische Maßnahmen stellte ich allmählich einen Anschein von Ordnung her und gab das Signal zum Beginn der Musik. Die Wirkung war außergewöhnlich! Einige dieser Pianisten hatten noch nie dem Takt eines Dirigenten gefolgt, und nach den ersten zehn Takten stürzten zwei von ihnen auf mich zu, wobei der eine heftig ausrief, das Tempo sei zu schnell, und der andere mit gleicher Vehemenz darauf beharrte, es sei zu langsam. Schließlich erlangte ich Schweigen und teilte meinem Klavierorchester mit, dass sie zweifellos die vierzehn größten Pianisten der Welt seien und dass die Interpretation eines jeden von ihnen zweifellos gleichermaßen die größte der Welt sei, da sie aber vierzehn verschiedene Grade und Schattierungen der Interpretation repräsentierten, beabsichtigte ich, die Sache selbst in die Hand zu nehmen, und sie müssten einfach meinem Takt folgen, ob ihnen mein Tempo gefiel oder nicht. Dies wurde mit brüllendem Beifall begrüßt, und wir machten uns nun an die Arbeit und proben so feierlich, als wären diese Primadonnen der Elfenbeinbläser Orchestermusiker und routinierte Mitglieder der New York Musical Union. Auf Anarchie folgte Ordnung, und die erzielten Ergebnisse waren nicht ohne höheres künstlerisches Interesse, insbesondere als ich so versierte und routinierte Musiker wie Harold Bauer, Ernest Schelling und Ossip Gabrilowitsch beauftragte, die „Tänze" nach eigenem Ermessen zu „orchestrieren". Gabrilowitsch beispielsweise behielt sich für den Einsatz der „Blechbläser" vor; Einige der zarteren Abschnitte untermalte Bauer mit beweglichen Flöten- und Klarinettenläufen, während Schelling mit mitreißender Wirkung die Pauken und Becken imitierte.

Die Carnegie Hall war gerammelt voll und das Publikum stürmte vor Freude über das höchst originelle Geschehen. Die Bühne war mit den vierzehn riesigen Klavieren so vollgestopft, dass ich, nachdem ich mich durch sie hindurchgedrängt hatte, um Mme. Alma Gluck vorzustellen, die eines der Programme versteigern sollte, sagte, dass dieses Konzert offensichtlich nicht einen Dirigenten, sondern einen Verkehrspolizisten am dringendsten brauche.

Der vielleicht kunstvollste Teil des Programms war die Aufführung von Schumanns „Karnevalsszenen", in denen jeder kleine Satz eine einzelne Karnevalsfigur darstellt. Die vierzehn Pianisten zogen Lose, wer welche spielen sollte. Die Einleitung wurde von allen gespielt, aber danach tanzten die verschiedenen Karnevalsfiguren in schneller kaleidoskopischer Abfolge geradezu von der Bühne ins Publikum, wobei ein Pianist auf der einen Seite der Bühne begann, gefolgt von einem auf der anderen Seite und so weiter. Es war eine höchst bemerkenswerte Gelegenheit, die interpretatorischen Eigenschaften der verschiedenen Pianisten zu vergleichen.

Die Einnahmen wurden durch die Versteigerung von Programmen und signierten Fotos von Moszkowski beträchtlich gesteigert, und 15.000 Dollar waren das Ergebnis einer in der Musikgeschichte wahrhaft einzigartigen Unterhaltung.

Der populärste moderne Symphoniker der 70er Jahre war Joachim Raff. Er war ein junger Schweizer, der ohne einen Cent in der Tasche viele Meilen von seinem kleinen Dorf gelaufen war, um Liszt bei einem Konzert in Zürich zu hören. Liszt interessierte sich für sein unzweifelhaftes Talent und nahm ihn als musikalischen Sekretär mit nach Weimar. Raff, von Bülow und mein Vater wurden enge Freunde. Doch während alle erwarteten, dass Raff ein wahrer Schüler Liszts bleiben und im revolutionären Stil seines Meisters schreiben würde, wandte er sich allmählich von ihm ab und stützte sich immer mehr auf klassische Vorbilder, obwohl er in mehreren seiner Symphonien die Lisztsche Idee der Programmmusik beibehielt. Mit zunehmendem Alter wurde sein Konservatismus immer ausgeprägter. Er war sehr begabt und schuf Werke in jeder bekannten Musikform, und seine Eitelkeit ließ ihn allmählich glauben, dass seine Streichquartette denen Mozarts, seine Symphonien denen Beethovens und seine Oratorien denen Händels und Mendelssohns ebenbürtig seien. Seine Fruchtbarkeit war erstaunlich, aber seine Feder war zu flüssig für echte musikalische Tiefe. Es verging jedoch kaum ein Winter, in dem Theodore Thomas oder mein Vater nicht „Im Walde" oder die sehr programmatische „Lenore"-Sinfonie aufführten. Dieses Werk, dessen letzter Satz Burgers berühmter Ballade eng und dramatisch folgt, erfreute sich enormer Beliebtheit und wird heute gelegentlich von uns aufgeführt, aber im Allgemeinen sagt der Name Raff den modernen Konzertbesuchern nur wenig.

Die vielleicht größte Tragödie war jedoch Anton Rubinstein, der nach Liszt zum größten Klaviervirtuosen der Welt wurde. Die Welt feierte ihn, verwöhnte ihn und überschüttete ihn mit Bewunderung. All dies befriedigte ihn nicht. Er war von dem Ehrgeiz besessen, als großer Komponist angesehen zu werden, und schrieb unaufhörlich, ohne jemals zu kritisieren, was er schrieb. Seine „Ocean"-Symphonie erfreute sich vor fünfzig Jahren in New York enormer Beliebtheit, doch heute würde sie niemand mehr hören. Sein „d-Moll-Konzert" wurde von jedem Pianisten *bis zum Überdruss gespielt*, doch heute ist es fadenscheinig und an den Rändern ausgefranst. Nur das überragende Können eines Josef Hofmann kann sein „G-Dur-Konzert" erträglich machen und seine musikalische Leere verhüllen. Er schrieb eine Oper nach der anderen in dem fieberhaften Verlangen, Wagner, den er hasste und um dessen Popularität er neidisch war, in den Schatten zu stellen. Und nachdem „Parsifal" in Bayreuth zum „geistlichen Festspiel" erklärt worden war, machte er sich sogleich daran, eine Oper über das Leben Christi zu schreiben, die allerdings so langweilig und unglaubwürdig ist, dass sie kaum irgendwo aufgeführt wurde.

Seine persönliche Popularität war so groß, dass Pollini, der kluge Direktor der Hamburger Oper, gelegentlich eine seiner Opern unter der Bedingung aufführte, dass er selbst nach Hamburg kam, um die Eröffnungsvorstellung zu dirigieren. Seine Anwesenheit garantierte ein volles Haus.

Bei der letzten Probe einer dieser Opern war Rubinstein mit der Arbeit des Orchesters so zufrieden, dass er sich an sie wandte und sagte: „Meine Herren, wenn meine Oper ein Erfolg wird, müssen Sie alle nach der Vorstellung zu einem Champagner-Abendessen in mein Hotel kommen." Leider war die Oper ausgesprochen frostig und das Publikum so zurückhaltend, dass Rubinstein nach dem zweiten Akt voller Abscheu das Orchester niederlegte, den örtlichen Dirigenten aufforderte, die Oper zu Ende zu spielen, niedergeschlagen in sein Hotel zurückkehrte und zu Bett ging. Um elf Uhr klopfte es an seiner Tür. „Wer ist da?", rief er äußerst gereizt. „Ich bin es, Herr Rubinstein, der Kontrabassist vom Opernorchester." „Was wollen Sie?" „Ich bin zum Champagner-Abendessen gekommen." „Was für ein Unsinn!", tobte Rubinstein. „Die Oper war ein furchtbarer Reinfall." „Nun, Herr Rubinstein", antwortete der durstige und unerschrockene Kontrabassist, „ *mir* hat sie gefallen!"

Das Verschwinden von Schumanns Symphonien aus den Konzertprogrammen ist darauf zurückzuführen, dass er sich nie wohl dabei fühlte, für das Orchester zu schreiben. Seine Instrumentierung ist so dick und schwülstig, dass sie Dirigenten zur Verzweiflung bringt. Vieles an der Musik ist exquisit, aber sie ist wie ein kostbares Juwel, eingebettet in eine fremde Substanz, die Dirigenten vergeblich zu entfernen versuchen, indem sie die Dynamik dieses oder jenes Instruments ändern oder eine unnötige Verdoppelung bestimmter Harmonien weglassen. All diese Mittel können jedoch nur wenig bewirken. Es sind heroischere Maßnahmen erforderlich, und ich war letzten Sommer sehr interessiert, als Sir Edward Elgar mich fragte, was ich davon halten würde, dass er absichtlich eine ganze Symphonie von Schumann neu instrumentieren würde. Ich applaudierte einer solchen Idee von ganzem Herzen und bat ihn, sie schnell umzusetzen, da es heute vielleicht niemanden gibt, der die Farben des Orchesters besser versteht und weiß, wie man die subtilsten Schattierungen durch die Vermischung der verschiedenen Instrumente hervorbringt. Inzwischen hat Frederick Stock, der renommierte Dirigent des Chicago Orchestra, den Stier bei den Hörnern gepackt und eine neue Orchestrierung von Schumanns „Rheinischer Sinfonie" geschrieben, die ich diesen Winter aufführen möchte.

Werden Sousas Märsche heute noch gespielt? Das sollten sie. Sie sind besser als die Militärmärsche des heutigen Europas, und obwohl man sie nicht in die Kategorie der höheren musikalischen Leistungen einordnen kann, sind sie die einzigen amerikanischen Kompositionen von musikalischem Wert, die sich triumphierend ihren Weg durch die ganze Welt gebahnt haben.

Richard Strauss, der vor 25 Jahren der interessanteste Stern am Musikhimmel war, hat lange genug gelebt, um einen Teil seiner Popularität zu überleben. Er hat nie eine musikalische Form erfunden, sondern sich die symphonische Dichtung von Liszt und das Musikdrama von Wagner zum Vorbild genommen. Sein Können ist unendlich größer als das von Liszt, sein Kontrapunkt ist in seiner Kühnheit atemberaubend, und in seiner Behandlung des Orchesters übertrifft er manchmal sogar Wagner in der Originalität seiner Orchesterkombinationen. Aber seinen Kompositionen fehlt die Idealität dieser beiden Meister, und aus diesem Grund und trotz seiner wunderbaren Ausstattung scheinen seine Werke den Keim ihres eigenen Verfalls in sich zu tragen.

Die Götter haben diesen Mann bei seiner Geburt vielleicht reicher beschenkt als jeden anderen Musiker unserer Zeit, aber etwas in ihm hat ihn dazu gebracht, seine größte Gabe aufzugeben und ihn weniger reinen Idealen zuzuwenden. In der „Sinfonia Domestica" wird das tägliche Leben von Mann, Frau und Baby von einem Orchester aus einhundertzehn Musikern mit so lauter Wut und realistischer Prosa charakterisiert, dass man einen völlig verzerrten Einblick in das bekommt, was angeblich eine Seite aus dem Tagebuch des Komponisten ist. Aber die Musik, die den Komponisten beschreibt, der sich nach diesen schrecklichen häuslichen Streitereien in sein Arbeitszimmer zurückzieht, seine Lampe anzündet und beginnt, mit seiner Muse zu kommunizieren, ist so schön, dass sie uns mit tiefem Bedauern erfüllt, dass jemand, der so beflügelt ist, durch den Äther zu fliegen, so zufrieden damit ist, auf der Erde zu wandeln.

Die Instrumentalstücke, die *Don Quijotes* Abenteuer mit den Schafen und seinen Kampf mit der Windmühle darstellen und bei ihrem ersten Erscheinen so viel Erstaunen und Bewunderung hervorriefen, haben ihre Wirkung bereits verloren und werden heute kaum noch mit einem Lächeln angehört. Die Schlussszene jedoch, die *Don Quijotes Sterben darstellt*, ist so schön und tragisch in ihrem Ausdruck, dass sie dem Zuhörer Tränen in die Augen treibt. Das „Heldenleben" ist für mich von Anfang bis Ende ein Werk von lauter, bombastischer Leere, und man könnte es als typisch für gewisse deutsche Strömungen der Gegenwart bezeichnen. Es wäre jedoch offensichtlich unfair, es als typisch deutsch zu bezeichnen, da eine Rasse, die Bach, Mozart, Beethoven und Wagner hervorgebracht hat, sicherlich andere Männer finden wird, die ihre glorreichen Traditionen fortführen.

Der Ruhm eines Komponisten wird nicht von professionellen Musikern bestätigt, sondern von der breiten Öffentlichkeit, deren Urteil letztlich unfehlbar ist. Ein großes Meisterwerk, das nicht zerstört wird, wird letztendlich immer als solches anerkannt, ob es nun wie die „Venus von Milo" jahrhundertelang unter der Erde verborgen lag oder wie Bachs „Matthäus-Passion" ebenso in den staubigen Regalen der Königlichen Bibliothek in Berlin versteckt war, um von Mendelssohn wiederentdeckt und zum größten religiösen Chorwerk aller Zeiten erklärt zu werden.

Die beiden Werke von Strauss, die ihre Popularität beim Publikum bewahrt haben, sind zweifellos seine besten, da sie keine Qualitäten erfordern, die er nicht besitzt oder zu entwickeln versucht hat. In „Till Eulenspiegel" kommt Strauss' Talent für beißenden Realismus voll zum Ausdruck. Die wilden Streiche des *Eulenspiegels* folgen aufeinander in verrücktem, zynischem Humor, und in der begrenzten Form der Programmmusik ist das Werk makellos.

Seine „Salome" ist eine ebenso perfekte Verbindung mit Oscar Wildes wunderbarem Stück wie die „Pélléas" und „Mélisande" von Maeterlinck und Debussy. In beiden haben sich die Komponisten so sehr in den Geist des Gedichts vertieft, dass sie seine Schönheit noch verstärkt haben. Aber trotz all meiner Bewunderung für „Salome" konnte ich die letzte Szene nie ohne ein Gefühl des Ekels durchstehen, das manchmal sogar zu körperlicher Übelkeit führte. Wenn *Salome* ihre schreckliche Liebesmusik dem Haupt *Johannes des Täufers singt*, kam es mir immer wie eine Parodie auf das herrliche Finale von „Tristan und Isolde" vor.

Ich habe in einem anderen Kapitel über Tschaikowskys Amerikabesuch im Jahre 1891 als Gast der Symphony Society gesprochen. 25 Jahre lang war seine Popularität enorm und die bloße Ankündigung seiner „Symphonie Pathétique" genügte, um ein volles Haus anzuziehen. Seine Symphonien erschienen häufiger auf unseren Konzertprogrammen als die jedes anderen Komponisten. Sie haben eine rhythmische und elementare Kraft, die selbst Unmusikalische ansprach, aber heute ist ein deutlicher Rückgang dieser Popularität zu verzeichnen. Es fehlt eine echte symphonische Entwicklung seiner Themen und gewisse Unzulänglichkeiten in der Ausführung treten deutlicher hervor, da die Werke bekannter geworden sind. Junge Dirigenten, die auf schnellen und billigen Applaus erpicht sind, wählen immer noch eine seiner Symphonien für ihr Debüt und der melodische Charme seiner leichteren Musik wird, wenn man sie nicht zu oft hört, noch einige Zeit seinen Platz in der Zuneigung unseres Publikums behalten.

Und nun kommen wir zum größten Genie des 19. Jahrhunderts – Richard Wagner. „Was!", ruft mein Leser aus. „Halten Sie ihn für tot?" Gott bewahre! Die Flügel seines Genies schweben noch immer hoch im Äther, aber es besteht kein Zweifel, dass die Haltung der heutigen Welt gegenüber seiner Musik völlig anders ist als vor fünfzig oder sechzig Jahren, als er zum ersten Mal ein Publikum elektrisierte oder wütend machte, das von seinen gewagten Neuerungen verblüfft war. Das Unvermeidliche ist geschehen – Wagner ist ein „Klassiker" geworden.

Ich war ein fünfzehnjähriger Junge, als ich die Uraufführung von „Lohengrin" an der alten Musikakademie hörte. Die Oper wurde auf Italienisch gesungen, mit Italo Campanini als *Lohengrin* , Valeria als *Elsa* und unserer eigenen Anne Louise Cary als *Ortrude* . Dirigent war der alte Luigi Arditi. Ich saß in der ersten Reihe im Familienkreis und war von dem Drama und der Musik so begeistert, dass mir am Ende des doppelten Männerchors – der die Annäherung Lohengrins *in* dem von dem Schwan gezogenen Boot als gottgesandter Retter *Elsas begleitet* – die Tränen über die Wangen strömten. Aber es waren Freudentränen und eine natürliche Erleichterung von der Anspannung, die die Musik in mir erzeugt hatte.

Jede folgende Oper Wagners war eine ähnliche Offenbarung. Ich brütete in jeder Stunde, die mir von Schularbeiten und Klavierübungen verging, über den Partituren der „Nibelungen-Trilogie". Tatsächlich stahl ich mir oft Zeit von letzterem und hätte gern die ganze Schule aufgegeben, wenn meine Eltern mich nicht so gut dort gehalten hätten, wo ich hingehörte. Später schien mir die Gründung der Damrosch Opera Company mit dem alleinigen Zweck, Wagner-Opern zu produzieren, eine innere Notwendigkeit, und ich wurde von einer Kraft dazu getrieben, die stärker war als ich selbst. Jahrelang zog ein Wagner-Programm, sei es bei einem Symphoniekonzert in New York, in Oklahoma auf einer Westtournee oder bei den Sommerkonzerten in Willow Grove, das größte Publikum an, und dieselben Orchesterausschnitte wurden von mir und anderen Dirigenten Jahr für Jahr wiederholt und von unserem Publikum mit begeisterter Begeisterung aufgenommen. Heute ist das Erstaunen, das seine Musik hervorrief, nicht mehr spürbar. Er wird bewundert und geliebt, aber die Nerven der jüngeren Generation sind von seinen Harmonien nicht so begeistert wie bei uns. Seine in Maroquin und Gold gebundenen Werke ruhen in unseren Regalen und nehmen Ehrenplätze ein, doch leider beginnt sich auf einigen von ihnen der Staub zu sammeln, und viele junge Leute von heute finden „Lohengrin" eintönig und stimmen einstimmig darüber ab, dass *Tannhäusers* Erzählung seiner Pilgerfahrt nach Rom zu lang sei.

Die Zeit und die fortgesetzte Beschäftigung mit Wagners Musik haben mich vielleicht kritischer und analytischer gemacht, und ich stimme einigen seiner Theorien über das Musikdrama nicht mehr vollständig und enthusiastisch zu. Aber vieles von seiner Musik reißt mich immer noch mit, und seine „Meistersinger" – ein so glücklicher und perfekter Kompromiss zwischen

Oper und Musikdrama – sind für mich immer noch das größte musikalische Werk unserer Zeit.

Ich habe oben über die Endgültigkeit des Urteils des Publikums hinsichtlich der letztendlichen Vitalität eines Kunstwerks gesprochen. Dirigenten hatten ihre persönlichen Überzeugungen und versuchten, sie unserem Publikum aufzuzwingen, aber wenn diese Überzeugungen nicht auf tatsächlichem Wert beruhten, lehnte das Publikum sie am Ende bewusst oder unbewusst ab. Manchmal waren unwürdige Komponisten vorübergehend beliebt, aber sie wurden nur geboren, um einen Tag lang in der Sonne zu tanzen und dann zu sterben.

Meine Orchesterstimmen der Symphonien von Beethoven, Mozart und Brahms sind alt und durch viele Proben und Aufführungen abgenutzt, und einige davon wurden von meiner Bibliothekarin so oft geflickt und zusammengeklebt, dass sie zweimal durch neue ersetzt werden mussten. Ich habe sie fast vierzig Jahre lang aufgeführt, und die Enkel meines Publikums von 1885 hören ihnen heute mit ebenso viel Freude zu. Vor einigen Jahren entdeckte ich eine wunderschöne Symphonie von Mozart, die in New York noch nie gespielt worden war, und ich war so stolz darauf, als wäre sie die vierte Dimension.

Die Werke dieser Meister erheben sich über die Mode des Augenblicks und ihre Schöpfer lächeln uns heiter und ewig aus den Himmeln zu, in denen sie als Götter unter Göttern wohnen.

FRITZ KREISLER, HAROLD BAUER, PABLO CASALS
UND WALTER DAMROSCH

XXI

Nachspiel

Diese Erinnerungen wurden im April 1922 in New York begonnen und im darauffolgenden August in Bar Harbor, Maine, beendet. Meine Freunde hatten mich schon seit einiger Zeit gedrängt, meine Erfahrungen niederzuschreiben, weil sie dachten, dass die vielen und vielfältigen Ereignisse eines langen Musikerlebens für amerikanische Musiker und Leser im Allgemeinen interessant sein würden.

Ich weiß es nicht. Beim erneuten Lesen der vorhergehenden Seiten in den Korrekturabzügen habe ich das Gefühl, dass viele Ereignisse, die mir sehr wichtig erschienen, für andere nur langweilige Lektüre sein könnten. Aber zumindest habe ich versucht, eine wahrheitsgetreue Geschichte zu erzählen und einen ehrlichen Bericht über meine Bestrebungen und Kämpfe zu geben.

Ich bin auf einige Hügel gestiegen, habe aber nur gesehen, wie die Berge dahinter immer höher wurden und der Weg nach oben durch den Nebel, der die Gipfel umgab, oft nicht zu erkennen war.

Ich liebe die Menschen, unter denen mein Vater lebte, weil er fest davon überzeugt war, dass seine Kinder in Amerika größere Entwicklungsmöglichkeiten hätten als im alten Europa.

Das musikalische Feld in Amerika bietet zweifellos wunderbare Möglichkeiten, und mein ganzes Leben lang habe ich beide Hände ausgestreckt und unablässig und enthusiastisch an meinem Beruf gearbeitet. Zumindest teilweise habe ich versucht, meinen Landsleuten das zurückzuzahlen, was ich für ihr Vertrauen und ihre Hilfe schulde. Aber die Macht des Einzelnen ist vergleichsweise gering, und obwohl unsere Musiker in der kurzen Zeit, in der Musik eine Rolle in unserer Zivilisation gespielt hat, bereits Wunder vollbracht haben, bleibt noch so viel zu tun, dass ich mir noch mindestens einhundert weitere Lebensjahre wünsche, teilweise um meine Arbeit fortzusetzen, aber noch mehr, um meine eifrige Neugier hinsichtlich der musikalischen Zukunft unseres Volkes zu befriedigen.

Wenn dieses Buch dazu dient, meine jüngeren Kollegen in ihren Bemühungen zu ermutigen, die Liebe und Wertschätzung für Musik in unserem Land zu steigern, dann wurde es nicht umsonst geschrieben.